国家社会科学基金资助项目

农业保险大灾风险分散体系系统动力学模拟研究

吕晓英◎著

Simulation of System Dynamics on Catastrophe Risks Dispersion System of Agricultural Insurance

经济管理出版社
ECONOMY & MANAGEMENT PUBLISHING HOUSE

图书在版编目（CIP）数据

农业保险大灾风险分散体系系统动力学模拟研究/吕晓英著．—北京：经济管理出版社，2017.9

ISBN 978－7－5096－5354－8

Ⅰ.①农…　Ⅱ.①吕…　Ⅲ.①农业保险—灾害保险—风险管理—研究—中国　Ⅳ.①F842.66

中国版本图书馆 CIP 数据核字(2017)第 232357 号

组稿编辑：陈　力
责任编辑：高　娅
责任印制：黄章平
责任校对：张晓燕

出版发行：经济管理出版社
（北京市海淀区北蜂窝 8 号中雅大厦 A 座 11 层　100038）
网　　址：www. E－mp. com. cn
电　　话：（010）51915602
印　　刷：北京玺诚印务有限公司
经　　销：新华书店
开　　本：720mm×1000mm/16
印　　张：19.5
字　　数：372 千字
版　　次：2018 年 1 月第 1 版　　2018 年 1 月第 1 次印刷
书　　号：ISBN 978－7－5096－5354－8
定　　价：68.00 元

联系地址：北京阜外月坛北小街 2 号
电话：（010）68022974　　邮编：100836

前　　言

建立完备的大灾风险分散管理制度是农业保险实现可持续发展的重要保障。我国政府十分重视建立农业保险大灾分散机制，已经实施农业保险经营机构（以下简称保险公司）计提大灾准备金的规定，还组建了中国农业保险再保险共同体，实现了农业保险大灾风险在保险公司大灾准备金和再保险两个层级的分散。然而，当保险公司的大灾准备金和再保险安排不足以支付大灾赔款时，我国农业保险的顶层设计仍然缺乏从外部为保险公司提供超赔补偿资金的机制。

在全球气候变暖的大背景下，50 年甚至 100 年一遇的农业大灾随时可能突然降临，大灾造成的农业投保损失可能远远超过农业保险公司自身的偿付能力。因此，完善我国农业保险大灾风险分散制度，已成为当前我国政府和农业保险实践面临的重大现实问题，也是理论界亟待研究和解决的难题。

计算机模拟是当今四大科学研究范式之一。系统动力学是动态模拟的主要方法之一，被誉为“政策和策略的‘实验室’”，非常适宜开展农业保险政策设计的模拟分析，有助于开展对我国农业保险大灾风险分散机制的超前性研究，但国内外尚缺乏相关研究的报道。为此，笔者利用系统动力学非常适宜开展农业保险政策和策略模拟研究的特点，构建农业保险大灾风险分散方式的系统动力学模型，通过不同程度的大灾风险情景假设的模拟研究，展示我国农业保险现行模式应对大灾风险的能力，探索当保险公司超过偿付能力时为其提供外部超赔补偿资金的方式，最终提出我国适宜建立的农业保险大灾风险多级分散体系。研究成果不仅对于完善我国农业保险大灾风险管理制度，实现我国农业保险可持续发展具有重要的实践意义，而且首次将系统动力学引进并实际应用于农业保险大灾风险分散体系的研究，将为农业保险的政策和策略分析探索一条新的动态研究思路，有望丰富农业保险理论和方法。

本书内容共分十章。第一章，阐述了选题的价值和意义，国外和国内的理论研究综述，以及研究的思路、内容和方法，本书研究的创新之处、不足及建议进一步研究的内容。

第二章，阐述了农业保险大灾风险的主要特点、定义和主要理论，对本书研究中应用的主要方法——大灾风险评估和系统动力学作了介绍。

第三、第四章，介绍了国外、国内具有代表性的农业保险大灾风险分散模式。

第五、第六、第七章，从我国中部、西部和南部地区农业灾害多发省区分别选取了湖南省、甘肃省和广东省，在叙述各省农业保险发展的概况之后，首先对各省2015~2035年农业保险保费收入进行了估测，以农业保险赔付率或农作物受灾面积为样本，运用参数估计、蒙特卡罗模拟或极值方法，对未来发生10年、20年、30年、50年以及100年一遇的农业大灾时的赔付率进行了估计。在此基础上，进一步运用系统动力学的原理和方法，建立与各省农业保险目前实行的大灾风险分散机制相对应的农业保险系统动力学模型，并和总公司农业保险的系统动力学模型相耦合，通过动态模拟，展示在早期2018年和晚期2028年提前发生10年、20年、50年或100年一遇大灾风险的冲击下，各省农业保险大灾准备金、可分配利润的变化趋势和各省需要总公司支付的缺口资金，以及总公司大灾准备金的积累状况、需要的外部超赔补偿资金和偿还外部资金的能力。最后，提出相关建议。

第八章，进一步对我国某专业农业保险公司应对大灾风险的能力进行了动态模拟。首先对某专业农业保险公司在吉林省、辽宁省、内蒙古自治区、北京市、山东省开展农业保险的概况作了介绍，对各省、区、市2015~2035年农业保险保费收入及专业公司各分公司在各省的保费收入作了估测，并对大灾风险进行评估。采用下标变量建立了五省、区、市分公司和总公司的系统动力学数组模型，通过不同程度大灾风险情景假设的动态模拟，展示各省、区、市分公司农业保险业务需要总公司支付的缺口资金，以及专业农业保险公司需要的外部补偿资金，最后提出专业农业保险公司实现可持续发展需要采取的措施。

第九章，为了回答采用何种方式为保险公司提供外部补偿资金，进一步从全国农业保险角度对一些主要方式进行了模拟比较。为此，首先预测未来全国农业保险保费收入，进行大灾风险评估。其次建立全国农业保险系统动力学模型，重点对在保险公司超过赔偿能力时为其提供外部补偿资金的政府大灾准备金“兜底方式”和由保险公司贷款或发行农业保险大灾风险债券并偿还本金、由政府筹集的付息准备金支付保险公司融资利息的“融资预案”两种方式进行了模拟和比较，提出了“融资预案”是为保险公司提供外部超赔补偿资金的较优方式。

第十章，主要结论和政策建议。

本书的主要观点是：

第一，2035 年我国农业保险总规模可能达到 700 多亿元。按现行价格以及目前出台的农业保险产品的保险金额和费率，以及全国种植业、养殖业和林业主要承保品种的状况和未来可能达到的承保比例，预计到 2020 年我国农业保险总规模将达到 507.2 亿元，与 2014 年相比年均递增 7.7%。2035 年预计保费总收入为 702.5 亿元，与 2020 年相比年均递增 2.2%，其中种植业、养殖业和林业保费收入分别达到 400.9 亿元、254.8 亿元和 46.8 亿元，分别约占总保费收入的 57%、36% 和 7%。全国农业保险 10 年、20 年、50 年和 100 年一遇的大灾赔付率分别为 109.40%、126.42%、152.85% 和 176.44%。

第二，从时间和空间两个维度动态研究农业保险应对大灾风险的能力。在农业保险经办机构建立大灾准备金制度，使大部分超额利润转化为大灾损失保障资金并累计使用，同时保险公司还普遍实行成数分出和赔付率超赔再保险，增强了我国农业保险现行经营模式应对大灾风险的能力。大灾风险准备金的积累是动态过程，农业保险大灾风险在空间和时间上的分散十分明显。因此，测算我国农业保险应对大灾风险的能力，可以采用动态模拟的方法，综合考虑大灾风险在时间和空间两个维度的动态分散和反馈作用。

第三，如果 2018 年提前发生 50 年一遇的大灾，我国农业保险将发生巨额赔付资金缺口。如果 2018 年提前发生 50 年一遇的大灾，我国农业保险经营规模最大的一家保险公司在成灾当年可能需要外部超赔补偿资金 53 亿多元，全国农业保险可能需要外部补偿资金约 170 亿元。

第四，科学合理地定位中央和地方政府在保险机构省级分公司农业保险发生赔付资金缺口时应承担的补偿责任。我国农业保险基本由省级政府组织实施，但经营该省农业保险的机构都依照“大数法则”在全国范围内开展农业保险业务，以便聚集更多的不同风险单位来分散风险。依据农业保险经营最重要的数理基础“大数法则”和《农业保险大灾准备金管理办法》中“保险机构计提的大灾准备金可以在本机构农业保险各险种之间、相关省级分支机构之间统筹使用，专门用于弥补农业大灾风险损失”的规定，以及农业保险经营机构实行的农业保费收支两条线的管理模式，再结合省级和经营该省农业保险的保险机构农业保险大灾风险分散的模拟结果来看，保险机构的省级分公司在经营省级农业保险发生赔偿资金缺口时，应该首先由保险机构总部支付，不能因为是政策性农业保险而由省级和中央政府承担其缺口资金的补偿责任。因此，省级政府可以不建立大灾准备金用以补偿本省农业保险赔款的缺口资金。

第五，我国制定农业保险大灾风险分散政策时，应重点考虑如何应对 2022 年以前提前发生 50 年一遇的大灾风险。大灾准备金的积累和再保险，极大地提高了我国农业保险应对大灾风险的能力。我国多数省级和农业保险经营规模最大的一家保险公司、某专业农业保险公司和全国农业保险现行经营模式积累的大灾准备金和再保险，大都可以支付在早期 2018 年发生 10 年一遇大灾时的赔款。然而直到 2022 年发生 50 年一遇的大灾时，农险经营业务最大的保险公司才可能应对当年自留部分 359.7 亿元的应赔款。因此，采取何种外部资金提供方式去应对今后六七年内提前发生 50 年一遇的大灾风险，是政策制定者应考虑的重点。

第六，“融资预案”是为保险公司提供外部补偿资金相对较优的方式。“融资预案”是当保险公司因大灾而出现资金超赔时，由政府担保，保险公司贷款或发行农业保险大灾风险债券并偿还本金，由政府筹集的付息准备金支付保险公司融资利息的一种超赔资金的外部补偿方式。模拟研究表明，一般情况下，保险公司靠自身运营可在三五年内偿还外部融资本金。“融资预案”不仅有利于减轻政府财政筹资压力，而且提高了政府和保险公司的资金使用效率。

第七，建立我国农业保险大灾风险四级分散体系。我国完善的农业保险大灾风险分散体系应该包括四个层级：第一个层级是保险公司的大灾风险准备金；第二个层级是商业再保险；第三个层级是“融资预案”；第四个层级是政府建立的付息准备金。对一些经济发达的省、市，仍可保留其为农业保险省级分公司的赔款缺口最终兜底的模式。

第八，《农业保险大灾风险准备金管理办法》内容需要不断完善。该办法的实施，使保险公司最多只能从超额利润中获得和行业或总公司财产保险业务相同的平均利润率，缺乏对农业保险经营机构加强企业自身管理的激励机制。同时该办法计提利润准备金设定的两个限定条件可能会存在判断上的不一致性。为此需要对该办法相关内容进行修改。

本书的主要对策建议是：

第一，政府对在灾害高发地区开展农业保险的机构采取必要的支持措施。我国农业自然灾害多发省区，不仅平常年景下农业保险的赔付率较高，而且在发生 20 年一遇以上的大灾时，保险公司省级分公司尤其是一些专业农业保险公司，将发生严重的资金缺口。希望当地政府能对从事本地农业保险的机构适当给予经营费用的补助。通过地方政府支持，使专业农业保险公司能够在时间和空间两个方面分散大灾风险。

第二，建立和完善我国农业保险大灾风险四级分散体系。结合我国目前已经在保险公司层面建立农业保险大灾风险准备金的实际，以及我国农业保险应重点考虑如何应对近六七年内可能发生的 50 年一遇的大灾风险和我国农业保险适宜采取“融资预案”方式为保险公司提供外部超赔补偿资金的研究结论，我国一套完整的农业保险大灾风险分散体系应该包括四个层级：第一个层级是农业保险经营机构按照财政部制定的《农业保险大灾风险准备金管理办法》的规定建立的大灾准备金，它反映了农险机构自身应对农业大灾风险损失的能力。第二个层级是以目前已经组建的“农共体”为主的为农业保险经营机构提供的再保险。第三个层级是“融资预案”。第四个层级是政府付息准备金。政府付息准备金，专用于支付保险公司的融资利息，其资金来源由中央和地方财政预算逐年补充，中央和地方政府可以按一定比例，如按4∶6比例承担利息筹集，资金由中央统一管理，并且建议西部地区的甘肃、青海、宁夏、新疆、陕西、内蒙古、贵州、云南、西藏九个省、区可免于筹集。

第三，政府付息准备金应达到一定规模。为应对未来21年里我国农业保险可能提前发生50年、20年、10年一遇的三次大灾风险损失，到2022年用于支付利息的政府准备金规模累计应达到40.67亿元，到2026年累计达到53.65亿元，到2033年累计达到61.28亿元。而为应对发生100年一遇的大灾，到2024年政府付息大灾准备金累计应达到96.34亿元，到2027年累计达到133.47亿元，到2035年累计达到172.3亿元。在22个省、市承担支付利息总金额不变的情况下，建议适当减少产粮大省利息承担的比例。

第四，允许农业保险存在多种大灾风险分散模式。在我国农业保险以融资预案为主的大灾风险四级分散体系中，对大多数省级政府而言，不直接承担该省农业保险经营机构发生赔付资金缺口时的补偿责任，而是在经营农业保险的总公司申请、中央财政担保的前提下，通过融资获得外部超赔补偿资金，并由全国政府付息准备金支付其融资利息。对一些经济发达的省、市，如北京市和上海市，由于地方财政资金雄厚，仍然可以实施由地方政府承担或通过政府购买再保险的方式，为经营本地农险的机构提供大灾所需缺口资金。个别省、市，如江苏省农业保险也可以继续实行“联办共保”模式，由地方财政负责其承担的农业保险业务中全部的大灾风险损失。对于农业保险互助模式，也可以按其规定实行自动吸纳大灾风险所造成的超赔损失。

第五，修改《农业保险大灾风险准备金管理办法》。

（1）修改关于计提利润准备金的规定。为避免出现综合赔付率和承保利润率两个限定条件的不一致性，建议对计提利润准备金的条件，只需规定“当经营农业保险承保利润率超过其自身财产保险业务承保利润率”或“对于专业农业保险机构承保利润率超过其自身与财产保险行业承保利润率的均值时”，就可以计提利润准备金，没有必要再设定“且其综合赔付率低于70%”的规定。

（2）增加激励机制，适度提高经营农业保险的可供分配利润。一种政策既要有约束机制还要有激励机制，只有满足参与约束和激励相容这两个条件，才能实现政策的社会目标。建议可以将《农业保险大灾风险准备金管理办法》中根据超额利润计提利润准备金的比例适度降低（如超额利润的73.5%），使从事农业保险机构的经营行为和经营效果相关联，通过提高经营管理水平，能得到略高于经营财产险业务的利润率。

本书研究内容及方法的创新是：

第一，首次在国内将系统动力学原理和方法引进并实际应用于我国农业保险大灾风险分散的模拟研究，建模难度极大，突破不少难点。成果填补了国内外农业保险大灾风险分散的系统动力学模型及数组建模方法的空白，具有原创性，将为农业保险的政策和策略分析探索一条新的研究思路和方法。

第二，首次对我国农业保险省级和总公司、专业农业保险公司以及全国农业保险的长期发展趋势进行模拟研究。以湖南、甘肃、广东三个农业灾害多发省和经办该省农业保险总公司为代表，首次建立了农业保险大灾风险分散的子公司—总公司系统动力学耦合模型；采用系统动力学的下标变量方法，首次建立了吉林、辽宁、内蒙古、北京和山东五省（区、市）专业农业保险分公司和总公司大灾风险分散的系统动力学数组模型；首次建立了全国农业保险大灾风险分散的系统动力学模型。对 2007 ~ 2035 年各省和总公司、专业农业保险公司农业保险现行模式应对不同程度大灾风险冲击的能力进行了模拟，展示了农业保险的主要经营指标，尤其是省级农业保险的缺口资金和总公司、专业农业保险公司需要的外部补偿资金的变化趋势；对保险公司超过赔付能力时由政府大灾准备金为其兜底的方式和由保险公司向金融机构贷款或发行农业保险大灾风险债券并偿还本金、由政府支付保险公司融资利息的“融资预案”进行了模拟和比较。

第三，提出我国适宜建立的农业保险大灾风险四级分散体系，以及在早期 2018 年提前发生 50 年或 100 年一遇的大灾时，全国农业保险需要外部提供超赔补偿资金的额度和政府为支付利息应筹集的资金。

本书是国家社会科学基金资助项目“我国灾害多发区农业保险巨灾风险分散体系的模拟研究”（13CJY132）的最终研究成果。感谢国家哲学社会科学规划办公室对本项研究的资助。在课题的调研过程中，中国保险监督管理委员会农业保险处王祺处长，甘肃省、辽宁省、湖南省、广东省和浙江省等省保监局、财政厅和农业局的领导和同志以及人保财险省分公司和中华联合财产保险公司等相关负责人和同志，对本项研究给予了大力支持和帮助，在此表示衷心的感谢！同时，感谢恩师李先德对本书出版的资助和支持。吕胜利研究员、宋秉芳副研究员、倪海副教授、姚瑾副研究员对本项研究的模型构建、调研安排、文字修改等方面给予了帮助和支持，蒲应龑副教授、王克副研究员、夏龙副教授分别对加拿大农业保险、风险评估方法和极值理论进行了研究和指点，在此深表感谢！感谢陈力副社长、高娅和张晓燕编辑以及责任印刷黄章平老师为本书出版付出的辛勤劳动。

目　　录

第一章 引言

一、研究背景、价值和意义

建立完备的农业保险大灾风险①分散管理制度是农业保险实现可持续发展的重要保障。我国政府对建立农业保险大灾风险管理制度十分重视。从 2007 年以来，连续多年的中央一号文件和《农业保险条例》都明确提出，“国家建立财政支持的农业保险大灾风险分散机制”，但还缺乏具体的规定。2014 年 3 月 1 日起正式实施的《农业保险大灾风险准备金管理办法》（以下简称《办法》）明确规定，经营农业保险业务在提取公积金和一般大灾准备金之后，从净利润中再按超额利润的 75% 计提利润准备金，这将有利于增加农业保险经营机构（以下简称保险公司）大灾损失保障资金的储备。2014 年 11 月，我国 23 家具有农业保险经营资质的保险公司和中国再保险公司共同发起组建了中国农业保险再保险共同体（以下简称农共体），要求成员公司的每笔农险分出合同业务，原则上按不低于 50% 的比例直接分给农共体，分出公司分给农共体的总分出需求与各分入公司的分入份额形成的农共体总承保能力保持平衡。农共体充分整合国内保险行业资源，将增强我国农业再保险的承保能力，为农业保险提供持续稳定的再保险保障。然而这些制度建设仅仅是在原保险公司大灾准备金和再保险层面利用保费收入建立起的传统的农业保险大灾风险分散体系。

从 2004 年以来我国的政策性农业保险试点过程看，各地农业保险大灾风险分散的做法差异较大，只有部分省、市初步建立了不同的农业保险大灾风险分散制度。北京市政府规定，农业保险综合赔付率在 160% 以内由农业保险公司全额

① 在中央的一些文件中，有时提“农业保险巨灾风险”，有时提“农业保险大灾风险”。本书将“巨灾”和“大灾”作为同义词使用。

赔付；赔付率在160% ~300%的巨灾保险，通过政府出资直接购买商业再保险的方式转移；赔付率在300%以上的部分，由政府提取的巨灾风险准备金提供最终保障。其中巨灾风险准备金由北京市政府每年按照上年农业增加值的1‰提取。经过不断完善，2014年5月，上海市政府建立了多层次农业保险大灾风险分散制度，第一个层次是赔付率在90%以下的损失部分，由农业保险机构自行承担。第二个层次是赔付率在90% ~150%的损失部分，由农业保险机构购买再保险的方式分散风险。第三个层次是赔付率超过150%以上的损失部分，由农业保险机构使用再保险赔款摊回部分和农业保险大灾风险准备金进行赔付。第四个层次是政府财政托底，保险经营机构仍不能弥补的灾害损失，由市、区县财政通过一事一议方式安排补偿。江苏省在"联办共保"模式下，各级政府运用财政预算安排和统筹部分政府的保费收入，建立了省、市、县三级政府巨灾风险准备金制度，政府巨灾准备金用于由政府承担赔付责任的保费收入发生的超赔支出。在县、市准备金支付赔款不足时，当市级超赔付额高于省级政府巨灾准备金总额时，各市以省级政府巨灾准备金全额为最高赔付额度，差额部分由省财政进行补助。北京、上海和江苏三省、市，经济十分发达，政府财力雄厚，当农业保险大灾风险损失超过保险公司或地方政府分担部分的赔付能力后，实际上都实行了由政府财政兜底承担最终赔偿责任的方式。而我国大多省级政府由于种种原因都没有建立农业大灾准备金，主要通过保险公司的大灾准备金和购买再保险分散农业保险大灾风险。可见，当保险公司的大灾准备金和再保险安排仍不足以支付大灾赔款时，我国农业保险仍然缺乏从外部为保险公司提供超赔补偿资金的机制。而在如何完善我国农业保险大灾风险分散制度的研究中，目前大多仍处于一般论述阶段，有的还与《办法》的规定不一致；在《办法》实施以后，对我国省级农业保险和该省农业保险经管机构总部（以下简称总公司）以及全国农业保险应对大灾风险的能力，还有保险公司需要外部补偿资金可能规模的定量研究更显不足。

在全球气候变暖的大背景下，极端气候事件发生的概率不断增加，50年甚至100年一遇的农业大灾随时可能突然降临，大灾造成的农业投保损失可能会远远超过农业保险公司自身的偿付能力。2013年黑龙江特大洪涝灾害、2014年辽宁特大旱灾和海南两次台风，相关省份均出现了大额超赔。在国外，2011年泰国洪水和2012年美国特大旱灾，都出现了创纪录的赔付，给这些国家农业保险的可持续经营带来较大影响。因此，分析我国农业灾害多发省区和总公司农业保险现行模式应对农业大灾风险的能力，探索当保险公司超过偿付能力时为其提供外部超赔补偿资金的方式，完善我国农业保险大灾风险分散制度，已成为当前我国政府和农业保险公司面临的重大现实问题，也是理论界亟待研究解决的难题。

计算机模拟被公认为是当今四大科学研究范式之一（中国科学院，2013），是对系统行为变化趋势开展超前性研究的重要方法。系统动力学是动态模拟的主要方法之一，被誉为“政策和策略的‘实验室’”，非常适宜开展农业保险政策设计的模拟分析，有助于开展对我国农业保险大灾风险分散机制的超前性研究。但目前国内外利用系统动力学原理和方法对农业保险进行模拟研究的成果还少见报道（吕晓英等，2012，2014）。

为此，本书首先以我国东、中、西部农业灾害多发区的湖南、甘肃和广东三个省和总公司，以及以吉林、辽宁、内蒙古、北京和山东五个省（区、市）开展农业保险业务的一家专业农业保险公司为代表，建立农业保险现行经营模式的省级和总公司的系统动力学耦合模型以及利用下标变量建立的专业公司及其经营的五个省级农业保险的系统动力学数组模型，通过10年、20年、50年和100年一遇的大灾风险情景假设的模拟研究，检验各省和总公司及专业公司农业保险现行模式应对大灾风险的能力，展示省级农业保险超赔时需要总公司支付的缺口资金，以及总公司和专业公司超过偿付能力时需要的外部超赔补偿资金；其次，进一步构建全国农业保险大灾风险分散的系统动力学模型，对“政府兜底”（由中央和地方政府以及保险公司共同建立的政府大灾准备金向保险公司最终提供外部超赔补偿资金的方式）和“融资预案”（由政府财政担保、由保险公司向金融机构贷款或发行农业保险大灾风险公司债券并偿还本金、由政府支付保险公司融资利息）这两种方式，进行动态模拟和比较，探讨我国适宜建立的农业保险大灾风险分散体系。因此，本书的研究成果不仅对于建立和健全我国农业保险大灾风险管理制度，实现我国农业保险可持续发展具有重要的实践意义，而且首次将系统动力学引进和实际应用于农业保险大灾风险分散模式的研究，并成功开发了农业保险大灾风险分散的数组变量模型，将丰富农业保险理论，为农业保险的政策和策略分析探索一条新的研究思路和方法。

二、国内外农业保险巨灾风险理论研究综述

国内外巨灾风险的研究成果丰硕。早在20世纪70年代，国外学者开始对巨灾保险市场需求、供给和市场均衡进行分析。20世纪90年代以后，研究成果集中探讨如何通过再保险、保险衍生工具等市场配置资源的方式分散巨灾风险，以及发挥政府在巨灾风险分散中的作用和政府采取措施提供巨灾保障等。我国对农业巨灾风险的研究起步比较晚，随着2004年新一轮保险试点在全国开展，国内

对农业巨灾风险的研究逐渐增多，主要研究农业巨灾风险分散途径、巨灾风险分散体系的构建、巨灾风险承受能力的测算、巨灾准备金的规模，以及对巨灾风险损失的评估。

（一）国外研究现状

1. 巨灾保险市场需求、供给和市场均衡

在巨灾保险市场上，巨灾需求和供给的不足导致巨灾市场均衡低于社会最优的分散风险数量（Skees J. R. & B. J. Barnett，1999）。缺乏对巨灾的认识降低了分散巨灾风险的需求。由于个人无法估计巨灾事件的发生概率和潜在损失程度（Kunreuther 1976；Rossi & Wright，1982），人们不能也不愿设想低发生概率引起的破坏（Kunreuther & Slovic，1978），决策者总是忘记损失事件（Buzby 等，1994），由此导致巨灾需求不足。在供给方面，很多自然灾害形成的巨灾风险既不是完全独立的，也不是高度相关的，而是介于两者之间的。巨灾风险的保险成本高于独立风险，损失事件之间的正相关降低了风险分散的能力。为应对自然灾害形成的巨灾，保险公司需要提高准备金和预留防止低估巨灾的资金。同时，保险公司为支付工资、广告、设备等花费较高的管理费用，投资者期望得到更高的资产回报率。这些因素降低了巨灾保险的供给量，提高了保险费率。此外，与巨灾保险相关的较高交易成本也是导致巨灾保险供给不足的原因，交易成本不仅包括保险公司为获得投保人信息而发生的费用，而且包含保险公司购买再保险的交易成本。总之，只有当价格高到能够补偿灾害损失分布的信息匮乏、购买再保险的高额管理费用和交易成本以及保持充足的准备金时，保险公司才愿意提供巨灾保险（Skees & Barnett，1999）。巨灾保险的供需“双冷”使巨灾市场的均衡数量低于社会最优数量。

在假定农户和保险公司都是风险厌恶者的条件下，John Duncan，Robert J. Myers（2000）建立了保险模型，研究巨灾对农业保险市场长期均衡的影响。巨灾风险提高了保费收入，降低了农民的保障水平，尤其是当巨灾风险水平高于保险公司的保留偏好水平时，将导致农业保险市场崩溃。

在资源配置方面，很多学者认为农业巨灾保险市场存在市场失灵。由于保险公司获取准确的风险损失信息和监督农户行为的成本高昂，因此逆向选择和道德风险等信息不对称问题使农业巨灾保险市场失灵（Chambers 1989；Skees & Reed，1986；Goodwin & Smith，1995）。如果没有政府补贴，美国农业保险公司不会经营多风险农作物保险，部分原因在于农作物风险的巨灾特性（Skees，Barnett，1999）。Miranda & Glauber（1997）指出受旱灾、洪水等自然灾害影响的区域范围广泛，巨灾造成的农业系统性风险和农户产出水平之间高度相关，单个产出之间缺乏随机独立性，这使保险公司无法在农场之间分散巨灾风险损失。因此系统性风险也是市场失灵的主要原因之一。通过建立农业保险的经验模型，测算出在系统性风险下，农业保险公司在受灾时所承担的风险是农场间的产出随机独立情况下承担风险的 20～50 倍。

传统理论认为巨灾风险不可保的原因是道德风险、逆向选择等信息不对称问题。Dwight M. Jaffee & Thomas Russell（1997）提出不同看法，认为私营保险市场需要解决的问题不是某一时间点的风险分散，而是如何解决将每年平滑的保费收入和极端不平滑的年巨灾损失赔付相匹配的跨期问题。巨灾造成的资本不充足是市场不能提供巨灾保险的主要原因。目前与市场交易相关联的激励结构不能有效解决巨灾的不可保。美国私营保险公司不愿意提供洪水、飓风等巨灾保险的原因在于，巨灾风险要求保险公司持有大量的流动资产以解决年保费收入与年巨额赔付不匹配的问题，而会计准则、税收和接管风险使公司缺乏动力储备大量资金以应对巨灾风险。

2. 私人市场分散巨灾风险的途径

为应对巨灾风险，保险公司通过私人市场管理巨灾风险的主要途径包括传统的巨灾再保险和以巨灾债券、巨灾保险期权等保险衍生工具为代表的创新方式。由此，对私人市场参与巨灾风险分散的研究也集中在再保险和资本证券化两个方面。

有关巨灾再保险的研究，国外学者关注于再保险对农业保险市场长期均衡的影响和再保险市场均衡。巨灾造成的损失严重，由于农业保险公司利用不同市场形成风险多样化的资产组合需要较高的成本，因此传统的做法是将保险业务分给大型、全球经营的再保险公司，这些公司擅长在世界范围内、不同的区域分散不同的巨灾风险。Duncan & Mysers（2000）分析了农作物再保险对保险市场的影响，认为在没有政府补贴的情况下，再保险可以提高农业保险的保障水平和降低保费，但是再保险本身不能促进市场均衡的形成。而政府补贴的再保险不仅有助于形成保险市场的长期均衡，而且可以降低农业保险的保费以及提高农户和保险公司的参与程度。该研究为政府补贴农作物再保险提供了理论依据。基于大量公司的再保险交易数据，Kenneth A. Froot（2001）运用再保险市场供给和需求模型，分析再保险的购买行为和再保险价格。认为免赔调整后的再保险主要承担了中等规模和小规模损失事件，而没有补偿应对极端事件造成的巨灾损失。巨灾再保险价格偏离了公平价格，保费是预期损失的 2～7 倍。巨灾再保险的短期行为扭曲了价格周期（Jaffee & Russell，1997）。如果没有出现大灾损失事件，再保险的定价较低，但是在巨灾发生后，再保险将非常昂贵。1992 年在美国佛罗里达发生安德鲁飓风和 1994 年加利福尼亚出现地震后，很多财产保险公司都准备退出市场。这两个州政府不得不建立再保险储备以阻止保险公司退出。Kenneth A. Froot（2001）还从供给和需求两方面分析了导致再保险市场失灵的多种原因，认为传统理论不能有效解释这一现象，应从资本市场的风险承担能力而非再保险市场进行分析。

对于自然灾害引起的巨灾损失，传统再保险市场的偿付能力有限，因此可以通过巨灾风险证券化将风险转移至资本市场。与再保险和股权资本等管理巨灾风险的方式相比，基于指数的巨灾保险期权等衍生合同可以降低合同成本、道德风险和税收成本（Niehaus & Mann，1992；Harrington，Mann，& Niehaus 1995）。Raja Bouzouita & Arthur J. Young（1998）对财产和伤亡保险公司负责人进行调查，认为巨灾保险期权在降低保险风险和地区差异化方面更加灵活，是再保险的补充而不是替代。巨灾保险债券、期货和期权等金融工具可以加强保险市场跨期分散风险的能力，建立更高效率的市场（Jaffee & Russell，1997）。如果正确定价，资本市场可以提供偿还巨灾损失所需的资金。巨灾保险公司可以寻求资本市场获得资金支持。目前更多的合同打破了银行和保险的界限。此外，基于指数的巨灾债券具有较低的信贷风险和较强的流动性，但以指数为基础的保险衍生合同的主要缺点是无法消除基差风险，即单个保险公司的损失和承保合同的指数不能高度相关（Scott Harrington & Greg Niehaus，1999）。

巨灾债券和巨灾保险期权等资本市场创新为巨灾风险提供更多的融资，但这些市场正处于起步阶段，应用并不广泛（Doherty，1997），只有少数保险公司使用保险衍生产品转移巨灾风险。期权合同没有广泛应用的原因在于，对保险公司来说，这些合同的交易收益不确定、政策含义不明确。保险衍生产品是否能成为重要的风险管理工具取决于巨灾的发生数量、保险行业的接受程度和政策环境（Raja Bouzouita & Arthur J. Young，1998）。尽管保险公司开发了各种巨灾债券，但很难以证券风险相适应的成本筹集资金（Lewis & Davis，1998）。巨灾债券市场面临的重要问题在于是否有潜在的投资者愿意购买巨灾风险债券。David Rode，Baruch Fischhoff & Paul Fischbeck（2000）从认知的复杂性、控制幻觉、忽视小概率事件等心理因素，解释了巨灾债券等衍生工具接受程度较低的原因。

3. 政府在巨灾风险管理中的作用和政策

大部分国外学者都认为政府应介入巨灾风险市场，以解决巨灾保险市场失灵、保险公司偿付能力不足以及保险证券化工具应用不广泛等问题，但对于管理巨灾风险的公共政策提出了不同的观点。对经济学家而言，需要讨论的问题不是政府是否应该介入巨灾保险市场，而是寻求政府更有效率地干预市场的方式（Skees & Barnett，1999）。在分析和比较传统的政府应对巨灾方式的基础上，Skees & Barnett（1999）认为政府应该提供自然灾害指数期权。他们指出政府降低巨灾风险的传统方式包括无偿援助和公共—私人合作方式的自然灾害保险。无偿援助效率较低且具有自我维持的特点；公私合作的保险项目受到政策目标冲击、较高的交易成本、缺乏创新动力和寻租行为的制约。政府提供自然灾害指数期权的优势在于，由于自然灾害的触发事件可以估计和量化，政府可以公布指数并且通过竞争性的竞价过程出售期权。指数信息公开透明和期权的自由购买，不仅降低了信息不对称，而且减少了寻租行为。通过购买政府巨灾期权，保险公司和再保险公司将不可保的系统性巨灾损失转移给政府，专门开发适宜的保险产品以管理剩余的、相互独立的风险。Miranda & Glauber（1997）提出联邦政府应出售区域产量再保险或基于市场交易的区域产量期权，为区域产量下降提供保障，降低大范围自然灾害造成的巨灾损失，使保险公司有能力承担大部分系统性农业风险损失，以解决农业巨灾的系统风险问题。

由于政府信用风险较低使其在低息借款方面更有优势，因此政府比私人部门在管理跨期风险方面效率更高（Lewis C. M. & Murdock K. C，1996）。为了弥补现行保险和再保险市场赔付能力的不足，联邦再保险的政策目标在于为整个行业建立缺失的、跨期分散风险的市场。政府应向保险公司出售可交易的超额损失再保险合同（Excess – of – loss Contracts），灾害损失的范围为250亿~500亿美元。这一措施不仅加强了保险公司跨期平滑大额索赔的能力，而且没有将损失转让给纳税人，再保险合同还包含了资金使用成本以弥补联邦政府较低的借贷成本，避免了对私营再保险产生挤出效应。进一步地，政府的公共政策还对期权、债券等新金融市场工具起到补充作用，使公司降低巨灾造成的高额损失。Ve′ronique Bruggeman，Michael G. Faure，& Karine Fiore（2010）明确提出政府应作为最后承担方提供巨灾再保险，为了使政策更有效率，政府应促进保险市场的发展、以风险为基础确定保费、提供自愿再保险。

然而，政府农业保险项目的高效运作受政治因素和特定利益集团的影响，这些反过来可能扭曲风险控制行为。Greg Niehaus（2002）提出政府再保险的一项替代政策，即降低企业持有资本的税收成本。如果私营再保险公司不愿销售高层级（高赔付率）巨灾风险的原因在于持有应对巨灾的充足资金需要缴纳高额税收，那么政府降低向公司持有资金征收的税收甚至免税也能分散巨灾风险。

（二）国内研究现状

1. *农业巨灾风险分散方式和途径*

在农业巨灾风险分散方式上，国内学者提出建立国家巨灾保险、成立中央巨灾风险基金、再保险和巨灾证券化等途径。庹国柱、朱俊生（2010）分析了8种农业保险巨灾风险分散方式的运作机制及其适用范围，并从政府与农业保险的经营者两个角度探讨农业保险巨灾风险分散方式的选择问题。认为可供我国政府选择的农业保险巨灾风险分散制度是：建立巨灾损失准备金、再保险安排、财政“兜底”、政府发行“农业保险巨灾债券”。农业保险的直接经营者可供选择的巨灾风险分散制度是：增加风险单位、减额赔付机制、财政借款或担保、试验和发展天气指数保险。闻岳春、王小青（2012）建议由国家提供巨灾保险，省级巨灾保险公司作为一级再保险机构，国家政策性农业巨灾保险公司作为二级再保险机构，同时省级公司可以向国家再保险市场分保，以分散风险、降低损失。中央政府和省级政府各自分担一定比重的超额再保险资金。邱波、朱一鸿等（2014）从理论上分析了农业巨灾风险基金的足额补偿、巨灾管理功能和制度特征，提出在省级巨灾基金制度试点的基础上，加快设立中央级巨灾风险基金，统筹分配巨灾基金的使用，提高基金使用效率。张长利（2013）在比较和分析国外农业巨灾基金法律制度的基础上，详细阐述了基金的管理机构设置、资金的来源和基金的运用与投资。田玲、李建华（2014）提出建立“结构型”农业巨灾风险基金，实行半封闭式的分级分层设计。将基金划分为 A 份额和 B 份额两个部分，其中 A 份额风险较低、不能流通而只能获得赔付，由各级财政部门和农业保险人持有；B 份额风险较高、可以在金融市场流通，向国内外投资者开放。根据不同地区的农业灾害情况将全国分为高频区、中频区和低频区，不同地区在资金筹集、流通和赔付上实现区域差异化管理。

农业风险证券化通过开发巨灾债券、巨灾期货和期权等金融衍生工具，将巨灾风灾转移至资本市场。由于受农业发展水平和资本市场发展程度的限制，全面推行巨灾风险证券化并不现实，可以结合我国保险市场、资本市场的实情，优先发展巨灾债券，待条件成熟后再推行其他证券化衍生工具（王媛媛，2012）。王银成（2013）对中国农业巨灾债券从可行性、运作模式与发行流程以及需要解决的关键问题做了进一步的探讨。有的学者从风险定价框架和保险精算的角度，介绍、比较和系统评析了巨灾债券定价的 LFC 模型、Wang 两因素模型和 Christofides & Wang 转换等模型（田玲等，2006；谢世清，2011）。黄英君、赵雄（2012）设计了旨在分散云南烟草种植风险的农业巨灾风险债券，通过改变债券的参数并对参数进行组合，展示了其定价过程。

2. 农业巨灾风险管理体系设计

国内学者系统研究了农业巨灾风险管理体系的运行机制、框架设计和风险管理策略。邓国取（2006）建议把巨灾保险从现有保险体系中独立出来，采取政策性运作方式。主张通过自有资本、外来资金、再保险和农业巨灾保险证券化，建立四位一体的农业巨灾保险风险管理体系。丁少群、王信（2011）将多层次农业巨灾风险保障体系划分为三个层级：第一层级为农业直接保险公司建立的准备金；第二层级为政府主导、市场化运作的政策性再保险体系；第三层级为财政部门建立的国家巨灾风险准备金制度，并作为最后的保险人。庹国柱（2010，2013）认为，农业保险的大灾风险分散机制，实际上是一种在发生大灾风险损失的情况下，保险机构的常规风险责任准备基金不足以支付赔款时的融资预案。大灾风险分散制度可以有多种安排（庹国柱，2013），第一种由两层组成，第一层是由直保公司自己购买再保险，第二层是在上层基础上安排其他融资方式（例如，向政府借债、向金融机构融资或者发行巨灾债券等）。第二种是由再保险、大灾风险基金和其他融资手段三个层次组成，在直接保险的基础上，第一层大灾风险损失分散的安排是再保险，第二层安排是当地和（或）中央大灾风险准备金，第三层安排是其他风险融资计划。无论两层式还是三层式安排，解决农业保险大灾风险问题需要的是一套"应对预案"，这个预案不一定是事先准备好的"真金白银"，也可以是多元化的融资授权。冯文丽等（2014）提出我国应构建多元化农业巨灾风险承担体系，共设计了六个层级，第一层级是投保农户通过免赔额或自留额的方式承担一部分农业灾害损失。第二层级是保险公司按《农业保险大灾风险准备金管理办法》建立大灾风险准备金，承担年度赔付率在150%以下的风险。第三层级是通过再保险公司或共保体转移部分风险。第四层级是省级政府采取由政府筹集或从保险公司的保费中提取以及双方共同集资建立省级农业保险巨灾风险基金，承担辖区内任何一家省级农业保险机构一定赔付率（如150%～300%）的农业巨灾风险损失。第五层级是中央和地方政府按比例共同筹集建立中央农业巨灾风险基金，承担任一省级农业保险机构一定赔付率（如300%～500%）的农业巨灾风险损失，同时提出，为了体现"风险共担、利益共享"原则，省级和中央农业巨灾风险基金在承担农业巨灾损失时，都和省级农业保险机构按照一定比例（如9:1）承担，以约束保险机构的道德风险。第六层级是资本市场，在前五层承担体分担损失后若还有剩余损失，可由农业保险经营机构利用资本市场发行巨灾债券，或向政策性金融机构借款等方式筹集资金。

在对国内地方农业保险大灾风险分散方式的研究中，王德宝、庹国柱（2010）认为，北京市已经建立了巨灾风险准备金制度，同时由市政府购买了再保险用以转移政府承担的赔付率在160%～300%的超赔责任。从北京市的实际出发，根据对北京市近30年的农业灾害资料的分析认为，在每年购买再保险后，政府实际上还需要承担赔付率在300%以上的赔款责任发生的概率很小，因此，可以取消已经建立的巨灾准备金。如人保北京分公司1983～2009年的27年间农业保险赔付率超过300%的年份一次（赔付率为305%），其发生概率约为3.7%，即30年一遇。对于农业保险赔付率可能超过300%的情况，建议可以由市财政兜底或者临时发行"农业巨灾债券"的方式解决超赔问题。

3. 农业保险的大灾风险承受能力测度

农业巨灾风险的定量研究集中于风险承受能力评估、准备金规模测算等方面。庹国柱等（2010）用农作物产量资料测算了北京市农业保险巨灾准备金的合适规模和再保险费率，认为当平均费率为6%，投保覆盖率为80%时，大灾准备金的规模约为5.35亿元；按照成灾面积平均损失在70%～80%计算，分出160%～300%的赔偿责任，再保险纯费率在4.17%～8.34%。此后，又利用参数方法拟合各省农作物损失的概率密度分布函数及蒙特卡罗模拟，测算了全国以及各省农业保险大灾准备金规模（庹国柱等，2013），认为在20年一遇的灾损水平下，中央承担各省200%以上赔付率超赔责任时，准备金规模需要1197亿元；在50年一遇灾损水平下，准备金规模为1440亿元。钱振伟、张艳等（2014）通过构建农业巨灾保险风险承受能力度量模型，对我国农业巨灾风险承受能力进行评估，认为在农业巨灾保险全覆盖的假设下，根据保险物化成本的原则，面对我国平均每年遭受400亿元左右农业成本损失的情况，目前财险市场只能提供200亿元左右的补偿，赔付率仅为50%，赔付能力缺口较大。当农业成本损失接近3000亿元时，财险行业承受能力达到极限694亿元，此时赔付率只有23%。建议我国应加速建立巨灾再保险、巨灾风险基金和巨灾风险债券三位一体的农业巨灾风险分散机制。邱波、许婷婷（2015）对我国农业巨灾风险基金筹资标准的区域差异进行研究，将全国分成低费率地区、高费率地区和中等费率地区三个不同的筹资区域。胡浪多等（2013）在分析广东省农业风险的基础上，首先计算出2001～2010年的巨灾基金，再根据简单平均原则预计要在广东省全面推开政策性农业保险，需要建立约35亿元的巨灾基金，并建议实施5倍封顶的巨灾风险赔付机制，赔付率在2倍以内由保险公司全部承担；2～3倍和3～5倍以内的责任由保险公司和省巨灾基金分别按1∶1和1∶2比例分担。杨汭华、马洁（2015）运用Morlet小波分析测算了吉林省巨灾风险准备金规模。笔者于2010～2012年建立了系统动力学模型，通过情景假设模拟研究，对“北京模式”和“江苏模式”中现行的大灾准备金和大灾风险分散制度，提出了有利于可持续发展的改进方案。

4. 农业灾害风险损失评估方法及应用研究

风险损失评估是制定和实行科学而有效的农业巨灾风险管理制度的基础。由于单产数据的空间加总，不仅会低估较大区域内的作物灾损风险，同时也会扭曲该作物的风险分布特征，因此张峭等（2011）利用基于灾情数据的评估方法对全国及31个省份的农业自然灾害风险进行评估，定量地分析我国农业自然灾害风险的大小、构成、演变趋势和空间分布等特征。王克等（2013）对传统评估方法的缺陷进行分析，提出综合利用作物单产和作物灾情信息的混合数据开展农作物生产风险评估的新方法，并以东北三省玉米、小麦、花生、稻谷和大豆五种主要作物的生产风险评估为例，对该方法的效果进行了实证检验。除了用参数法评估风险损失外，黄崇福（1998）引入了基于信息扩散理论的灾害评估方法，对湖南农业的水旱灾风险进行了研究。庞西磊等（2012）还利用信息扩散理论，将单值观测样本点转化为集值样本点，对东北三省的区域农业洪涝灾害风险进行了评估。

极端自然灾害（巨灾风险）损失基本集中于分布的尾端，使用传统的统计方法来拟合和评估巨灾风险将会产生很大的偏差。极值分布是专门针对异常数据建模的一种方法，可以准确地描述分布尾部的分位数，能够有效克服传统的统计方法在拟合极端事件方面的不足。徐磊等（2011）利用灾害损失数据，建立农业巨灾损失的广义 Pareto 分布模型和基于 VaR 方法的农业巨灾风险的精确度量模型，对河南省粮食生产的干旱巨灾风险进行了评估。

由以上回顾可以看出，无论国外还是国内，农业保险和大灾风险分散管理制度方面的理论研究成果丰硕，尤其是国内农业保险大灾风险分散方式的研究成果对建立和完善我国农业保险大灾风险分散制度具有重要的参考意义。同时可以看出，国内有关农业保险大灾风险的研究还存在以下明显的趋向：一是设计和估测农业保险大灾风险的承受能力时，普遍存在未能从动态角度考虑保险公司大灾风险准备金的积累情况，而保险公司大灾准备金在四五年后可能形成大量的存量资金，将显著提高保险公司应对大灾风险损失的能力。二是在经营农业保险的省级分公司赔付资金超赔时最终超赔责任承担者的设计上，不少人提出的应建立省级政府和中央政府的大灾准备金并专门用于承担省级分公司在150% ~500% 的风险损失的制度设计，不仅违背了农业保险大灾风险在更多省区分散的大数法则，与保险公司收支两条线的成本核算原则不符合，而且也不符合《农业保险大灾风险准备金管理办法》中大灾准备金的支付规定。三是在农业保险大灾准备金的测算中，大多没有考虑保险公司在实际经营过程中对原保费的成数分出和赔付率超赔再保险，使得测算结果可能远远高于实际需求。四是国内对农业巨灾风险分散机制的研究大多为定性分析，由于我国农业巨灾损失数据积累少，农业巨灾保险精算研究还处于起步阶段，很难为农业巨灾保险提供全方位的技术支撑。动态模拟能够展示农业保险大灾准备金和多种变量的变化趋势，是农业保险大灾风险分散的政策和策略的“实验室”。但是，除本书作者之外，国内尚缺乏应用系统动力学研究农业保险大灾风险分散的成果，尤其是还没有建立与《农业保险大灾风险准备金管理办法》规定和农业保险运作机制相一致的模型，缺乏对我国农业自然灾害多发省区以及在该省从事农业保险的总公司、专业农业保险公司，乃至全国农业保险发展模式应对大灾损失能力的模拟研究。因此，对我国东、中、西部灾害多发省区和总公司、专业农业保险公司，乃至全国农业保险发展模式建立系统动力学模型并进行动态模拟，通过不同程度灾害的情景假设，展示农业保险大灾准备金和多种变量的变化趋势，检验农业保险现行模式的可持续性，探讨如何健全和完善中央和地方财政支持的农业保险大灾风险分散制度，显得尤为重要。

三、研究思路、主要内容和研究方法

（一）研究思路

本书的基本研究思路是，在“两大背景”下，通过“三项创建”，完成“一项检验”，实现“一个目标”。第一个背景是我国农业保险大灾风险分散机制尚不完善，当保险公司的大灾准备金和再保险安排不足以支付大灾赔款时，我国农业保险仍然缺乏从外部为保险公司提供超赔补偿资金的制度。第二个背景是国内农业保险大灾损失数据不足。保险精算研究还难以建立农业保险大灾风险模型并开展情景模拟；而系统动力学是开展农业保险大灾风险情景模拟研究的有效工具，但国内外尚缺乏相关研究的报道。“三项创建”是：构建省级农业保险现行模式的系统动力学模型并和总公司农业保险系统动力学模型相耦合；运用下标变量构建专业农业保险公司五个省级分公司和总公司的系统动力学模型；构建全国农业保险“政府兜底”和“融资预案”的大灾风险分散方式的系统动力学模型。“一项检验”是：通过动态模拟，检验我国东、中、西部农业灾害多发区的典型省级农业保险和总公司、专业农业保险公司以及全国农业保险现行的经营模式应对大灾风险的能力和可持续性。最终要实现的“一个目标”是：在省级和总公司、专业农业保险公司现行模式模拟的基础上，结合在保险公司发生超过偿付能力时为其提供外部超赔补偿资金的“政府兜底”和“融资预案”方式的模拟和比较，最终提出我国适宜建立的农业保险大灾风险多层分散体系。

（二）主要内容

本书的内容共分十章。

第一章引言，主要介绍了本书研究的价值和意义、国外和国内的理论研究综述，以及研究的思路、内容和方法，最后说明本书研究的创新之处和不足以及建议进一步研究的内容。

第二章介绍了农业保险大灾风险分散的理论和研究方法。在简要说明农业保险大灾风险的特点之后，对农业保险大灾风险进行了界定。围绕研究农业保险大灾风险分散这一课题，对农业保险大灾风险的时空分散、资本市场的风险转移、风险厌恶与确定效应以及资金使用效率的最大化机制等理论进行了梳理。最后对本书研究中应用的主要方法——大灾风险评估和系统动力学作了介绍。

第三章和第四章对国内外农业保险大灾风险分散模式进行了介绍。其中第三章主要分析了具有代表性的美国、加拿大和日本等国家农业保险大灾风险分散方式。第四章主要对我国北京市、上海市、浙江省、江苏省和黑龙江垦区等地建立的各种农业保险大灾风险分散方式作了介绍。

第五章、第六章和第七章，分别从我国东部、中部和西部地区农业灾害多发省区选取了具有一定代表性的湖南省、甘肃省和广东省，在简要介绍了各省农业保险发展概况之后，首先对各省2015～2035年农业保险保费收入进行了估测，以农业保险赔付率或农作物受灾面积为样本，运用参数估计、蒙特卡罗模拟或极值方法，对未来发生10年、20年、30年、50年以及100年一遇的农业大灾时的赔付率进行了估计。在此基础上，进一步运用系统动力学原理和方法，建立与各省农业保险目前实行的大灾风险分散机制相对应的农业保险系统动力学模型，并与全国农业保险经营规模最大的一家保险公司的系统动力学模型相耦合，通过对未来大灾风险的情景假设和动态模拟，展示在提前发生10年、20年、50年或100年一遇大灾风险不同组合的冲击下，各省农业保险大灾准备金、可供投资者分配利润的变化趋势和各省需要总公司支付的缺口资金，以及总公司大灾准备金的积累状况、需要的外部超赔补偿资金和偿还外部资金的能力，以此体现省级和总公司农业保险应对大灾风险损失的能力。最后，依据各省和总公司农业保险的模拟结果，提出相关建议。

第八章，对我国专业农业保险公司应对大灾风险的能力进行了动态模拟。首先对某专业农业保险公司在吉林省、辽宁省、内蒙古、北京市、山东省开展农业保险的概况作了介绍，然后对上述五省、区、市2015～2035年农业保险保费收入及各专业农业保险分公司在各省的保费收入作了估测，并对五省、区、市未来农业保险平常年景和10年、20年、50年及100年一遇的大灾赔付率进行参数法评估和蒙特卡罗模拟，进而计算出各省农业大灾赔付率。采用下标变量建立了五省、区、市专业分公司和专业农业保险公司的系统动力学数组模型，通过动态模拟，展示在提前发生10年、20年或50年一遇大灾风险的冲击下，我国农业保险保费收入超过30亿元的内蒙古和其他四个省、市发生各种组合的大灾损失时，需要专业农业保险公司支付的缺口资金，以及专业农业保险公司需要的外部超赔补偿资金，最后提出专业农业保险公司实现可持续发展需要采取的措施。

第九章，上述对省级和总公司、专业公司农业保险应对大灾风险能力的模拟研究，都提出了在保险公司超过偿付能力时需要建立为其提供外部补偿资金的机制。为了回答采用何种方式为保险公司提供外部补偿资金，需要进一步从全国农业保险角度对一些主要方式进行模拟比较。为此，在预测未来全国农业保险保费收入和对大灾赔付率评估的基础上，从全国农业保险宏观角度，建立全国农业保险系统动力学模型，重点对在保险公司超过赔偿能力时，为其提供外部补偿资金的政府大灾准备金“兜底方式”和“融资预案”两种方式进行了模拟和比较，最后提出了“融资预案”是为保险公司提供外部超赔补偿资金的较优方式。

第十章，首先总结了本书研究结论，然后结合我国已经建立的农业保险大灾风险分散方式，围绕完善我国农业保险大灾风险分散体系提出了相关建议。

（三）研究方法

本书应用了以下主要研究方法：

第一，系统仿真技术。系统仿真技术和理论研究、实验方法及大数据方法一起，成为当代科学研究的四大范式。系统动力学是重要的仿真理论和技术，它通过对未来可能情景假设的模拟，展示系统行为的变化趋势，揭示存在的潜在障碍，寻求改进系统行为的途径，因而被称为“政策和策略的‘实验室’”。对农业保险大灾风险情景假设的动力学模拟研究，有利于弥补我国农业保险大灾损失数据的不足，多种情景假设的模拟研究结果将为改进和完善我国政策性农业保险大灾风险管理制度提供参考。

第二，现代极值统计方法。现代极值统计方法在拟合极端事件方面具有明显的优势，能有效克服传统的统计方法拟合和评估大灾风险产生的偏差和误差。本书综合运用参数方法、蒙特卡罗模拟和极值模型来拟合农业灾害损失样本尾部分布，获得农业大灾概率分布函数，为系统动力学的大灾风险情景假设提供依据。

四、创新之处和不足

（一）创新之处

本书的研究在以下几方面有所创新：

第一，首次在国内将系统动力学原理和方法引进并实际应用于我国农业保险大灾风险分散的模拟研究，将为农业保险的政策和策略分析探索一条新的研究思路和方法。

第二，首次对我国湖南、甘肃、广东、吉林、辽宁、内蒙古、北京和山东八个省、区、市，以及国内农业保险经营规模最大的一家保险公司和全国农业保险2015～2035年保费收入和10年、20年、50年及100年一遇的农业保险大灾赔付率进行了估测。

第三，依据《农业保险大灾准备金管理办法》和农业保险现行经营模式，首次分别建立了甘肃、广东、湖南三个农业灾害多发省和经办该省农业保险总公司的农业保险大灾风险分散的系统动力学耦合模型，对2007～2035年各省和总公司农业保险现行模式应对不同程度大灾风险冲击的能力进行了模拟，展示农业保险经营指标，尤其是省级农业保险的缺口资金和总公司需要的外部补偿资金的变化趋势。

第四，采用系统动力学的下标变量方法，首次建立了吉林、辽宁、内蒙古、北京和山东五省（区、市）专业农业保险分公司和总公司大灾风险分散的系统动力学数组模型，对各省和专业农业保险公司现行模式应对大灾风险的能力进行模拟，展示了大灾准备金以及省级分公司农业保险的缺口资金和总公司需要的外部补偿资金的变化趋势。

第五，首次建立全国农业保险大灾风险分散的系统动力学模型，对保险公司超过赔付能力时由政府大灾准备金为其兜底的方式和由保险公司向金融机构贷款或发行农业保险大灾风险债券并偿还本金、由政府支付保险公司融资利息的“融资预案”进行了模拟和比较。

第六，建模难度极大，突破不少难点。如在数组模型中，仅省级分公司的数组子模块共有与农业保险业务对应的113个变量，204个方程，每个下标变量要计算5次，相当于565个变量（113×5）和1020个方程，尤其是赔付子模块的运作机制更为复杂，共使用条件逻辑函数（clip）70个，相当于350个运行方程。成果填补了国内外农业保险大灾风险分散的系统动力学模型及数组建模方法的空白，具有原创性。

第七，提出我国适宜建立农业保险大灾风险四级分散体系，以及在早期2018年提前发生50年或100年一遇大灾时，全国农业保险需要外部提供超赔补偿资金的额度和政府为支付利息应筹集的资金。

（二）存在的不足之处和需要进一步研究的内容

第一，在各省和全国农业保险未来保费收入的测算中，未考虑未来可能出现的保额扩大、费率变动和可能新增的地方特色农业保险品种，因而未来保费收入的估测与未来的实际保费可能出现一定偏差。但是系统动力学模型中对保费收入和赔付率分别进行了增加3%的方案模拟，而且系统动力学主要在于把握系统行为的未来趋势，因而具有对数据要求不太严格的特点，因此对模拟结果不会产生较大影响。

第二，在对全国农业保险大灾风险分散模式的模拟中，未能建立全国31个省、区、市和国内至少5个以上主要农业保险经营机构的系统动力学模型，使得全国大灾风险准备金规模和保险公司需要的外部超赔补偿资金规模的预测，可能会产生一定偏差。

第三，在本书研究的基础上，在可能的情况下，可以尝试建立以全国31个省、区、市为样本单位和以国内主要5家农业保险经营机构为框架的中国农业保险大灾风险分散模式的可持续发展研究。

第二章　农业保险大灾风险分散的理论分析和研究方法

农业保险大灾风险分散的概念和一般巨灾风险保险以及农业巨灾风险保险具有明显的区别。巨灾风险保险和农业巨灾风险保险是专门为转嫁和分散洪水、台风和地震等巨灾风险而开展的保险业务。农业保险大灾风险分散是在开展农业一般风险保险的基础上，采取一定措施对可能发生的超过保险公司偿付能力的大灾风险进行转嫁分散。但是，由于具有“保险”和“大灾分散”这样一些共同内涵，农业保险大灾分散既有与巨灾风险保险和农业巨灾保险相一致的理论问题，又有其自身独特的机理。

一、农业保险大灾风险的特点和定义

（一）农业保险大灾风险的特点

农业保险大灾风险具有一些明显的特征，如成灾地域的关联性、极高的赔付率、发生的低概率等。农业保险大灾风险一旦出现，受灾的面积往往很大，有时波及数县甚至数省，如2008年发生在我国南方的雨雪冻灾，不仅湖南、湖北等省农业严重受灾，而且波及我国北方一些省市，甚至影响到西北地区的甘肃省，使兰州市周边县、区的蔬菜大棚因低温受冻而严重减产。农业保险风险单位的这种相互关联性所导致的农业保险的系统性风险使农业保险可持续经营的“大数法则”失效。一旦大灾发生将会由于承保品种的严重受损而导致巨额的赔付支出，给农业保险经营机构的持续营运造成极大的威胁。但是，农业保险大灾风险往往是10年、20年、30年、50年甚至100年才可能发生一次，因此其发生概率的统计曲线与一般的正态分布函数不同，而是呈现厚尾特征（见图2－1）。农业保险大灾风险发生的低概率、系统性和损失巨大的特征，使得对农业保险大灾风险的预测比较困难，降低了农业大灾风险的可保性。

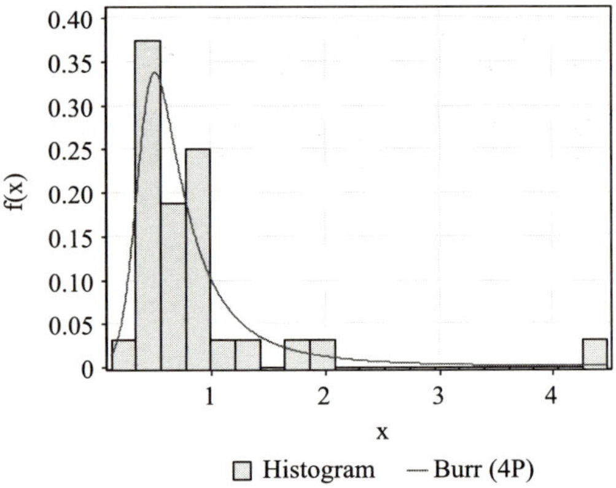

图 2-1　吉林省赔付率的概率密度分布函数和直方图

（二）农业保险大灾风险的定义

"农业巨灾保险"和"农业保险巨灾风险"至今尚未有公认的统一定义。我国有的学者认为，农业巨灾保险是专门针对农业巨灾所提供的保险保障措施，是一种对农业生产经营者遭受巨大灾害导致的经济损失进行风险分散，并提供保险赔款补偿的农业保险（李大垒，2009；张乐柱，2010）。还有人认为，农业保险巨灾风险的界定相对于保险公司而言，采用"保险赔付率标准"这一指标较为合适，即以一个时间周期内发生的保险赔付总额占当期保险行业承保保费总额的比例判断农业保险巨灾风险是否发生，建议设定为 150% ~200% 较为适宜（周振，2011；陈利，2014）。还有一些学者（庹国柱，2013）认为，"发生超过农业保险经营机构和本地农业保险风险责任承担能力的风险损失的可能性，就是农业保险大灾风险，为农业保险经营机构和地方大灾风险所做的风险分散转移的一系列制度安排，就是农业保险大灾风险管理制度"。

从风险定义的理论角度看，以"超过农业保险经营机构农业保险风险责任承担能力"来定义农业保险是完全正确的。"风险"被定义为"实际结果与预期结果的相对差异"（王国军，2014）。而且农业保险所关心的主要是能够带来损失的纯粹风险。在保险学中概率用来度量风险事件造成损失的可能性。概率分布则用来描述风险事故导致的所有可能出现的结果和各种结果出现的概率。超过农业保险经营机构风险责任承担能力的风险损失就是"相对差异"，而发生这种相对差异的“可能性”可以用“概率”来度量。所以上述对农业保险大灾风险的界定符合理论要求。

由上述“超过风险责任承担能力”的界定可以看出，在发生灾害风险损失后，是否被确定为“农业保险大灾风险”取决于两个因素，一个是农业保险经营机构自身当年可用于支付赔款的资金，显示经营机构的偿付能力；另一个是成灾当年需要农业保险经营机构赔偿的金额。2014 年 1 月 1 日开始实施的《农业保险大灾风险准备金管理办法》（以下简称《办法》）规定，“大灾准备金专项用于弥补农业大灾风险损失，可以在农业保险各大类险种之间统筹使用”。大灾准备金的使用条件，一是当保险机构省级分支机构的农业保险大类险种综合赔付率超过 75%（以下简称大灾赔付率）时，可以在再保险的基础上，使用本机构本地区的保费准备金。二是根据前款规定不足以支付赔款的，保险机构总部可以动用利润准备金；仍不足的，可以通过统筹其各省级分支机构大灾准备金。可见，在《办法》实施以后，我国农业保险经营机构可用于支付当年赔款的资金主要由两大部分构成，一部分是当年农业保险自留保费减去经营管理等费用后的部分，另一部分是历年计提的大灾准备金。在假定成灾需要赔款金额不变的情景下，由于保险公司可用于赔付的自有资金构成中，公司大灾准备金的余额处于变化状态，可能随着时间的增加而增多；也可能在一次较大灾害后可用于赔付的资金突然减少。因此，采用上述“超过风险责任承担能力”对农业保险大灾风险的定义去判断某一地区或某一险种是否发生大灾风险时，在保险业务开展的不同时段无法得到前后一致的对“大灾”是否发生的确定判断，出现“大灾风险”定义在判断上不相一致的问题。

在农业保险中，普遍使用“赔付率”指标来反映保险公司经营某险种或者某地农业保险时当期保费收入和赔付支出之间的关系。在原保费收入不变、经营管理水平不变的情况下，“赔付率”可以用来反映灾害损失的大小，赔付率值越大，表明赔付支出越多，即灾害造成的损失也更加严重。从理论或实践不难看出，随着大灾准备金的积累，一定的灾害赔付率，在农业保险业务开办初期可能被确定为农业保险的大灾风险损失；而在农业保险开展 10 年、20 年以后，发生上述同一灾害赔付率时，也可能还没有超过保险公司的偿付能力而被确定为还没有构成农业保险的大灾风险。例如，对湖南省农业保险大灾的评估表明，发生 10 年和 20 年一遇灾害时的赔付率分别为 120. 92% 和 165. 34%。本书第五章“湖南省农业保险大灾风险分散模式的模拟研究”的结果表明，2018 年湖南省保费收入为 24. 02 亿元，发生 10 年一遇的农业大灾时，当年成灾应赔款 29. 05 亿元，全省简单赔付率为 120. 92%，成数分出再保险自留部分应赔款 20. 28 亿元。用当年自留保费赔付 12. 54 亿元，再保险公司赔款 0. 21 亿元，剩余的超赔款 7. 53 亿元全部由保费准备金支付。支付超赔款后年末保费准备金余额 9.54 亿元，利润准备金余额 1.79 亿元，一般风险准备金 0.32 亿元，当年可赔付结余资金 11.65 亿元。在 2028 年再次发生 20 年一遇大灾时，当年全省保费收入 29.68 亿元，当年成灾应赔款 49.07 亿元，简单赔付率 165.34%。用当年自留保费赔付 15.3 亿元，再保险公司赔款 0.66 亿元，剩余的超赔款 17.72 亿元先由全部保费准备金支付 17.04 亿元，还有 0.68 亿元全部由利润准备金支付，支付超赔款后年末利润准备金余额为 7.03 亿元，一般风险准备金余额 1.38 亿元，当年可赔付结余资金为 8.41 亿元（见图 2－2）。也就是说，依据“超过风险责任承担能力”对农业保险大灾风险的界定来看，随着湖南省农业保险大灾准备金累积余额的增多，即使早期发生 10 年一遇赔付率为 120.92% 的灾害和晚期又发生 20 年一遇赔付率为 165.34% 的灾害的情景下，湖南省都没有发生农业保险大灾风险。如果在上述假设中，在 2016 年先发生一次 20 年一遇赔付率为 165.39% 的灾害，其结果是，当年可赔付结余资金尚有 2.15 亿元，按上述定义表明，20 年一遇的灾害还不能称作农业保险大灾风险；而在 2018 年第二次发生 10 年一遇大灾和 2028 年第三次发生 20 年一遇大灾时，成灾当年都出现了经营亏损，分别需要保险机构总部统筹其各省级分支机构大灾准备金，再支付 2.18 亿元和 3.24 亿元超赔款（见图 2－2），表明在第二种假定下，湖南省在 2018 年以及 2028 年先后发生 10 年一遇和 20 年一遇的两次灾害事件，又都可以称为农业保险大灾风险。因此，依照上述“超过风险责任承担能力”对农业保险大灾风险的定义，湖南省农业保险在发生 10 年一遇、20 年一遇的灾害风险损失时，既可以被认为是大灾风险，也可以不认为是大灾风险，会出现在“大灾风险”判断上的不相一致。

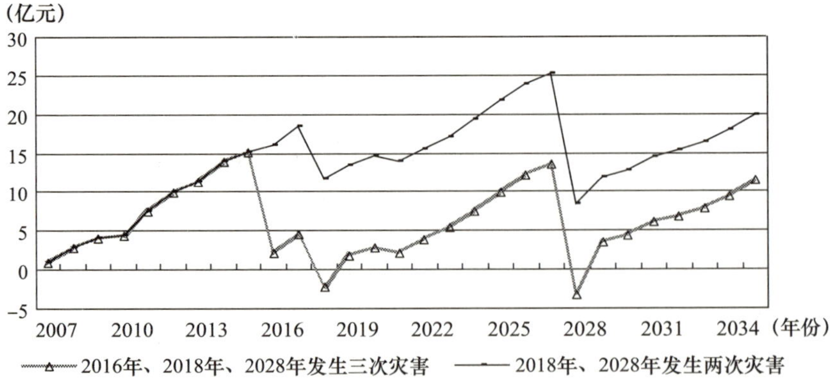

图 2－2 湖南省农业保险先后发生三次和两次不同程度农业灾害时当年可赔付结余资金变化趋势

由此可见，上述用“超过风险责任承担能力”对农业保险大灾风险的界定需要完善。对一个特定地区而言，无论是早期还是晚期，对是否发生农业保险大灾风险的判断应该是确定一致的，不能随时间而发生变化，这也是国外许多国家或机构为什么对巨灾风险都“根据一地自然灾害风险损失规模和强度”去界定的缘由。如 2015 年瑞士再保险公司用一次事件的经济损失达到 9770 万美元，或者死亡和失踪人数超过 70 人，受伤人数和无家可归人数分别超过 50 人和 2000 人的标准界定巨灾风险①。1998 年，美国保险服务局将大灾风险定义为发生大范围影响保险公司和投保人且财产损失超过 2500 万美元事件的概率。因此，结合我国已经建立农业保险大灾准备金制度的实际，以及对我国多省农业保险不同灾害风险损失下赔付率的评估结果看，可以将我国农业保险大灾风险定义为：“农业保险发生 10 年一遇以上的灾害风险损失的事件”。农业保险大灾风险，一般以发生 10 年、20 年、30 年、50 年或 100 年一遇农业灾害时保险公司的简单赔付率来度量，并且和《办法》的规定相一致，将其称为 10 年、20 年、50 年或 100 年一遇的大灾赔付率。这样定义后，当农业保险大灾风险发生时，成灾当年应该支付的赔款，可以超过农业保险经营机构的赔偿能力，也可以没有超过其赔偿能力。而从理论和实践看，在发生 10 年一遇大灾的赔付率时，无论保险公司自身的偿付能力是否能够应对大灾赔偿，都存在不同层次的大灾风险的分散问题。前者不仅需要动用保险公司保费准备金，甚至动用多年积累的利润准备金和一般风险准备金，还可能需要再保险公司按赔付率超赔合约予以赔偿；而后者，也就是当保险公司自身偿付能力不足时，其超赔部分就需要借助外部资金，才能足额支付大灾当年造成的损失。因此，对农业保险大灾风险的这种新的界定，不仅在地区和时间层面对农业保险大灾风险的判断具有一致的确定性，而且便于对不同地区之间农业保险经营机构应对大灾风险的能力进行比较。

二、农业保险大灾风险分散的理论

农业保险大灾风险分散理论的叙述，着重于大灾风险分散的机制分析。为此，归纳起来重点介绍和分析大灾风险在时间和空间的分散、信贷和资本市场的扩展、确定性效应以及资金利用效率最大化等理论。

① 瑞士再保险公司发布的研究报告：Swiss Re. Sigma. Natural Catastrophes and Man – made Disasters in 2015：Asia Suffers Substantial Losses，2016（1）.

（一）农业保险大灾风险的时空分散理论

农业保险大灾风险在空间和时间两个维度上具有可分散性。尽管农业保险大灾的发生可能出现地域的相关性，但在全国范围内由于农业保险更多的不同风险单位的存在，使得大灾在地域空间上的分散成为可能。风险单位是指保险标的发生一次某种灾害事故的可能性及其可能造成的损失范围。风险单位与保险单位不同，保险单位是指保险人所承保的保险标的和据以补偿的基本单位。从外延上看二者具有包容关系，风险单位包含了保险单位。在农作物保险中，一个风险单位往往包含几万个甚至几十万个保险单位，是众多保险单位的集合。因此，从大灾风险分散的角度而言，使用风险单位更为恰当。在同一个风险单位内，风险性质和发生概率相似，同类标的的灾损事件是完全相关或高度相关的。在不同风险单位间，同类标的的灾损事件完全独立或微弱相关（丁少群、王信，2011）。空间越广阔，各地同类风险单位的差异可能越大，在更大范围内扩大承保面就可能增加不同风险单位的数量，通过保险经营的“大数法则”使风险得到分散。例如，湖南省 20 年一遇的灾害赔付率可能达到 165. 34%，而经营湖南省和国内其他地区农业保险的一家总公司在整体上发生 20 年一遇灾害时的赔付率则减少到 125. 40%，减少了 23. 23%。其中一个重要原因，就是由于全国各地风险单位的不同，通过经营更多地区的保险业务，增加了不同风险单位的数量，用低风险地区的结余资金支付高风险地区当年的经营亏损，实现了个别地区的年度大灾风险在全国不同地区的跨区域分散，从整体上降低了保险公司的年度风险水平。

农业保险大灾风险在时间维度上的分散则是将承保期内各年度的大灾准备金的累计结余资金，用来支付大灾发生时的巨额超赔损失，通过大灾风险的跨时期分散，提高了农业保险在经营时期内应对大灾风险的能力。农业保险大灾风险在时间维度的分散能力取决于农业保险大灾准备金的累计状况。我国自 2014 年 1 月 1 日开始实施的《办法》，对农业保险经营机构保费准备金和利润准备金的计提办法做了明确规定。尤其是利润准备金的计提，避免了政府保费补助被大量转化为公司利润，极大地提高了我国农业保险大灾准备金的积累能力，与农业保险大灾风险跨区域分散功能一起，在农业保险经营机构层面构筑了农业大灾风险跨区跨时分散的第一层级。

在没有发生大灾的情况下，农业保险经营时间越长，大灾准备金余额可能就越多，应对大灾风险的能力也就越强。例如，在没有发生大灾的平常年景赔付率假设下，湖南省农业保险在 2020 年当年大灾准备金的结余资金可能达到 22. 91 亿元，是当年净保费的 1. 3 倍，其中保费准备金为 17. 92 亿元，利润准备金为 4. 25 亿元，一般风险准备金为 0. 74 亿元。到 2030 年大灾准备金的结余资金多达

38.19亿元，是当年净保费的1.8倍，其中保费准备金为20.88亿元，利润准备金14.87亿元，一般风险准备金2.44亿元。即使在2018年和2028年先后发生10年一遇和20年一遇的两次灾害的情景下，成灾当年湖南省累计大灾准备金在支付当年超赔款后，可能分别尚有结余资金11.65亿元和8.41亿元，到2035年增加到19.8亿元。也就是说，随着湖南省农业保险大灾准备金累积余额的增多，在支付早期发生10年一遇赔付率为120.92%的大灾和晚期发生20年一遇赔付率为165.34%的大灾后，通过大灾风险的跨区和跨时分散，完全可以做到可持续经营。因此，在测算农业保险可用于支付赔款的资金，以及研究区域农业保险应对大灾风险的能力时，一定要同时考虑农业保险大灾风险在空间和时间两个维度上的分散作用，否则往往可能过多地估算应对一定大灾风险损失时应筹集的资金。

（二）农业保险大灾风险向资本市场的转移和分散

20世纪80年代，随着对偶理论（Dual Theory）、预期效用理论（Anticipated Utility Theory）和秩依效用理论（Rank－dependent utility Theory）的建立和发展，保险、再保险成为最常见的市场化分散巨灾风险的管理工具。然而，这种传统的巨灾保险管理工具也面临着困境。由于巨灾损失估计的不确定性，再保险市场对于巨灾风险无法提供足够的承保能力，以及再保险合约的交易成本偏高、原保险人的道德风险与逆向选择等问题，使得保险公司无法完全以再保险的方式来转移巨灾风险（Cummins & Geman，1993）。同时，保险的供给与需求都没有完全的弹性，保险供给不随价格变动而增加，如果想要单纯通过提高巨灾保险价格的方式，并不能增加供给，也不能从根本上解决巨灾损失的分担问题（Mark S. Dortfman，2002）。

为此，人们开始将目光投向其他融资方式。融资方式分为直接融资和间接融资两种。贷款属于间接融资，而资本市场的证券化属于直接融资。尤其是资金实力雄厚的资本市场中选择性风险转移（Alternative Risk Transfer，ART）金融手段的出现，成为巨灾再保险的替代品和补充方式，促使保险市场与资本市场结合，由此引发了一场传统再保险经营理念的变革。

传统的保险市场对风险可保性的定义是，当消费者想要避免风险可能造成的损失时，如果能够在保险市场中有效地转移这一风险，称这个风险是可保的；反之，如果在一个给定的保险市场中，消费者和保险人无法找到互利的风险转移方法时，则称这一风险是不可保的。保险市场和资本市场的融合，使得风险可保性的定义扩展到整个私人市场经济领域。风险的可保性被重新定义为：当消费者想要避免风险可能造成的损失时，如果能够在私人经济市场中有效转移这个风险，则这一风险是可保的；反之，如果在一个给定的私人经济市场中，消费者和保险人无法找到互利的风险转移方法时，则称这一风险就是不可保的。在一个完全竞争的市场中，经济中的风险将被完全有效地分散，并达到帕累托最优。因此，保险市场风险向资本市场的转嫁分散风险，极大地提高了巨灾风险的可保性。

巨灾风险证券化就是 ART 的一个主要分支，即运用各种创新性金融工具及其变换、组合，实现保险市场与资本市场的有机结合。巨灾风险的证券化产品一般也称为保险连接证券（Insurance - linked Securities，ILSs），但它不是一种纯粹的资本市场工具，从风险二次分摊的本质来说是再保险的延伸。

目前国际上巨灾保险证券化创新出来的衍生工具主要有四种：巨灾期货、巨灾期权、巨灾债券和巨灾互换。巨灾风险的证券化具有两种基本的形式。一种是巨灾风险融资：巨灾风险承保的现金流向改变而大小不变，现金流转化为可交易的金融债券，例如，本金和利息保全的可延期巨灾债券，或叫做本金保证偿还型巨灾债券。另一种是巨灾风险转嫁：巨灾风险承保的现金流向和大小都改变，巨灾风险通过可交易的金融证券转嫁到资本市场，例如，可免除部分或全部本金和利息的巨灾债券或者其他金融产品。

（三）风险厌恶与确定效应理论

保险市场是信息极端不对称的场所。而当代出现的将心理学引入经济分析的行为经济学，更能揭示信息极端不对称时投保人和保险人的风险选择。行为经济学中的“前景理论”是由丹尼尔·卡尼曼和阿莫斯·特沃斯基于 1979 年提出的。前景理论由五个基本原理组成，其中确定性理论在农业保险大灾风险分散中具有重要意义。确定性理论认为，如果在确定的收益和“赌一把”之间进行选择的话，多数人会选择能够有确定的好处。和具有确定收益的结果相比，人们的选择往往会低估不确定的、概率性的结果，也就是说大多数人在面临收益时是风险厌恶型的。由确定性理论可以看出，结合巨灾债券发行的条件和成本，以及我国金融资本市场的发展水平，采用投资风险更小的融资方式更加适合广大投资者的需求。中国股市 1988 年和 2015 年的两次暴涨暴跌，使成千上万人辛辛苦苦积攒的财富在极短时间内被洗劫一空，尤其让广大低收入者闻“股”色变，面对风险投资更多的个人表现为风险厌恶者。因此，我国农业保险大灾风险分散的融资方式应该以农业保险经营机构的货款或具有确定性收益的发行公司债券或农业保险大灾风险债券为主要方式，其中农业保险大灾风险债券又可以本息保证偿还型大灾债券为主。

（四）资金投入的最佳组合和使用效率的最大化机制

政策性农业保险是政府支持农业稳定发展和稳定农民收入的一项支农措施。

因此，我国各级政府不仅对农业保险保费给予了大量财政补贴，而且在农业保险发生大灾使保险公司入不抵出的情况下，政府同样应该对经营农业保险的机构进行必要的资金支持。同时，我国政策性农业保险又采取了农业保险经营机构的市场化运作方式，因而农业保险既要有政府的必要扶持，又要发挥市场功能。无论政府财政资金投入还是保险公司的资金运作，都要通过政府财政资金和公司资金投资的最佳组合，实现二者资金使用效率的最大化。要尽量避免当政府投入高额资金为保险公司弥补亏损时，而保险公司却有大量积累的大灾准备金被闲置，从而降低了政府和保险公司资金的使用效率。因此，在我国农业保险经营机构今后三五年内可能积累大量大灾准备金的情景下，在为保险公司提供外部超赔补偿资金时，是采取用政府大灾准备金为其“兜底”的方式，还是由政府担保、由保险公司融资并偿还本金，而由政府支付其融资利息的“融资预案”，成为我国农业保险大灾风险分散制度设计中需要审慎考虑的重要问题。

三、农业保险大灾风险的评估

农业保险大灾风险评估以收集的统计资料为基础，对农业保险因灾发生的损失程度和概率进行估计。通常使用的方法是对农业保险赔付率的历史数据采用参数法或非参数法进行评估。由于我国一些地区，尤其是种植业、养殖业和林业大类险种的农业保险时间序列数据缺乏，而我国从 20 世纪 80 年代就开始了对农作物受灾和成灾面积的统计，因此，基于灾情数据的评估方法成为评估作物因灾损失的另一种选择（王克，2013）。目前使用的方法主要有参数法和非参数方法，为弥补上述方法的不足，将金融计量经济学中的极值法引入到对农业大灾损失率的评估。

本书对农业保险大灾风险的评估采用了参数法和极值方法。参数估计方法先假定农业生产损失服从某种分布，然后用历史数据估计出分布函数的参数值，确定该分布的概率密度函数。对风险损失程度的分布进行拟合的主要分布模型有正态分布、对数正态分布、指数分布、泊松分布、伽马分布、贝塔分布等。利用 AD 检验、K－S 检验和卡方检验进行最优分布函数的选择。为了克服样本数据不足可能导致的误差增大的缺陷，利用蒙特卡罗模拟以增加农作物损失率的样本空间。农业大灾风险具有破坏力非常大和发生概率较小、集中分布于尾端的特征，因而采用传统的统计方法对大灾风险进行拟合和评估，将会产生很大的偏差。为此，进一步运用极值理论的超越阈值极值方法（Peaks Over a Threshold，POT）

对新产生的灾害损失率样本拟合广义 Pareto 分布，获得农作物大灾损失率的概率分布函数，并应用经验的概率图（Probability Plot）、分位数图（Quantile Plot）、重现水平图（Return Level Plot）和概率密度函数图（Density Plot）对上述概率分布函数进行诊断检验。最后运用金融学研究中的 VaR 方法计算出研究区域农作物生产 10 年、20 年、30 年、50 年和 100 年一遇的灾害损失率，再将其折算成 10 年、20 年、30 年、50 年和 100 年一遇大灾的农业保险赔付率。

（一）超越阈值极值模型

极值理论主要研究极端事件，是概论统计理论的重要分支，在研究分析巨灾损失厚尾数据的统计规律上具有优势。近些年发展起来的超越阈值极值模型对传统的组内极大值模型进行了改进。

设 X_1，X_2，…，X_n 是一组独立同分布的随机变量，分布函数用 $F(X)$ 表示，那么随机变量 X 超过阈值 μ 的条件分布为：

$$F_{\mu}(y)=\Pr(X-\mu\leqslant y\,|\,X>\mu)=\frac{F(y+\mu)-F(\mu)}{1-F(\mu)} \tag{2-1}$$

上式变形得到：$F(x)=(1-F(\mu))F_{\mu}(y)+F(\mu)$ (2-2)

如果随机变量 X 的分布函数为：$H_{\xi,\delta}(y)=\begin{cases}1-\left(1+\xi\dfrac{y}{\delta}\right)^{-1/\xi} & \xi\neq 0\\ 1-e^{-y/\delta} & \xi=0\end{cases}$ (2-3)

称为服从广义 Pareto 分布（Generalized Pareto Distribution，GPD），其中 ξ 为形状参数，δ 为尺度参数，$\delta>0$。在极值理论中，阈值的选取至关重要。恰当的阈值才能使相应的超出量服从广义 Pareto 分布。阈值过大，将会使超出量较少，建模样本点太少导致估计参数的方差增大；阈值太小会导致有偏差，样本点不能代表极端事件。为了保证选取的阈值满足厚尾性检验，通常用平均残差寿命图（Mean Residual Life Plot）来确定阈值，如果某个选取值之后的平均残差寿命图趋向于线性时，该选取值即为样本的阀值。另外有一些研究经验表明，超过阈值的数据量应大约为 10% 的数据总量。

（二）VaR 方法

VaR（Value at Risk）方法是金融市场中风险度量的重要方法，衡量在正常市场条件下极端事件的损失。从金融监管的角度看，VaR 还可以定义为在极端市场条件下的最小损失。具体而言，VaR 是指在正常的金融市场条件下和一定置信水平 α 下，给定时间段内预期发生最坏情况的损失大小为 x_{α}。将该方法应用于农业灾害评估，分析在一定置信水平下，农作物生产在未来特定时期内的最大可能损失。其数学表达式如下：

$$\mathrm{VaR}(\alpha)=\min\{x \mid F(x)\geqslant\alpha\}，即\ \mathrm{VaR}(\alpha)=F^{-1}(1-\alpha)=x_{\alpha} \quad (2-4)$$

其中 $F(x)$ 为概率分布函数，α 为置信水平，x_{α} 为在置信水平下的最大损失。VaR 实际上是计算分布函数 $F(x)$ 在置信水平 α 下的分位数，因此能够用于农业巨灾风险的度量。

四、动态模拟：系统动力学理论和方法

动态模拟被认为是当代科学研究的四大范式之一。系统动力学是动态模拟的重要理论和方法之一。系统动力学（System Dynamics）是由美国麻省理工学院的 J. W. 福瑞斯特教授（1985）创建的一门分析研究信息反馈系统的学科。系统动力学通过对未来各种情景的假设进行动态模拟，以此展示不同政策实施的中长期效果，并提出改进系统行为的途径，因而被称为“政策和策略的‘实验室’”。系统动力学研究的问题至少具有动态和反馈两大基本特征。农业保险及其大灾分散机制具有动态和反馈特征，因而非常适宜采用系统动力学的原理和方法来研究农业保险大灾风险分散各种政策和措施的中长期效果，为农业保险政策研究开辟了一种新的研究思路和方法。采用系统动力学的方法，对农业保险发展模式和大灾风险分散体系动态模拟的情景分析，可以弥补我国政策性农业保险数据缺乏的不足之处，其结果将为改进和完善我国农业保险大灾风险分散制度提供参考。

（一）系统的因果关系和反馈结构

用系统动力学研究问题，首先需要对研究问题的系统进行变量间的因果关系分析，然后确定系统的反馈结构，为在 Vensim 等图形化软件上写出计算方程或利用专用语言进行编程奠定基础。

1. 因果关系

系统内部的组成元素之间相互联系和作用，形成了系统内部错综复杂的因果关系。而对系统内部因果关系的分析成为构建系统动力学模型的基础。构成系统的元素，或叫事物或叫变量。系统动力学把导致另一个事物（变量）数量变化的这个事物（变量）叫做原因，把形成数量变化的另一个事物（变量）称为结果。规定用有向箭头“→”把这种原因和结果连接起来。如甲引起乙变化，则可表示为：甲→乙。如果甲引起乙的数量变化，乙又引起丙的数量变化，则可以表示为：甲→乙→丙。

变量间的因果关系构成了因果链。因果链首尾相连形成的环，叫做因果环或

闭合链，否则就叫做开环或直链。例如，甲→乙→丙是开环、直链；甲→乙→丙→甲是因果环或闭合链。

系统中元素间的作用具有极性。如果甲的数量增加或减少会导致乙的数量同时增加或减少，则称甲对乙的作用是正因果关系，并用“+”表示；否则，如果甲的数量增加或减少会导致乙的数量同时减少或增加，则称甲对乙的作用是负因果关系，并用“-”表示。例如，在出生率和死亡率不变的情况下，如果总人口数量增加，则会同时增加出生人口数量，而出人口数量的增多，又最终导致总人口数量的增多，这种因果环或闭合链可表示为如图2-3所示的因果关系图。

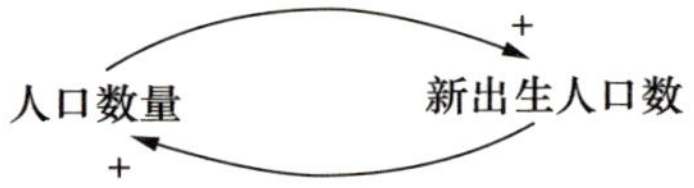

图2-3 人口数量与出生率因果关系图

人口数量越多则死亡人数也可能会越多，而死亡人数越多则总人口数量就会越小，此时人口数量与出生率和死亡率的因果关系可用图2-4表示。

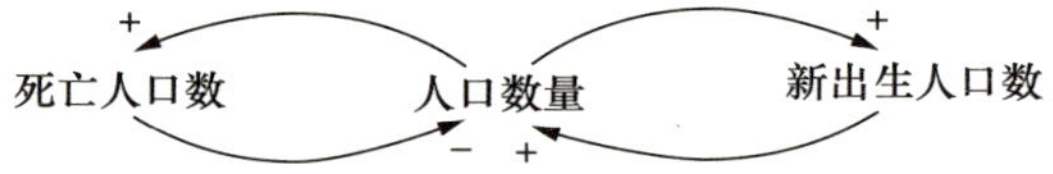

图2-4 人口数量与出生率、死亡率因果关系图

2. 反馈结构

系统动力学最基本的或者叫做核心的观点，认为反馈结构是导致事物随时间变化的根源①。

凡是系统都具有一定的结构。系统内部复杂的因果关系是系统内部结构的体现。闭合环链的因果关系形成了系统的反馈回路。反馈是指信息的传递和返回。其中，关键是信息向发出者自身的“返回”。反馈回路是构成系统的基本结构。“反馈回路是系统所有动态特性的根源。反馈产生了增长、目标追求和系统行为的振荡”②。要认识反馈系统的行为，就必须了解反馈作用的极性。按照反馈作用所产生的效果，可以把反馈分为正反馈和负反馈两大类。正反馈是一种自我闭

①② ［美］J. W. 福瑞斯特．系统动力学及其在城市区域发展研究中的应用［J］．华夏文化交流中心，1987：13.

合、自我增强的因果关系链。在正反馈中，对环中任何位置任何要素的改变都会导致沿着这个因果链依次传递下去，使最初发生变化的因素不断强化或减弱。具有正反馈特性的闭路叫做正反馈环，或叫做正反馈回路。信息的正反馈作用可以用$\xrightarrow{+}$表示。图2－3是一种正反馈回路。在出生率一定的情况下，人口数量越多，新生婴儿就越多，最终使人口数量不断增多。正反馈回路会产生偏离某种参照物、中性状态或目标值的结果，所以叫做不稳定平衡。

负反馈的特点总是使系统的行为趋向于某种平衡稳态。具有负反馈特性的闭合回路叫做负反馈环，或叫做负反馈回路。负反馈作用用$\xrightarrow{-}$表示。在图2－5中，有两条负反馈回路，一条是由费率到农业保费收入、保险公司收入、利润，再返回到费率；另一条是从公司利润到政府补助、保险公司收入，再返回到公司利润。

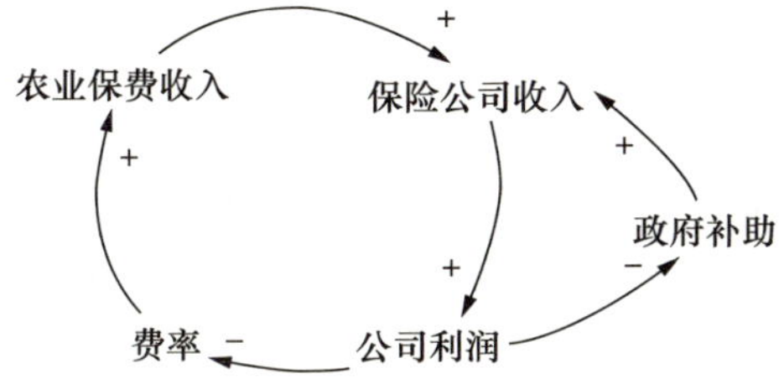

图2－5　保险公司利润与费率和政府补助因果关系图

与正反馈回路相反，负反馈回路具有跟随目标的特性，因而是一种具有调节作用的自校正回路。因此，在上述两条负反馈回路的共同作用下，保险公司的利润不可能无限制地扩张，也不可能一再出现经营亏损，而总是围绕一定利润水平上下波动并趋向于稳定状态。无论自然界还是人类社会，如果缺乏负反馈回路的调节约束或自我校正，系统的行为将由于自我增强或减弱而导致无限扩张或恶性衰退。正是由于正、负反馈回路的客观存在，不仅在协调着经济社会与自然资源和环境之间的关系，而且在协调着人与人之间的环境利益和经济利益关系，才能够使得自然界和人类社会协调稳定地存在和不断发展。政策性农业保险是由多条正、负反馈回路构成的复杂系统，正是由于这些正、负反馈回路的相互耦合和复杂作用，才使得政策性农业保险系统能够始终处于一种可持续的协调发展状态。

从系统构成变量在反馈回路中的功用特征看，反馈回路是由耦合系统的状态、速率与信息组成的。状态（行为）变量的变化取决于决策或行动的结果（速率）；决策或行动的产生又主要来自系统内部信息的反馈调节。因此，系统内部行为的积累、变化速率和信息作用这三者构成了一个基本的反馈回路（见图

2－6）。由此而定义了系统动力学的三类最主要的变量：状态（流位）变量、流率（速率）变量和辅助变量。

状态变量是能够对输入或输出的流率（政策）变量进行积累的变量，或叫做流位变量、水平变量。农业保险的保费准备金、利润准备金都是状态变量，还有像经济社会系统中的人口数量、耕地面积、林地面积、家畜数量和活立木蓄积量、仓库存货、银行存款余额等，都是状态变量。这些变量所具有的最大特征是不因时间的停止而消失，因而即使时间中止，仍然能够测出其累加的数量。从数学的角度来说，状态是积分变量。状态既可以代表有形的物理变量，也可以代表如期望、声誉和质量这类非有形的变量。

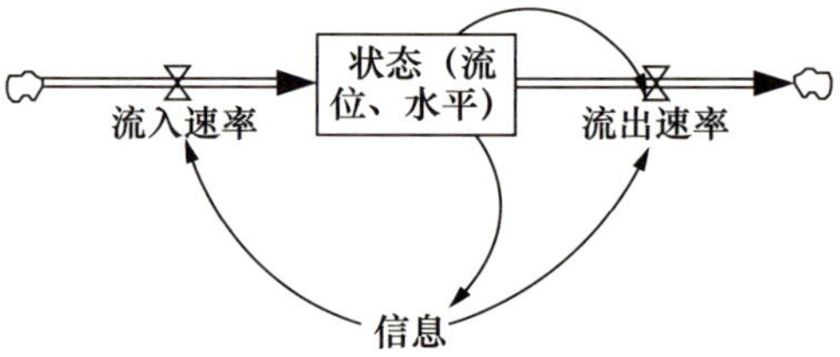

图2－6　系统的基本结构

流率变量或叫做政策变量，它与系统的目标和有关系统状态的信息有关。目标与状态之间的差异决定了流率（行动）的大小。例如，在农业保险中，当把大灾准备金作为状态变量后，每年新增加的大灾准备金和超赔款的支付额都是流率变量或政策变量。在社会系统中，年末人口数量是状态变量，而出生率和死亡率便是两种流率变量。

辅助变量在反馈结构中用作计算流率变量。辅助变量是在当前时刻通过计算该时刻其他变量的值而得到的。一旦时间中止，辅助变量的值立即消失。例如，在农业保险中政府对农户保费的补贴、农户投保额都是辅助变量，这些变量的具体数值每年都在变化，每年都必须重新输入新的数据，用它们计算当年保费收入变量时不能将上年的政府补贴和保额累加计算，并且它们在某一时刻数值的大小都是需要通过计算这一时刻投保的农作物面积、亩产量、亩收入以及补贴率等才能得到的。

基本反馈回路是最简单的反馈环，也是分析和描述任何一种复杂系统都适用的最基本的反馈结构。若干个这种基本反馈回路相互连接在一起，便形成了复杂系统。正是这些复杂回路的交叉和相互作用，决定了系统的整体功能，决定了系统行为的变化趋势。

（二）系统动力学专用 DYNAMO 编程语言

随着系统动力学的产生和广泛应用，系统动力学的专用仿真语言和软件也在不断开发和发展。DYNAMO（Dynamic Models）是系统动力学专用的计算机仿真编程语言。常说的系统动力学模型，实际上就是指用 DYNAMO 编写的一系列方程（或程序）。20 世纪 80 年代以前，就已经开发出了当时功能最丰富的 DYNAMOⅣ软件。美国的 Pugh - Roberts Associates（PRA）公司，自 20 世纪 60 年代以来，研制了各种类型的 DYNAMO 软件。1986 年推出的新版本 Professional DYNAMO Plus（简称 PD Plus），成为能应用于各种微机，功能最强、使用方便的软件。PD Plus 由 DOS 操作系统支持，把编辑、编译、仿真、结果查询、报告生成及文档处理等多种功能集中在一个软件包，采用窗口式选择菜单，操作简单、使用方便。PD Plus 可以使用数组变量，并可以定义用户宏指令，大大加强了模型的描述功能。

随着 Windows 的广泛使用，为能更加方便地建模，Ventana 公司又开发出了运行于 Windows 下的 Vensim 系统动力学软件。它具有图形化的建模方法，提供了从一个因果关系回路或流图构建系统动力学模型并进行模拟的简单和灵活的方法。Vensim 有 Vensim PLE，PLE Plus，Professional 和 DSS 版本，适合不同的用户。除此之外，市场上还有不少系统动力学软件，如 STELLA/iThink、Powersim 等。目前，国内使用的大都是免费的 Vensim PLE 版本，在研究一些简单系统时比较方便，但对复杂大系统的研究会受到一些限制。

在 Windows 系统中，只要切换到 DOS 状态，PD Plus 软件仍然可以正常使用。PD Plus 软件采用 DYNAMO 语言进行编程，还具有使用数组变量和定义用户宏指令的功能，非常适宜于对复杂大系统的建模和模拟研究，而且修改或增删方程和参数值都十分方便。因此，本书有关系统动力学模型都是在 PD Plus 软件下研制的。本书所介绍的对各种问题的研究思路、结构分析以及对变量间关系的定量描述，是系统动力学建模的核心内容，对于利用系统动力学不同版本的软件去开展模拟研究，都会大有裨益。

1. DYNAMO 语言规定

变量名的字符不超过六个，而且变量名的第一个字符必须是字母。

采用通用的代数运算符号：加法：+；减法：-；乘法：*；除法：/；乘方：**，或 exp（A*LOGN（B））（等于 B^A）。

书写方程必须从第一列开始，而且规定方程的第一列为方程的标识符 L（流位方程）、N（初值方程）、R（流率方程）、A（辅助方程）、C（常数方程）、T（表函数方程）。第一列后要求至少空 1 列再书写方程。书写方程时，不允许中间有空格。

对所有的变量都规定了时间下标，用以说明它们的时间位置。“K”表示当前时刻；“J”表示紧接在K前面的上一时刻；“L”表示紧接在K后面的下一时刻；JK表示过去到现在时刻；KL表示现在到下一时刻。常量（常数）不带有时间下标。

用“DT”表示J与K或K与L之间的时间长度，即计算机模拟的时间间隔。

2. DYNAMO方程的类型

DYNAMO方程主要包括状态方程、流率方程和辅助方程。

状态方程：状态方程是积分方程，它把过去每一时刻因速率的变化而引起的状态变量的变化累加起来。书写状态方程时，应将其标志符“L”写在第一列。例如：

```
l   bfzbj. k = bfzbj. j + dt * (bzxz. jk - bzpk. jk)
n       bfzbj = 0
```

式中，bfzbj表示农业保险公司提取的保费准备金，其值等于上一时刻末公司大灾准备金存量（bfzbj. j）加上本期新增的保费准备金（bzxz），再减去支付的赔款（bzpk），并用n方程为保费准备金初值进行赋值。

流率方程：用来计算流率变量的方程。其标志符为“R”。与流位方程不同，流率方程没有标准计算格式，它由流率的具体计算方法而确定。例如，每年新增加的保费准备金（bzxz）是流率变量，由流率方程计算，其值由分别从种植业保费收入、养殖业保费收入和林业保费收入中计提的准备金构成，其系统动力学方程如下：

```
r   bzxz. kl = zjt. k + yjt. k + ljt. k
```

式中，zjt为种植业保费收入中计提的保费准备金，yjt为养殖业保费收入计提的准备金，ljt为林业保费收入中计提的保费准备金。

辅助方程：计算辅助变量的方程。其标识符为“A”。辅助方程没有统一的计算格式，辅助变量可以由现在时刻的状态变量、流率变量或其他辅助变量而求得。例如，种植业保费收入中计提的保费准备金zjt是辅助变量，由辅助方程计算：

```
a   zjt. k = clip (zjt1. k, 0, zzlbf. k, 0)
```

式中，clip为逻辑函数，表示如果种植业自留保费zzlbf小于零，则取值零，如果大于或等于零则取值zjt1。zjt1是一个计算用的中间过渡变量，完整的方程描述如下：

```
a      zjt1. k = clip (zjt3. k, zjt2. k, time. k, 2014)
a      zjt2. k = zzbf. k * bjtb
c          bjtb = 0
```

a　zjt3. k = clip（0，zzlbf. k * ztb，bfzbj. k，jbf. k）

c　ztb = 0. 03

其中，zzbf 为自留保费中种植业保费收入（亿元）；bjtb 为 2014 年以前保费准备金的计提比例；ztb 为 2014 年以后的计提比例。

3. 主要函数

DYNAMO 使用的函数共有 21 种，主要包括数学函数、表函数、延迟函数、平滑函数、逻辑函数以及测试函数等。

数学函数：DYNAMO 中有五种数学函数，均采用了标准数学符号，如表 2 - 1所示。

表 2 - 1　DYNAMO 中的数学函数

名称	表达式
平方根	$SQRT(X) = \sqrt{X}$
正弦	$SIN(X) = \sin X$
余弦	$COS(X) = \cos X$
指数函数	$EXP(X) = e^{x}$
对数函数	$LOGN(X) = \log e^{x}$

注：X 为变量、数式或数值。

表函数：当辅助变量用来描述某些变量之间的非线性关系时，采用表函数的形式来表达。例如，由于农业保险参保率的提高和保险品种的增加，保费收入将可能随着时间变化而不断提高，它们之间可能表现为一种非线性的函数。为了表示这种非线性关系，在 DYNAMO 语言中可用表函数 TABHL 予以表达，并规定了它的书写形式。例如，在种植业保费收入（zzsl）的计算中，如果每一年由表函数给它赋予一个值，则其方程式如下：

a　zzs1. k = tabhl（zst1，time. k，2007，2014，1）

t　zst1 = 5. 2716/9. 5701/8. 713/9. 237/9. 7134/10. 8063/10. 7914/11. 847

式中，zzsl 代表 2007 ~ 2014 年以前逐年种植业保费收入的表值。

在计算种植业保费收入的辅助方程中，tabhl（－，－，－，－，－）表示如下：tabhl（表名、表的输入变量、输入变量的最小值、输入变量的最大值、输入变量的增量）。

“t”是表函数的标志符，其后的方程叫做 t 方程或表方程。t 方程的书写格式是：t 表名 = y_0，y_1，y_2，…，y_n。其中 y_0，y_1，y_2，…，y_n 为与表的输入变量所对应的 y 坐标上的值。在本例中是指与时间（年）增量对应的农业总产值。在

tabhl 表函数中，y_0，y_1，y_2，…，y_n 的数目，可由下式求得：

[（输入变量的最大值 - 输入变量的最小值）/输入变量的增量] + 1

根据上式计算，本例中 t 方程种植业保费收入应输入的数字个数共有（2014—2007）÷1 + 1 = 8（个）。

延迟函数：物质和信息的延迟是反馈系统结构中的一个重要组成部分。因此，DYNAMO 中规定了几个专为建模而设置的延迟函数。

物质延迟函数：DELAY1（一阶延迟）、DELAY3（三阶延迟）。其书写格式是：DELAY1（延迟的流率变量，延迟时间）。如：

r　tz. kl = delay1（tz0. jk，2）

式中，tz 表示当年形成固定资产的投资（万元/年）；tz0 表示当年的总投资（万元/年），延迟时间为 2 年。

信息延迟函数：SMOOTH（平滑函数，为一阶信息延迟）。其格式是 SMOOTH（平滑变量，平滑时间）；DLINF3（延迟变量，延迟时间）。例如：

a　axsl. k = dlinf3（xsl. k，2）

式中，axsl 表示延迟后的销售量；xsl 表示输入销售量，延迟时间为 2 年。

平滑函数：平滑是为了消除偶然因素的影响，以求得长期的平均趋势。被平滑的可以是状态、流率或辅助变量。平滑函数为 SMOOTH。例如：

a　pfil. k = smooth（pfi. k，3）

式中，pfil 表示平均赔付率；pfi 为待平滑的赔付率，延迟时间为 3 年。

逻辑函数：有最大值（MAX）、最小值（MIN）、CLIP 和 SWITCH 等函数，其相应格式如表 2 - 2 所示。

表 2 - 2　DYNAMO 逻辑函数

名称	函数表达式
最大值	$MAX(A, B) = \begin{cases} A，若 A \geq B \\ B，若 A < B \end{cases}$
最小值	$MIN(A, B) = \begin{cases} B，若 A \geq B \\ A，若 A < B \end{cases}$
CLIP	$CLIP(A, B, X, Y) = \begin{cases} A，若 X \geq Y \\ B，若 X < Y \end{cases}$
SWITCH	$SWITCH(A, B, X) = \begin{cases} A，X = 0 \\ B，X \neq 0 \end{cases}$

注：A、B 及 X、Y 为变量，数式或数值。

测试函数：测试函数的重要作用是，通过不同类型的外加扰动影响模型，从而获得有关模型及其反馈系统的大量信息。DYNAMO 的测试函数有阶跃函数（STEP）、斜坡函数（RAMP）、脉冲函数（PULSE）、噪声（随机）函数（NOISE）和正弦函数（SIN）等，其表达形式如表 2 - 3 所示。

表 2 - 3 DYNAMO 的测试函数

名称	表达形式	说明
阶跃函数	STEP（A，B）	A 表示为阶跃的幅宽 B 表示为阶跃发生的时刻
斜坡函数	RAMP（A，B）	A 表示线性函数的斜率 B 表示斜坡函数起始时刻
脉冲函数	PULSE（A，B. C）	A 表示脉冲幅宽 B 表示第一次脉冲出现时刻 C 表示相邻两个脉冲间隔
噪声函数	A * NOISE（） + B	变化范围在 B - A/2 与 B + A/2 间
正弦函数	A * SIN（6.283 * TIME · K/B）	A 表示振幅宽 B 表示振荡周期：6.283 为 2 * π值

（三）DYNAMO 的高级语言

PD Plus 充分利用微机技术的优点，集中并发展了当时已有的各种 DYNAMO 软件的功能。例如，PD Plus 具备了由 DYNAMO Ⅱ 和 DYNAMO Ⅲ 支持的自定义 MACRO 宏指令和由 DYNAMO Ⅲ 支持的数组（阵列式）描述方式。因此，需要对 DYNAMO 中的高级语言 MACRO 和数组予以介绍。

1. 宏指令（MACRO）

宏指令（MACRO）是具有特定功能和相应指令名的一组方程。宏指令常常在下述情况时应用，即当模型中的一块结构多次重复出现，唯一的差别是可能具有不同的参数或输入值。把这些方程用一个单一函数的形式表达出来并命名，即形成用户自定义的宏指令。自定义宏指令简化了描述过程，缩短了程序清单，更便于阅读和理解模型。

宏指令的书写格式是：首先，宏指令以"MACRO"的定义开头，其次，书写宏指令名，最后，在括号内用逗号分隔书写所有涉及的哑变元。当有内部定义变量时，需在第二句用"INTRN"定义开头，并用逗号分隔书写内部定义的变量名。

通常需要用一个或多个 PD plus 方程定义宏指令名、哑变元或内部变量。宏指令中的哑变元仅是参量名，而不应为代数表达式或数字。哑变元名不允许在本次编制的整个模型的其他地方重复出现。宏指令定义以“MEND”语句结束。宏指令必须在其被使用之前定义。

在调用宏指令时，只需在方程右端书写欲调用的宏指令名，并在括号内用逗号分隔书写相应的实变元名。

下面以农业保险中的险种保费收入中计提保费准备金的宏指令为例，对其书写和使用作具体说明。在使用“险种保费收入计提保费准备金”宏指令前，首先需要在模型中书写如下语句：

```
macro   bfjt（zlbf，ztb，bfzbj，jbf）
intrn   bfjt1
a   bfjt. k = clip（bfjt1. k，0，zlbf. k，0）
a   bfjt1. k = clip（0，zlbf. k * ztb，bfzbj. k，jbf. k）
mend
```

式中，bfjt 表示宏指令名；括号中的 zlbf 表示某险种自留保费（亿元），ztb 表示占某险种自留保费的计提比例，bfzbj 表示保费准备金，jbf 表示净保费。这四个变量和宏指令名 bfjt 都属于宏指令的输出参量。因为无法知道究竟用模型中的哪一个变量来替代输入哑变元，所以，哑变元在书写时一律不使用下标。

在“INTRN”标识符之后的 bfjt1 是内部变量，是为计算某险种计提保费准备金数值而使用的传递变量。

调用 bfjt 宏指令时，必须把哑变元换成实变元。例如，在计提种植业（zbfjt）、养殖业（ybfjt）和林业保费准备金（lbfjt）时，其方程如下：

```
a   zbfjt. k = bfjt（zlbf1. k，zztb，bfzbj0. k，jbf0. k）
a   zlbf1. k = zzlbf. k
c   zztb = 0. 06
a   bfzbj0. k = zbfzbj. k
a   jbf0. k = zjbf. k
a   ybfjt. k = bfjt（zlbf2. k，yztb，bfzbj0. k，jbf0. k）
a   zlbf2. k = yzlbf. k
c   yztb = 0. 02
a   lbfjt. k = bfjt（zlbf3. k，lztb，bfzbj0. k，jbf0. k）
a   zlbf3. k = lzlbf. k
c   lztb = 0. 08
```

式中所有实变元都要书写下标（常数无下标），而且书写顺序要与宏指令中的哑变元所表示的意义严格对应。

2. 下标变量

PD plus 允许变量名下带有下标。带有下标的变量实际上代表了一个数组，这意味着一个变量名可以代表数个变量，一个方程式能够描述模型中数个同类方程。PD plus 中的变量可以有 1 ~3 个下标，相应得到一维、二维或三维数组。

下标变量书写规则是：

数组用括号中带有下标的变量表示。取自 FOR 语言中的一个特定值范围的下标称为 FOR 变量。由 FOR 语句规定下标值的整数范围。带有下标的变量，其下标可以为整数或文字。必须恰当地定义数组元素的指定值，即每个元素在模型中必须有一个指定值，而且元素不可以重复计算。数组元素可用不同类型的方式进行计算，但它们必须具有相同的变量类型。

在 PD plus 中还有一些重要的数组函数，如向量元素积函数（PRDV）、标量积函数（SCLPRD）、求和函数（SUM 和 SUMV）以及表函数等。

求和函数可以把一个数组中的所有元素相加起来，其书写格式是 SUM（变量名）。SUMV 也是求和函数，不同的是 SUMV 比 SUM 更加灵活，它可以把数组中的任一区间的元素相加，其书写格式是：SUMV（数组变量，和数中的第一个元素，和数中的最末一个元素）。数组中的表函数书写也有特殊规定。在表函数中表量名后面的括号内，首先书写“*”号，接着用逗号分隔书写下标。在 T 方程中，表量名后的括号内，首先也要书写“*”号，然后再书写下标。

例如，某专业农业保险公司在国内五个省、区、市开展农业保险业务，分别用 c_1、c_2、c_3、c_4、c_5 表示各分公司。各专业公司的种植业保费收入（亿元）用 zzbf 表示，用 jzzbf 表示各省种植业保费收入（亿元），jzb 表示各分公司种植业保费收占各省、区、市种植业保费收入的比重。专业公司种植业保费收入（wzzybf）等于五地分公司保费收入之和。2011 ~2014 年专业公司种植业保费收入用方程表示如下：

```
a    zzbf.k(c) = jzzbf.k(c) * jzb.k(c)
a    jzb.k(c) = clip(jzb2.k(c), jzb1.k(c), time.k, 2015)
a      jzb1.k(c) = tabhl(jzbt1(*, c), time.k, 2011, 2014, 1)
```

各分公司种植业保费收入占各省、区、市种植业保费收入的比重：

```
t      jzbt1(*, 1) = 0.8294/0.3969/0.3285/0.3232
t      jzbt1(*, 2) = 0.4234/0.3476/0.1854/0.1932
t      jzbt1(*, 3) = 0.4298/0.4122/0.3849/0.3797
t      jzbt1(*, 4) = 0/0.0392/0.0723/0.0211
t      jzbt1(*, 5) = 0/0.0119/0.0801/0.0901
```

各省种植业保费收入(亿元):

```
a    jzzbf.k(c) = clip(zzs2.k(c), zzs1.k(c), time.k, 2015)
a    zzs1.k(c) = tabhl(zst1(*, c), time.k, 2011, 2014, 1)
t      zst1(*, 1) = 7.831/8.473/8.708/7.390
t      zst1(*, 2) = 5.005/6.233/8.916/8.057
t      zst1(*, 3) = 16.204/18.153/19.614/20.211
t      zst1(*, 4) = 1.464/1.878/1.540/1.207
t      zst1(*, 5) = 2.762/7.837/8.952/7.678
```

用求和函数计算专业公司种植业保费收入(wzzybf，亿元)，表示如下:

```
a    wzzybf.k = sum(zzbf.k)
```

在用上述规定编写所研究问题对应的系统动力学方程后，为使模型能够运行，在程序的最后还需写上模拟研究起始时间（2007 年），存入并需要显示数值的变量（保费收入/种植业保费收入），模拟间隔时间（1 年），终止时间（2035 年）和显示间隔时间（1 年）等内容:

```
n    time = 2007
save    bfsr/zzbf
spec    dt = 1/length = 2035/savper = 1
```

第三章　国外农业巨灾风险管理制度

农业巨灾风险损失大、发生概率低，给农业保险制度的可持续发展带来巨大冲击。尽管全球100多个国家建立了农业保险制度，但是如何构建科学的农业保险巨灾（又称大灾）风险损失分散体系是世界性难题。美国、加拿大和日本等发达国家早在20世纪30年代就开始实施农业保险，探索建立和完善农业巨灾风险管理制度。这些国家在构建多层级的农业巨灾风险分散体系、完善法律法规、发挥政府的作用以及形成激励约束机制等方面积累了大量成功经验，对我国建立和完善农业保险大灾风险分散制度具有借鉴意义。

一、美国农业保险巨灾风险分散体系

美国是全球最大的农业保险市场，从1938年制定和实施《联邦农作物保险法》以来，农业保险历经70多年的不断调整和完善，逐渐形成了以政府支持、监管和私营保险公司市场运行为特征、相对完善的农业保险制度。农业保险在美国农业支持体系中的作用日益突出，不仅成为稳定农业生产和农民收入的主要保障，也是农业风险管理的重要工具。农业保险巨灾风险分散体系是美国农业保险制度的重要组成部分。为应对农业巨灾风险，美国实行国家再保险制度，还通过临时贷款措施以及发行巨灾债券、巨灾期权等方式向资本市场转移农业风险。

（一）美国农业保险基本制度

美国农业保险规模位居全球第一位。2013年，农作物承保面积达到2.96亿英亩，玉米、棉花、大豆和小麦等主要作物的保险覆盖率达到80%，农作物保费收入为117.93亿美元，简单赔付率为102%。美国以成熟的市场体系和规模化经营的现代农业为依托，以雄厚的政府财政资金为支撑，以农业保险法律为保障，形成了政府支持和管理下市场运作的农业保险制度。

农业保险法律的不断修订和完善为农业保险制度运行提供了重要保障。为了使自己从经济大萧条中得以恢复和降低沙尘等恶劣气候带来的损失，美国在1938年颁布了首部《联邦农作物保险法》，由国家筹建的联邦农作物保险公司（FCIC）开展农业保险试点。在农业保险起步阶段，农业保险实施的区域仅限于农作物主产区的少量粮食品种，风险保障水平较低、费率高，农户购买农业保险意愿较低。为扩大农业保险参保率，美国在 1980 年对农业保险法案进行大幅修订，允许私营保险公司直接经营农作物保险和再保险业务，不仅增加了农作物保险品种，而且扩大了农业保险覆盖区域，并对 65% 的产量保障水平给予 30% 的保费收入补贴，鼓励农民积极参加农业保险以替代无偿灾害援助，在各州全面推行农业保险。20 世纪 80 年代农业灾害频发，在经历了 1988 年严重的旱灾后，美国政府出台了特别灾害援助计划以减轻农民的灾害损失。该计划规定参加收入支持和价格支持的农户在遭受严重自然灾害损失后可以无偿获得政府的补偿资金，对农业保险形成了替代作用，降低了农户的参保需求。尽管 20 世纪 80 年代农业保险覆盖水平有新的突破，但仍未达到政府期望的 50% 参保率。因此，1994 年颁布的《联邦农业保险改革法》对农业保险进行了第二次重大调整，一方面提出实行广覆盖、低保障的农业巨灾保险计划，对农户产量的 50% 提供补偿，按照市场价格的 60% 进行赔付，政府全额补贴保费收入，参与该计划的县只需对每种农作物缴纳 50 美元的费用；另一方面，为消除特别灾害援助计划对农业保险的替代作用，取消了该计划的实行。此后，联邦农作物保险公司逐渐退出农业保险的业务，1996 年确立了农业保险市场运作的机制，由私营保险公司开展农业保险业务。2000 年农业保险法案加强了私营保险公司在保险市场的主体地位，鼓励保险公司开发农业保险产品和研究，取消了对牲畜保险产品研发的限制。在风险管理局董事会对新保险产品批准后，政府为农业保险产品研发和经营成本提供补助。2000 年制定的《农业风险保护法》（Agricultural Risk Protection Act），还开始对有机农业保险进行试点，提高了保费补贴的比例并降低了保险费用。

政府监管和私营保险公司经营农业保险是美国农业保险制度的基本形式。风险管理局（Risk Management Agency，RMA）及其附属机构——联邦农作物保险公司（Federal Crop Insurance Corporation，FCIC）是美国政府管理农业保险的组织，风险管理局的负责人也是联邦农作物保险公司的经理，两者是一套人马两个组织。FCIC 负责执行风险管理局的政策和计划，评估和调研农业风险、预算农业保险补贴、开发和管理农业保险产品、调整费率和制定条款，为农业保险市场的健康有序运行保驾护航。FCIC 从 1996 年开始完全退出农业保险的直接经营业务，由17家商业保险公司经营原保险业务。这些经过FCIC审批、经营农业保险的公司资本充足、信誉良好、技术实力强大、拥有经验丰富的人才和相对完备的服务网络。私营保险公司通过代理人销售农业保险产品，并由具备从业资格的专业核损人员开展农业保险勘查定损工作。在农业保险市场运行中，代理人和核损人员可以是私营保险公司的专职员工，也可以是为多家公司服务的独立人员。

多样化的保险产品提供了多层次的农业风险保障。为满足农户和农场的不同需求，保险公司不仅提供多风险的产量保险，而且推行收入保险和指数保险。产量保险既有按照单个生产者产量进行投保的产品，也包括用全县产量进行投保的区域产量保险。产量保障水平根据农户的需求确定，最高可以达到85%。由于产量保险只承担了灾害导致的产量损失，所以在20世纪90年代中期美国还开发了收入保险产品，为单个农户的收入或县域收入损失提供补偿，降低了农作物的价格风险，稳定了农民的收入。为降低道德风险和逆向选择，近些年美国试点和推行指数保险产品。卫星传输的高质量气象和植被资源数据，为保险公司确定赔付的阈值提供了可靠的依据。指数保险不仅节约了勘查定损的经营成本，而且具备理赔快捷、合同透明的优点。

美国政府对农业保险的财政支持体现在对保费收入与经营管理费用的补贴。根据农作物保险不同的保障水平，由FCIC确定保费补贴比例。对于保障水平为农作物平均产量的50%、赔偿价格为市场价格55%的巨灾保险（CAT）项目，政府补贴全部的保费收入。随着农作物保险的保障水平的提高，政府逐渐降低保费收入的补贴比例，其中产量保险的保障水平分别从产量的60%增加到65%、70%、75%、80%、85%时，政府的补贴比例分别从保费收入的64%下降到59%、59%、55%、48%、38%。区域收益保险产品的保障水平分别为70%、75%、80%、85%、90%时，政府的补贴比例分别递减为59%、59%、55%、55%和51%。政府对家畜保险的补贴比例为保费收入的5%~7%，参保牲畜使用同一补贴率。为了降低保险公司的经营成本，促进企业经营业务的扩大，美国政府还对经营农业保险的公司补贴经营管理费用，目前的补贴标准为保险公司保费收入的18.5%。

（二）农业保险巨灾风险分散体系

农业巨灾风险分散体系是美国农业保险制度的重要组成部分。为降低巨灾风险损失，美国实行国家再保险制度、贷款融资和风险证券化等措施。国家再保险是巨灾风险分散的核心。在国家再保险制度下，FCIC向经营农业保险的私营保险公司提供低成本的再保险，政府与保险公司共担风险、共享收益，并作为最后承担者对灾害损失给予补偿。除了再保险以外，还采取农户申请临时信贷资金以及发行巨灾债券和巨灾期权等灵活措施应对巨灾风险。

1. 国家农业再保险制度

美国农业再保险制度的演变经历了漫长的探索和调整过程。1980 年，美国农作物保险计划提出私营保险公司和政府共同分散风险，此后私营保险公司可以直接参与联邦农作物保险公司提供的保险和再保险计划，美国农业保险进入国家经营农业保险和私营保险公司承保农险业务并存的双轨制时期。1997 年，联邦农作物保险公司代表政府和私营保险公司签订《标准再保险协议》（SRA），分散全国种植业灾害风险。随着农业保险市场化程度的逐步提高，不断降低农业保险的直接承保业务规模，直到 2000 年完全退出原农业保险经营业务，专门向私营保险公司提供再保险。同时《标准再保险协议》经过多次修改，根据各州农业保险的经营业绩和农业灾害风险的变化，政府重点调整不同基金中私营保险公司农业保险业务的分出比例以及非比例再保险中私营保险公司和政府承担损失或收益的比重。2003 年，再保险的范围从种植业扩展到畜牧业，美国政府开始实行畜牧业再保险计划，为农业保险公司经营的牲畜价格保险业务提供再保险。此后经过修订，发布了 2014 年种植业《标准再保险协议》和《牲畜价格再保险协议》。

美国农业再保险的经营机构是由政府建立的联邦农作物保险公司（FCIC），该公司由美国农业风险管理局管理和运作，风险管理局的负责人也是联邦农作物保险公司的经理。在数据库建设和监管方面，FCIC 要求私营保险公司提交在各州开展的种植业保险和牲畜价格保险计划，集中收集保险机构有关保费收入、经营管理费用、赔付支出等农业保险业务的基本数据，这些信息使国家掌握保险公司的经营状况和承保风险，为评估农业灾害风险、进行再保险安排和监管保险业务提供了依据。FCIC 还建立承保能力管理制度，专门用于监管保险公司的农业保险和再保险业务。

根据 2014 年《标准再保险协议》和《牲畜价格再保险协议》，当出现农业巨灾风险时，FCIC 与私营保险公司共同承担风险损失。具体做法是，FCIC 与经营农业保险的公司签订再保险协议，对私营保险公司承保的农作物和牲畜实行比例再保险和分层次的非比例再保险。协议之外的自留部分，原保险公司通过商业再保险市场分散风险。

（1）种植业再保险。FCIC 将农作物再保险业务以州为单位划分成分配型风险基金（Assigned Risk Fund）和商业基金（Commercial Fund）两类。私营保险公司在出售保单后的 30 天内，自主选择将承保的业务放入分配型风险基金和商业基金中。由于在分配型风险基金中联邦政府承担更高的损失比例而且提供赔付率超赔再保险，因此保险公司通常将风险较高的农业保险业务划入分配型风险基金，而将赔付低、收益较高的业务划归商业基金。通过建立分配型风险基金和商业基金，FCIC 向私营保险提供成数分保和分层次的非比例再保险业务。

1）分配型风险基金的再保险安排。在各州的分配型风险基金中，保险公司自留 20% 的保费收益和相应的最终损失，向 FCIC 分出剩余 80% 的农业保险业务。以州为单位进行核算，FCIC 规定各州分配型风险基金的上限是全州净保费收入的 75%。如果在州风险基金中保险合同的净保费收入超过 75%，则该基金的保费和相应的负债同比例减少到 75%，超出部分由 FCIC 划入该州的商业基金。

在成数分保的基础上，FCIC 和私营保险公司通过非比例再保险分散承保风险和划分收益。对于赔付率大于 100% 并且小于和等于 160% 的承保损失，私营保险公司承担农业保险业务实际赔付率大于 100% 超赔部分的 7.5%；而对于公司赔付率超出 160% 且小于等于 220% 的承保损失，保险公司承担实际赔付率高于 160% 超赔部分的 6%；对于赔付率介于 220% ~500% 的承保损失，原保险公司只需承担超赔部分的 3%。一旦保险公司的赔付率超过 500%，FCIC 承担超出部分的全部赔付损失（见图 3 -1）。因此，在应对农业巨灾风险的分层再保险中，FCIC 代表联邦政府承担着比保险公司更高的赔付比例，随着私营保险公司的赔付率逐渐提高，政府在再保险中承担的赔偿比例逐步增加。

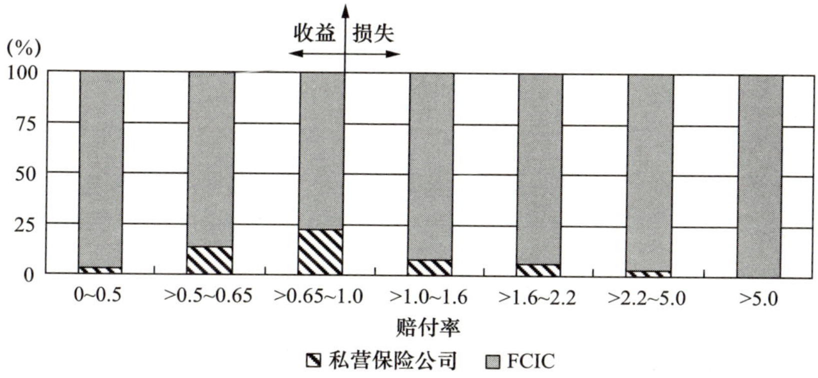

图 3 -1　分配型保障基金中私营保险公司和 FCIC 承担收益/损失的比例

而当赔付支出低于保费收入、存在承保收益时，按以下规定分段计算收益之和。第一，对于赔付率低于 100% 而大于和等于 65% 的保险业务，保险公司获得的承保收益为净保费收入乘以赔付率 100% 减去实际赔付率和 65% 相比的最大值

（称为差额收益），再乘以 22.5%；第二，对于赔付率低于 65% 且大于和等于 50% 的业务，保险公司获得的承保收益为净保费收入乘以差额收益的 13.5%；第三，对于赔付率低于 50% 的业务，公司获得的承保收益为净保费收入乘以差额收益的 3%。在分层的超额收益中，FCIC 获得私营保险公司收益的剩余部分（见图 3－1）。

由此可见，赔付率越低，保险公司获得的承保收益越高。保险公司可以通过加强风险管控、改善经营管理而降低赔付率，提高农业保险业务的承保收益。

2）商业基金的再保险安排。在商业基金中，私营保险公司至少自留 35% 的保费收入和相应的赔付，剩余业务向 FCIC 分出。在成数分保的基础上，公司自留的承保损失以州为单位进行核算，实行非比例再保险，由联邦政府和私营保险公司共担风险和共享收益。FCIC 按照农业保险经营状况将全国各州分成三类①。各州私营保险公司根据农业保险赔付率区间对自留业务实行不同层次的非比例再保险。为了鼓励保险公司在农业风险高、保险经营状况不佳的州扩大农业保险业务，联邦农作物保险公司规定，历年承保收益较低的州比保险业务开展较好的州（第一类州）承担较低的赔付支出比例，获得较高的收益份额。在商业基金中，对于赔付率大于 100% 并且小于和等于 160% 的承保损失，私营保险公司承担农业保险业务实际赔付率超出 100% 超额部分的 65%（第一类州）或 42.5%（第二、第三类州）；而对于公司赔付率高于 160% 且小于等于 220% 的承保损失，私营保险公司承担实际赔付率高于 160% 超赔部分的 45%（第一类州）或 20%（第二、第三类州）；对于赔付率介于 220%～500% 的承保损失，原保险公司只需承担超赔部分的 10%（第一类州）或 5%（第二、第三类州）的赔付损失。对于公司赔付率超过 500% 的承保损失，由 FCIC 承担全部的超赔责任（见表 3－1）。

公司自留业务的承保收益以州为单位进行计算，承保收益按以下规定分段计算收益之和。第一，当赔付率低于 100% 而大于且等于 65% 时，保险公司获得的承保收益为净保费收入乘以赔付率 100% 减去实际赔付率和 65% 相比的最大值（称为差额收益），再乘以 75%（第一类州）或 97.5%（第二、第三类州）；第二，当赔付率低于 65% 且大于和等于 50% 时，保险公司获得的承保收益为净保费收入乘以差额收益的 40%；第三，当赔付率低于 50% 时，公司获得的承保收益为净保费收入乘以差额收益的 5%（见表 3－1）。

① 第一类州包括伊利诺伊州（Illinois）、印第安纳州（Indiana）、艾奥瓦州（Iowa）、明尼苏达州（Minnesota）、内布拉斯加州（Nebraska）。其他州归入第二、第三类州。

表 3－1　商业基金中私营保险公司和 FCIC 承担收益或损失的比例　　单位:%

赔付率	第一类州		第二、第三类州	
	私营保险公司收益或损失承担比例	FCIC 收益或损失承担比例	私营保险公司收益或损失承担比例	FCIC 收益或损失承担比例
0～50	5	95	5	95
>50～65	40	60	40	60
>65～100	75	25	97.5	2.5
>100～160	65	35	42.5	57.5
>160～220	45	55	20	80
>220～500	10	90	5	95
>500	0	100	0	100

资料来源：根据美国《2014 标准再保险协议》整理。

（2）畜牧业再保险。FCIC 为保险机构承保的牲畜价格保险提供成数分保和赔付率超赔再保险安排。牲畜再保险划分为私人市场基金（Private Market Fund）和商业基金（Commercial Fund）。保险公司根据农业风险的高低选择将农业保险业务划归私人市场基金或商业基金。

对于私人市场基金，私营保险公司可以向 FCIC 分出 5%～65% 的净保费收入和相应的最终损失。分保责任的增加比例以每 5% 为一个单位。

在商业基金中，FCIC 提供成数分保和非比例再保险。私营保险公司向 FCIC 成数分出的比例为净保费收入和相应负债的 0～65%，分保责任的增加比例也以每 5% 为一个单位。而对于私营保险公司牲畜价格保险业务的自留额，保险公司购买 FCIC 提供的两个层次的赔付率超赔再保险：第一个层次是将自留承保业务 90% 的部分，向 FCIC 购买赔付率为 160%～500% 的超赔再保险。第二个层次是购买赔付率超过 500% 的超赔再保险，即当保险公司的赔付支出超出保费收入 5 倍以上，超出部分由 FCIC 承担赔偿责任，这意味着在国家再保险制度中，联邦政府成为畜牧业巨灾风险的最后承担者。私营保险公司向 FCIC 缴纳的再保险费用是净保费收入的 4.5%，低于再保险市场的再保险费率。

2. 临时贷款计划

当经营农作物保险公司的赔付资金不足以支付生产者的损失时，公司可以根据其大多数董事的意见向农业部申请使用商品信用公司（Commodity Credit Corporation）的资金以支付赔款。此外，在得到财政部部长批准后，保险公司还可以发行专门形式和一定面额的定期票据。这些票据和其他债务票据用保费收入或其他可利用资金兑现。

为降低农业巨灾带来的损失和恢复农业生产，美国农业部下属的农业服务局（Farm Service Agency，FSA）向遭受干旱、洪水等自然灾害和疫病的农户提供紧急贷款（Emergency Loan）。当农户种植的农作物产量损失或牲畜、畜产品的损失至少达到30%时，参加农业保险的农户可以申请临时性贷款以恢复生产活动。生产者申请的贷款用于弥补全部产量或畜产品损失，最高金额为50万美元，农作物和畜产品的贷款期限通常为1～7年。2007～2011年紧急贷款的年利率为3.75%，2012年贷款利率下降到2.25%。

3. 资本市场转移农业巨灾风险

当飓风、洪涝等巨灾造成严重损失时，传统的再保险市场已不能吸引充足的风险资本以应对巨灾，由此产生了风险证券化的各种融资方式。美国通过发行巨灾债券、巨灾期货和巨灾期权等金融产品，将巨灾风险转移到资本市场。在1992年美国遭遇Andrew飓风和热带暴风雨的侵袭后，保险公司通过发行巨灾债券降低未来可能发生的巨灾风险。通常的做法是保险公司通过投资银行将巨灾债券出售给投资方，如果在债券到期前没有发生巨灾，投资者获得债券利息；相反，如果出现巨灾，投资者损失利息甚至部分本金，由保险公司将债券的本金支付给投保农户，以弥补灾害损失。此外，1992年12月美国芝加哥交易所发行了巨灾期货和巨灾期权，由此产生了巨灾风险管理的金融衍生工具。以美国财产索赔服务机构（Property Claim Serverce，PCS）提供的保险指数为基础，1995年芝加哥交易所引入了巨灾保险期权，也称PCS期权，PCS每天计算和公布代表特定巨灾损失的标的指数①。这些金融工具的创新将巨灾风险从保险市场转移到资本市场，在更广阔的市场范围内分散巨灾风险。

二、加拿大农业保险巨灾风险分散体系

（一）加拿大农业保险法律和政策演变

20世纪30年代，由于加拿大耕地过度开垦和利用、草场严重沙化、气候恶劣以及经济大萧条等原因，农业遭受很大损失，农户要求政府为农业生产提供财政担保。因此，政府于1933年制定了《草原农场援助法》（*Prairie Farm Assistance Act*），为农场损失提供赔偿。该法案强制要求每个农场主参与草原农场援助

① Knut K. Aase. A Markov Model for the Pricing of Catastrophe Insurance Futures and Spreads [J]. The Journal of Risk and Insurance, 2001, 68 (1): 25–50.

计划，交纳农作物收入的1%作为保费，一旦发生较大的农作物灾害，农场主可以根据农场灾害损失的大小获得补偿。该法规实际上是初步的农业保险计划，在实施中出现一些问题：强制性购买农业保险和农场缴纳相同比例保费的措施，不仅干涉了农场的自主权，而且也忽视了区域风险损失和农业生产条件的差异，引起农场主尤其是风险较低地区农场主的不满。

为了规范农作物保险的实施，1959年加拿大制定了《农作物保险法》（*Canadian Crop Insurance Act*），取代了《草原农场援助法》，该法案对于分散农业风险、稳定农场收入发挥重要作用，标志着加拿大开始实行政府支持的农业保险制度。按照该法案的规定，各省政府负责设计、实施农作物保险计划，向自愿参与保险的农场主提供60%产量的风险保障水平。联邦政府监管省级农业保险计划并向农作物保险提供支持，联邦政府补贴20%的农业保险保费和50%的行政管理费用。此后，农业保险法经过多次修改，主要集中于调整联邦政府和省级政府对保费收入和管理费的补贴比例以及增加农业再保险安排。1964年修改的法案规定联邦政府和省政府提供农业再保险；1990年农作物风险保障水平提高到产量的90%，联邦政府和省级政府分别补贴全部保费收入的25%和经营管理费用的50%。

1991年加拿大颁布的《农业收入保护法》（*Farm Income Protection Act*，*FIPA*）取代了《农作物保险法》，成为农业风险管理项目的法律基础。按照该项法律规定，各省可以选择参加联邦政府提出的净收入稳定账户项目、总收入保险项目、收入保险项目和农作物保险项目。其中在净收入稳定账户项目中，联邦政府为农户3%净收入形成的个人账户，提供一比一的配套资金，并按照高于市场利率3%的利率水平向农民支付利息，当农户收入低于前五年的平均收入时，可以使用账户中的资金，以此稳定农民收入。农作物保险项目向自然灾害造成的农产品损失提供补偿，由各省政府制定实施细则并进行项目管理；收入保险项目为一定比例的农产品生产价值或交易价值提供保险；而总收入保险项目是将农作物保险和收入保险项目有机结合的保险计划。FIPA从整体上规定了这些项目遵循的基本原则、项目协议包含的要素、项目实施的组织构架、修订要求等内容。同时，加拿大联邦政府还建立再保险账户，为参与联邦再保险安排的各省分散风险。

2003年加拿大政府实施新的“农业政策框架”（Agricultural Policy Framework，APF），将数量不断增加的各级政府的农业支持项目整合在一起，以建立长期和统一的农业政策。由于农业政策框架实施效果显著，为了进一步将相关的农业政策制度化，2008年加拿大政府提出了“远景成长农业政策框架”（Growing Forward Agricultural Policy Framework），通常简称为“远景成长”（Growing

Forward，GF）。这项计划的实行以五年为一个周期，2008～2013年开展了第一期远景成长规划（GF1），目前实行的第二期远景成长规划（GF2）截止到2018年3月31日完成。在GF2中，农业保险是商业风险管理（Business Risk Management，BRM）的重要组成部分，农作物产量保险项目演变成农业保险计划（AgriInsurance）。该计划沿袭了联邦、省和生产者分担成本的基本原则，仍由省政府负责农险的实施和管理，通过将自然灾害对农业生产者造成的损失降到最低程度以实现稳定农民收入的目标。

（二）现行加拿大农业保险制度

加拿大农业保险迅速发展，保险覆盖率显著提高。2010年加拿大政府为近90%的农产品价值提供保险。参保面积达到农作物播种面积的80%，约有55%的农户参加农业保险项目。2009～2010年参保农户为81000人，参保面积达到6400万英亩，保费收入约为119亿加元①。

加拿大实行政府主办的农业保险制度，省级政府负责农业保险的实施和管理，联邦政府批准各省农业保险计划，制定有关农业保险责任的范围、保险方式等国家标准和提供保费补贴和再保险。各省经营农作物保险业务的通常是非营利性机构，一些省由农业局的分支机构经营农业保险，还有些省由政府授权的专营农业保险或兼营多项政府农业项目的公司负责。由于省级农业机构和政府授权建立的公司掌握大量农户的历史风险和赔付情况的数据，同时还接受政府提供的财政补贴，而私营保险公司缺乏这些优势，因此公共部门保险取代了私营公司经营政策性农业保险。私营保险公司一般不经营多风险农作物保险，而只出售农作物的冰雹、火灾等单一种类的商业保险。各省政府通常只建立一家农业保险经营机构，尽管农业保险市场缺乏竞争，但由于各省进行了详细的风险区划，并在保险精算的基础上确定各类农产品在不同地区的费率，因此在农业保险的经营中形成了低成本和高效率的运行机制，其成本占保费收入的10%～15%。

加拿大农业保险产品种类丰富多样。省级农业保险机构为农业生产者受干旱、洪涝、冰雹、霜冻和病虫害等多种风险灾害造成的产量损失提供风险保障，还对畜产品和市场价格波动造成的损失以及野生动植物损失给予补偿。在种植业保险中，保险参与者需要将不同地块生产的某类农产品全部投保，可供农民选择的农作物保障水平为70%～90%。保险经营机构根据产品种类、农场位置和农户历史的赔付情况确定收取的保费收入。除了传统的多重风险产量保险之外，加拿

① OECD发布的研究报告：Jesús Antón，Shingo Kimura，Roger Martini. Risk Management in Agriculture in Canada［EB/OL］. OECD Food，Agriculture and Fisheries Papers，No. 40，OECD Publishing，2014－12－15.

大从 1991 年开始试行农作物收入保险，不仅分散了农产品的价格风险，而且能对产量下降提供保障。在收入保险项目中，目标收入按每亩的历史产量乘以近五年的平均价格计算，生产者可以选择保障水平。近年来有些省还开发了指数保险产品。其中阿尔伯塔省推出了天气指数保险、同时试点植被生产指数保险。

加拿大政府为农业保险提供经营管理费用和保费补贴，与生产者共同分担保险成本。对于冰雹保险、地区保险和指数保险，农户支付全部保险费，联邦政府和省级政府只补贴经营管理费用。而当农民参加多风险农业保险计划时，加拿大政府向投保农户提供保费的 60% 作为补贴资金，其中联邦政府和省政府承担的保费补贴比例为 6∶4，农民缴纳剩余 40% 的保费。两级政府还补贴农业保险的全部经营管理费用，联邦政府和省政府承担管理费用的比例仍为 6∶4。另外，政府在税收上对农业保险给予优惠，经营省级农业保险计划的公司免于缴纳销售税和所得税。

（三）农业保险巨灾风险分散制度

加拿大实行多层级农业保险巨灾分散制度。保险公司在赔付灾害损失后的结余资金形成了巨灾准备金，联邦和省级政府还建立了再保险制度，当再保险资金不足以支付赔款时，政府用无息贷款弥补再保险账户的赤字，政府作为最后贷款人承担巨灾损失的赔偿责任。

1. 保险公司用结余资金建立准备金

各省建立的农业保险公司是非营利性机构。省级农业保险公司负责开展政府制订的农业保险计划，省政府不干涉农业保险公司的具体业务经营。保险公司将每年保费收入支付赔款之后的结余资金储备起来，逐年滚存，无须上交政府，也不进行利润分配，这部分逐年累计的准备金免于缴纳税收，用于应对未来可能出现的农业巨灾风险，即形成了保险公司层面的巨灾准备金。

2. 政府提供再保险和贷款融资方式

为应对农业巨灾风险，加拿大政府实行再保险制度和无息贷款融资方式。加拿大联邦政府和省级政府都提供农业再保险，农业再保险安排灵活多样，省级保险经营机构可以选择与联邦政府签订再保险合同，也可以直接与省政府签订再保险，还可以与联邦政府和省政府共同签订协议实行再保险项目。

联邦政府建立"农作物再保险基金"，基金由再保险费组成。各省可以选择参加联邦再保险计划，跨省分散农业灾害风险。目前在加拿大全国范围内，阿尔伯塔省、斯堪喀彻温省、曼尼托巴省、新布伦瑞克和新斯科舍五个省参加了联邦政府提供的再保险计划。各省参加联邦再保险后，需要将农民支付保费的一定比例划入联邦再保险账户。对于参加农业再保险项目的保险公司来说，当发生农业巨灾使赔付资金不能完全弥补灾害损失时，不足的部分由再保险基金支付。联邦政府再保险责任不超过省级当年赔付支出额与以下三项总和之差额的75%：一是省级当年保费收入与所缴纳再保险费的差额；二是省级用于赔款的准备金；三是保单生效当年省级赔付支出的2.5%。当再保险基金不足以支付再保险合同中规定的赔款时，由国家财政部长批准使用“统一收入基金”（Consolidated Revenue Fund）中预付款的融资方式弥补再保险账户的赤字，预付款相当于无息贷款，需要省级公司用未来的保费收入偿还，但不用支付利息。

加拿大各省政府也提供再保险。保险公司可以与省政府签订再保险协议，确定比例再保险或非比例再保险的形式和实施细则。各省设立再保险专用账户，公司将应缴纳的再保险费和其他费用存入该账户。对于没有参加联邦再保险计划的省，当农业灾害使省级再保险账户中的资金出现亏空时，省财政厅向保险公司提供无息贷款的融资安排。根据加拿大再保险制度，省级保险公司独立制定其再保险计划，例如，2010年阿尔伯特省的农业金融服务公司制定的农业再保险计划为：赔付率低于130%的风险由公司自己承担；赔付率在130%～220%的业务根据不同的层次部分地（约30%～40%）购买私营再保险；赔付率超过220%的风险由联邦政府或省级政府承担①。

3. 其他农业保险巨灾风险分散方式

加拿大农作物保险计划中还有针对特定农作物品种而设置的巨灾损失保险项目。农业巨灾发生的概率低而损失严重，因此在该项目中，加拿大将发生概率等于7%的灾害界定为巨灾，即大约15年发生一次的灾害。如果出现符合上述发生概率的农业灾害，省级政府和联邦政府全额补贴该类农产品的保险费，其中省级政府承担补贴的比例为40%，联邦政府的比例为60%。各省自主决定纳入巨灾保险计划的农产品种类，但该计划限定了在巨灾风险计划中政府赔付损失的上限，即巨灾风险损失的政府补贴金额不能超过全省上一年负债的1%。

加拿大省级政府建立完备的农业保险数据库，收集和积累多年各种农产品的农业保险业务指标，便于了解农作物和畜产品的损失情况并对风险进行评估。各省还开展了风险区划，在省内建立不同的风险区，确定风险区的土壤和生产力等级，并对这些风险区域的边界进行动态调整。省级风险区划不仅可以科学厘定农产品的费率，而且可以对于巨灾风险预防和管理发挥重要作用。

① OECD发布的研究报告：Jesús Antón，Shingo Kimura，Roger Martini. Risk Management in Agriculture in Canada［EB/OL］. OECD Food，Agriculture and Fisheries Papers，No. 40，OECD Publishing，2014 - 12 - 15.

三、日本农业保险巨灾风险分散体系

（一）日本农业保险法律和政策演变

日本位于亚洲季风地带，频繁发生的台风、洪水等自然灾害使农业生产遭受严重损失。受农户小规模种植和生产条件的制约，农民受灾后恢复生产面临困难。农业保险不仅有助于农户在受灾后恢复生产，而且为实现稳定农产品供应和农业可持续发展的目标发挥重要作用。

日本重视农业保险的发展，也是农业保险开展较早、实施效果较好的发达国家之一。早在明治维新时期，日本就开始了对农业保险的研究，20 世纪初就建立了牲畜保险公司。为了规范养殖业保险的经营，1929 年制定了《牲畜保险法》，用于补偿因灾受损的养殖农户。随后农业保险扩展到农作物种植领域，1938 年颁布了《农作物保险法》并开始实施农作物保险计划，主要承保水稻作物除病虫害、低温之外的其他风险。“二战”后农业保险成为日本政府战后恢复和发展农业生产、减轻粮食危机的基本政策，1947 年日本将《牲畜保险法》和《农作物保险法》合并成新的农业保险法律——《农业灾害补偿法》，该法确立了互助式的农业保险制度，是日本灾害补偿体系和风险管理的重要支柱，为遭受恶劣气候和病虫害影响的农民提供保障。1952 年日本还颁布了《农业共济基金法》，通过建立共济组合联合会基金提供临时贷款，缓解灾害赔偿资金的不足。随后根据农业保险发展和农业现代化进程的需要，分别在 1957 年、1963 年、1966 年、1979 年、1985 和 2003 年对《农业灾害补偿法》进行了多次修改。其中 1966 年修改了牲畜保险，以农户为单位进行承保，减轻财政资金压力；1979 年增加了旱田作物和园艺设施保险；1985 年降低了政府农作物保费补贴的比例，放宽了水稻强制保险的准入比例。

（二）日本农业保险制度

日本建立了国家支持下的互助保险制度。政府不直接经营农业保险，而是由民间建立非营利性的共济合作机构负责农业保险业务，政府对农业保险的支持表现在对各级农业保险业务的监督和指导、补贴保费收入和经营管理费用以及作为最后再保险人承担农业风险。

日本农业保险的组织构架分成三个层次：第一个层次是在町、市、村一级建立的农业共济合作社。该机构是日本的基层互助保险组织，经营农业保险业务，向农民收取保费，建立保险基金，对投保农产品进行损失评定，并为受灾农民支付赔偿资金。随着农村共济业务的整合和机构合并，2010 年全国有 255 家农业共济合作社（又称农业共济组合）。第二个层次是在都道、府、县一级形成的共济组合联合会。联合会由辖区内的农业共济合作社组成，向基层的农业共济合作社提供分保，指导共济合作社进行防灾救灾，同时也接受农林水产省的指导和监督。第三个层次是在农林水产省的农业共济再保险特别会计处。中央一级的农业共济再保险特别会计处向共济组合联合会提供再保险。除了三级合作机构外，日本还建立了为联合会提供贷款的农业共济基金（Federations Mutual Relief Fund）。

在农业保险经营方面，日本实行强制参保和自愿参保相结合的方式，保险品种覆盖种植业、养殖业和林业主要产品，农民参保率较高。为了稳定粮食和畜产品的供应，农业共济合作社在全国范围实行稻米、小麦、大麦粮食作物和牲畜强制性保险。其中，种植稻米的面积超过 0.3 公顷、小麦和大麦种植面积达到 0.15 公顷的农民都必须参加农业保险。低于该面积标准的粮食作物纳入自愿参加保险的范围。牲畜保险产品有奶牛、肉牛、能繁母猪、肉猪和马。对于水果和果树、经济作物、园艺作物和园艺设施，国家采取引导的方式，鼓励农民自愿参保。关系国计民生的大宗农产品实行强制保险的制度减少了农户逆向选择的行为，提高了全国农业保险参保率。2013 年，稻米和麦类的共济保费收入分别为 191.13 亿日元和 124 亿日元，承保面积分别达到 176.3 万公顷和 150.2 万公顷，占播种面积的比例分别为 93% 和 96.9%。2012 年，畜产品中奶牛和肉牛的投保数量分别为 130.2 万头和 165 万头，参保率分别达到 91% 和 68.9%[①]。

日本财政不仅为农户参保提供保费补贴，而且向农业共济机构给予运营费用支持。日本对农产品保费收入的平均补贴比例达到 50%。其中对于参保水稻、果树和园艺设施的农户，国家财政保费补贴比例为 50%，剩余的 50% 由农户承担。麦类国家财政补贴的比例为 50% ~55%，农户承担保费的 45% ~50%；对于大豆、甘蔗、茶、蚕茧等经济作物和南瓜、洋葱等蔬菜，国家财政补贴比例为 55%。在养殖业保险中，财政为投保牛、马的农民补贴保费的 50%，种猪和生猪补贴的比率为 40%。此外，国家财政还为农业共济合作社、共济组合联合会承担部分运营事务费。

（三）日本农业巨灾风险分散制度

以全国统一的互助制农业保险为基础，为应对农业巨灾风险，共济组合联合

① 农林水产省网站，http：//www. maff. go. jp/j/council/seisaku/kyosai/。

会为基层的农业共济合作社进行分保、设在农林水产省的再保险特别会计处为共济组合联合会提供再保险，形成了以两级再保险为特征的大灾风险分担机制。互助保险机构的赔付结余资金建立了公积金，主要用于支付未来巨灾风险损失和防灾减灾活动。当共济组合联合会出现农业保险赔付资金不足时，农业共济基金会还提供贷款融资支持。同时，日本政府通过发行巨灾债券将风险转移到资本市场。由此形成的两级分保机制和贷款、债券融资方式使大灾风险在不同区域和时间以及多个风险承担主体之间进行分散，增强了政府应对大灾风险的能力。

1. 两级农业再保险机制

日本农业保险大灾分散制度主要由两个层级的再保险组成。第一个层级由督道府设立的农业共济组合联合会向市、町、村的农业共济合作提供成数分保。互助制保险建立初期，由于合作社数量少、规模小、承保农业物品种少且灾害损失较大，因此合作社风险承受能力不强。早期农业共济合作社自留保险金额的10%，将剩余90%的保险责任分出给共济组合联合会。随着农业现代化带来的产量不断增加和在全国范围内逐步形成了农业共济保险制度，共济合作社抗风险能力增强。由此合作社农业保险自留业务的比例逐渐提高到50%～80%，向农业共济组合联合会分成的保险责任下降到20%～50%。一旦发生巨灾风险，根据损失程度和分保比例，共济组合联合会和共济合作社共同分担保险的赔付责任。

第二个层级由中央政府提供，即政府在农林水产省设置了农业共济再保险特别会计处，负责向督、道、府一级农业共济联合会提供分保。再保险特别会计处实行超额赔款再保险。在出现大灾的年份，当共济组合联合会当年的赔付支出超过一般灾年的损失水平时，超出部分由再保险特别会计处给予赔偿。中央政府只对法定强制参与的保险项目实行分保，而对于自愿保险项目，中央政府不提供再保险，而是由全国农业共济组合联合会接受经营业务的分保。第二个层级再保险的实质是政府作为风险的最后承担者补偿共济组合联合会的超赔损失。全国统一的两级再保险制度不仅使中央政府和共济组合联合会共担风险，而且在全国不同区域间分散风险，增强了农业保险组织应对巨灾的偿付能力。

2. 建立保险公积金

平常年景下，农业共济合作社和农业共济组合联合会在赔偿农户灾害损失后存在部分结余资金。共济组织运用结余资金建立了保险公积金并将其分为两个部分：一部分是法定公积金，用于应对未来临时性大灾损失的赔偿；另一部分为特别公积金，为农户提供防灾减灾服务和将部分保费结余返还给农户。为提高资金利用效率，近些年共济合作社和共济组合联合会还将保费收入结余资金作为信托资金投资到农林渔业信用基金以实现保值和增值。互助制保险具有非营利性特性，因此国家规定投资利润只能用于防灾减灾活动和应对大灾风险，而不能用于支付合作社的运营费用。

3. 贷款融资和巨灾风险证券化

由于保险市场对巨灾风险的承受能力有限，为了在更广范围内分散风险，还需要在信贷市场寻求灵活的融资支持。日本建立了农业保险补偿基金，形成向农业共济组合联合会提供贷款的融资制度。中央政府和农业共济组合联合会以50%的出资比例组建了农业共济基金。当发生大灾时，如果共济组合联合会的资金不足以赔偿农作物的灾害损失，农业共济基金将向联合会提供低息贷款。由于联合会在不发生灾害的正常年份累积了大量的分保收入，因此具备偿还贷款的能力，这种以少量的资金应对偶发巨灾的措施，加强了农业保险体系对巨灾的承受能力。

除了传统的大灾风险分散方式外，日本还通过巨灾债券等金融衍生工具将风险转移到资本市场。日本是海啸、地震和洪水等自然灾害频发的国家，20 世纪 80 年代开始运用巨灾证券化产品以缓解保险赔付能力的不足。1984 年，日本首次发行了可赎回地震债券，将风险从保险公司或再保险公司转移到资本市场的投资人，当满足地震触发条件时，投资人以债券面值赎回该债券。此后，日本巨灾债券作为管理风险的工具而得到广泛使用，尤其是 1997 年亚洲金融危机后，日本制定法律放宽了证券化金融资产的发行条件，巨灾债券的发行量迅速增加。1997 年的巨灾债券发行量为 0.9 亿美元，2007 年增长到 1.4 亿美元，年均增长速度为 4.52%。2008 年，慕尼黑再保险公司通过 Muteki 公司发行了 3 亿美元的巨灾债券，帮助日本农业互助保险协会（Zenkyoren）将地震风险转移至资本市场。

四、国外农业保险制度对中国建立大灾风险分散体系的启示

美国、加拿大和日本作为世界主要的发达国家，农业保险发展的历史悠久，在农业保险制度不断修改和调整的过程中，根据本国农业经济发展和农业风险状况建立了各具特色、相对比较完备的农业大灾风险分散体系。尽管我国农村经济特点、农业保险大灾风险制度的构建思路和框架模式、资本市场的发展程度与这些国家存在差异，但是美国、加拿大和日本在完善农业保险法律法规、建立多层级的农业巨灾风险分散体系、发挥政府的作用以及形成激励约束机制等方面积累了大量成功的经验，对我国建立和完善农业保险大灾风险分散制度具有重要的借鉴意义。

（一）不断完善农业保险法律和规范大灾风险分散制度

早在20世纪30年代，美国、加拿大和日本制定了第一部农业保险法，农业保险经过80多年的发展，法律、法规不断修改和完善，为农业保险运行和风险管理制度提供了立法保障。1938年，美国实施了首部农业保险法律，即《联邦农作物保险法》，随后经过十几次修改，在农业保险经营准入、保险补贴水平、保险产品扩大等方面进行调整，逐步形成政府支持下的私营农业保险制度。在农业巨灾风险分散制度上，为规范国家再保险制度，1997美国制定了农作物《标准再保险协议》并进行了多次重大修正，主要根据农业保险规模、农业自然灾害风险和保险公司收益的变化，调整再保险基金的数量和成数分保的分出比例以及非比例再保险基金中私营保险公司承担的份额。

类似地，加拿大和日本农业保险立法起步也较早，加拿大在1933年制定了《草原农场援助法》，日本于1929年和1938年分别颁布了《牲畜保险法》和《农作物保险法》。随后两国均对农业保险法律进行了改进和整合，以适应农业现代化发展、农户投保需求和降低风险损失。加拿大农业保险立法经过多次整合，20世纪90年代初期颁布的《农业收入保护法》取代了1959年的《农作物保险法》，成为农业风险管理的基本法律。进入21世纪以来，政府对种类繁多的农业支持政策进行统一和合并，提出了远景成长规划，将农业保险纳入风险管理体系。1947年，日本将农作物和牲畜保险法律合并为《农业灾害补偿法》，确立了互助式农业保险制度和双层再保险制度。随后对该法的修改集中于保费补贴比例、投保方式和投保品种扩大到园艺作物、旱田作物和园艺设施等内容。为弥补互助组织偿付能力不足的缺陷，1952年日本还颁布了《农业共济基金法》，向共济组合联合会提供临时贷款。

我国农业保险立法起步较晚，法律法规还需要进一步完善。2004年，我国开始新一轮农业保险试点，各省建立了各具特色的农业保险发展模式。经过近九年的农业保险实践和各个部门的协调，2012年10月24日，国务院颁布了《农业保险条例》（以下简称《条例》），并于2013年3月1日实行。农业保险条例的制定在政策性农业保险发展史上具有里程碑式的意义。该法规首次规定了农业保险的性质、组织实施、合同签订、经营规则等内容。在大灾风险分散制度上，《条例》提出了国家财政给予保费补贴和国家建立财政支持的农业保险大灾风险分散机制，但具体办法和实施细则仍需要进一步完善。随后2014年1月1日，财政部实施的《农业保险大灾准备金管理办法》规定保险公司提取保费准备金和利润准备金的办法，在农业保险经营机构层面建立了大灾风险准备金制度。而当保险公司的大灾准备金和再保险安排仍不足以支付大灾赔款时，我国仍未建立为保险公司提供外部超赔补偿资金的机制。因此，随着我国农业现代化的发展、农业保险业务的开展和农业风险的变化，农业保险法律尤其是关于农业大灾风险制度需要不断改进和完善。

（二）建立多层级巨灾风险管理体系

为应对农业巨灾风险，美国、加拿大和日本都建立了多层级的巨灾管理体系，从而有效分散和转移了农业巨灾风险。美国构建了三层农业大灾风险分散制度，第一个层次是再保险制度，国家设立的联邦农作物保险公司向经营农业保险的公司提供低成本的再保险，同时保险公司还可以将自留业务分出给私营再保险公司。第二个层次是保险公司在出现超赔时向农业部申请获得临时贷款融资或发行商业票据。第三个层次是利用资本市场发行巨灾期货、巨灾期权等证券化方式转移风险。

加拿大省级政府负责开展和管理农业保险业务，建立了多层级农业大灾风险分散体系：第一个层级是保险公司赔付灾害损失的结余资金形成的巨灾准备金；第二个层级是联邦和省级政府建立的再保险制度，省级保险公司可以选择向省级政府购买比例再保险和非比例再保险，也可以参加联邦再保险项目；第三个层级是当再保险资金不足以支付赔款时，省级政府或联邦政府用无息贷款弥补再保险账户的赤字。

日本也构建了分层的农业保险大灾风险分散体系。第一个层次是互助农业保险组织在赔付灾害损失后的剩余资金累积形成的公积金，用于应对未来大灾损失和进行防灾减灾活动。第二个层次是建立了两级再保险体系，道、府、县设立的农业保险共济组合联合会向町、市、村级的农业保险共济合作社提供再保险和农林省的农业共济再保险特别会计处向道、府、县级联合会提供分保。第三个层次是当农业共济组合联合会赔付资金不足时，中央政府和互助组织筹资组建的农业共济基金将向联合会提供低息贷款。第四个层次是通过发行巨灾债券将巨灾风险从保险市场转移至资本市场。

由此可见，对于发生概率低、风险损失严重的农业巨灾，需要原保险公司、再保险公司和投资人以及政府等不同主体共同承担风险，形成分层次的农业大灾风险分散制度。受多样化经营方式和资本规模的制约，保险公司和再保险公司的巨灾偿付能力有限，因此金融市场比较发达的国家还通过在资本市场上发行巨灾债券、巨灾期权等金融衍生产品转移巨灾风险。我国推行政策性农业保险以来，一直探索建立农业大灾风险分散体系，目前农业保险经营机构以提取保费准备金和利润准备金的形式，形成了公司大灾准备金制度。农业保险经营机构还向私营再保险公司购买成数再保险和赔付率超赔再保险。除了江苏、北京和上海等少数省、市建立了省级财政支持的大灾风险机制，大部分省政府乃至中央财政还缺乏大灾风险分散的制度安排，也没有在保险公司超赔时提供贷款融资支持。尽管2015年中再集团首次在境外成功发行了以中国地震风险为保障对象的巨灾债券，迈出了保险风险向国际资本市场转移的第一步，但由于我国资本市场发展不充分，巨灾证券化在农业风险管理方面的应用还不广泛。因此，我国仍需探索建立和完善多层农业巨灾风险分散体系以提高风险应对能力。

（三）政府在农业保险巨灾风险分散制度中发挥重要作用

农业大灾风险是由洪涝、干旱等极端气候造成农业生产重大损失的事件，具有高赔付率的特征。农业大灾一旦发生，其灾害损失往往超出保险公司的偿付能力，可能导致保险公司破产。因此，为应对农业大灾冲击，实现农业保险可持续发展，政府应在农业保险巨灾分散制度中发挥重要作用。美国农业保险实行国家再保险制度，通过联邦农作物保险公司向保险机构提供低成本的成数再保险和赔付率超赔再保险。对于赔付率超赔再保险，农业灾害造成的公司赔付率越高，政府承担损失的比例越大，赔付率超过500%的损失全部由国家财政负担。同样，加拿大省政府和联邦政府提供再保险，保险公司可以自主确定购买再保险。当再保险基金不足时，联邦政府还提供无息贷款，作为最后贷款人承担巨灾风险损失。日本中央政府建立了为共济组合联合会农业保险业务进行分保的再保险特别会计处，作为最后再保险人承担巨灾风险损失。如果经营农险的共济组合联合会出现超赔，日本中央财政和互助组织共同出资建立的农业共济基金将向共济组合联合会提供低息贷款。

我国政府十分重视农业保险大灾风险管理制度的建设。由于我国农业保险发展情况、农业风险特点、风险管理体系的构建思路等与美国、加拿大等国有较大差异，因此在农业保险大灾风险管理制度上无须照搬西方国家的做法，我国政府没有组建再保险公司，而是由从事农业保险业务的机构组成了农共体。但是在巨灾风险分散体系中，政府发挥的主要作用值得借鉴。我国农业保险经营机构从2014年才开始积累大灾准备金，其应对大灾风险的能力还有待增强。如果在准备金积累的早期出现50年甚至100年一遇的农业大灾，农业保险经营机构可能无力承担风险损失造成的严重亏损。因此，需要根据我国的实际情况，尽快完成我国农业保险大灾风险分散制度的政府顶层设计，当农业保险经营机构出现超赔资金缺口时，提供外部资金支持或融资安排，以保障农业保险的健康持续发展。

（四）形成对保险经营机构的激励和约束机制，提高资金的利用效率

美国国家再保险制度的激励和约束机制体现在两个方面：一是不论对于美国

各州设立的农作物分配型风险基金还是商业基金，当私营保险公司经营的农业保险业务出现收益时，在不同的赔付率区间国家和私营保险公司按照一定比例划分收益。例如，在分配型风险基金中，当公司种植业赔付率为80%时，其自留保费的收益率为4.5%；当赔付率减少到45%时，其收益率高达10.05%。可见这种制度设计，一方面对私营保险公司经营农业保险业务获得的收益进行了制约，另一方面使公司获得的收益与经营效果挂钩，促进保险公司降低经营管理费用、加强农业风险防控和管理。二是国家根据农业保险历史承保状况将全国各州进行风险等级划分，体现出低风险州和中高风险州所承担的超赔责任和获得收益的差异，充分调动保险公司在中高风险地区开展农业保险的积极性，避免了保险公司竞相在低风险地区展业的逆向选择行为。尽管在日本由非营利性的互助组织经营农业保险，但仍致力于提高资金的利用效率，近些年互助组织将保费收入的结余资金作为信托资金投资到农林渔业信用基金以实现保值和增值。

我国建立了企业层面的大灾风险准备金，规定当经营农业保险承保利润率高于经营财产保险承保利润率时，保险经营机构就可以从年度净利润中计提利润准备金，计提标准为超额承保利润的75%。利润准备金的计提起到了对经营农业保险业务的盈利水平进行限制的作用，防止将中央对农业保险的补贴转化成公司的利润。然而这一制度没有形成对农业保险经营机构的激励机制。计提利润准备金以后，经营农业保险业务最终获得的利润率与自身的承保利润率无关，而取决于财产保险的承保利润率。如果经营财险业务的承保利润率为4%，无论经营农业保险业务的承保利润率为6%还是10%，计提利润准备金后，经营农业保险的公司只能获得与经营财产保险业务一样4%的利润率。从制度设计和我国农业保险的现状来看，把经营农业保险可分配利润限制在一定范围，为农业保险可持续发展积累更多的保障资金的同时，还需要通过激励机制，使农险经营机构的经营行为和经营效果相关联。因此，可以根据农业保险经营业绩适度降低计提利润准备金的比例（如超额利润的73.5%），使农业保险经营机构通过提高经营管理水平，能得到略高于经营财产险业务的可分配利润。

另外，我国目前保险经营机构建立的大灾准备金由保费准备金和利润准备金两部分构成，逐年滚存，没有设置上限。在未发生大灾的平常年景，经过多年积累将形成上亿元的大规模资金。如何实现大灾准备金的保值和增值，提高资金的利用效率，可以借鉴国外农业保险经营的成功经验，完善农业保险大灾风险管理制度。

（五）建立专门的农业保险数据库和农业保险数据定期发布制度

美国建立了专门的农业保险数据库，联邦农作物保险公司定期收集各州保险公司的业务数据，并在风险管理局的网站公布按照农作物和地区分类的农业保险承保数据。加拿大省级政府建立的农业保险经营机构负责收集和积累多年农业保险和灾害损失数据。以多年的农业损失数据为依据，各省进行了详细的风险区划并在保险精算的基础上确定不同类别农产品在各地区的费率，降低了农业保险的经营成本。

规范的农业保险统计制度和充足的历史数据便于进行农业风险区划、测算再保险分摊比例、核算经营成本以及调整政府补贴比率，为政府制定和完善农业保险制度尤其是大灾风险分散制度提供依据。2007 年 11 月 15 日，我国保监会颁布了《农业保险统计制度》，规范了保险经营机构有关农业保险业务的基本统计指标、统计口径、指标校验标准和定期上报数据的制度。农业保险的准公共物品特性使其有别于其他类型的保险业务，一方面表现在各级政府对农民缴纳的保费进行大量的补贴，另一方面经营农业保险的公司除了提取保险业务要求的一般风险准备金外，还要计提应对农业大灾的保费准备金和利润准备金。保险性质不同决定了农业保险的指标和其他类型保险的指标体系存在差异，然而目前农业保险业务的统计数据和其他财产保险、寿险等统计指标一样，都是由保险机构通过中国保险统计信息系统定期向保监会报送，我国还没有建立专门的农业保险数据库，也缺乏定期发布农业保险数据的制度。虽然我国在农业保险规模上已位居世界第二，但农业保险的统计制度和数据公开制度仍显不足，因此尽快建立专门的农业保险数据库、确定权威的农业保险数据发布部门和定期的数据公布制度，对于建立和完善大灾风险分散体系显得尤为重要。

第四章　我国农业保险及大灾风险分散制度

2004 年，我国政策性农业保险试点以来，各地农业保险业务快速发展。但是除少数省、市外，大多数省还没有建立农业保险应对大灾风险的分散机制，制约了我国农业保险的可持续经营。2014 年 1 月 1 日开始实施的《农业保险大灾准备金管理办法》（以下简称《办法》），规范了我国农业保险大灾风险计提办法和使用原则，2014 年 11 月，全国 23 家具有农业保险经营资质的保险公司和中国再保险公司组建了全国农业保险再保险共同体，我国农业保险大灾风险制度建设迈出了重要一步。

一、我国政策性农业保险发展概况

2004 年新一轮政策性农业保险试点以来，我国农业保险规模迅速扩大，到 2010 年成为仅次于美国的全球第二大农业保险市场。中央和地方政府不断加大对农业保险财政补贴的力度，扩大试点地区，增加农业保险补贴品种，在补偿农民受灾损失、恢复农业生产和稳定农产品市场方面发挥了重要作用。

（一）农业保险规模不断扩大

2004 年以来，我国政策性农业保险规模不断扩大。2004 年，黑龙江、吉林、上海、新疆、内蒙古、湖南、安徽、四川、浙江九个省、自治区、直辖市的农业保险试点工作启动，当年全国农业保险保费收入达到 3.95 亿元，赔付支出 2.96 亿元。2007 年，我国中央财政投入 10 亿元资金，对吉林、内蒙古、新疆、江苏、四川、湖南六个省、自治区的农业保险进行补贴试点，当年农业保险保费收入达到 51.84 亿元，与 2004 年相比，保费收入年均增长 135.88%，赔付支出 32.83

亿元。在中央财政补贴支持下，各省、自治区、市积极推行农业保险，掀起了农业保险试点热潮。2010 年，保费收入达到 135.68 亿元，赔付支出 100.69 亿元，全国农业保险规模仅次于美国，位居世界第二位，2007～2010 年保费收入年均增长 37.81%。此后，农业保险的保费规模持续增长，到 2014 年保费收入达到 324.95 亿元，农业保险为农业提供风险保障 1.66 万亿元，与 2010 年相比保费收入年均增长 24.40%；参保农户 2.47 亿户次，同比上升 15.42%，向 3500 万户投保农户支付赔款 214.27 亿元。

除了 2014 年种植业保费收入出现小幅下滑外（不包括江苏省政府承保的农业保险），多年来全国种植业、养殖业和林业保费收入整体呈增长趋势。2007 年，种植业保费收入为 31.61 亿元，2009 年增长到 98.02 亿元，比上年增长了 34.48%。2010 年，种植业保费收入突破百亿元，达到 107.92 亿元。此后逐年增长，2013 年达到 222.53 亿元，同比增长 19.69%，2014 年小幅下降到 222.27 亿元。除了 2010 年和 2011 年以外，养殖业保费收入均呈增长趋势。养殖业保费收入从 2007 年的 19.69 亿元增长到 2014 年的 73.43 亿元。林业保费收入逐年增长，2007 年森林险规模较小，仅为 5367.85 万元。2009 年养殖业保费收入增长到 1.88 亿元，比上年增长 1.32 倍，2014 年保费收入达到 29.25 亿元，同比增长 16.52%（见图 4－1）。

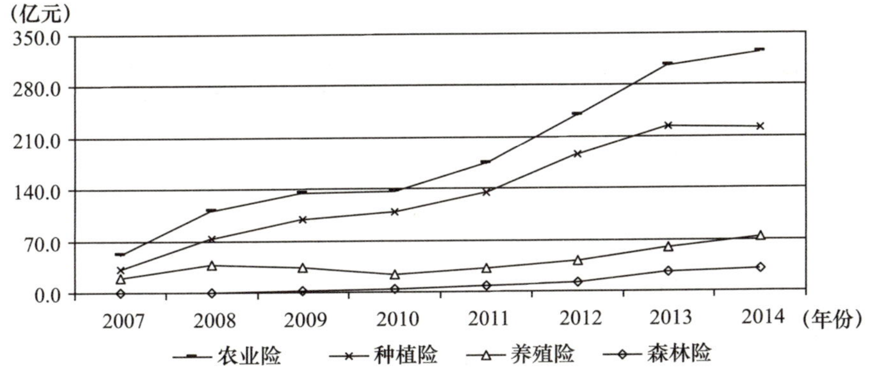

图 4－1　2007～2014 年全国农业保险保费收入变化趋势

（二）农业保险保费收入地区分布不均衡

多年来，我国农业大省的农业保险保费收入始终居全国前列，而西部一些经济欠发达省的保费收入相对较少。2009 年，农业保险规模排在前五位的分别是新疆、内蒙古、黑龙江、湖南和四川，保费收入分别为 14.31 亿元、14.08 亿元、12.87 亿元、11.93 亿元和 11.73 亿元，占全国保费收入的比例分别为 10.71%、

10.54%、9.64%、8.93%和8.79%。同年，甘肃、青海和西藏农业保险保费收入分别为3800.70万元、879.23万元和814.41万元，排在全国的最后三位。2010年，农业保险规模居全国前五位的省、区保费收入合计为70.97亿元，占全国当年保费总收入144.79亿元的49.01%，其中江苏全省农业保险规模达到15.83亿元，居全国第一位①，占全国农业保险保费收入的10.93%，居全国前五位的还有内蒙古，其保费收入为14.89亿元，占全国的10.28%；黑龙江为13.98亿元，占9.66%；新疆为13.80亿元，占9.53%；安徽为12.47亿元，占8.61%。2014年，农业保险规模在20亿元以上的共有六个省、区，保费收入合计为167.78亿元，占全国当年保费总收入340.84亿元②的49.23%。这六个省、区分别是江苏、新疆、内蒙古、四川、黑龙江和湖南，保费收入分别为32.01亿元、31.82亿元、30.03亿元、27.70亿元、26.06亿元和20.16亿元，占全国保费收入的比例分别为9.39%、9.34%、8.81%、8.13%、7.65%和5.91%。而青海和西藏排在全国最后两位，保费收入分别为1.41亿元和9226.6万元，分别占全国保费收入的0.41%和0.27%。

全国农业保险保费收入年度增长速度也存在很大差距。基本上呈现出的趋势是占全国保费收入比例较小的地区，保费收入年度增长速度较快。2010年，各地保费收入增长率最快的为江西、甘肃、福建、青海和山西五个省，其年增长率分别为79.28%、46.27%、42.35%、41.62%和40.03%，2010年这五个省占全国农业保费收入的比例，除江西和福建分别为2.49%和1.19%之外，其余三省所占比例均不到1%。2014年增长速度最快的是贵州（170.09%）、广西（81.25%）、天津（31.03%）、海南（25.43%）和陕西（21.37%）五个省，当年这五个省占全国农业保险保费收入的比例分别为1.28%、1.47%、0.57%、0.94%和1.66%。而在2014年保费收入在20亿元以上、占全国比例最高的六个省的当年增长速度，除新疆和湖南分别高达21.02%和15.39%之外，其余四个省的增长率都不超过10%，如四川和江苏分别为1.28%和1.91%，黑龙江甚至出现负增长（-8.02%）。

（三）农业保险参保品种增多和覆盖率扩大

农业保险参保品种不断增加。2004年农业保险试点初期，全国农业保险参保品种包括小麦、水稻、玉米等主要粮食作物和能繁母猪、奶牛等关系国计民生的畜产品。随着地方政府对发展本地特色农产品保险的补贴和支持，目前农户投保的种植业品种扩大到甘蔗、甜菜等糖料作物，橡胶、烟叶等经济作物以及苹

① 江苏省农业保险保费收入包括保险公司和省政府经营农业保险获得的保费。

② 全国保费收入核算包括江苏省政府和保险公司经营的农业保险业务。

果、梨等果树和温室大棚等设施农业。养殖业保险品种除了国家补贴的能繁母猪、奶牛和生猪外，还包括鸡、鸭、鹅等家禽，江苏、浙江等还开展虾、蟹等水产养殖。林业保险主要包括生态林和经济林。

我国种植业主要产品的参保面积和保险覆盖率呈增长趋势。在粮食作物中，水稻和玉米的承保面积逐年增加，2014 年两种农作物的保险覆盖率均超过 65%。其中 2011 年水稻农业保险承保面积 2.56 亿亩，覆盖率达到 56.90%，2012 年提高到 60.23%。此后水稻参保面积和覆盖率逐年提高，承保面积从 2013 年的 2.93 亿亩增长到 2014 年的 3.1 亿亩，同期覆盖率由 64.55% 提高到 68.28%；玉米的承保面积从 2011 年的 2.16 亿亩逐年增长到 2014 年的 3.65 亿亩，同期覆盖率由 42.97% 提高到 65.57%；2011 ~2013 年小麦和大豆的参保面积和覆盖率逐年增加，2014 年小幅下滑。其中，小麦的保险承保面积从 2011 年的 1.43 亿亩提高到 2013 年的 2.25 亿亩，覆盖率从 39.33% 增加到 62.14%，2014 年承保面积和覆盖率分别下降到 1.79 亿亩和 49.67%；大豆的承保面积从 2011 年的 4073.75 万亩提高到 2013 年的 4129.47 万亩，覆盖率从 25.50% 增加到 29.85%，但 2014 年承保面积比上年减少了 255.02 万亩，保险覆盖率小幅下降了 1.71 个百分点。

在经济作物中，除了棉花和烟叶在 2014 年出现小幅下滑之外，近几年油料作物和糖料作物等主要经济作物的承保面积和保险覆盖率显著增加。棉花的承保面积从 2011 年的 3222.55 万亩逐年增长到 2013 年的 3998.55 万亩，同期覆盖率由 42.64% 提高到 59.80%，而 2014 年棉花参保面积略有减少，覆盖率小幅下降到 59.67%；油料作物的承保面积从 2011 年的 6452.57 万亩增长到 2014 年的 7416.64 万亩，同期覆盖率由 31.05% 提高到 34.73%。其中 2014 年油菜和花生的承保面积分别为 5608.10 万亩和 409.45 万亩，覆盖率分别为 49.27% 和 5.93%；糖料作物的承保面积从 2011 年的 689.48 万亩大幅增长到 2014 年的 1253.96 万亩，同期覆盖率由 23.60% 提高到 44.06%。在糖类作物种中，2014 年甘蔗和甜菜的承保面积分别达到 1160.06 万亩和 93.9 万亩，覆盖率分别为 43.94% 和 45.04%；尽管 2014 年烟叶参保面积出现小幅下滑，但烟叶的保险覆盖率也超过一半，达到 51.65%。

（四）农业保险保费收入结构变化趋势

从农业保险保费收入的结构看，种植业占农业保险的比例最高，其次是养殖业，林业占比最低。2007 年，种植业、养殖业和林业保费收入分别为 31.61 亿元、19.69 亿元和 5400 万元，分别占保费收入的 60.99%、37.98% 和 1.03%。2014 年，种植业、养殖业和林业保费收入分别为 222.27 亿元、73.43 亿元和 29.25 亿元，占总保费收入的比例分别为 68.40%、22.60%、9%。从农业保险结构变化的特点看，森林险占保费收入的比例在逐渐上升，而养殖业保险占比呈下滑趋势，种植业保费收入的份额呈现出先上升后下降的趋势。2007 年，林业保费收入所占比例为 1.04%。随着 2010 年国家财政实行公益林和商品林的保费补贴以来，林业保险规模增长迅速，2014 年林业保费占总保费收入的比例达到 9%；养殖业保费规模占总保费收入的比例从 2007 年的 37.98% 下降到 2012 年的 17.42%，近两年养殖业的份额逐渐上升，到 2014 年占总保费收入的比例增长到 22.60%；种植业的份额从 2007 年的 60.99% 增加到 2010 年的 79.54%，此后逐年下滑，到 2014 年种植业占总保费收入的比例下降到 68.40%（见表 4－1）。

表 4－1　2007～2014 年种植业、养殖业和林业保费收入占总保费收入的比例

单位：%

年份	种植险	养殖险	森林险
2007	60.99	37.98	1.03
2008	65.85	33.42	0.73
2009	73.26	25.33	1.40
2010	79.54	18.02	2.44
2011	77.91	17.79	4.30
2012	77.43	17.42	5.15
2013	72.56	19.26	8.18
2014	68.40	22.60	9.00

（五）农业保险赔付率波动特点

我国农业保险赔付率在整体上波动变幅较小，而险种间波动差别明显。由于农业风险损失在全国各地进行分散，各个区域的风险灾害损失存在差异使农业保险风险单位增加，风险损失降低，同时农业风险在不同农作物、林业和畜产品进行分散，因此，从全国范围看农业保险业务的平均赔付率不高，年际波动幅度较小。2007～2014 年全国农业保险平均赔付率为 65.05%，2009 年赔付率最高达到 76.15%，2011 年赔付率最低为 51.06%，标准差为 0.0807。但不同险种的平均赔付率和波动的差别明显。2007～2014 年全国种植业保险平均赔付率为 66.67%，2007 年赔付率最高达到 91.13%，2011 年赔付率最低为 50.90%，标准差为 0.1186。全国养殖业保险平均赔付率为 71.14%，2010 年赔付率最高达到 124.33%，2007 年赔付率最低为 18.56%，标准差为 0.3244；全国林业保险平均赔付率为 48.20%，2008 年赔付率最高达到 69.38%，2011 年赔付率最低为 26.80%，标准差为 0.1656。可见养殖业不仅赔付率最高，而且年际波动最大；

林业虽然平均赔付率最小，但其年际间的波动率要高于种植业，种植业赔付率波动最小（见图4－2）。

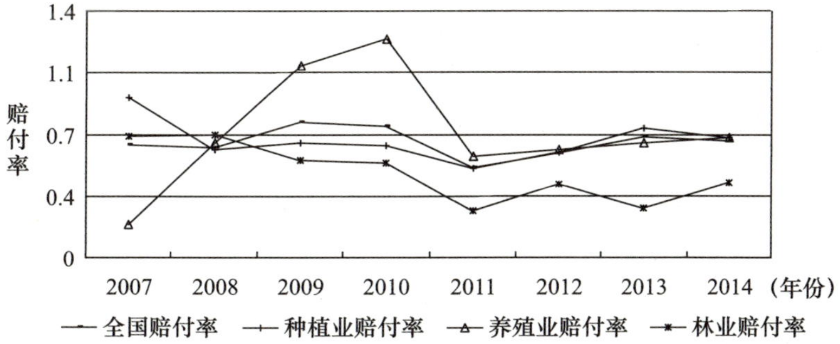

图4－2 2007～2014年全国农业保险赔付率

（六）政府加大农业保险财政补贴力度

由于农业保险具有准公共物品属性以及私人保险市场出现失灵，因此各国政府都加大对农业保险的政策支持。2007年以来，我国实施对农业保险保费的补贴政策，逐步扩大保费补贴覆盖的地区，增加保费补贴品种，提高中央财政对农业保险保费补贴的比例。2007年，中央财政投入10亿元资金对关系国计民生的主要种植业品种——玉米、水稻、大豆、棉花、小麦五种农作物进行保费补贴，首批列入试点的地区包括吉林、内蒙古、新疆、江苏、四川、湖南六省区，中央财政对保险保费补贴的比例为25%，试点地区省级财政补贴比例为25%。当年中央还投入11.5亿元预算资金，对河北、山西、黑龙江等中部10省区和西部12省区、新疆建设兵团和农垦地区开展能繁母猪补贴，补贴标准是：对于中部和西部地区，在地方财政部门补贴30%保费的基础上，中央财政部补贴比例为50%；对于新疆生产建设兵团及中央直属的黑龙江省农垦总局、广东省农垦总局和海南省农垦总局，中央财政补贴比例为80%①。2008年，保费补贴种植业品种增加了花生和油菜两种油料作物，补贴地区新增了辽宁、河北、河南、山东、湖北、福建、安徽、陕西、浙江、广东、海南11个省份和2个中央直属垦区。中央财政承担种植业保费的补贴比例提高到35%，省级财政承担的比例和上年相同。养殖业补贴品种增加了奶牛。奶牛保费的补贴标准是：对于中部和西部省区中央财政补贴比例为30%，省级财政补贴比例为30%；对于新疆建设兵团和中央直属

① 财政部关于印发《能繁母猪保险保费补贴管理暂行办法》的通知，2007年7月18日，财金［2007］66号。

垦区，中央财政补贴比例为60%。

随着中央对保费补贴产品和保费补贴地区的增加，2013 年中央财政拨付资金 126.88 亿元用于农业保险保费补贴，到 2013 年纳入种植业保费补贴的品种除了小麦、水稻、玉米和棉花等主要农作物外，还包括油菜、花生、大豆等油料作物，马铃薯和甜菜、蔗糖两种糖料作物。此外，中央财政还在四川、青海、云南、甘肃和西藏自治区试行青稞的保费补贴，在海南和云南进行天然橡胶补贴。根据地区经济发展水平的差异，国家实行有差别的保费补贴政策。中央财政对中部和西部地区种植业保险保费补贴的比例提高到40%，东部地区的补贴比例仍为35%，地方财政补贴比例均为25%。中央财政对新疆建设兵团和中央直属垦区的种植业品种保费补贴的比例提高到65%。对于养殖业保费补贴，国家财政不仅对各省市经营能繁母猪、奶牛和育肥猪三种主要畜产品的农业保险业务进行保费补贴，而且对四川、青海、云南、甘肃和西藏自治区牦牛和藏系羊也提供补贴。在养殖业保险中，奶牛、能繁母猪和育肥猪补贴标准为：中央财政补贴比例对西部和中部地区为50%、对东部地区为30%，地方财政补贴的比例均为30%。森林保险覆盖了大部分省市。其中商品林的补贴标准是：中央财政保费补贴的比例为30%，地方财政补贴比例不低于25%，公益林中央财政补贴的比例为50%，地方财政补贴的比例不低于40%（见表4－2）。为保障粮食安全和减少产粮大县的财政负担，2014 年中央一号文件提出，提高中央、省级财政对主要粮食作物保险的保费补贴比例，逐步减少或取消产粮大县县级保费补贴。鼓励保险机构开展特色优势农产品保险，有条件的地方政府提供保费补贴，中央财政通过以奖代补等方式予以支持。

表 4－2　2013 年政府对农业保险的保费补贴情况　　单位：%

<table>
<tr><th>保险种类</th><th>补贴品种</th><th>补贴地区</th><th>中央财政补贴占保费收入的比例</th><th>省级财政补贴占保费收入的比例</th></tr>
<tr><td rowspan="5">种植业保险</td><td rowspan="3">玉米、水稻、小麦、棉花、油料作物、马铃薯、糖料作物</td><td>河北、吉林、黑龙江、安徽、江西、河南、湖北、湖南、海南、四川、云南、山西、甘肃、青海、内蒙古、新疆、宁夏、西藏、贵州</td><td>40</td><td>25</td></tr>
<tr><td>辽宁、江苏、浙江、福建、山东、广东、北京、天津、上海、重庆、青岛、大连、宁波</td><td>35</td><td>25</td></tr>
<tr><td>新疆生产建设兵团、黑龙江农垦总局、中国储备粮管理总公司北方公司</td><td>65</td><td>0</td></tr>
<tr><td>青稞</td><td>四川、青海、云南、甘肃、西藏</td><td>40</td><td>25</td></tr>
<tr><td>天然橡胶</td><td>海南、云南</td><td>40</td><td>25</td></tr>
</table>

续表

<table>
<tr><th>保险种类</th><th>补贴品种</th><th>补贴地区</th><th>中央财政补贴占保费收入的比例</th><th>省级财政补贴占保费收入的比例</th></tr>
<tr><td rowspan="4">养殖业保险</td><td rowspan="3">能繁母猪、奶牛和育肥猪</td><td>中部地区和西部地区</td><td>50</td><td>30</td></tr>
<tr><td>东部地区</td><td>40</td><td>30</td></tr>
<tr><td>新疆建设兵团和中央直属垦区</td><td>80</td><td>0</td></tr>
<tr><td>牦牛和藏系羊</td><td>四川、青海、云南、甘肃、西藏</td><td>40</td><td>至少 25</td></tr>
<tr><td rowspan="3">森林保险</td><td rowspan="3">森林</td><td rowspan="2">江西、湖南、福建、浙江、辽宁、云南（2010）、河北、安徽、河南、湖北、海南、重庆、贵州、陕西（2012）、山西、内蒙古、吉林、甘肃、青海、大连、宁波、青岛（2013）</td><td>30（商品林）</td><td>至少 25（商品林）</td></tr>
<tr><td>50（公益林）</td><td>至少 40（公益林）</td></tr>
<tr><td>大兴安岭林业集团公司</td><td>55（商品林）</td><td>—</td></tr>
</table>

二、我国农业保险大灾风险分散制度建设

（一）我国农业保险大灾风险分散的基本方式

按照财政部出台的《农业保险大灾准备金管理办法》（以下简称《办法》）规定，农业保险经营机构建立了大灾准备金制度。全国 23 家具有农业保险经营资质的保险公司和中国再保险公司还组建了全国农业保险再保险共同体以应对农业大灾风险，这些做法只是在农业保险经营机构和再保险层面的大灾风险分散制度。而当发生农业大灾导致保险经营机构出现超赔时，除了江苏、北京、上海等个别地区外，我国大部分省、市、区还未建立省级财政支持的大灾风险分散方式，尤其是在国家层面为其提供外部超赔补偿资金的机制尚未建立。

1. 农业保险经营机构的大灾风险准备金制度

根据财政部制定的《办法》，2014 年保险经营机构开始提取保费准备金和利润准备金，这两项资金以及公司提取的一般风险准备金，形成了保险经营机构的大灾风险准备金，反映保险机构自身应对农业大灾风险的能力。保险机构计提的保费准备金，按照种植业、养殖业和林业的净保费收入的一定比例提取，保费准备金逐年积累、专户管理，滚存余额达到当年农业保险经营机构自留保费收入

时，停止提取保费准备金。保险经营机构根据财政部规定的各省（市）保费准备金的计提区间（见表4－3），在听取省财政有关部门意见的基础上，结合农业灾害风险水平、灾害损失和农业经营状况等因素确定保费准备金提取比例。由于

表4－3　财政部规定的各省、市、区保费准备金提取比例区间　　单位：%

序号	地区	保费准备金计提比例区间		
		种植业保险	养殖业保险	森林保险
1	北京	6~8	3~4	4~6
2	天津	2~4	3~4	4~6
3	河北	4~6	2~3	4~6
4	山西	4~6	3~4	6~8
5	内蒙古	6~8	2~3	8~10
6	辽宁	6~8	3~4	6~8
7	吉林	6~8	3~4	8~10
8	黑龙江	6~8	2~3	8~10
9	上海	4~6	1~2	4~6
10	江苏	2~4	2~3	4~6
11	浙江	4~6	3~4	8~10
12	安徽	6~8	2~3	4~6
13	福建	4~6	3~4	8~10
14	江西	6~8	2~3	8~10
15	山东	6~8	3~4	6~8
16	河南	4~6	3~4	4~6
17	湖北	6~8	3~4	6~8
18	湖南	6~8	2~3	8~10
19	广东	4~6	3~4	6~8
20	广西	4~6	3~4	8~10
21	海南	6~8	3~4	8~10
22	重庆	2~4	2~3	6~8
23	四川	4~6	2~3	6~8
24	贵州	6~8	3~4	8~10
25	云南	6~8	3~4	8~10

续表

序号	地区	保费准备金计提比例区间		
		种植业保险	养殖业保险	森林保险
26	西藏	4~6	1~2	6~8
27	陕西	6~8	3~4	6~8
28	甘肃	2~4	1~2	6~8
29	青海	6~8	2~3	6~8
30	宁夏	2~4	1~2	4~6
31	新疆	6~8	1~2	6~8

保费准备金在成本中列支，因此这部分积累不用缴纳所得税。财政部规定提取的另一部分准备金是从年度净利润中提取的利润准备金。当保险经营机构的农业保险承保利润率超过其自身财产险业务的承保利润率且农业保险的综合赔付率低于70%时，由保险公司总部按照超额利润的75%提取利润准备金，可以无限积累。《办法》区分了一般财产保险公司和专业性农业保险机构超额利润的核算方法。对于一般财产保险公司，超额利润是按照保险机构农业保险的整体承保利润率超过其自身财产险业务承保利润率计算的。而对于专业性农业保险公司，按照专业性农险机构整体承保利润率超过其自身与财产险行业承保利润率的均值进行计算。利润准备金在财务上列入所有者权益项下，不能用于分红和转增资本。

当发生农业大灾损失时，可以使用大灾准备金弥补保险经营机构的超赔损失。财政部规定当农业保险大类险种的综合赔付率超过75%时，省级保险公司分支机构可以使用本省积累的保费准备金，如果仍不足以支付赔款，保险公司总部可以使用利润准备金。由此可见，大灾准备金制度一方面有利于增加大灾损失保障资金的储备，增强保险机构应对未来农业大灾风险的能力，实现农业保险业务健康和可持续发展；另一方面，形成了财政部门对保险经营机构的利润调节机制，使农业保险经营机构的承保利润控制在一定范围内，避免了中央财政补贴转化为保险公司利润的情况。

2. 组建中国农业保险再保险共同体

2014年11月，我国23家具备农业保险经营资质的保险公司和中国再保险公司共同发起组建了中国农业保险再保险共同体（以下简称农共体）。共同签署了《中国农业保险再保险共同体章程》（以下简称《章程》），明确中国财产再保险有限责任公司作为农共体管理机构。《章程》规定，成员公司的各级财政保费补贴型农业保险业务和商业性农业保险业务，均纳入农共体分保业务范围。成员公司的每个农险分出合同的每一笔业务，原则上按不低于50%的同一比例直接分给农共体；其余部分成员公司可自行分保。农共体成员公司不得在农共体之外接受其他成员公司的农业保险分保业务。分出公司每年自主确定分出需求，并按照分省、分大类险种（种植险、养殖险和森林险）安排再保险。各分入公司从农共体接受的分入业务不得对外进行转分保。分出公司分给农共体的总分出需求与各分入公司的分入份额形成的农共体总承保能力保持平衡。农共体立足我国国情，借鉴国际经验，通过制度化安排和市场化模式，充分整合国内保险行业资源，将提升我国农业保险整体的风险管理水平，为农业保险提供持续稳定的再保险保障。

（二）典型省农业保险大灾风险分散方式

在各地区农业保险经营模式中，江苏、北京和上海探索建立了地方财政支持的大灾风险分散制度，浙江组建的共保体和黑龙江建立的互助保险，通过保险经营组织的创新和发展降低了农业大灾带来的风险损失。

1. 江苏省建立三级政府巨灾准备金制度

2004年江苏省开始农业保险试点，在探索和比较淮安“联办共保”模式和苏州“委托代办”模式的基础上，2008年在全省实行统一的“联办共保”农业保险运作方式。全省农业保险以省辖市为单位开展，政府和农业保险经营机构组成责任共同体，共同承担风险责任，双方风险承担的比例从2008年的6∶4调整到2010年的5∶5，目前仍沿用各承担50%的比例。

“联办共保制度”实行以来，江苏农业保险规模不断扩大。2009年，全省农险保费收入及农险基金合计13.3亿元。水稻、小麦等主要种植品种参保7357万亩，承保面达到95.9%以上；能繁母猪参保238多万头，基本实现全部承保。新开办了8个地方性新险种。到2013年，农险保费收入及农险基金合计31.49亿元，位居全国首位，支付各类农险赔款12.31亿元，37.838万户次农民从中受益，主要种植作物小麦和水稻的承保覆盖面均超过90%①。2014年，农业保险保费规模达到32.01亿元，其中保险公司保费收入16.13亿元，赔付支出9.16亿元。江苏农业保险险种基本涵盖了江苏种植业和养殖业主要品种，参保对象覆盖从事农业生产和农产品加工的各类主体，全省已基本形成农业保险经营网络。

在“联办共保”模式下，江苏省农业保险大灾风险分散制度包含两个部分：一是保险经营机构提取的大灾准备金和再保险安排。根据财政部颁布的《农业保险大灾准备金管理办法》，公司提取的大灾准备金包括保费准备金和利润准备金两个部分。从2014年开始，江苏省级保险机构在种植业、养殖业、森林保险自

① 《2014中国保险年鉴》。

留保费收入中分别按自留保费收入的2%～4%、2%～3%、4%～6%比例区间自主提取保费准备金，同时按规定的计提标准从超额承保利润中提取利润准备金。此外，保险经营机构还通过购买比例再保险和赔付率超赔再保险的方式分散风险。二是独具特色的省、市、县三级政府巨灾准备金制度。以下重点分析政府巨灾准备金制度。

为应对区域性重大自然灾害引起的政府超赔风险，2008 年江苏省出台了《江苏省农业保险试点政府巨灾准备金管理办法》，各级政府运用财政预算安排和统筹部分政府的保费收入，建立了省、市、县三级政府巨灾风险准备金制度。在"联办共保"模式下，政府巨灾准备金用于由政府承担赔付责任的保费收入发生的超赔支出。纳入政府巨灾准备金管理范围的农作物包括水稻、小麦、棉花、油菜和玉米主要种植业参保品种，近几年将范围扩大到高效设施农业。

江苏省规定了各级政府巨灾准备金的来源并对准备金的规模进行封顶控制。县级政府巨灾准备金的资金来源，一是本级政府预算安排，原则上按照本地当年保费实际发生额（即统筹部分政府承担的种植业保费收入）的5%～10%的比例安排；二是上级财政部门的保费奖励；三是县级政府当年保费收入减去当年赔付支出的结余；四是可以用于县级政府巨灾风险准备的其他资金。县级政府大灾准备金实行4 倍封顶控制。当累计准备金达到全县当年主要种植业品种保费收入总额的4 倍时，停止县级政府预算安排，如果低于该金额，则恢复预算安排。

省辖市政府巨灾准备金的资金来源，一是各县按当年主要种植业保费收入总额的10%上缴的部分；二是按各县上缴保费收入的50%，由省辖市本级预算安排；三是在县级保费上缴和省辖市预算安排资金到位的前提下，由省财政按省辖市预算安排资金进行等额补助；四是可用于省辖市巨灾准备金的其他资金。市级政府巨灾准备金的规模，按照全市当年主要种植业保费收入的 2 倍实行封顶控制。如果市级巨灾准备金累计金额达到全市保费收入的2 倍，省辖市政府巨灾准备金立即停止累积，县级不再上缴保费，省辖市政府不再配套，省级财政也不再给予补助。反之，则恢复积累。省级政府巨灾准备金的来源是各市政府巨灾准备金余额的20%，当省辖市政府巨灾准备金出现超赔时，省财政可以使用省级政府巨灾准备金，用于支付其他超赔地区的赔款。

在"联办共保"模式下，市、县政府巨灾风险准备金实行专项核算、滚动积累、定向使用。政府巨灾准备金用于由政府承担赔付责任的保费收入发生的超赔支出。当县级政府保费收入发生超赔时，根据灾害承担和超赔情况，实行超赔县政府和省辖市巨灾准备金共同承担的原则。随着超赔金额的增加，县级政府承担的超赔比例降低，市级政府承担的比例增加。具体而言，当县级政府当年保费收入出现超赔，而县级政府巨灾准备金未发生超赔时，市政府巨灾准备金负担当年超赔部分的20%，其余80%由县级政府巨灾准备金负责赔付。当发生巨灾使县级政府当年保费收入发生超赔，而且县级政府巨灾准备金也发生超赔时（以下简称“双超赔”），按照超赔金额分为四种情况，由市级和县级政府分别负担：第一，巨灾超赔额（指当年县级政府保费收入和县级政府巨灾准备金全部赔付完后仍超赔部分，下同）小于和等于该县当年政府保费收入50%（含50%）时，省辖市政府巨灾准备金负担超赔部分的50%，县级政府负担50%；第二，当巨灾超赔额在该县当年政府保费收入50%以上、100%以内（含100%）时，其超过50%的部分，由省辖市政府巨灾准备金负担超赔部分的70%，县级政府负担30%；第三，当巨灾超赔额在当年该县政府保费收入100%以上、200%以内（含200%）时，其超过100%的部分，由市级政府巨灾准备金负担超赔部分的80%，县级政府负担20%；第四，当巨灾超赔额超过当年政府保费收入的200%时，其超过200%的部分，全部由省辖市政府巨灾准备金负担，县级政府不再承担赔付责任（见图4－3）。

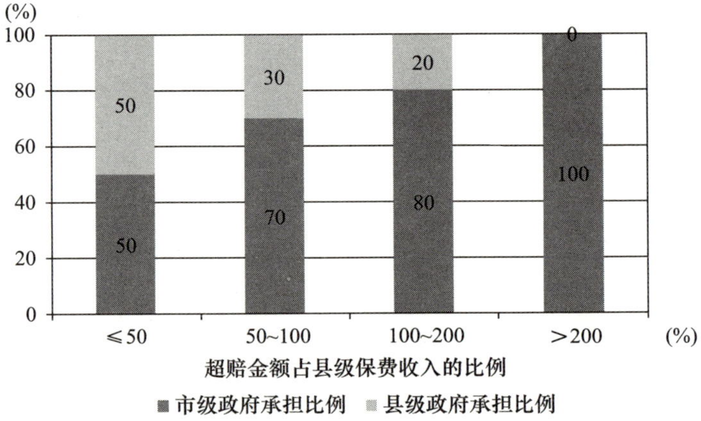

图4－3 “双超赔”情形下市级政府和县级政府巨灾准备金承担超赔的比例

当市级巨灾准备金出现超赔时，而且超赔额不超过省级政府巨灾准备金总额（即其他各市巨灾准备金余额20%部分的总和）时，其超赔部分由省财政按统一比例调用省级政府巨灾准备金支付；当市级超赔额高于省级政府巨灾准备金总额时，各市以省级政府巨灾准备金全额为最高赔付额度，差额部分由省财政进行补助。

2. 上海市农业保险大灾风险分散方式

2004年，上海在国内率先启动了新一轮的农业保险试点，成立了我国第一家专业性股份制农业保险公司——安信农业保险公司。上海市农业保险实行“政府政策支持、市场化运作、以险养险”的专业化运作方式，结合农业发展水平、产业化发展导向和综合经济发展水平，确定农业保险产品及其功能定位。农业保险规模不断增加。2007 年，上海市保费收入为 1.45 亿元，赔付支出达到 8636.88 万元，种植业、养殖业和林业保费收入分别为 8636.88 万元、3008.10 万元和 342.54 万元，占总保费收入的比例分别为 50.4%、44.47% 和 5.13%；此后保费收入持续增长，到 2014 年达到 4.49 亿元，赔付支出为 2.97 亿元，种植业保费收入 2.71 亿元，占总保费收入的比例为 60.40%；养殖业和林业保费收入分别为 1.4 亿元和 3776.8 万元，占比分别达到 31.20% 和 8.40%。农业保险覆盖范围不断扩大，农业保险险种包括水稻、油菜、设施蔬菜等主要农作物，生猪、奶牛、家禽、能繁母猪等养殖业品种以及农机具综合保险、群众性渔船综合保险等险种。农业保险的定位从单一的保险灾害补偿逐渐转变为农业风险管理手段，政府在农业保险尤其是大灾风险管理上承担更多的社会责任。

上海市构建了多层次农业保险大灾风险分散制度。上海市以农业保险赔付率为标准界定大灾风险和巨灾风险，对于经营农业保险的机构，将政策性农业保险业务赔付率超过 90% 作为大灾风险，超过 150% 为农业保险巨灾风险。2014 年 5 月 30 日，上海市政府办公厅正式颁布实施《上海市农业保险大灾（巨灾）风险分散机制暂行办法》，通过政府财政托底、保险机构参与、再保险介入等方式，构建四个层次农险巨灾风险分散机制。当出现台风、特大暴雨、重大病虫害（疫病）等农业灾害时，第一个层次为年度内政策性农业保险业务赔付率在 90% 以下的损失部分，由农业保险机构自行承担。第二个层次为赔付率在 90% ~150% 的损失部分，由农业保险机构通过购买再保险的方式分散风险。第三个层次为赔付率超过 150% 以上的损失部分，由农业保险机构使用再保险赔款摊回部分和农业保险大灾风险准备金进行赔付。第四个层次为政府财政托底，如果保险经营机构仍不能弥补的灾害损失，由市、区，县财政通过一事一议的方式安排补偿保险机构赔付差额部分①。

上海市政府为保险经营机构给予再保险补贴。上海市级财政对赔付率在 90% ~150% 损失部分的再保险给予保费补贴，年度补贴标准为上年农业保险机构购买相关再保险保费支出的 60%，最高不超过 800 万元。由补贴农业保险机构转变为补贴农业保险业务，运用市场机制，提高了农业保险补贴效率，增强了农业保险机构拓展业务的能力。

3. 北京市政府购买再保险制度

2007 年 4 月，北京市政府开始实施政策性农业保险制度，建立“政府引导、

① 刘谡．上海升级完善农险巨灾风险分散机制［N］．中国保险报，2014 - 06 - 11.

政策支持、市场运作、农民自愿”的农业保险运作模式。2007年，北京市农业保险保费收入7953.81万元，其中种植业保费收入2923.32万元，占总保费收入的38.49%，养殖业保费收入4670.58万元，占比61.51%，赔付支出3671.15万元。2010年，农业保险保费收入实现3.67亿元，比上年增长8.58%，赔付支出为2.85亿元，简单赔付率为77.66%，农业保险覆盖主要农业资源近40%。农业保险规模不断扩大，2014年，农业保险保费收入达到4.51亿元，其中种植业、养殖业和林业保费分别为1.20亿元、3.03亿元和2786.19万元，赔付支出为4.88亿元，简单赔付率达到108.20%。农业保险承保的险种增加到23个，包括小麦、玉米、豆类等粮食作物，西瓜、苹果、陆地蔬菜、温室大棚等特色品种以及种猪、生猪、奶牛、肉鸡、肉鸭、渔业等养殖业产品。

为进一步分散农业巨灾风险，2009年8月初，北京市政府与瑞士再保险股份有限公司和中国再保险（集团）股份有限公司签署政策性农业再保险合作协议，由政府购买赔付率超赔再保险，在全国率先实行“政府购买再保险+政府大灾准备金”的大灾风险分散制度。该制度的主要特点是：

第一，北京市农业保险主要由中国财产保险公司、安华保险公司、中华联合保险公司、太平洋保险公司四家保险公司经营，实行“单独立账、单独核算”，保险公司承担赔付率160%以下的农业风险损失赔偿责任。政府不干涉保险公司的经营权，只是在发生超赔风险后，承担超赔责任。除了国家规定的保费补贴外，市政府按照市级政策性农业险种保费总收入10%的标准，给予保险公司经营管理费用补贴。

第二，为了发挥再保险市场作为风险分散主渠道的作用，北京市农委代表北京市政府与瑞士再保险、中国再保险签署了政策性农业再保险合作协议，由政府购买赔付率超赔再保险（综合赔付率为160%～300%）。当年任一家保险公司经营农业保险的综合赔付率超过160%后，可直接向再保险公司索赔，赔付最高限为综合赔付率300%。

第三，建立巨灾风险准备金。北京市财政每年按照上年农业增加值的1‰预提巨灾风险准备金，并鼓励各区县设立本区县的巨灾风险准备金，通过多层次的巨灾准备，提高“北京模式”应对巨灾风险的能力。综合赔付率在300%以上的风险，由政府按照上年农业增加值1‰提取的农业巨灾风险准备金提供保障。

总之，北京市通过筹集巨灾准备金和北京市政府直接向再保险公司购买超赔保险等措施，建立了较为完善的巨灾风险分散机制。地方政府对农业保险的大力补贴和政府购买再保险是以强大的财政收入为支撑的，这种模式的推广应用受到地方经济发展水平的限制（见图4－4）。

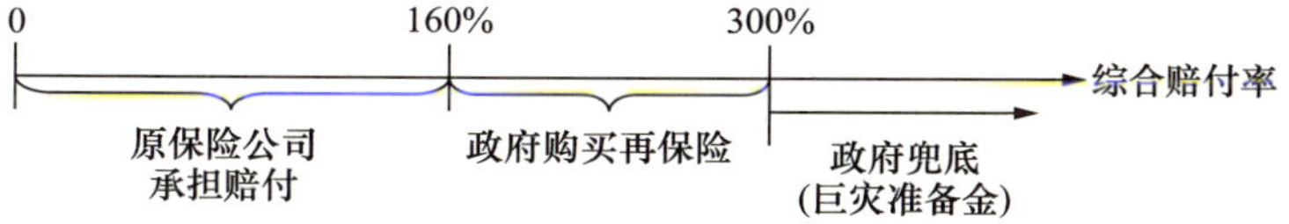

图4-4 北京市农业保险赔付责任划分

4. 浙江省组建的共保体

2006年，浙江省实施新一轮农业保险试点以来，保险规模和参保品种不断扩大。2007年，全省保费收入为6646.82万元，赔付支出6111.56万元，赔付率为91.95%。2008年，保费收入突破亿元，达到1.54亿元，比上年增长了1.32倍。到2014年保费收入达到6.33亿元，其中种植业保费收入3.06亿元，养殖业保费收入2.73亿元，森林险保费收入5418.5万元，赔付支出2.79亿元，简单赔付率为44.07%。从保险品种看，规模最大的是水稻，其保费收入达到2.34亿元，其次是生猪保费收入，达到2.04亿元，能繁母猪达到4446.62万元，分别占保费总规模的36.93%、32.17%和7.03%①。农业保险开展以来，承保险种不断增多。2008年，农业保险品种分为必保品种和选保品种两类，其中能繁母猪、奶牛、油菜、水稻为必保品种。选保品种按照当地农业产业发展和抗风险需要，从大棚蔬菜、露地西瓜、柑橘、林木、生猪、鸡、鸭、鹅、淡水鱼中选择不超过6个品种开展农业保险。此后，浙江省鼓励扩大参保品种，开发了养蚕、渔业互助保险等地方特色保险，并试点生猪价格指数、芦笋价格指数等保险品种。

浙江省实行多家公司按照约定的比例分摊保费、共担风险的共保体制度。2006年，浙江省开始共保体试点，由人保财险浙江省分公司、太平洋财险、平安财险、大地财险等10家商业保险公司浙江分公司组建了浙江省农业保险共保体。浙江省共保体实行农业保险业务单独建账、独立核算、共享盈利、共担风险的运行机制，人保财险浙江省分公司作为首席承保人，承担政策性农业保险的日常业务，其他几家公司为共保体成员，认购一定比例股份。首席承保人将收取的保费按股份比例划拨给共保人。当发生农业灾害时，共保体成员公司按照股份比例承担赔付损失。年终结算时，共保体的盈利或亏损成员也按比例分摊。共保体章程每三至五年签订一次，章程到期后按照“大稳定、小调整”的原则，适度调整共保体成员的参与比例。经过两次调整，2013~2017年共保体由人保财险、太平洋保险、大地、安信公司、中华联合等7家保险公司共同组成，其中人保财险的股份比例占共保体的70%，其次为太平洋保险，股份占10%，大地保险和

① 资料来源：中国保险监督管理委员会浙江省监管局提供。

安信的比例均为5%，浙商保险为4%，永安保险和中华联合均为3%。

浙江省农业保险大灾风险分散制度不断发展演变。2006年共保体成立之初，全省除了在共保体内部形成了风险共担机制以外，还建立了公司与财政共同承担巨灾损失的制度。全省农业保险赔款在当年农业保险保费2倍（含）以内的，由共保体承担全部赔付责任；赔款在当年农业保险保费2~3倍（含3倍）的部分，由共保体与政府按1∶1比例承担；赔款在当年农业保险保费3~5倍（含5倍）的部分，再由共保体与政府按1∶2比例承担。政府承担的超赔责任由省与县（市、区）财政分担，分担比例按照财政保费补贴比例执行。各县（市、区）在年农业保险赔款总额超过当年农业保险保费5倍的情况下，实行先预摊、再年度结算，其中，政府承担的预摊超赔责任，由省与县（市、区）政府按“二八”比例执行。在保险年度末统计全省全年总赔款后，再按全省范围内5倍封顶的要求，实行封顶系数（全省农业总保费×5/全省总赔款），转换后统一结算①。2011年，浙江省建立农业保险巨灾准备金制度，按照种植业（含林业）保费收入的25%提取准备金，并实行逐年积累、专户管理、专款专用，当全省农业保险赔款达到保费收入的1.2倍时，共保体可以使用巨灾准备金。随后，2013年浙江省取消了5倍保费封顶赔付和地方政府承担农业保险赔付的制度，当年末巨灾准备金的规模达到1.3亿元。2014年，根据财政部出台的《农业保险大灾准备金管理办法》，浙江省政府规定共保体按照种植业保费收入的6%、养殖业的3%和林业的10%的比例提取保费准备金，并撤销全省原农业保险巨灾准备金专用账户，原专用账户资金按照共保体的比例进行清算，地方政府不再与共保体分担巨灾赔偿责任。

5. 黑龙江省建立的互助农业保险

黑龙江是我国重要的商品粮生产基地和粮食战略后备基地。2005年以来，黑龙江省实行互助农业保险制度，由阳光农业保险公司开展农险业务。成立于2005年的阳光农业相互保险公司是我国第一家相互制农业保险公司，它是由垦区20万户农民发起建立的互助制保险公司。2005年，公司农业保险保费收入达到2.2亿元，占黑龙江省总保费收入的99.02%。2009年，公司共设立了1个分公司和11个中心支公司、在94个农场设立了保险社、在2000多个村成立了基层会员组织，发展会员100余万人，服务网络已遍布黑龙江省。黑龙江保险规模不断扩大，2014年黑龙江农业保险保费收入达到26.05亿元，赔付支出19.64亿元，其中种植业保费收入24.72亿元，养殖业保费收入1.3亿元，林业保费收入0.032亿元。种植业、养殖业保险赔付支出分别为18.62亿元、1.02亿元。

---

① 《浙江省人民政府关于在全省开展政策性农业保险的通知》，浙江省人民政府公报，2008；浙江省人民政府关于推进政策性农业保险的若干意见，2009年8月。

相互制农业保险是参加农业保险的农户为自己办理保险而形成的互助保险形式，投保人作为会员交纳保费形成基金，发生灾害时用其弥补损失，实行合作互助、风险共担的制度。一般来说，会员代表大会是相互制保险机构的最高权力机构，会员代表大会选举产生董事会和监事会，分别行使经营决策和运营监督的职能，董事会聘请经营管理人员负责保险机构的日常经营业务。在相互制保险制度下，由于会员既是投保人又是出资人，因此形成了利益共同体，互助保险机构和投保人共享收益、共担风险，这一机制不仅能够有效调动农民的积极性，而且能有效减少道德风险和逆向选择。

黑龙江互助制保险发展模式的主要特点是：第一，黑龙江阳光保险公司实行公司统一经营为主导，保险社互助经营为基础的双层治理结构。公司设立会员代表大会、董事会和监事会，会员代表大会作为公司的最高权力机构，选举产生董事会和监事会；在经营制度上，实行总公司和保险社双层治理结构。保险社是由投保人组成的基层保险组织，负责办理农业保险业务，并向公司办理分保业务。即种植业和养殖业保险实行由公司和保险社按照互助方式联办，在提取大灾准备金后，保费按5：5的比例分为公司统筹和保险社自留两部分，公司和保险社各自承担50%的赔付责任。在核算制度方面，总公司、省级分公司、保险社进行三级独立核算；非垦区采用乡级保险服务站和村级保险互助会代办业务，形成了“公司+会员”的利益共享、风险共担的运行机制。

第二，相互制保险对农业巨灾的自动吸纳机制。相互保险公司是一种内部互助互济的组织形式，以投保农户交纳的保费作为相互承担赔付或给付责任的准备金。如果发生农业巨灾导致经营亏损，一般按照盈余公积金、“资本”公积金的顺序予以补偿，如果仍然不足以弥补超赔资金缺口，则采取减额赔偿的方法，即削减部分保险金额。如果不采取减额赔付的方法，也可以采取对外借债的方式补偿亏空资金，并用以后年份的经营盈余偿还债务。由此，相互保险公司对农业巨灾风险具备自动吸纳超赔损失的机制，不存在由于发生巨灾超赔而使得偿付能力不足的问题，即只要定价较为准确，准备金提取充分，就可以保证弥补巨灾可能造成的损失，最不利的情况才使用减额赔付或借款。

黑龙江垦区相互制农业保险公司从建立之初就开始提取巨灾准备金以应对农业大灾风险带来的冲击。2005～2007年公司按照保费收入的10%提取大灾准备金，用于补偿保险社综合赔付率超过120%的灾害损失。从2008年开始，将大灾准备金的提取比例上调到保费收入的25%。此外，阳光公司还向中国再保险公司，瑞士、美国再保险公司等国内外多家保险公司购买了农作物超赔再保险，通过种植业再保险制度增强应对风险的能力。

第三，建立防灾减灾体系。由于相互制农业保险公司的投保人和保险人利益一致，因此减少灾害损失的防灾和减灾意识强于一般商业保险公司。在种植业保险方面，阳光相互农险公司建立了以人工增雨、防雹为主的防灾减灾体系，缓解了旱情和冰雹给农作物带来的损失，提高了农业生产抗灾和防灾的能力。养殖业减灾措施主要包括对牲畜进行卫生检疫，向农户发放药品和饲养手册，控制牲畜疾病扩大等方法。

第五章　湖南省农业保险大灾风险分散模式的模拟研究

湖南省地处我国内陆腹地，居于我国东部沿海地区和中西部地区的过渡带、长江开放经济带和沿海开放经济带的结合部，在我国经济布局中具有承东启西、连南接北的枢纽地位，是我国重要的产粮大省。湖南省农业保险发展较快，业务规模和保障程度不断扩大，2014 年全省农业保险保费收入达到 20.16 亿元，占全国农业保险原保费总收入 340.84 亿元的 5.91%，在全国排名第六位。湖南地貌类型多样，以山地、丘陵为主，大体上是“七山二水一分田”。复杂的地形地貌造就了湖南气候的多样性特征，也使湖南成为干旱、洪涝和泥石流等灾害的多发区。因此，研究湖南省农业保险现行模式应对大灾风险的能力，对于建立和完善我国省、区乃至全国农业保险大灾风险分散机制，实现农业保险可持续发展具有重要参考价值。

为此，本章首先对 2015 ~ 2035 年湖南省农业保险种植业、养殖业和林业保费收入进行估算，并以湖南省农作物受灾面积为样本，运用极值方法，对未来发生 10 年、20 年、30 年、50 年以及 100 年一遇农业大灾时的赔付率进行了估计。在此基础上，进一步运用系统动力学原理和方法，建立与湖南省农业保险目前实行的大灾风险分散机制相对应的农业保险动力学模型，并与人保财险总公司经营全国其他地区农业保险（以下简称总公司）的宏观系统动力学模型相耦合，通过对未来大灾风险的情景假设，展示湖南省农业保险大灾准备金、可供投资者分配利润的变化趋势，以及总公司大灾准备金积累和需要外部超赔补偿资金的状况，以此体现湖南省农业保险以及总公司应对大灾风险损失的能力，并就《办法》对农业保险经营机构盈利水平的影响进行评估。最后，依据湖南省和总公司农业保险中长期运作的模拟结果，提出了对《办法》的修订意见，设计了有利于实现我国农业保险可持续发展的大灾风险多级分散体系。

一、湖南省农业保险发展现状

（一）1984～2006年：曲折历程

1984～2006年，湖南省农业保险经历了曲折发展的历程。1984年，在中国人保分支机构的负责下，逐步开始了水稻、烤烟、棉花、农耕牲畜等险种的保险业务。此后，农业保险业务不断扩大，种类多达50多种。1984年，当年保费收入58万元，到1988年扩大到1015万元，当年赔款1030万元，赔付率达到101.48%（见图5－1）。1989年以后在政府的参与下，中国人民保险公司将农业保险和其他保险业务分离，实行农业保险“单独立账、单独核算、节余留地方滚存壮大风险基金”的财务核算方法，在基层组织上建立了农民保险互助会，成立了保险服务站。

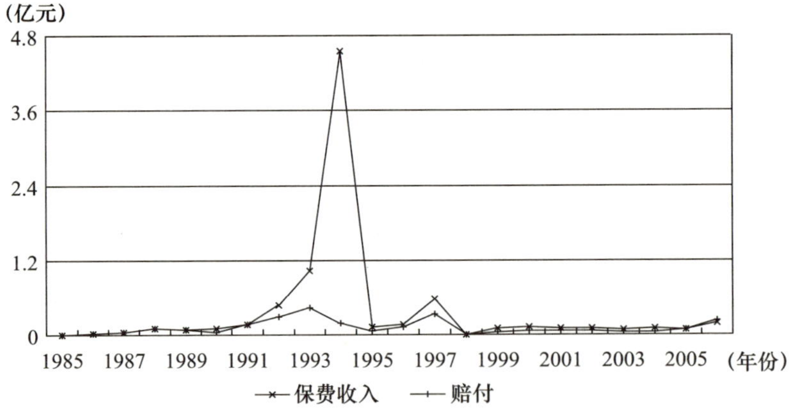

图5－1　1984～2006年湖南省历年农业保费收入和赔付支出

湖南省形成了政府、保险公司、农民联合共保模式，推动了湖南农业保险的迅速发展，农业保险的发展进入一个高潮时期，到1994年保费收入达到4.54亿元，成为1984年以来历史最高值。由于1994年中国人民保险公司开始自负盈亏，收缩了农业保险业务，从1995年开始湖南省农业保费收入急剧减少，当年仅有1171万元。1997年，保费虽有所回升，也仅为0.57亿元。此后又开始减少，直到2004年一直在1000万元上下波动。

（二）政策性农业保险试点：农业保险快速发展

湖南省于2007年开始政策性农业保险试点工作。试点当年建立了省农业保险联席会议制度，湖南省政府办公厅下发了由省财政厅、农业厅、保监局联合制定的《关于开展农业保险试点工作的实施方案》。市县各级政府成立了由分管领导负责的农业保险领导小组，结合本地农业的具体特点，制定出台实施细则，明确相关部门和人员的工作职责，同时经办湖南省政策性农业保险业务的中国人保湖南省分公司和中华联合湖南省分公司也都实行总经理负责制。此后不断建立和完善农业保险管理制度体系，先后下发了《湖南省农业保险保费补贴资金管理暂行办法》、《关于湖南省农业保险条款的通知》以及《湖南省农业保险工作考核办法》等20多个文件，在资金管理、经费安排、查勘理赔标准、巨灾风险金等重要环节作了具体规定，从制度层面明确了相关政府部门、保险公司、农民、农业协会、中介机构等参与主体在推进农业保险发展中的责任和义务，推动了全省农业保险的规范发展。

1. 湖南省农业保险险种及保额、费率和政府保费补贴比例

多年来，湖南省农业保险险种不断扩大，费率不断调整，政府补助比例也有所提高。2007年，试点地区险种包括水稻种植（分基本保险、旱灾保险、综合保险三种）、棉花种植和能繁母猪保险。水稻险每公顷保额为2100～3600元，费率为3%～7%；棉花险每公顷保额为1800～4500元，费率为8%；能繁母猪每头保额为1000元，费率为6%。中央和省级财政补贴各险种保费的50%，市州、县市区财政补贴保费的10%～30%，种植险理赔起赔点为30%，损失率达到70%时，按该作物生长阶段保额全额赔付。

2008年，湖南省政策性农业保险增设油菜种植保险、奶牛养殖保险、育肥猪保险，面向全省推广。其中，油菜险每公顷保额为1350～1650元，费率为6%；奶牛险每头保额4000元，费率为5%；育肥猪险每头保额500元，费率为3.5%。三级财政合计对种植业险保费补贴不低于70%，对能繁母猪险补贴不低于80%，对育肥猪险补贴不低于30%，对奶牛险补贴不低于60%。

2009年，湖南省政策性农业保险增设森林保险，公益林每公顷保额为6000元，费率为0.4%。三级财政对试点县森林险保费补贴不低于65%，同时将种植业险保费补贴提高5%，但对育肥猪险补贴减少10%。

2010年实施的政策性农险种类不变，仅对水稻、棉花和油菜险的保额、费率作了微调。其中，水稻险每公顷保额调整为2700～4200元，费率为6%，棉花险每公顷保额调整为2250～4500元，油菜险每公顷保额调整为1350～2250元。中央、省、市、县财政总计补贴均为保费的75%；育肥猪险保额、费率完全由

市场决定，中央、省级财政共补贴保费的20%。

2011年，湖南省对森林险中保费补贴作了调整。公益林中央财政补贴50%，省财政补贴30%，市县财政补贴10%，林权人承担10%（可由市县财政承担）。对商品林保险，中央财政保费补贴比例为30%，省级财政保费补贴比例为25%。鼓励市县财政给予保费补贴支持。并且规定：商品林保险应限定在每亩保额800元以下，费率在1%以内开展。中央和省级财政仅按每亩保额400元，费率4‰给予补贴（即对每亩保费≥1.6元的按1.6元的55%给予补贴，若每亩保费<1.6元则按实际每亩保费的55%给予补贴）。2012~2013年政府仅对水稻的保险金额和费率进行调整，其他原有品种未作调整。2012年，水稻的保险金额提高到每公顷4800元，费率下降到5%。

2014年，农业保险品种的省级和中央财政补贴提高，湖南省还开展了地方特色品种保险试点，省财政对特色保险品种实施奖补政策。国家财政补贴的种植业品种有水稻、棉花、油菜、玉米和甘蔗，中央财政补贴的比例提高到保费收入的40%，省级财政补贴比例增加到25%，市县级比例为10%（见表5-1）。养殖业中属于国家补贴的畜产品包括能繁母猪、奶牛和育肥猪，国家财政补贴的比例增加到保费收入的50%。省级财政对能繁母猪和奶牛补贴比例统一为30%，对育肥猪实行差别补贴措施，省级和市县级对育肥猪的补贴合计达到保费收入的30%。根据不同的风险区域，省财政对育肥猪的补贴比例为10%~20%，其中对长沙、株洲、湘潭地区补贴10%，对常德、益阳、岳阳、衡阳、郴州、娄底地区补贴15%，对湘西、张家界、邵阳、怀化、永州地区补贴20%，差额部分由县级财政承担。林业保险中，公益林的费率和补贴比例不变，商品林的保险金额为400元/亩，费率为4‰，中央财政和地方财政承担的补贴比例分别为30%和25%（见表5-1）。

2014年，湖南省还开展了烟叶、湘莲、肉鸡、鸭、鹅、甲鱼六个种类的地方特色农业保险试点，其中烟叶和湘莲的保额分别为800元/亩和600元/亩，费率均为5%。肉鸡、鸭、鹅的保额分别为11元/只、20元/只和50元/只，费率统一为5%。水产养殖甲鱼的保额为3000元/亩，费率为6%。省级财政根据地方财力和农险开展情况划分为三类地区，对特色品种保险业务实行差异化奖补。对于长沙、株洲、湘潭等一类地区，省财政特色农业保险补贴不超过保费收入的10%，对于常德、岳阳、益阳、衡阳、娄底等二类地区，省财政特色农业保险补贴不超过保费收入的20%，对于邵阳、永州、湘西、张家界等三类地区，省财政特色农业保险补贴不超过保费收入的30%。

2. 湖南省农业保险基本模式

由于经济条件、自然条件和保险意识等因素的差异，在试点初期湖南省农业保险形成了三种不同的模式：凤凰县财政补贴下的商业化运作模式、花垣县的政府全额补贴模式以及常德市的多种交费方式。

表 5－1　2014 年湖南省农业保险不同品种的保额、费率和财政补贴比例

品种		保险金额（元/亩、元/头、只）	费率（%）	保费（元）	财政补贴比例（%）		
					中央	省级	市县
种植业	水稻	320	5	16	40	25	10
	棉花	300	8	24	40	25	10
	油菜	150	6	9	40	25	10
	玉米	300	6	18	40	25	10
	甘蔗	700	6	42	40	25	10
养殖业	能繁母猪	1000	6	60	50	30	
	奶牛	4000	5	200	50	30	
	育肥猪	500	6	30	50	10～20	10～20
森林	公益林	400	0.4	1.6	50	30	10
	商品林	400	0.4	1.6	30	25	—
特色品种	湘莲	600	5	30	—	20～40	10～30
	烟叶	800	5	40	—	20	15
	肉鸡	11	5	11	—	20～40	10～30
	鸭	20	5	20	—	20～40	10～30
	鹅	50	5	50	—	20～40	10～30
	甲鱼	600	6	180	—	20～40	10～30

资料来源：根据湖南省财政厅发布的《湖南省财政厅关于 2014 年农业保险保费补贴有关事项的通知》和《关于开展特色农业保险试点工作有关事项的通知》整理。

湘西凤凰县的试点工作是财政补贴下的商业化运作模式的典型代表。其主要做法是：在中央和湖南省级财政保费补贴 50%、湘西自治州补贴保费 15% 的基础上，凤凰县财政再补贴 15%，农户自负 20%，农险经营公司按照保险条款规定推进农业保险试点工作。财政补贴下的商业化运作模式的优点在于补贴力度较大，有利于调动农户的参与积极性。参保农户适度交费，使农户认识到保险与政府救济不同，了解保险责任，减少理赔纠纷。农险公司在经营中的主导地位有利于调动公司的积极性和提高农户保险意识。不足之处在于逐村逐户地开展工作，农险公司费用高、成本大。

湘西花垣县是 2007 年湖南农业保险试点工作中唯一由政府全额补贴保费的

县。其最突出的特点是，在中央和省级财政承担50%、州财政承担15%的基础上，县财政承担了剩余35%的保费，为县13.6万亩水稻和2.4万亩棉花进行了统保，对农业保险政策的宣传主要通过理赔服务来实现。政府全额补贴模式的优点在于全额补贴解决了农业保险收费难的问题。地方政府的高度重视，降低了农业保险经营公司的展业成本，有利于开展工作。不足之处在于全额补贴让农户对保险存在认识上的误区，把农业保险等同于福利和政府救济。

省内最具有推广意义的是“常德模式”。常德市是湖南省的农业大市，粮、棉、油等产量居湖南省前列，农业保险对稳定常德市农业发展具有重要意义。为此，常德市的农业保险试点工作在采用多种交费方式并存，即由农户交费与村级组织筹集保费相结合、农村经济合作组织（棉花协会）筹集保费和财政垫交保费等多种方式的基础上，还在乡镇成立了农业保险办公室，聘请专职和兼职人员，建立了100%的农村保险全覆盖的服务体系，使农业保险真正做到了承保和理赔双到户。“常德模式”吸收了我国不同省区多种农业保险模式的特点，通过层层管理实现了农业保险公司和农户信息的双向透明，降低了道德风险和逆向选择，具有一定的创新性。

经过多年的农业保险发展模式实践，常德市建立的农村全覆盖基层服务体系，有利于扩大农业保险规模和实现承保与理赔高效透明。近几年湖南在全省范围推行“常德模式”的基本做法，在乡镇建立了农业保险办公室，由村镇干部和协保员共同推动农业保险展业，搭建了“乡乡有专兼干、村村有协保员”的农业保险基层服务体系。

3. 农业保险快速发展

2007年，全年承保水稻2935万亩、承保面达46.6%，承保棉花150万亩、承保面达65%，承保能繁母猪380万头。当年农业保险保费收入为7.58亿元，支付保险赔款4.65亿元，简单赔付率61.35%。2008年，全省保费收入猛增到12.73亿元，比上年增长67.94%；当年赔付支出7.78亿元，简单赔付率61.14%。此后农业保费收入连续两年下降，到2010年全省农业保费收入减少到10.69亿元，其中种植业保费收入9.23亿元，养殖业减少到1.23亿元，林业为0.23亿元，当年全省赔付支出8.13亿元，简单赔付率75.98%。2011年，农业保险规模不断扩大，全省农业保费收入快速上升到13.6亿元。2012年以后农业保险业务连续快速增长，2012年全省农业保费收入达到15.93亿元，比上年增长17.13%；2013年达到17.47亿元，比2012年增长9.67%。2014年全省农业保费收入达到20.15亿元，其中种植业保费收入为11.84亿元，养殖业为6.28亿元，林业为2.02亿元。当年全省赔付支出12.58亿元，简单赔付率62.42%，其中种植业赔付支出7.68亿元，养殖业赔付支出3.59亿元，林业赔付支出1.31

亿元，简单赔付率分别为64.85%、57.15%和64.59%。2014年，湖南省农业保费收入占全国保费总收入340.84亿元的5.91%，仅低于江苏省（32.10亿元①）、新疆（31.82亿元②）、内蒙古（30.02亿元）、四川（27.69亿元）、黑龙江（26.05亿元），在全国各省（区、市）中位居第六位。

4. 建立农业保险大灾风险分散机制

为防范农业大灾，提高农业保险承办机构的偿付能力，湖南省建立了农业保险风险准备金提成和管理制度。2007年试点开展当年，就制定了政策性农业保险大灾预备金的提取办法。一是对能繁母猪保险品种，省财政从保费补贴中按每头能繁母猪8元的标准提取；二是对水稻、棉花和玉米等种植业保险品种，按当年保费收入减去其应支付的赔款和费用后的剩余资金的70%提取。并且规定，农业保险风险预备金实行滚动积累制，即采取丰年积累、平年结转、大灾调剂的办法。风险准备金的使用原则是，如果经营湖南省农业保险的保险公司当年以保险项目范围为单位的综合赔付率超过70%或承保地区出现大面积灾情，可申请动用风险准备金。风险准备金存放于湖南省财政指定的银行，由承办农业保险的湖南省分公司设立专户，由湖南省财政与省分公司共同管理。

在《湖南省2010年农业保险实施方案》的规定中，大灾风险准备金采取种植业（含森林）保险按当年保费收入的25%计提，能繁母猪按每头10元、奶牛按每头40元计提。由承办农业保险的省分公司设立专户，省财政与省分公司共同管理。当全省农业保险综合赔付率超过60%或出现严重灾情需要采取紧急措施时，承保机构可申请动用大灾风险准备金。动用额度以赔付金额超过60%以上的部分为限。

经营湖南省农业保险的机构主要是人保财险湖南省分公司和中华联合湖南省分公司。从2014年开始，各保险公司按财政部《办法》规定，分别从当年保费收入中提取一定比例的保费准备金和利润准备金，其中种植业保费准备金的计提比例为保费收入的6%，养殖业保费准备金计提比例为2%，林业计提比例为8%。农业大灾准备金账户由省财政厅和农业保险承保机构省级分公司实行印鉴共管。省财政厅和保监局对大灾准备金的计提和使用实施监督。同时公司还通过成数再保险和赔付率超赔分保等方式分散大灾风险。

5. 湖南农业保险值得关注的主要问题

自2007年湖南省开始政策性农业保险试点以来，全省农业保险快速发展，提高了全省农业生产抵御农业自然风险的能力，保障了投保农户的切身利益，为稳定湖南省农业发展和农民收益发挥了重要作用。但是仍然存在不少问题需要今

① 由江苏省政府金融办公室提供数据资料。

② 由中国保监险监督管理委员会提供数据资料，以下四省同此。

后不断改进和完善。

第一，湖南省农业保险存在灾后赔偿能力较弱的问题。无论是从湖南省政策性农业保险多年的实践看，还是从湖南省 1984 ~ 2004 年多年的历史资料看，湖南省农业保险一直存在赔付率偏低的倾向。从历史资料看，湖南省农业保险历史最高赔付率仅为 130.33%（2006 年，保费收入仅 1756 万元，赔款 2289 万元），而且赔付率高于 100% 的年份仅有 4 年，高于 70% ~ 100% 的仅有 2 年，分别占 22 年的 18.18% 和 8.09%。2007 年以来的 8 年中，最高赔付率 75.99%，最低赔付率 51.29%，平均赔付率 64.30%，标准差为 0.0805。这种低赔付率倾向与湖南省农业灾害高发区的现状显然很不吻合。这其中除了保险公司免赔率较高以外，还与设置的保险品种密切相关。如 2008 年湖南省遭受严重雪冻灾害，农作物受到严重损失，其中尤以蔬菜、油菜和畜牧业受灾最为严重。而当年全省农业保险主要集中在水稻和棉花，其他农作物品种投保率很低。当年全省畜牧业保费 3.07 亿元，生猪承保率仅占 20%。2008 年雪灾造成全省农业损失 80 亿元，而农业保险赔偿仅 7.78 亿元，全省农业保险简单赔付率仅为 61.14%，仅占农业损失的 9.73%。其中种植业赔款 6.11 亿元，养殖业赔款 1.59 亿元，林业赔款 743.09 万元，简单赔付率分别是 63.88%、51.97% 和 82.72%，无论全省平均赔付率还是种植业和养殖业赔付率，都远低于一般公认的保险公司亏损时最低赔付率 70% 的水平。因此，在遭受农业大灾时如何做到合理赔付，在灾后恢复生产和稳定农民收入方面更好地发挥农业保险的稳定器作用，是湖南农业保险今后需要解决的重要问题。

第二，农业保险保障水平偏低。目前农业保险实行低保障和广覆盖的政策，各种农作物保险金额的高低以农业生产中所耗费的种子、化肥和人力等物化成本为标准进行计算，近些年农业生产要素价格明显提高使生产成本上升，而受到财政补贴资金不足的限制，保险金额没有明显提高，使保障水平和物化成本之间存在 20% ~ 30% 的差距。同时，随着湖南省农村土地流转的发展，种养大户和经营农业生产的龙头企业对农业保险的保障水平提出了更高的要求，而目前统一的保险金额已不能满足农民多层次保障程度的需求，低保障使农业保险对农民的补偿作用有限。

第三，农业保险产品单一。随着参加农业保险农户人数的增加和保险规模的扩大，农户对农业保险产品的需求变得多样化。在农业生产中，除了农产品的产量损失，价格波动带来的市场风险也影响农民收入的稳定增长。湖南省保险公司推行的是产量保险，公司在农业保险业务经营中重视农业保险的规模扩张，在各地农村建立了比较完善的基层组织，但受技术条件和产品研发的制约，保险产品创新相对滞后，还未开始进行收益保险、区域产量保险、天气指数保险产品的试点工作。

二、湖南省农业保险系统动力学模型构建、参数估测及方案设计

湖南省经营农业保险的机构主要是人保财险湖南省分公司和中华联合湖南省分公司。2009 年和 2010 年，人保财险湖南省分公司保费收入分别达到 7. 19 亿元和 6. 31 亿元，分别占湖南省当年农业保费总收入的 60. 34% 和 58. 98%。同期中华联合湖南省分公司保费收入分别达到 4. 71 亿元和 4. 36 亿元，分别占全湖南省当年农业保费总收入的 39. 5% 和 40. 7%。2012 年，人保财险湖南省分公司农业保险保费收入为 8. 5 亿元，中华联合湖南省分公司为 7. 43 亿元，分别占全省农业保险保费收入的 53. 34% 和 46. 65%。2013 年人保财险湖南分公司实现农业保险保费收入 9. 31 亿元，中华联合湖南省分公司为 8. 14 亿元，分别占全省农业保险保费收入的 53. 34% 和 46. 62%。2013 年，太平洋保险湖南分公司农业保险规模仅 68 万元。由于 2007 ~2014 年湖南省各级政府仅仅提取一定比例的保费收入或从保险当年盈余资金中提取一定比例作为省大灾准备金，而没有在农业保费收入之外形成外部补偿资金，因此，可以将人保财险经营湖南省农业保险的风险分散方式看作当前湖南省农业保险大灾风险分散的基本模式。为便于分析一省农业保险发展模式的可持续性，在保持保险公司收支两条线的同时，对省级农业保费收入和赔付支出单独建账进行核算。其目的是在仅仅考虑本省农业保险收入的情况下，考察该模式应对本省农业保险灾害风险的能力。

（一）湖南省农业保险发展模式的系统动力学模型

湖南省农业保险经营的现行模式中，不仅按照人保财险农业保险的实际运作过程，对种植业、养殖业和林业保费收入采取了不同比例的成数分出再保险，而且在种植业自留保费中又按一定比例实行了赔付率超赔再保险。同时还依据《农业保险大灾风险准备金管理办法》的要求，建立了保费准备金和利润准备金，并且按规定计提投资者可分配利润。对湖南省现行的农业保险发展模式进行系统分析后，绘制如下系统动力学因果关系图（见图 5 -2）。图中箭头表示由因到果，$\xrightarrow{+}$表示正反馈，$\xrightarrow{-}$表示负反馈，方框中变量为状态变量，方框侧面箭头下方为速率变量，其余为辅助变量。

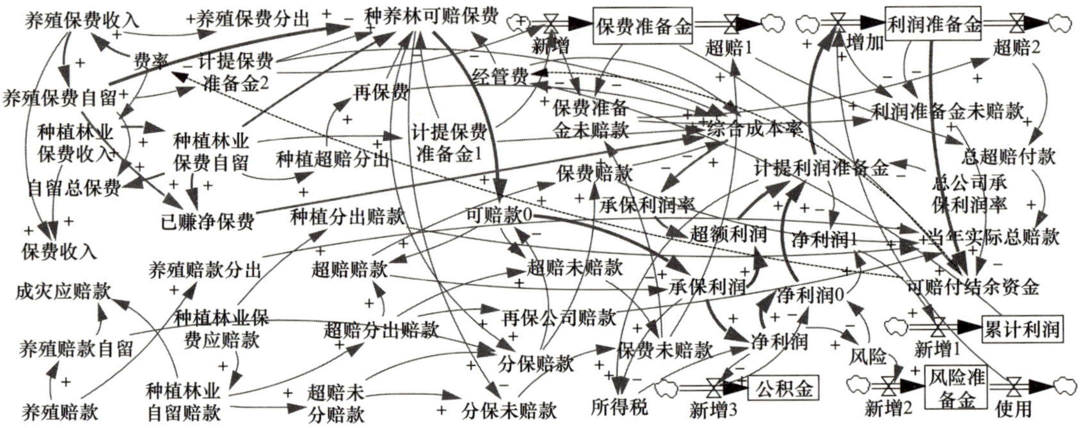

图 5－2　湖南省农业保险发展模式现状系统动力学因果关系图

从图 5－2 可以看出，湖南省农业保发展模式主要有两大类四条正、负反馈回路，在图中用因果关系粗线标出。

1. 第一类是保险公司可赔付结余资金负反馈回路

保险公司当年可赔付结余资金是湖南农业保险业务运作的终极变量之一，其值等于当年保险公司的保费准备金、利润准备金和一般风险准备金余额及其年内新增部分的和，与当年保费收入支付后的超赔款之差，它体现了保险公司大灾准备金应对当年大灾风险损失的偿付能力。从农业保险费率到可用于赔付的结余资金所形成的反馈回路，是湖南农业保险系统中最长的回路，分别从成本核算、赔付支出和超额利润三个层次形成了三条主要负反馈回路，用因果简图如图 5－3 所示。

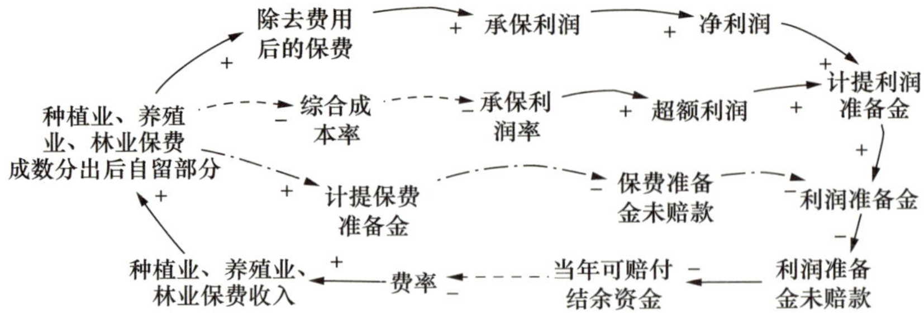

图 5－3　费率—可赔付结余资金负反馈回路因果关系

（1）费率—承保利润—可赔付结余资金负反馈回路。这条回路的作用机理是：当保额不变时，费率越高则保费收入越多，经过保费赔付后可实现的承保利润和净利润也会增多，进而会计提更多的利润准备金，使得公司可赔付结余资金增加。当可赔付结余资金超过预期水平后，为保障政府和投保农户利益，要求保险公司适度降低保险品种的费率，从而减少保费收入，直到减少公司净利润和计提的保费准备金，达到最终下调可赔付结余资金的目的。在图 5－3 中这条负反馈回路是：费率$\xrightarrow{+}$种植业、养殖业和林业保费收入$\xrightarrow{+}$成数分出后自留保费$\xrightarrow{+}$除去费用后可用于支付赔款的保费$\xrightarrow{+}$承保利润$\xrightarrow{+}$净利润$\xrightarrow{+}$计提利润准备金$\xrightarrow{+}$利润准备金余额$\xrightarrow{+}$可赔付结余资金$\xrightarrow{-}$费率。

（2）费率—保费准备金—可赔付结余资金负反馈回路。主要反映公司大灾准备金用于支付保费超赔款的过程。其机制是：如果公司的保费准备金、利润准备金和一般风险准备金不足以支付大灾造成的损失，使得公司经营亏损，那么极有可能通过调整费率来增加保费收入，减少未支付的超赔款，使公司结余资金维持在合理水平。这条负反馈回路是：费率$\xrightarrow{+}$种植业、养殖业和林业保费收入$\xrightarrow{+}$成数分出后自留保费$\xrightarrow{+}$提取保费准备金$\xrightarrow{+}$保费准备金$\xrightarrow{-}$保费准备金未赔款$\xrightarrow{-}$利润准备金$\xrightarrow{-}$利润准备金未赔款$\xrightarrow{-}$可赔付结余资金$\xrightarrow{-}$费率。

（3）费率—综合成本率—超额利润—可赔付结余资金负反馈回路。体现了由公司超额利润决定计提利润准备金的过程，主要反馈回路是：费率$\xrightarrow{+}$种植业、养殖业和林业保费收入$\xrightarrow{+}$成数分出后自留保费$\xrightarrow{+}$净保费$\xrightarrow{-}$综合成本率$\xrightarrow{-}$承保利润率$\xrightarrow{+}$超额利润$\xrightarrow{+}$计提利润准备金$\xrightarrow{+}$利润准备金余额$\xrightarrow{+}$可赔付结余资金$\xrightarrow{-}$费率。

2. *第二类是激励和约束机制正反馈回路*

这条正反馈回路体现了对保险公司员工的激励机制。在公司可分配利润增多的情况下，通过调控公司职工福利基金，激励员工扩大农业保险宣传，提高农户投保率，增加保费收入，做好理赔工作，最后达到增加可赔付结余资金和提高盈利水平的目的。这条正反馈回路是：可供分配利润$\xrightarrow{+}$各大类险种保费收入$\xrightarrow{+}$成数再保险自留保费$\xrightarrow{+}$承保利润$\xrightarrow{+}$净利润$\xrightarrow{+}$可供分配利润。

湖南省农业保险现行模式的系统动力学模型结构和运作机制十分复杂。为此借助系统动力学的专用语言 DYNAMO 编制程序，在 PD Plus 软件上运行，经过长时间的思考和反复运行调试以及有效性检验和灵敏度测试，模型才符合理论与农业保险实践要求，动态模拟时间为 2007～2035 年。在模型中，与保险业务对称的变量有 83 个，共有方程 198 个，其中流位方程 5 个，流率方程 10 个，辅助方程 148 个，表函数赋值方程 14 个，常数方程 16 个，初值方程 5 个；仅赔付子模块就使用了 63 个条件逻辑函数（CLIP）。

（二）系统动力学主要方程

本书中将 DYNAMO 编制程序转换为 Vensim 方程，而且两个模型各方案运行结果完全一致。下文中变量名后的英文字母是 DYNAMO 程序中变量的缩写。为便于更多读者参考，对湖南省农业保险大灾风险分散系统动力学主要方程介绍如下：

1. 年可赔付结余资金 DNZYU = 保费准备金 BFZBJ + 保费准备金新增 BZXZ + 保费未赔款 BFWP + 利润准备金 LRZBJ + 利润准备金新增 LZXZ + 一般风险准备金 FXZBJ + 一般风险准备金新增 FXXZ

2. 保费准备金 BFZBJ = INTEG(保费准备金新增 BZXZ - 保费准备金赔款 BZPK，0)

2.1 保费准备金新增 BZXZ = 养殖业计提保费准备金 YJT + 林业计提保费准备金 LJT + 种植业计提保费准备金 ZJT

2.2 保费准备金赔款 BZPK = IF THEN ELSE(（保费准备金 BFZBJ + 保费准备金新增 BZXZ）<0，0，保费准备金赔付 1BFZ1)

2.2.1 保费准备金赔付 1BFZ1 = IF THEN ELSE(保费准备金未赔款 BZWP < 0，0，保费准备金赔付 2BFZ2)

2.2.2 保费准备金赔付 2BFZ2 = IF THEN ELSE((保费准备金 BFZBJ + 保费准备金新增 BZXZ）<保费准备金未赔款 BZWP，保费准备金 BFZBJ + 保费准备金新增 BZXZ，保费准备金未赔款 BZWP)

2.2.3 保费准备金未赔款 BZWP = IF THEN ELSE((保费准备金 BFZBJ + 保费准备金新增 BZXZ）<0，BFWP，IF THEN ELSE((保费准备金 BFZBJ + 保费准备金新增 BZXZ）< BFWP，BFWP - 保费准备金 BFZBJ - 保费准备金新增 BZXZ，0))

3. 利润准备金 LRZBJ = INTEG(利润准备金新增和一般风险准备金 - 利润准备金赔付 LZPK，0)

3.1 利润准备金新增 LZXZ = 计提利润准备金 JTLR

3.1.1 计提利润准备金 JTLR = IF THEN ELSE(农险承保利润率 CBLRL < 公司财险利润率 GSLRL，0，计提利润准金 1JTL1)

3.1.2 农险承保利润率 CBLRL = IF THEN ELSE(综合成本率 CBL <1，承保利润率 1，1e -005)

3.1.3 计提利润准金 1JTL1 = IF THEN ELSE(承保利润 CBLR < 0，0，计提利润准备金 2JTL2)

3.1.4 计提利润准备 0 = IF THEN ELSE(综合赔付率 ZHPFL < 0.7，计提利润准金 1JTL1，0)

3.1.5 计提利润准备金 2JTL2 = IF THEN ELSE(净利润 0JLR0 < 0，0，计提利润准备 3JTL3)

3.1.6 计提利润准备 3JTL3 = IF THEN ELSE(净利润 0JLR0 < 超额利润 CELR * 利润准备金提取比率，净利润 0JLR0，超额利润 CELR * 利润准备金提取比率)

4. 一般风险准备金 FXZBJ = INTEG(一般风险准备金新增 FXXZ - 一般风险金赔付 FXZC，0)

4.1. 一般风险准备金新增 FXXZ = IF THEN ELSE(净利润 JLR < 0，0，一般风险金 1)

5. 保费未赔款 BFWP = 自留保费未赔款 ZLWP + 种植业超赔未赔款 CPWP

5.1 自留保费未赔款 ZLWP = IF THEN ELSE(可赔保费 KPBF < 总自留保费应赔付 ZLPF，总自留保费应赔付 ZLPF - 可赔保费 KPBF，0)

5.2 种植业超赔未赔款 CPWP = IF THEN ELSE(分保后可赔款 KPK0 < 0，IF THEN ELSE(超赔赔付率 CPFL < 1，种植业赔付率超赔成灾应赔款 CPCZ，IF THEN ELSE(超赔赔付率 CPFL < 1.6，种植业赔付率超赔成灾应赔款 CPCZ/超赔赔付率 CPFL，种植业赔付率超赔成灾应赔款 CPCZ - 种植业赔付率超赔成灾应赔款 CPCZ/超赔赔付率 CPFL * 0.6))，CPW1)

6. 当年总成灾赔付 DNZCZ = 种植成数自留赔付 ZZLP + 养殖自留赔付 YZLP + 林业自留赔付 LZLP

6.1 种植业成数自留赔付 ZZLP = 种植业赔付 ZZPF *（1 - 种植业成数分出比 zcsb）

6.2 养殖业自留赔款 YZLP = 养殖业赔付 YZPF *（1 - 养殖业分保比 YCSB）

6.3 林业自留赔付 LZLP = 林业赔付 LZPF *（1 - 林业分保比 LCSB）

7. 总成灾赔付支出 CZPF = 养殖业赔付 YZPF + 林业赔付 LZPF + 种植业赔付 ZZPF

7.1 种植业赔付 ZZPF = 种植业保费 ZZBF * 种植业赔付率

7.2 养殖业赔付 YZPF = 养殖业保费 YZBF * 养殖业赔付率

7.3 林业赔付 LZPF = 林业保费 LYBF * 林业赔付率

8. 当年总赔款 DNZPK = 当年总超赔 DNZCP + 保费赔款 BFPK + 再保险赔款 ZBPK + 利润准备金未赔付金额 LZWP

8.1 当年总超赔 DNZCP = 保费准备金赔款 BZPK + 利润准备金赔付 LZPK

8.1.1 保费准备金赔款 BZPK = IF THEN ELSE(（保费准备金 BFZBJ + 保费准备金新增 BZXZ）<0，0，保费准备金赔付 1BFZ1）

8.1.2 利润准备金赔付 LZPK = IF THEN ELSE(利润准备金 LRZBJ + 利润准备金新增和一般风险准备金 <0，0，LZP1）

8.2 保费赔款 BFPK = 自留保费赔款 ZLPK + 种植赔付率超赔赔款 CPPK

8.2.1 自留保费赔款 ZLPK = IF THEN ELSE(可赔保费 KPBF < 总自留保费应赔付 ZLPF，可赔保费 KPBF，总自留保费应赔付 ZLPF)

8.2.2 种植业赔付率超赔赔款 CPPK = IF THEN ELSE(分保后可赔款 KPK0 < 0，0，CPF1)

8.3 再保险赔款 ZBPK = IF THEN ELSE(超赔赔付率 CPFL <1，0，IF THEN ELSE(超赔赔付率 CPFL <1.6，（种植业赔付率超赔成灾应赔款 CPCZ/超赔赔付率 CPFL）*(超赔赔付率 CPFL -1)，种植业赔付率超赔成灾应赔款 CPCZ/超赔赔付率 CPFL*0.6))

8.4 利润准备金未赔付金额 LZWP = IF THEN ELSE （利润准备金 LRZBJ + 利润准备金新增和一般风险准备金 <0，0，利润准备金未赔付 LZW1)

8.4.1 利润准备金未赔付 LZW1 = IF THEN ELSE （（利润准备金 LRZBJ + 利润准备金新增和一般风险准备金） < 保费未赔款 BFWP，保费未赔款 BFWP -（利润准备金 LRZBJ + 利润准备金新增和一般风险准备金），0)

（三）模型参数设定

1. 农业保费收入

本项模拟研究起始年为 2007 年，终止年为 2035 年。湖南省 2007 ~ 2014 年农业保险种植业、养殖业保费收入数据来源于《中国保险统计年鉴》。2015 ~ 2035 年种植业、养殖业和林业保费收入，依据全省农业保险品种的农作物面积、家畜存栏数量和林地面积，估测可能达到的投保规模，再按照省出台的各险种单位保费规定计算得到当年保费。

（1）种植业保费估测。湖南省种植业大险种主要作物承保情况如下：

水稻：水稻是湖南省种植面积和承保面积最多的粮食作物。2011 年，全省水稻农业保险承保面积达到 4886.06 万亩，占水稻播种面积的 83.72%（见图 5-4），保费收入 82081.48 万元。2012 年，水稻承保面积 5491.02 万亩，占播种面积的 89.61%，保费收入 87856.58 万元，比上年增长 7.04%。2013 年和 2014 年水稻承保面积分别为 5243.91 万亩和 5376.31 万亩，分别占水稻播种面积的 85.58% 和 87.74%，2013 年，随着承保面积的减少，保费收入下降到 83902.63 万元，比上年减少 4.50%，2014 年，保费收入增加到 86008.42 万元，比上年提高2.51%。可以看出，湖南省水稻种植面积的承保率已非常高，今后增长的幅度有限，年保费收入会呈现较低增长的趋势。根据以上现状，预计2020年水稻承保面积5643.43万亩，占播种面积的92.10%，保费收入为10.158亿元，与2014年保费收入相比，年递增率为2.81%。预计2030年水稻承保面积5943.67万亩，占播种面积的97.00%，保费收入为10.7亿元，与2020年保费收入相比，年递增率为0.49%。预计2035年水稻承保面积6047.84万亩，占播种面积的98.70%，保费收入为10.886亿元，与2030年保费收入相比，年递增率为0.34%。

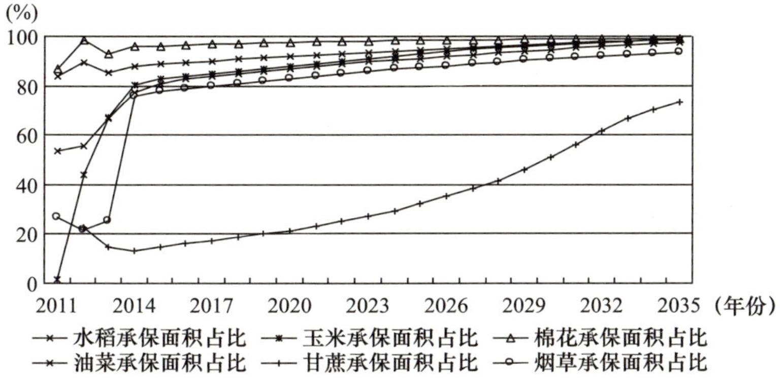

图5－4　主要农作物承保面积占播种面积之比变化趋势

玉米：2011年，全省玉米农业保险承保面积达到8.96万亩，占玉米播种面积的1.74%（见图5－4），保费收入215.15万元。2012年，玉米承保面积227.47万亩，占播种面积的44.08%，保费收入4037.33万元，比上年增长17.76倍。2013年和2014年玉米承保面积分别为345.42万亩和413.24万亩，分别占玉米播种面积的66.95%和80.09%，年保费收入分别为6111.48万元和7321.1万元，分别比上年增长51.37%和19.79%。可以看出，今后湖南省玉米种植面积的承保率还有近20%的增长空间。根据以上现状分析结果，预计2020年玉米承保面积454.08万亩，占播种面积的88%，保费收入为8173.44万元，与2014年保费收入相比，年递增率为1.85%。预计2030年玉米承保面积497.94万亩，占播种面积的96.5%，保费收入为8962.92万元，与2020年保费收入相比，年递增率为0.93%。预计2035年玉米承保面积510.84万亩，占播种面积的99.0%，保费收入为9195.12万元，与2030年保费收入相比，年递增率为0.51%。

油菜：2011年，全省油菜农业保险承保面积达到1014.06万亩，占油菜播种面积的53.66%（见图5－4），保费收入9126.54万元。2012年，油菜承保面积

1044.88 万亩，占播种面积的 55.32%，保费收入 9403.94 万元，比上年增长 3.04%。2013 年和 2014 年，油菜承保面积分别为 1263.67 万亩和 1464.37 万亩，分别占油菜播种面积的 66.87% 和 77.49%，年保费收入分别为 11372.92 万元和 13178.72 万元，分别比上年增长 20.94% 和 15.88%。可以看出，今后湖南省油菜种植面积的承保率还有近 23% 的增长空间。根据以上现状分析结果，预计 2020 年油菜承保面积 1644.2 万亩，占播种面积的 87%，保费收入为 1.48 亿元，与 2014 年保费收入相比，年递增率为 1.95%。预计 2030 年油菜承保面积 1787.83 万亩，占播种面积的 94.6%，保费收入为 1.61 亿元，与 2020 年保费收入相比，年递增率为 0.85%。预计 2035 年油菜承保面积 1840.75 万亩，占播种面积的 97.4%，保费收入为 1.67 亿元，与 2030 年保费收入相比，年递增率为 0.71%。

棉花：2011 年，全省棉花农业保险承保面积达到 220.44 万亩，占棉花播种面积的 86.65%（见图 5－4），保费收入 5290.47 万元。2012 年，棉花承保面积 250.93 万亩，占播种面积的 98.64%，保费收入 6022.38 万元，比上年增长 13.83%。2013 年和 2014 年，棉花承保面积分别为 236.81 万亩和 243.72 万亩，分别占棉花播种面积的 93.09% 和 95.80%，年保费收入分别为 5683.55 万元和 5849.29 万元，2013 年保费收入比上年下降 5.63%，2014 年比上年增长 2.92%。可以看出，湖南省棉花种植面积承保率的增长空间已经十分有限，今后增长速度将十分缓慢。根据以上现状分析，预计 2020 年棉花承保面积 248.47 万亩，占播种面积的 97.67%，保费收入为 5963.34 万元，与 2014 年保费收入相比，年递增率为 0.32%。预计 2030 年棉花承保面积 251.6 万亩，占播种面积的 98.9%，保费收入为 6038.44 万元，与 2020 年保费收入相比，年递增率为 0.13%。预计 2035 年棉花承保面积 252.06 万亩，占播种面积的 99.08%，保费收入为 6049.43 万元，与 2030 年保费收入相比，年递增率为 0.04%。

烟草：2011 年，全省烟草农业保险承保面积达到 47.47 万亩，占烟草播种面积的 26.62%（见图 5－4），保费收入 359.82 万元。2012 年，烟草承保面积 39.14 万亩，占播种面积的 21.95%，保费收入 541.91 万元，比上年增长 50.60%。2013 年和 2014 年，烟草承保面积分别为 44.9 万亩和 135.54 万亩，分别占烟草播种面积的 25.18% 和 76%，年保费收入分别为 711.26 万元和 5421.76 万元，分别比上年增长 31.25% 和 6.62 倍。可以看出，今后湖南省烟草种植面积的承保率还有 24% 的增长空间。预计 2020 年烟草承保面积 148.03 万亩，占播种面积的 83%，保费收入为 5921.22 万元，与 2014 年保费收入相比，年均递增 1.48%。预计 2030 年烟草承保面积 162.12 万亩，占播种面积的 90.9%，保费收入为 6484.81 万元，与 2020 年保费收入相比，年递增率为 0.91%。预计 2035 年烟草承保面积 166.94 万亩，占播种面积的 93.6%，保费收入为 6677.42 万元，与 2030 年保费收入相比，年递增率为 0.59%。

甘蔗：全省甘蔗从 2012 年开始投保，当年承保面积达到 4.83 万亩，占甘蔗播种面积的 22.68%（见图 5-4），保费收入 202.87 万元。2013 年，甘蔗承保面积 3.16 万亩，占播种面积的 14.85%，保费收入 132.86 万元，比上年减少 34.51%。2014 年，承保面积为 2.83 万亩，占播种面积的 13.28%，年保费收入为 118.8 万元，比上年减少 10.58%。可以看出，2012~2014 年，湖南省甘蔗承保面积呈逐年下降趋势，预计从 2015 年开始承保面积将逐年有所增加。预计 2020 年甘蔗承保面积 4.51 万亩，占播种面积的 21.2%，保费收入为 189.66 万元，与 2014 年保费收入相比，年递增率为 8.11%。预计 2030 年甘蔗承保面积 10.9 万亩，占播种面积的 51.2%，保费收入为 458.04 万元，与 2020 年保费收入相比，年递增率为 9.22%。预计 2035 年甘蔗承保面积 15.55 万亩，占播种面积的 73%，保费收入为 653.06 万元，与 2030 年保费收入相比，年递增率为 7.35%。

蔬菜、温室大棚和其他农作物：这些农作物都从 2014 年才开始投保，蔬菜和温室大棚当年承保面积分别为 1.22 万亩和 0.63 万亩，保费收入分别为 62.89 万元和 159.84 万元，其他农作物当年保费收入为 336.17 万元。预计今后蔬菜和温室大棚投保面积可能会有较快发展，到 2020 年，预计蔬菜、温室大棚和其他农作物的保费收入将达到 1131 万元，与 2014 年相比年递增率为 12.47%。预计 2030 年上述三项保费收入为 2799 万元，与 2020 年相比年平均递增率为 9.48%。预计 2035 年上述三项保费收入为 3706.5 万元，与 2030 年相比年平均递增率为 5.78%。

（2）养殖业和林业保费估测。湖南省养殖业投保品种主要有奶牛、肉牛、能繁母猪、育肥猪以及 2012 年开始的鸡和 2014 年开始的鸭、鹅和特种养殖业。和上述对种植业各投保品种的预测方法一样，按照养殖业各投保品种占总存栏数量的比例以及每头（只）应收保费，可以对未来养殖业各品种的投保数量及保费收入进行预测。

林业投保分为公益林和商品林，按省规定每亩保费都为 1.6 元。2011 年公益林地投保面积已占公益林总面积的 94.71%，2014 年占比已经高达 98.45%，可见公益林面积今后投保的增幅已非常有限。商品林地面积预计今后可能会扩大到 1.29 亿亩，按此计算，2014 年投保面积占其总面积的 69.93%。今后林业保费收入的增加主要靠增加商品林地投保面积。根据历年两种林地投保面积和占该林种面积的比例以及每亩保费，可以计算出每年两林种的总保费收入。

通过上述现状分析和对各大险种各品种保费收入进行预测，2020 年预计湖南省保费收入可能达到 25.32 亿元（见图 5-5），比 2014 年的 20.16 亿元增加

25.59%，年平均增长3.87%。由于水稻、玉米和油菜等大宗农作物承保率相对较高，因而今后承保面积的增幅有限，预计2020年种植业保费收入可能达到13.78亿元，占保费总收入的54.42%，比2014年增长16.29%，年均递增2.55%；养殖业中奶牛、育肥牛、能繁母猪和育肥猪的承保率相对较低，今后承保数量增加空间较大，预计2020年养殖业保费收入为9.30亿元，占保费总收入的36.73%，比2014年增长47.90%，年均递增6.74%；预计林业保费收入2.24亿元，占保费总收入的8.85%，比2014年增长10.91%，年均递增1.74%。2030年保费总收入可能达到30.37亿元，比2020年增长18.35%，年均递增1.84%，其中种植业保费收入预计14.78亿元，十年中年均增长0.70%；养殖业保费收入13.11亿元，十年中年均增长3.49%；林业保费收入2.48亿元，十年中年均增长1.02%。预计到2035年全省保费收入可能达到31.93亿元，比2030年增加1.56亿元，年均递增1.01%，其中种植业保费收入可能达到15.17亿元，占保费总收入的47.51%，五年间年均递增0.52%；养殖业保费收入可能达到14.27亿元，占保费总收入的44.69%，五年间年均递增1.71%；林业保费收入可能达到2.49亿元，占保费总收入的7.80%，五年间年均递增0.08%。需要说明的是，系统动力学主要用来研究某种政策和策略对系统未来行为的影响，对数据要求并不严格。因此上述假设不会影响对当前农业保险发展模式的可持续性分析，本书在方案设计中对保费收入增加和赔付率提高进行了相应的模拟，其结果显示，增加未来保费收入和提高赔付率不会改变系统行为变化趋势。

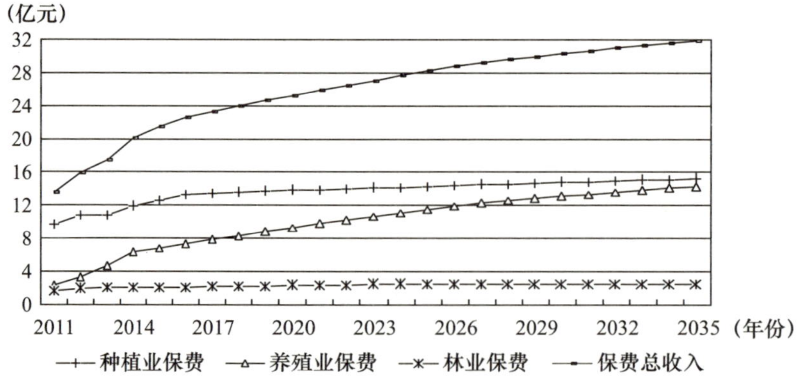

图5-5　未来湖南省农业保险保费收入预计

2. 农业保险赔付率

2007~2014年的农业保险受灾赔付支出数据来源于《中国保险统计年鉴》和中国保险监督管理委员会。对于2015~2035年假设的数据，本书采用平常年景赔付率和发生 10 年、20 年、50 年以及 100 年一遇农业大灾时的赔付率相结合的方法，对湖南省未来农业保险赔付率进行假设。

第一类为常年赔付率。利用 2007 ~ 2014 年种植业、养殖业和林业农业保险的赔付率，分别计算其平均值和标准差，然后在 PD Plus 软件上利用其随机数发生器产生正态函数序列，分别作为种植业、养殖业和林业未来 21 年平常年景下的赔付率（见图 5 –6）。由于未来农业灾害可能更加频繁，因此，种植业和养殖业赔付率平均值可能会有所增大，在未来 21 年中，平常年景下种植业赔付率平均值为 68.02%，标准差为 0.0606，与 2007 ~ 2014 年种植业赔付的平均值 0.6618 和标准差 0.0635 相比，差别不大，正态分布的偏度为 0.1637，峰度为 2.4710，J – B 统计量为 0.3386，正态分布的概率为 0.8443，表明赔付率呈现正态分布特征（见图 5 –7）。其中赔付率在 50% ~70% 的有 14 年，占总年份数的 66.67%；70% ~75% 的有 3 年，占总年份数的 14.28%；75% ~80% 的有 4 年，占总年份数的 19.05%。

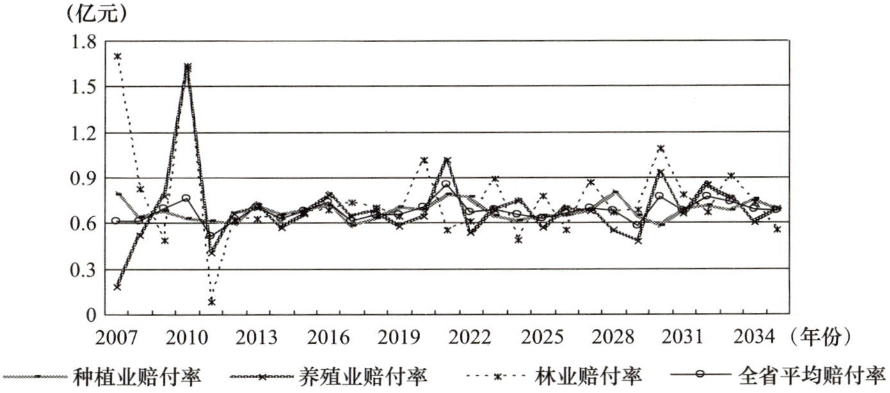

图 5 –6　2007 ~ 2034 年湖南省及未来平常年景下种植业、养殖业、林业赔付率和全省赔付率

2015 ~ 2035 年平常年景下养殖业赔付率平均值为 68.84%，标准差为 0.1291，比 2007 ~2014 年养殖业赔付的平均值 0.6796 略大，而标准差相对较小（0.4218），正态分布的偏度为 0.8581，峰度为 3.5897，J – B 统计量为 2.8814，正态分布的概率为 0.2368，表明赔付率略呈现右宽尾分布特征（见图 5 –8）。其中赔付率在 40% ~70% 的有 15 年，占总年份数的 71.43%；70% ~90% 的有 4 年，占总年份数的 19.05%；90% ~110% 的有 2 年，占总年份数的 9.52%。

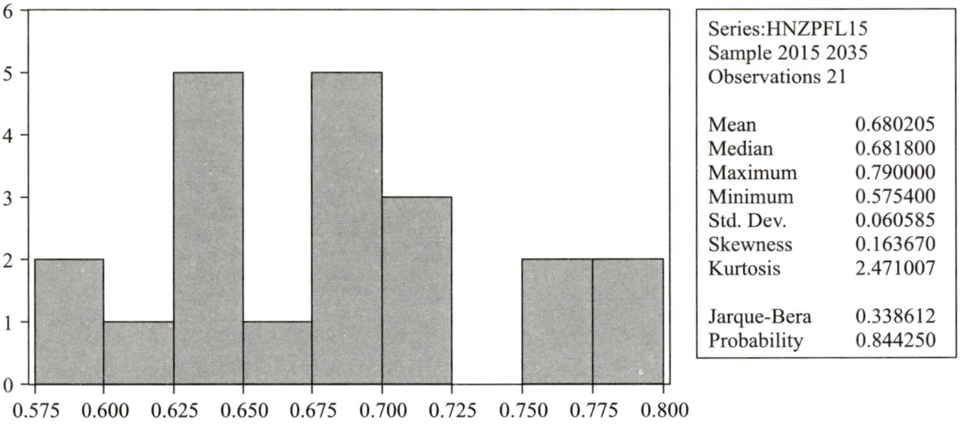

注：Sample 代表样本区间 2015～2035 年；Mean 代表平均值；Median 代表中位数；Maxium 代表最大值；Minimum 代表最小值；Std. Dev 代表标准差；Skewness 代表偏度；Kurtosis 代表峰度；Jarque－Bera 代表 JB 统计量（检验样本是否来自正态分布总体的方法）；Probility 代表概率（下同）。

图 5－7　2015～2035 年平常年景下种植业赔付率直方图

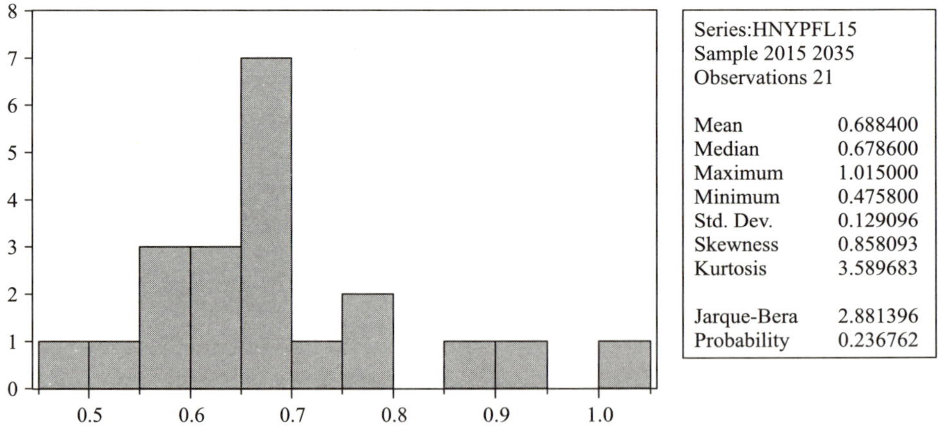

图 5－8　2015～2035 年平常年景下养殖业赔付率直方图

在计算未来林业赔付时，由于假设 2015～2035 年平常年景赔付率最高值一般不宜超过 109%，因此随机值估测的平常年景赔付率和标准差都会低于 2007～2014 年的实际值。估测结果和上述判断基本一致，未来 21 年里，平常年景下林业赔付率平均值为 72.80%，标准差为 0.1556，都低于 2007～2014 年林业赔付的平均值（0.8287）和标准差（0.4218），正态分布的偏度为 0.7220，峰度为

2.9351，J－B 统计量为 1.8280，正态分布的概率为 0.4009，表明赔付率略呈现右宽尾分布特征（见图 5－9）。其中赔付率在 40%～70%的有 12 年，占总年份数的 57.14%；70%～90%的有 6 年，占总年份数的 28.57%；90%～110%的有 3 年，占总年份数的 14.29%。

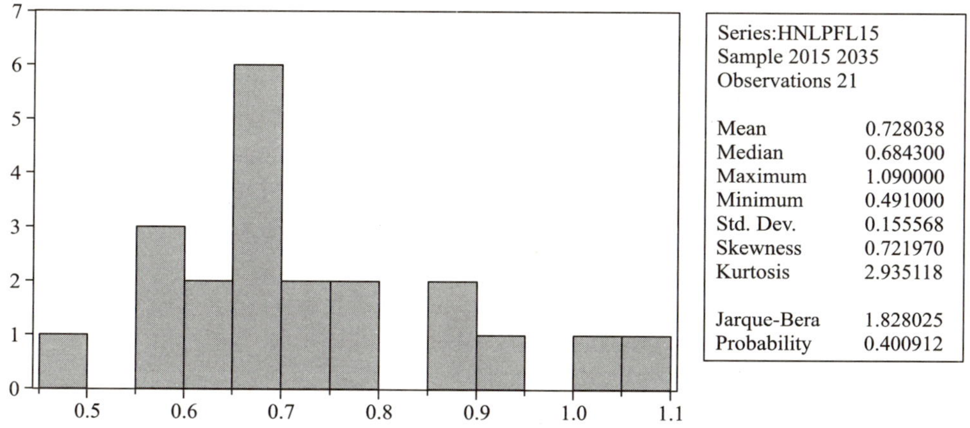

图 5－9　2015～2035 年平常年景下林业赔付率直方图

由上述平常年景下的种植业、养殖业和林业赔付率可以计算得到全省历年赔付率（见图 5－10）。未来 21 年中，全省历年赔付平均值为 68.73%，最高值为 85.05%，最低值为 57.48%，标准差为 0.05982。其中赔付率 55%～60%的有 1 年，占 21 年的 4.76%；60%～65%的有 2 年，占 21 年的 9.52%；65%～70%的有 12 年，占 21 年的 57.14%；70%～75%的有 3 年，占 21 年的 14.29%；75%～80%的有 2 年，占 21 年的 9.52%；85%～90%的有 1 年，占 21 年 4.76%。可以看出，计算出的湖南全省赔付率比较满意，其中赔付率 55%～70%的占 71.43%，75%以上的占 28.57%，说明未来 21 年中在平常年景下湖南省农业保险至少有 71%的年份是不会发生经营亏损的。

第二类为发生大灾时的赔付率。本书将发生 10 年一遇以上损失的可能性称为农业保险大灾风险。由于湖南省 1985～2014 年农业保险历史赔付率数据偏低，其中赔付率 100%～106%的有 3 年，2006 年赔付率最高为 130.33%，同时在 2007 年政策性农业保险保费试点以前，除了 1993 年和 1994 年保费收入达到 1.04 亿元和 4.54 亿元外，其他年份保费收入不超过 1800 万元，因此，不宜采用历史赔付率数据评估湖南省农业大灾风险，本书选用农作物灾害数据估算大灾风险损失。

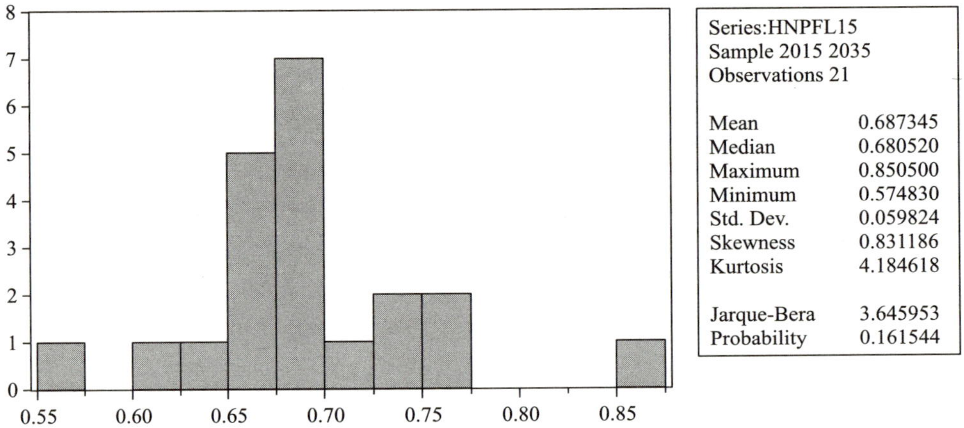

图 5-10　2015~2035 年平常年景下湖南全省简单赔付率直方图

农业大灾的发生具有小概率和厚尾特征，极值理论在研究极端、小概率事件的发生概率上具有优势，因此本书运用超越阈值极值模型分析湖南省农业大灾损失的概率。根据民政部和农业部公布的 1978~2013 年的灾情数据，将农作物受灾面积、成灾面积和绝收面积折算成农作物灾害损失率，其计算公式如下：

$$G_y = \frac{[(S_1 - S_2) \times C_1 + (S_2 - S_3) \times C_2 + S_3 \times C_2] \times y}{S_0 \times y} \tag{5-1}$$

式(5-1)中 G_y 为自然灾害形成的农作物产量损失率；S_1、S_2、S_3 分别表示灾害导致的农作物受灾面积、成灾面积和绝收面积；C_1、C_2 和 C_3 分别为农作物受灾面积的平均减产系数、成灾面积和绝收面积的减产系数，由于农作物成灾面积、受灾面积和绝收面积分别表示减产 10%、30% 和 90% 以上的面积，因此本书采用减产损失的中位数，即 0.20、0.55 和 0.90 依次表示三个受灾面积的减产系数；y 为农作物单位面积产量，S_0 为农作物总播种面积。

根据计算出的 1978~2013 年自然灾害损失率的时间序列，进一步分析湖南省农作物自然灾害损失的特征。由农作物损失率的直方图可以看出（见图 5-11），在过去的 36 年里，湖南省农作物生产的平均损失率为 13.05%，最大损失率为 27.84%，最小损失率为 4.57%，农作物损失率的标准差为 0.0476，偏度和峰度分别为 0.6496 和 3.9859。灾害损失率在 0~0.05 的有 1 年，损失率在 0.05~0.1 的有 7 年，在 0.1~0.15 的有 17 年，在 0.15~0.2 的有 10 年，在 0.25~0.3 的有 1 年，J-B 值为 3.9894，只有 13.6% 的概率表明数据分布属于正态分布，因而农作物灾害损失率的分布基本呈现出大灾“尖峰厚尾”的特征。

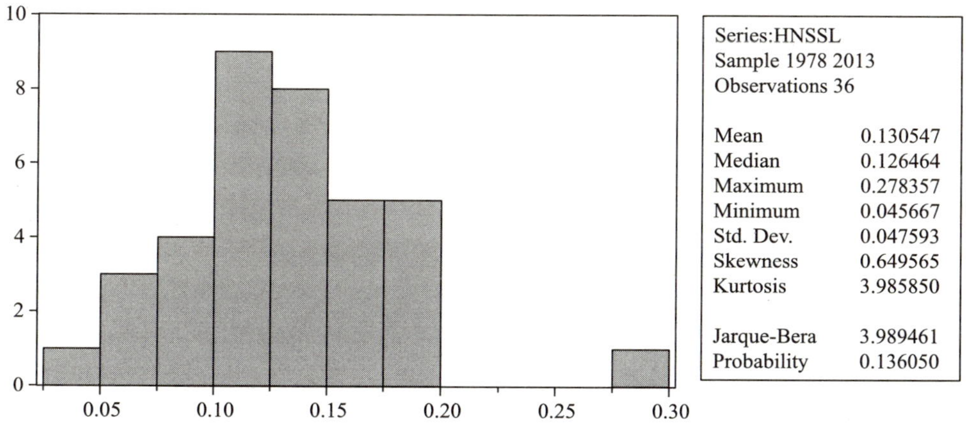

图 5－11　1978～2013 年湖南省农作物灾害损失率直方图

为了克服样本数据不足可能导致的误差增大的不足，本书利用蒙特卡罗模拟 10000 次以增加湖南省损失率的样本空间。在蒙特卡罗模拟中，首先需要确定最优概率密度分布函数。本书使用 Easyfit 5. 5 软件拟合出湖南省灾害损失率的最优概率密度分布函数。根据 AD 检验、KS 检验和卡方检验方法，结果表明 AD 检验、KS 检验结果一致，Wakeby 均为排序第一的最优概率密度分布函数，AD 检验、KS 检验值分别为 0. 06114 和 0. 15681。Wakeby 分位函数的一般形式如下：

$$x(F)=\zeta+\frac{\alpha}{\beta}(1-(1-F)^{\beta})-\frac{\gamma}{\delta}(1-(1-F)^{-\delta}) \quad (5-2)$$

其中，$\alpha=0.35072$，$\beta=5.1029$，$\gamma=0.0367$，$\delta=0.00293$，$\xi=0.03627$。Wakeby 函数的概率分布密度函数如图 5－12 所示。依据上述概率分布随机抽样 10000 次，运用由此产生的随机变量建立新的样本空间。

使用 R 统计软件，运用超越阈值极值方法对新产生的湖南省灾害损失率样本拟合广义 Pareto 分布，获得湖南省农作物巨灾损失率的概率分布函数。其中选取恰当的阈值才能使超出量符合广义 Pareto 分布。阈值太大将造成超出量过少，从而使估计方差偏大；而阈值太低导致有偏差，样本点可能不代表极端的巨灾。根据湖南省灾害损失率的平均残差寿命图（见图 5－13），可以判断阈值为 0. 189，超过阈值的数据量占总数据量的 10. 18%，超出阈值的样本点有 1018 个。使用极大似然估计出湖南省灾害概率分布函数：

$$F(x)=1-\left(1+0.1948\,\frac{x-0.189}{0.0835}\right)^{-1/0.1948} \quad (5-3)$$

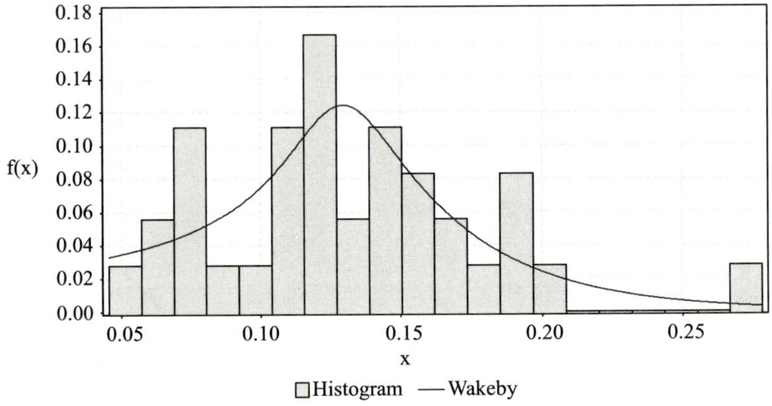

图 5－12　湖南省灾害损失率的概率密度分布图和直方图

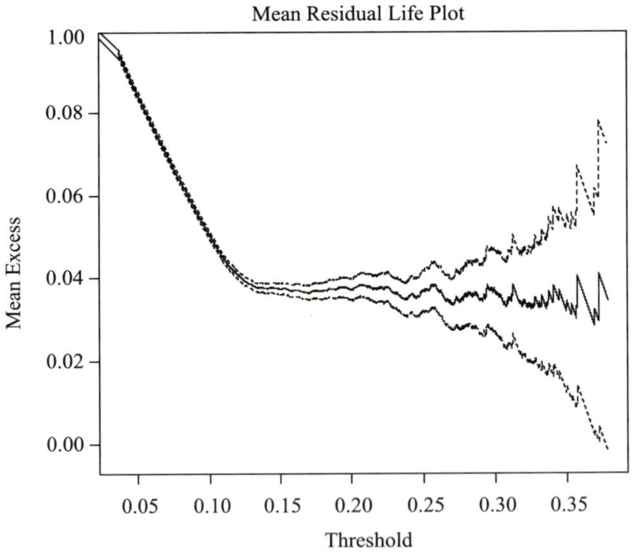

图 5－13　湖南省农业灾害损失率平均残差寿命图

为了进一步检验湖南省农业巨灾损失概率分布模型拟合的准确性，本书用拟合的广义 Pareto 分布与经验的概率分布图和分位数图（QQ 图）进行比较。其中 QQ 图反映了序列分位数分布与某种理论分布的偏离程度。如果这两个分布是相同的，QQ 图将在一条直线上，如果 QQ 图的大多数点不在一条直线上，说明这两个分布是不同的。图 5－14 显示了湖南省大灾损失率拟合的广义 Pareto 分布的诊断检验图。从超出阈值样本点分布图可以看出样本点基本落在拟合曲线上，QQ 图也显示仅有几个点偏离直线，因此模型拟合较好，农作物灾害损失的概率分布函数是合适的。

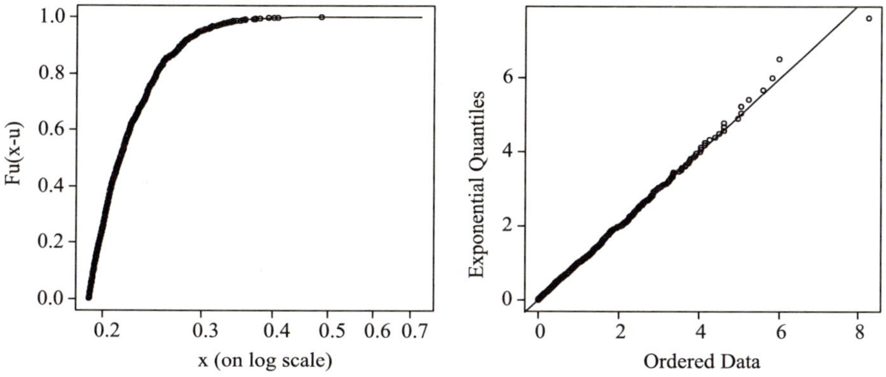

图 5－14　超出阈值样本点分布图和残差 QQ 图

由此运用 VaR 方法计算出湖南省农作物生产出现 10 年、20 年、30 年、50 年和 100 年一遇的灾害损失率分别为 18.97%、21.53%、23.03%、24.90% 和 27.44%。由于湖南省农业保险的免赔率为 22%，根据湖南省农作物险种计算的平均费率为 5.764%，按照损失率减去 10%①之差除以农业保险平均费率，折算出 10 年、20 年、30 年、50 年和 100 年一遇的大灾农业保险赔付率分别为 120.92%、165.34%、191.36%、223.80% 和 267.87%（见表 5－2）。

表 5－2　湖南省农业大灾损失概率测算

	10 年一遇	20 年一遇	30 年一遇	50 年一遇	100 年一遇
损失率	0.1897	0.2153	0.2303	0.2490	0.2744
赔付率	1.2092	1.6534	1.9136	2.2380	2.6787

注：赔付率计算公式为：[农作物损失率－（免赔率－10%）]/农业保险平均费率。

3. 其他参数设定

（1）依据《中国保险年鉴》和人保财险总公司公布的资料，2007～2014 年

① 由于我国农业灾情数据统计将因灾减产的 10% 计算在内，相当于已经有了 10% 的免赔率，因此在实际换算中用的免赔率为 12%（22%－10%）。

人保财险平均承保利润率分别为 15.3%、0、0、2.26%、6.02%、4.88%、3.3%、3.5%（承保利润率小于0时，按0计算）。

（2）2015 年以后人保总公司财险各年平均承保利润率设定为 2.84%，并对各年平均承保利润率提高到 3.5% 作方案比较。

（3）根据 2013 年人保财险湖南省农业保险分出需求表和农业保险超赔合约，种植业和林业保费收入成数再保险分出比例均为 25%，养殖业为 40%，其中种植业成数再保险自留保费购买了赔付率 100% ~160% 赔付率超赔再保险，再保险费率为 3.5%。

（4）除理赔之外的费用率设定为 20%。

（四）方案设计

将上述情景假设的两种类型进行适当组合，形成湖南省当前农业保险模式模拟研究的两大类型九种方案。

第一大类是平常年景的赔付率，共四种方案：

方案 1，平常年景赔付率。将上述估测的种植业、养殖业和林业各险种平常年景下的赔付率作为基础性方案，用来测试当未来不发生农业大灾时，即平常年景赔付率下，湖南省当前农业保险大灾风险分散模式的可持续性。

方案 2，农业保费收入和赔付率分别提高 3%。将种植业、养殖业和林业各险种平常年景赔付率分别提高 3%，观察在这种情景下，湖南省当前农业保险模式的可持续性。

方案 3，2015 ~2035 年人保财险平均承保利润率由基础方案的 2.84% 提高到 3.5%，对模拟结果进行比较。

方案 4，2015 ~2035 年对湖南省基础方案中省分公司经管费用所占净保费的比例由 20% 减少到 18%，对模拟结果进行比较。

第二大类是发生农业大灾时的赔付率，共五种方案：

方案 5，湖南省农业保险未来发生 10 年和 20 年一遇的农业大灾。在方案 1 的基础上，假设未来在 2018 年和 2028 年全省相继发生 10 年（赔付率为 120.92%）和 20 年（赔付率为 165.34%）一遇的两次农业大灾时，展示湖南省农业保险现行模式可持续发展的趋势。

方案 6，在早期 2018 年提前发生 50 年一遇的农业大灾。假设未来在早期 2018 年全省提前发生赔付率为 223.80% 的农业大灾，同时在 2028 年发生 10 年一遇的农业大灾。

方案 7，在晚期 2028 年提前发生 50 年一遇的农业大灾。假设未来在晚期 2028 年全省提前发生赔付率为 223.80% 的农业大灾，同时在 2018 年再发生 10

年一遇的农业大灾。

方案8，在早期2018年提前发生100年一遇的农业大灾。假设未来在早期2018年全省提前发生赔付率为267.87%的农业大灾，同时在2028年再发生10年一遇的农业大灾。

方案9，在晚期2028年提前发生100年一遇的农业大灾。假设未来在晚期2028年全省提前发生赔付率为267.87%的农业大灾，同时在2018年发生10年一遇的农业大灾。

三、湖南省农业保险当前模式动态模拟结果与分析

（一）在随机平常年景赔付率下，湖南省当前农业保险发展模式具有可持续性

2015～2035年，随机平常年景下的平均赔付率为68.73%，其中年度最高值为85.05%，最低值为57.48%。2020年预计全省保费收入为25.32亿元，当年成灾应赔款为17.77亿元，简单赔付率为70.18%，其中种植业应赔款9.46亿元，养殖业应赔款6.02亿元，林业应赔款2.29亿元，成数分出后自留部分应赔款12.43亿元，其中种植业自留应赔款7.1亿元，养殖业自留应赔款3.61亿元，林业自留应赔款1.72亿元。用当年保费收入支付全部自留应赔款12.43亿元，无须动用大灾准备金。由于保费准备金余额达到17.92亿元，超过当年净保费收入17.59亿元，因此，按规定没有计提保费准备金。当年综合成本率90.82%，全省承保利润率9.18%，高于设定的人保总公司财险平均承保利润率（2.84%），超额利润为1.11亿元，当年计提利润准备金0.83亿元。年末利润准备金余额4.25亿元，一般风险准备金余额0.74亿元，当年可用于支付赔款的结余资金为22.91亿元（见图5－15）。当年全省净利润为1.42亿元，按规定计提10%的公积金（0.142亿元）和10%的一般风险准备金（0.142亿元）之后，剩余的净利润1.13亿元中按《办法》规定计提利润准备金0.83亿元后，剩余的0.3亿元全部作为当年新增可供投资者分配利润（见图5－16），年末可供投资者分配利润累计达到1.35亿元。

到2030年，当年保费收入30.37亿元，成灾应赔款23.44亿元，赔付率为77.18%，当年种植业应赔款8.52亿元，养殖业应赔款12.22亿元，林业应赔款2.7亿元，成数分出后自留部分应赔款15.75亿元，其中种植业自留部分应赔款6.39亿元，养殖业自留部分应赔款7.33亿元，林业自留部分应赔款2.03亿元。

用当年保费收入支付全部自留应赔款 15.75 亿元，同样无须动用大灾准备金。由于保费准备金余额达到 20.87 亿元，超过当年净保费收入 20.81 亿元，因此，按规定没有计提保费准备金。当年综合成本率 95.85%，全省承保利润率 4.15%，高于人保总公司财险承保利润率 2.84% 的设定，超额利润 0.27 亿元，按《办法》规定计提利润准备金 0.2 亿元。年末利润准备金余额 14.87 亿元，一般风险准备金余额 2.44 亿元，当年可用于支付赔款的结余资金为 38.19 亿元（图 5 - 15）。当年全省净利润为 0.69 亿元，按规定计提 10% 公积金（0.069 亿元）和 10% 一般风险准备金（0.069 亿元）之后，剩余的净利润 0.55 亿元中按《办法》规定计提利润准备金 0.2 亿元后，剩余的 0.35 亿元全部作为当年新增可供投资者分配利润，年末可供投资者分配利润累计达到 4.31 亿元。

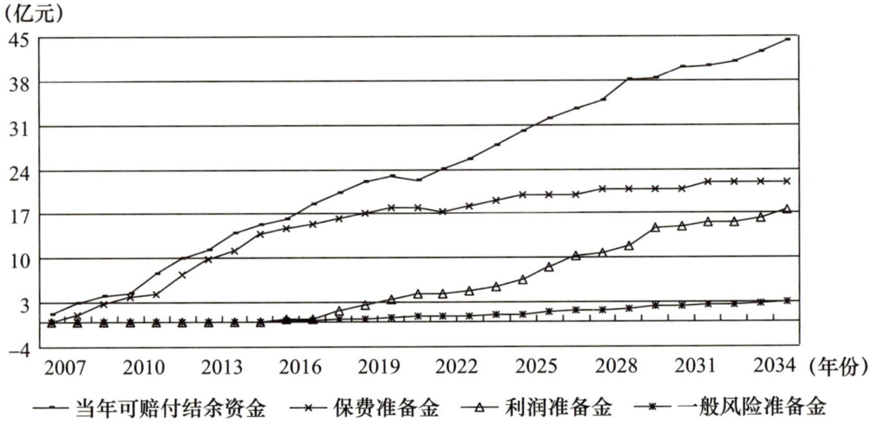

图 5 - 15　平常年景保费准备金、利润准备金、一般准备金及当年可赔付结余资金

到 2035 年，预计当年保费收入 31.93 亿元，成灾应赔款 21.56 亿元，简单赔付率 67.53%，当年种植业应赔款 10.34 亿元，养殖业应赔款 9.84 亿元，林业应赔款 1.38 亿元。成数分出后自留部分应赔款 14.70 亿元，其中种植业自留部分应赔款 7.76 亿元，养殖业自留部分应赔款 5.90 亿元，林业自留部分应赔款 1.04 亿元。用当年保费收入支付全部自留应赔款 14.70 亿元，同样无须动用大灾准备金。由于当年保费准备金余额大于当年净保费，因此未计提保费准备金。当年综合成本率 87.58%，全省承保利润率 12.42%，高于全国人保总公司财险承保利润率 2.84% 的设定，超额利润 2.09 亿元，按《办法》规定计提利润准备金 1.57 亿元。年初利润准备金余额 17.54 亿元，年初风险准备金余额 2.95 亿元，当年可用于支付赔款的结余资金为 44.16 亿元（见图 5 - 15）。当年全省净利润为2.42亿元，按规定计提10%公积金（0.242亿元）和10%一股风险准备金（0.242亿元）之后，剩余的净利润1.93亿元中按《办法》规定计提利润准备金1.56亿元后，剩余的净利润0.37亿元全部作为可供投资者分配利润的新增加资金，年初可供投资者分配利润累计6.12亿元，年末累计达6.49亿元。

通过以上分析可以看出，由于在未来21年中，当年可用于赔款的总结余资金最低为15.15亿元，最高为44.16亿元，未出现亏损，表明在随机平常年景赔付率下，湖南省当前施行的农业保险模式完全可以做到可持续发展。

（二）《农业保险大灾风险准备金管理办法》计提利润准备金的规定，将严格控制农保公司可分配利润的实现

为贯彻落实《农业保险条例》，进一步完善农业保险大灾风险分散机制，规范农业保险大灾风险准备金的管理，促进我国农业保险持续健康发展，财政部出台了《农业保险大灾风险准备金管理办法》（以下简称《办法》），自2014年1月1日起施行。

《办法》明确规定，农业保险经办机构（以下简称保险机构）在提取公积金和一般大灾准备金之后，当保险机构农业保险的整体承保利润率超过其自身财产险业务承保利润率，且农业保险综合赔付率低于70%时，应从年度净利润中再按超额利润的75%计提利润准备金。从我国政策性农业保险多年试点的实践看，《办法》规定计提利润准备金非常必要，这样做一方面有利于增加大灾损失保障资金的储备，另一方面体现了财政部门对农业保险经营的利润进行调节，避免了中央财政补贴转化为保险公司利润的情况。

本书采用精算方法和动态模拟对税前计提利润准备金的研究表明，当经营农险承保利润率高于其自身财产险承保利润率时，经营农业保险获得的可供投资者分配利润的多少，取决于其净保费收入和自身财产险业务的承保利润率的大小，而与经营农业保险业务的承保利润率无关。如经营农业保险的净保费收入为5亿元，财产险业务的承保利润率为2%时，即使经营农业保险的承保利润率分别为5%或15%，计提利润准备金后的可供投资者分配利润均为600万元，净保费收入的利润率和财产险业务一样均为1.2%。当净保费收入仍为5亿元，财产险业务的承保利润率提高到4%时，可供投资者分配利润将增加到1200万元，利润率都提高到2.4%。表明在税前计提利润准备金的方案，使经营农业保险最高可获得与其自身财产险业务相同的可供投资者分配的利润率。

湖南省农业保险现行模式的动态模拟表明，由于2015年湖南省承保利润率高达6.96%，高于同年人保总公司财险平均承保利润率2.84%，当年超额利润为0.62亿元，按《办法》规定从超额利润中计提75%的利润准备金0.46亿元，

当年净利润为 0. 90 亿元，提取法定公积金、一般风险准备金后，剩余的 0. 72 亿元再按上述《办法》规定计提利润大灾准备金，剩余的 0. 26 亿元便是当年新增的可供投资者分配利润（见图 5 – 16）。而在 2020 年，湖南省承保利润率为 9. 18%，高于同年人保总公司财产险平均承保利润率 2. 84%，存在超额利润，应该计提利润准备金。但当年综合赔付率为 70. 61%，按照《办法》规定，当综合赔付率高于 70% 时不计提利润准备金。因此《办法》中的这两项规定存在矛盾。在 2015 年以后，由于设定人保总公司财险平均综合利润率为 2. 84%，因此当模拟的综合承保利润率无论高出 2. 84% 多少，当年新增可供投资者分配利润仅仅与当年净保费数额有关。由于净保费数额增长比较缓慢，因此，在未来 21 年的大多数年份里，当年新增可供投入者分配利润都呈现出缓慢上升的总趋势。同时《办法》还规定，当累计的计提保费准备金余额值大于当年净保费收入时，当年不再计提保费准备金，直到累计保费准备金余额低于当年净保费时，才又开始从当年自留的种植业、养殖业和林业保费收入中重新按比例计提保费准备金。2020 年、2026 年以及 2030 年以后，累计保费准备金余额值大于当年净保费收入，因此都未计提保费准备金。2035 年初，保费准备金、利润准备金和一般风险准备金余额，加上当年新增金额，再减去当年支出超赔款后所形成的当年可赔结余资金高达 44. 16 亿元，是当年净保费 21. 81 亿元的 2. 02 倍。由此可以看出，按《办法》规定，在我国农业保险经营机构层面具有很强的大灾风险准备金的积累能力。需要特别说明的是，模拟研究中可能出现的能否计提利润准备金的矛盾，表明《办法》中关于计提利润大灾准备金的规定存在一定的不足之处，需要进一步改进。

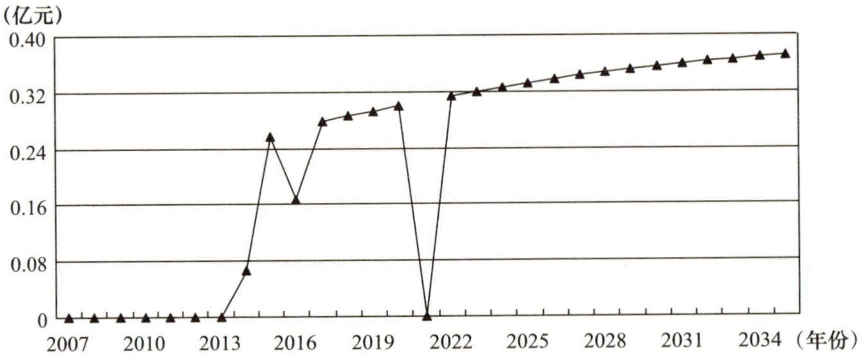

图 5 – 16　公司当年实现的可供投资者分配新增利润

（三）保费收入和赔付率分别增加3%，不会改变湖南省农业保险可持续发展的趋势

如果2015～2035年将每年种植业、养殖业和林业的保费收入及其赔付率分别增加3%，到2020年全省农业保费总收入增加到26.08亿元。当年成灾应赔款增加到18.85亿元，比未增加保费收入和赔付率时提高了6.08%，简单赔付率达到72.28%，比原方案增加了3%。分出保费后自留部分应赔款13.18亿元，比原方案增加了6.12%，其中种植业自留部分赔款为7.53亿元，养殖业自留部分赔款为3.83亿元，林业自留部分赔款为1.82亿元。用自留保费支付全部自留应赔款13.18亿元，未动用大灾准备金，年末保费准备金余额18.86亿元。当年综合成本率为97.86%，未提取利润准备金，年末利润准备金和年初相同，都为2.53亿元，年末一般风险准备金为0.49亿元。年末保费准备金比原方案增加了5.24%，利润准备金和一般风险准备金余额分别比原方案减少了40.47%、32.87%。当年可用于赔付的结余资金21.90亿元（见图5－17），比原方案22.91亿元减少了4.37%。当年新增可分配利润为0.23亿元，年末累计可分配利润为1.44亿元，比原方案的1.64亿元减少了12.19%（见图5－18）。

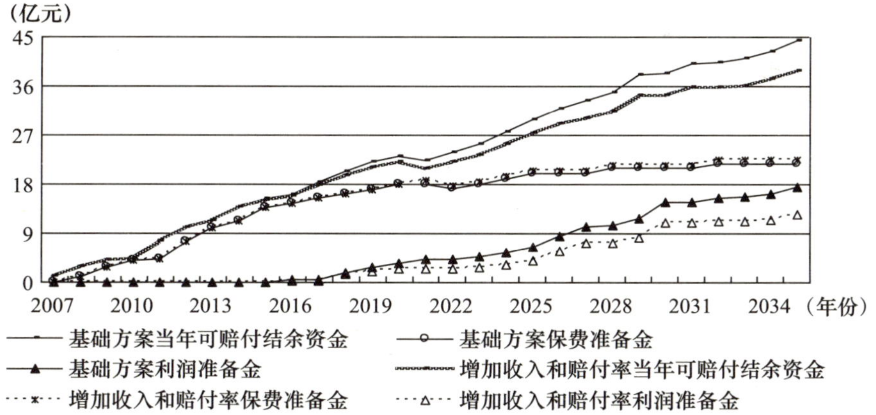

图5－17　平常年景与保费收入和赔付率增加3%时保费准备金、利润准备金和当年可赔付结余资金比较

到2030年，提高保费收入和赔付率3%的假设下，预计保费收入达到31.28亿元，比原方案的30.37亿元提高了3%，当年成灾应赔款24.87亿元，比原方案的23.44亿元增加了6.10%，简单赔付率为79.49%，比原方案提高了3%。自留部分应赔款16.71亿元，比原方案的15.75亿元增加了6.10%，其中种植业

自留部分赔款为6.78亿元，养殖业自留部分赔款为7.78亿元，林业自留部分赔款为2.15亿元。用自留保费支付全部应赔款16.71亿元，无须动用保费准备金和利润准备金。由于年初保费准备金余额21.44亿元高于净保费收入，因此没有计提保费准备金。利润准备金和一般风险准备金年末结余分别为10.87亿元和1.91亿元，分别比原方案减少了26.9%和21.72%。当年可赔付结余资金为34.23亿元，比原方案38.19亿元减少了10.37%（见图5－18）。当年综合成本率为98.12%，承保利润率1.88%，低于设定的人保总公司财险平均承保利润率2.84%，未计提利润准备金。当年实现可分配利润0.24亿元，比原方案减少了31.43%。年末累计可分配利润达到4.43亿元，比原方案的4.67亿元减少了5.14%。

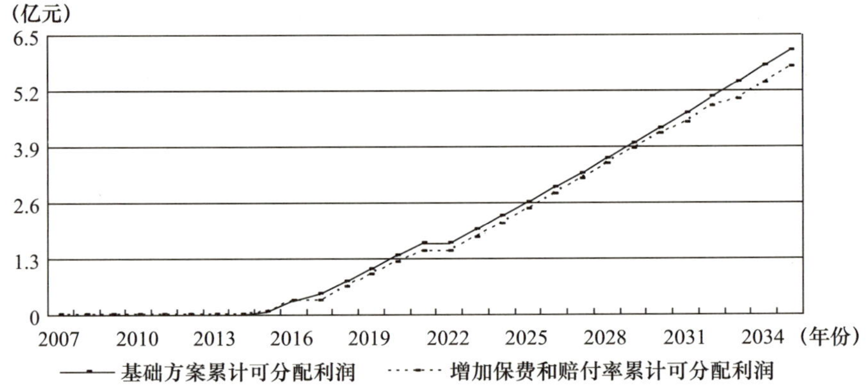

图5－18　平常年景与保费收入和赔付率增加3%时累计可分配利润比较

到2035年，提高保费收入和赔付率3%时，预计保费收入达到32.88亿元，比原方案提高了3%，当年成灾应赔款22.87亿元，比原方案的21.56亿元增加了6.07%，简单赔付率为69.56%，比原方案提高了3%。自留部分应赔款15.59亿元，比原方案的14.69亿元增加了6.13%，其中种植业自留部分赔款为8.23亿元，养殖业自留部分赔款为6.26亿元，林业自留部分赔款为1.1亿元。用自留保费支付全部应赔款15.59亿元，无须动用保费准备金和利润准备金。当年种植业计提保费准备金0.7亿元，养殖业计提保费准备金0.17亿元，林业计提保费准备金0.15亿元，而原方案当年均未计提保费准备金。保费准备金年初结余为22.45亿元，比原方案提高了2.74%，利润准备金和一般风险准备金年初结余分别为12.44亿元和2.27亿元，分别比原方案减少了2S9.08%和23.31%。当年可赔付结余资金为38.81亿元，比原方案44.16亿元减少了

12.11%（见图5-18）。当年综合成本率为94.2%，承保利润率5.8%，高于设定的人保总公司财险平均承保利润率2.84%，计提利润准备金0.5亿元。当年实现可分配利润0.38亿元，比原方案0.37亿元提高了2.7%。累计可分配利润达到5.74亿元（见图5-18），比原方案的6.12亿元减少了6.21%。

通过以上比较可以看出，如果将湖南省农业保险各大险种的保费收入及其赔付率分别增加3%，与未增加保费收入和赔付率的原方案相比较，尽管当年成灾应赔款和自留部分应赔款都比原方案有所增多，而除保费准备金以外，年末利润准备金和可用于赔付结余资金，还有累计可分配利润等主要指标的数值都将有明显减少，但是，从中长期看，并没有改变原方案所表现出的可持续发展的总趋势。

（四）人保财险公司承保利润率提高到3.5%，省分公司可分配利润和可赔付结余资金可能分别最多增加1.3亿元和减少1.8亿元

如果将2015~2035年人保财险公司平均承保利润率假设由2.84%提高到3.5%，预计2023年湖南省当年新增可分配利润为0.39亿元，比方案增加了25.81%，而累计可分配利润达到2.36亿元，比原方案的1.96亿元提高了20.41%（见图5-19）。当年可赔付结余资金为24.76亿元，比原方案的25.37亿元减少了2.4%，其中年末保费准备金19.01亿元，未发生变化；利润准备金4.8亿元，比原方案的5.39亿元减少了10.95%（见图5-20）；一般风险准备金0.94亿元，略低于原方案的0.96亿元。到2035年，预计承保利润率提高到3.5%时，当年新增可分配利润为0.45亿元，比原方案的0.37亿元提高了21.62%（见图5-19），累计可分配利润达到7.49亿元，比原方案的6.12亿元提高了22.38%。当年可赔付结余资金为42.3亿元，比原方案的44.16亿元减少了4.21%，其中年初保费准备金21.85亿元，未发生变化；利润准备金15.83亿元，比原方案的17.54亿元减少了9.75%（见图5-20）；一般风险准备金2.91亿元，比原方案的2.95亿元减少了1.36%。由此可见，在未来21年里，如果人保财险公司的平均承保利润率在2.84%的基础上提高0.66个百分点，到2035年湖南省农业保险累计可分配利润可能增加1.37亿多元，提高近22.38%；而可赔付结余资金减少1.86亿元，减少4.21%。

（五）如果湖南省农业保险经营管理费用率减少2个百分点，对增加累计可分配利润的作用不大，而可赔付结余资金最多增加6.7亿元

如果湖南省不包括理赔费用在内的经营管理费用占净保费的比例，由假设的20%减少到18%，预计2020年湖南省当年新增可分配利润为0.3亿元，与

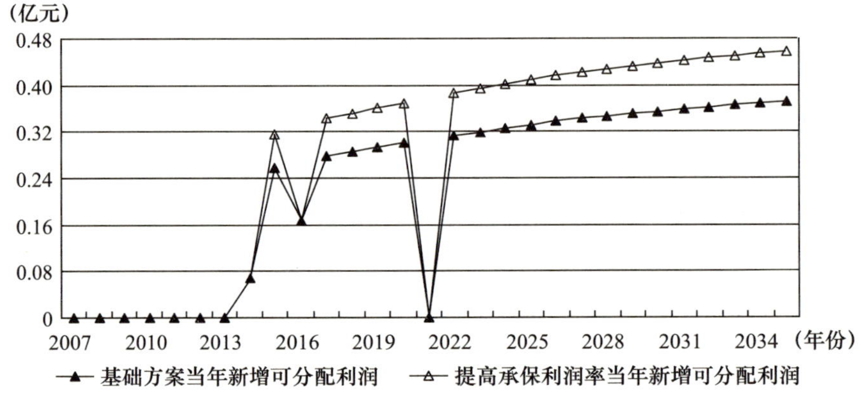

图 5－19　人保财险平均承保利润率提高到 3.5%时湖南省新增可分配利润与原方案比较

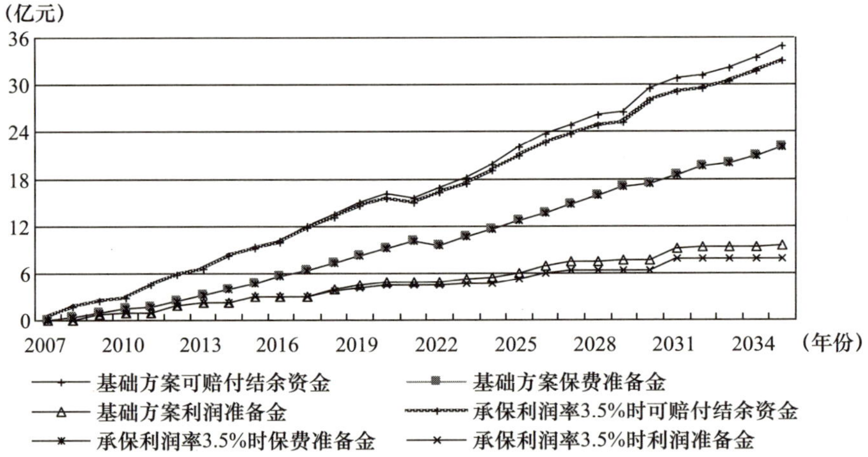

图 5－20　人保财险平均承保利润率提高到 3.5%时湖南省可赔付结余资金和大灾准备金与原方案比较

原方案相同，而累计可分配利润达到 1.45 亿元，比原方案的 1.35 亿元提高了 7.41%（见图 5－21）。当年可赔付结余资金为 24.25 亿元，比原方案的 22.91 亿元提高了 5.85%，其中年末保费准备金 17.92 亿元，与原方案相同；利润准备金 5.6 亿元，比原方案的 4.25 亿元提高了 31.76%；一般风险准备金 0.92 亿元比原方案的 0.73 亿元提高了 26.03%（见图 5－22）。到 2035 年，预计当年新增可分配利润为 0.37 亿元，与原方案相同，累计可分配利润达到 6.23 亿元，比原方案的 6.12 亿元提高了 1.79%（见图 5－21）。当年可赔付结余资金为 50. 86 亿元，比原方案的 44. 16 亿元提高了 15. 17%，其中年初保费准备金 22. 25 亿元，比原方案的 21. 85 亿元提高了 1. 83%；利润准备金 22. 81 亿元，比原方案的 17. 54 亿元提高了 30. 04%；一般风险准备金 3. 63 亿元，比原方案的 2. 95 亿元提高了 23. 05%（见图 5－22）。由此可见，在未来 21 年里，如果湖南省农业保险的经营管理费用率在 20% 的基础上减少 2 个百分点，到 2035 年湖南省农业保险累计可分配利润可能增加仅 0. 11 亿元，提高近 1. 8%；而可赔付结余资金增加了 6. 7 亿元，提高了 15%，也就是说，提高经营管理水平，对于增加可分配利润的作用不大，更显著的是有利于增多可赔付结余资金，提高应对大灾风险的能力。

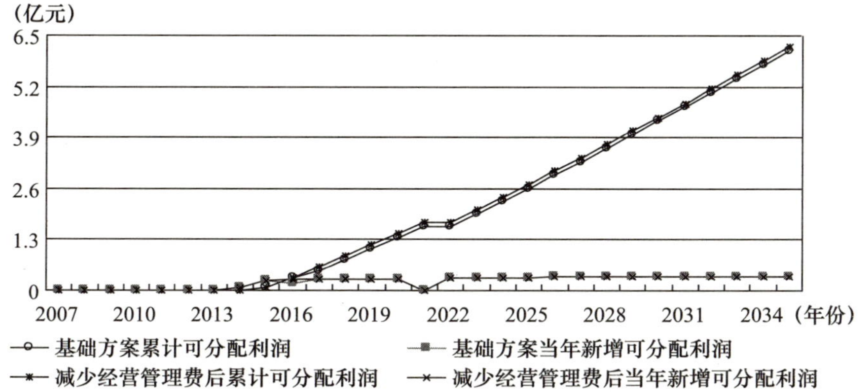

图 5－21 湖南省农业保险减少经营管理费用率时可分配利润与原方案比较

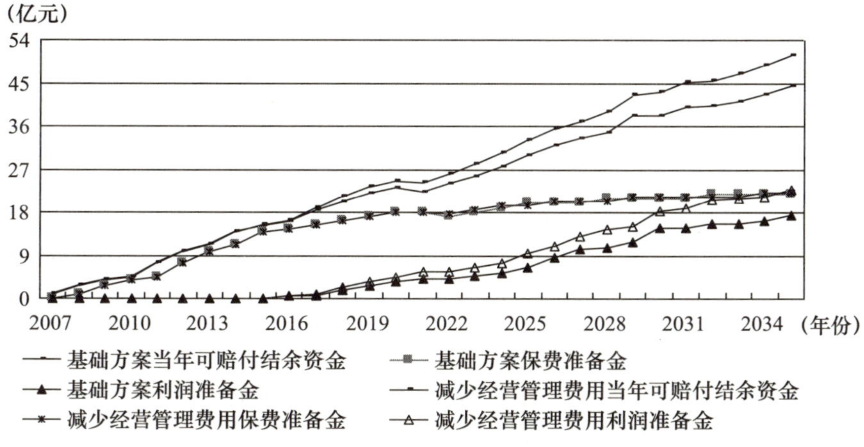

图 5－22 湖南省农业保险减少经营管理费用率时可赔付结余资金和大灾准备金与原方案比较

（六）未来21年里即使相继发生10年和20年一遇的大灾，湖南省农业保险现行模式仍能实现可持续发展

2007年我国开始了新一轮政策性农业保险试点工作。2008年试点省的农业保险业务基本走向正规，到2018年和2028年已经度过了10个和20个年头。因此，设定在2018年和2028年湖南省农业保险可能相继发生10年和20年一遇的农业大灾。2018年湖南省保费收入24.02亿元，按规定从种植业、养殖业和林业的自留保费收入中分别提取保费准备金0.61亿元、0.09亿元和0.13亿元。发生10年一遇的农业大灾时，当年成灾应赔款29.05亿元，全省简单赔付率为120.92%，成数分出再保险自留部分应赔款20.28亿元，其中种植业自留部分应赔款12.3亿元，养殖业自留部分应赔款6.02亿元，林业自留部分应赔款1.98亿元。用当年自留保费赔付12.54亿元，再保险公司赔款0.21亿元，剩余的超赔款7.53亿元全部由保费准备金支付。支付超赔款后年末保费准备金余额9.54亿元，利润准备金余额1.79亿元，一般风险准备金0.32亿元，当年可赔付结余资金11.65亿元（见图5-23）。当年净利润为零，故没有计提利润准备金和法定公积金等，也无新增可分配利润，年末累计实现可供分配利润0.77亿元。

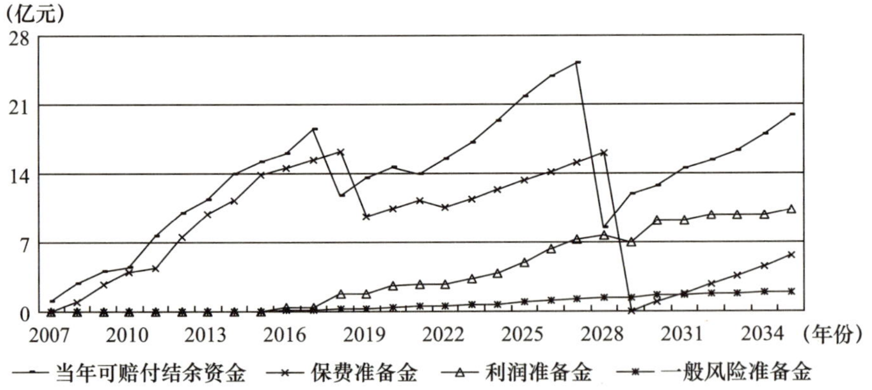

图5-23　发生10年、20年一遇的大灾时大灾准备金和可赔付结余资金变化趋势

当2028年再次发生20年一遇的大灾时，当年全省保费收入29.68亿元，按规定从种植业、养殖业和林业的自留保费收入中分别提取保费准备金0.65亿元、0.15亿元和0.14亿元。当年成灾应赔款49.07亿元，简单赔付率165.34%，自留部分应赔款33.68亿元，其中种植业自留部分应赔款18.09亿元，养殖业自留部分应赔款 12.52 亿元，林业自留部分应赔款 3.07 亿元。用当年自留保费赔付 15.3 亿元，再保险公司赔款 0.66 亿元，剩余的超赔款 17.72 亿元先由全部保费准备金支付 17.04 亿元后，还有 0.68 亿元全部由利润准备金支付，支付超赔款后年末利润准备金余额为 7.03 亿元，一般风险准备金余额为 1.38 亿元，当年可赔付结余资金为 8.41 亿元（见图 5－23）。当年净利润为零，既没有计提利润准备金和法定公积金等，也无新增可分配利润，年末累计实现可供分配利润 3.33 亿元。到 2035 年，当年保费收入 31.93 亿元，按规定计从种植业、养殖业和林业的自留保费收入中分别提取保费准备金 0.68 亿元、0.17 亿元和 0.14 亿元。当年成灾应赔款 21.56 亿元，全省简单赔付率 67.53%。当年自留部分应赔款 14.69 亿元，全部用当年自留保费支付。年初保费准备金余额 5.58 亿元，利润准备金 10.29 亿元，一般风险准备金 1.96 亿元，当年可赔付结余资金 19.8 亿元，年初累计可供分配利润 4.71 亿元。

由此可见，湖南农业保险现行大灾风险分散模式，完全可以应对未来在 2018 年发生 10 年一遇的农业大灾损失；而当 2028 年再次发生 20 年一遇的农业大灾时，支付大灾赔款后，2035 年湖南省所剩可赔付结余资金还有 8.41 亿元。

（七）如果在早期提前发生 50 年一遇的农业大灾，湖南省农业保险将面临 5.2 亿元的资金缺口

假设在 2018 年提前发生 50 年一遇的农业大灾时，全省简单赔付率为 223.80%，当年成灾应赔款 53.77 亿元，自留部分应赔款 37.54 亿元，其中种植业自留部分应赔款 22.73 亿元，养殖业自留部分应赔款 11.14 亿元，林业自留部分应赔款 3.67 亿元。用当年自留保费赔付 12.54 亿元，再保险公司赔款 0.61 亿元，剩余的超赔款 24.39 亿元首先用全部保费准备金支付 17.07 亿元，再用利润准备金和一般风险准备金支付 2.11 亿元后，还有 5.21 亿元的缺口资金需要由总公司支付（见图 5－24）。当年净利润为零，故没有计提利润准备金和法定公积金等，也无新增可分配利润，年末累计实现可供分配利润 0.77 亿元。

当 2028 年再次发生 10 年一遇的大灾时，当年全省简单赔付率 120.92%，当年成灾应赔款 35.89 亿元，自留部分应赔款 24.63 亿元，其中种植业自留部分应赔款 13.23 亿元，养殖业自留部分应赔款 9.15 亿元，林业自留部分应赔款 2.25 亿元。用当年自留保费赔付 15.3 亿元，再保险公司赔款 0.23 亿元，剩余的超赔款 9.1 亿元全部由保费准备金支付 7.49 亿元后，还有 1.61 亿元由利润准备金全部支付，年末利润准备金余额为 4.31 亿元，一般风险准备金余额 1.061 亿元，当年可赔付结余资金 5.37 亿元（见图 5－24）。当年净利润为零，既没有计提利润准备金和法定公积金等，也无新增可分配利润，年末累计实现可供分配利润 3.33 亿元。到 2035 年，当年成灾应赔款 21.56 亿元，全省简单赔付率 67.53%。当年自留部分应赔款 14.69 亿元，全部用当年自留保费支付。年初保费准备金余额 5.58 亿元，利润准备金 7.58 亿元，一般风险准备金 1.64 亿元，当年可赔付结余资金 16.77 亿元（见图 5－24），年初累计可供分配利润 4.71 亿元。

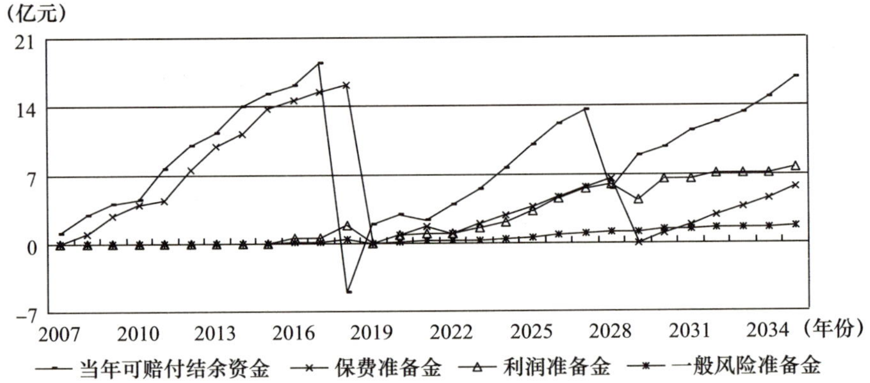

图 5－24　50 年一遇的大灾早期发生时大灾准备金和可赔付结余资金变化趋势

（八）中期 2025 年湖南省发生 50 年一遇的大灾时仍可持续经营

如果在中期 2025 年湖南省才提前发生 50 年一遇的大灾，成灾当年应赔款 63.28 亿元，自留部分应赔款 43.58 亿元。用当年自留保费赔付 15.54 亿元，再保险公司赔款 0.64 亿元，剩余的超赔款 27.4 亿元，首先用全部保费准备金支付 19.93 亿元，再用利润准备金和一般风险准备金支付剩余的 7.47 亿元后，当年可赔付结余资金尚有 0.15 亿元（见图 5－25）。如果在 2031 年再次发生 10 年一遇的大灾，当年成灾应赔款 31.13 亿元，自留部分应赔款 25.43 亿元，自留保费赔款 15.8 亿元，再保险公司赔款 0.23 亿元，剩余的超赔款 9.4 亿元，首先用全部保费准备金支付 5.65 亿元，再用利润准备金和一般风险准备金支付剩余的 3.75 亿元后，当年可赔付结余资金尚有 1.11 亿元（见图 5－25）。到 2035 年初，保费准备金余额 2.77 亿元，利润准备金 0.76 亿元，一般风险准备金 0.97 亿元，当年可赔付结余资金 6.48 亿元。这表明湖南省农业保险大灾准备金余额大约需要到 2025 年时才能应对 50 年一遇的大灾所造成的赔款损失。

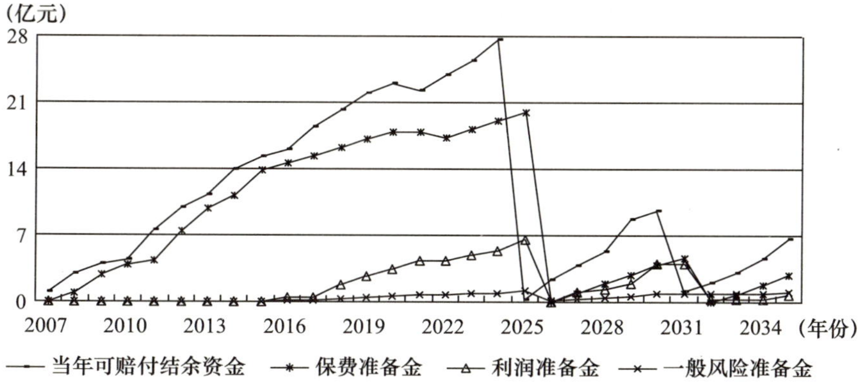

图 5-25　2025 年提前发生 50 年一遇的大灾风险时湖南省大灾准备金变化趋势

（九）如果在 2018 年首先发生 10 年一遇的农业大灾的情景下，晚期提前发生 50 年一遇的农业大灾，湖南省农业保险将近亏空资金 3.5 亿元

假设在晚期 2028 年提前发生 50 年一遇的大灾之前，2018 年首先发生 10 年一遇的农业大灾。已如前述，2018 年发生 10 年一遇的大灾时，当年成灾应赔款 29.05 亿元，自留部分应赔款 20.28 亿元，用当年全部保费支付 12.54 亿元和再保险赔款 0.21 亿元之后，还有 7.53 亿元超赔款由保费准备金支付。年末保费准备金余额为 9.54 亿元，利润准备金余额 1.79 亿元，一般风险准备金 0.32 亿元，当年可赔付结余资金 11.65 亿元（见图 5-26）。

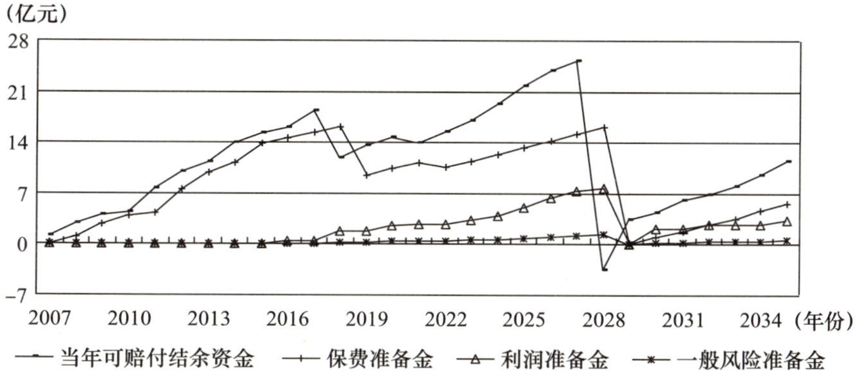

图 5-26　50 年一遇的大灾晚期发生时大灾准备金和可赔付结余资金变化趋势

在2028年再次提前发生50年一遇的大灾时，当年全省简单赔付率223.80%，当年成灾应赔款66.43亿元，自留部分应赔款45.59亿元，其中种植业自留部分应赔款24.49亿元，养殖业自留部分应赔款16.94亿元，林业自留部分应赔款4.16亿元。用当年自留保费赔付15.3亿元，再保险公司赔款0.66亿元，剩余的超赔款29.63亿元，首先用全部保费准备金支付17.04亿元，再用利润准备金和一般风险准备金支付9.09亿元后，还有3.5亿元缺口资金需要由总公司支付（见图5－26）。当年净利润为零，故没有计提利润准备金和法定公积金等，也无新增可分配利润，年末累计实现可供分配利润3.33亿元。到2035年，当年成灾应赔款21.56亿元，自留部分应赔款14.69亿元，全部用当年自留保费支付。年初保费准备金余额5.58亿元，利润准备金3.26亿元，一般风险准备金0.58亿元，当年可赔付结余资金11.39亿元（见图5－26），年初累计可供分配利润4.71亿元。

（十）如果在早期提前发生100年一遇的农业大灾，湖南省农业保险将面临12.6亿元的资金亏空

如果2018年提前发生100年一遇的农业大灾，当年成灾应赔款64.36亿元，全省简单赔付率为267.87%，自留部分应赔款44.93亿元，其中种植业自留部分应赔款27.2亿元，养殖业自留部分应赔款13.34亿元，林业自留部分应赔款4.39亿元。用当年自留保费赔付12.54亿元，再保险公司赔款0.61亿元，剩余的超赔款31.78亿元首先用全部保费准备金支付17.07亿元，再用利润准备金和一般风险准备金支付2.11亿元后，还有12.6亿元的亏空资金需要由总公司支付（见图5－27）。

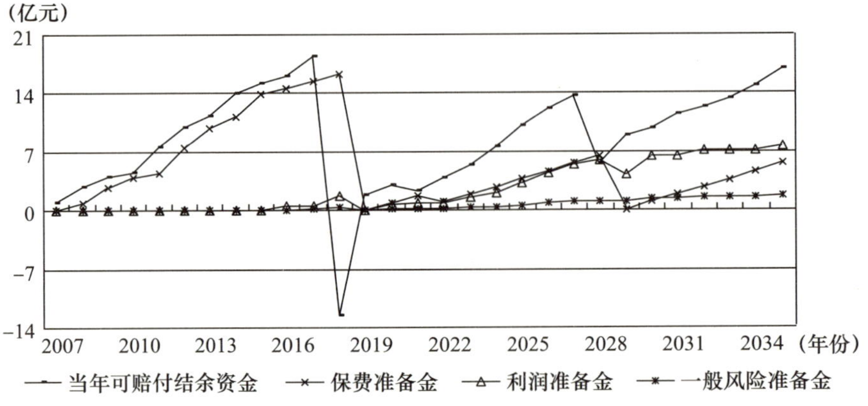

图5－27　100年一遇的大灾早期发生时大灾准备金和可赔付结余资金变化趋势

当2028年再次发生10年一遇的大灾时，当年全省简单赔付率120.92%，当年成灾应赔款35.89亿元，自留部分应赔款24.63亿元。用当年自留保费赔付15.3亿元，再保险公司赔款0.23亿元，剩余的超赔款9.1亿元由全部保费准备金支付7.5亿元后，还有1.6亿元由利润准备金全部支付。年末利润准备金余额为4.31亿元，一般风险准备金余额1.06亿元，当年可赔付结余资金5.37亿元（见图5－27）。到2035年当年成灾应赔款21.56亿元，全省简单赔付率67.53%。当年自留部分应赔款14.67亿元，全部用当年自留保费支付。年初保费准备金余额5.58亿元，利润准备金7.58亿元，一般风险准备金1.64亿元，当年可赔付结余资金16.77亿元（见图5－27）。

（十一）如果在晚期提前发生100年一遇的农业大灾，湖南省农业保险将面临12.5亿元的资金缺口

假设在晚期2028年提前发生100年一遇的大灾之前，2018年首先发生10年一遇的农业大灾。已如前述，2018年发生10年一遇的大灾时，当年成灾应赔款29.05亿元，自留部分应赔款20.28亿元，用当年全部保费支付12.54亿元以及再保险赔款0.21亿元之后，还有7.53亿元超赔款由保费准备金支付。年末保费准备金余额为9.54亿元，利润准备金余额1.79亿元，一般风险准备金0.32亿元，当年可赔付结余资金11.65亿元（见图5－28）。

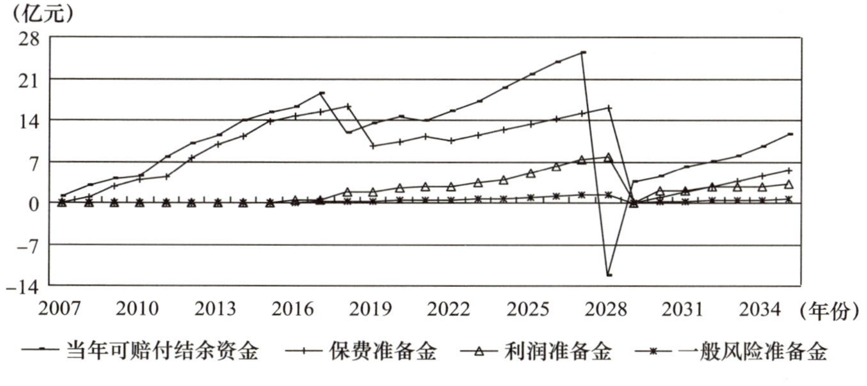

图5－28 100年一遇的大灾晚期发生时大灾准备金和可赔付结余资金变化趋势

在2028年再次提前发生100年一遇的大灾时，当年全省简单赔付率267.87%，当年成灾应赔款79.51亿元，自留部分应赔款54.56亿元，其中种植业自留部分应赔款29.31亿元，养殖业自留部分应赔款20.27亿元，林业自留部分应赔款4.98亿元。用当年自留保费赔付15.3亿元，再保险公司赔款0.66亿元，剩余的超赔款 38.6 亿元，首先用全部保费准备金支付 17.04 亿元，再用利润准备金和一般风险准备金支付 9.09 亿元后，还有 12.47 亿元的缺口资金需要由总公司支付（见图 5 – 28）。到 2035 年，当年成灾应赔款 21.56 亿元，全省简单赔付率 67.53%。当年自留部分应赔款 14.7 亿元，全部用当年自留保费支付。年初保费准备金余额 5.58 亿元，利润准备金 3.26 亿元，一般风险准备金 0.58 亿元，当年可赔付结余资金 11.39 亿元（见图 5 – 28）。

四、农业保险总公司应对大灾风险能力的模拟研究

通过以上动态模拟可以看出，湖南省当前实施的农业保险发展模式，尽管在未来假设的平常年景赔付率下，以及在相继发生 10 年一遇和 20 年一遇的农业大灾风险的情况下都能够实现可持续发展，但无论在早期 2018 年或晚期 2028 年提前发生 50 年一遇或者 100 年一遇的农业大灾时，仅从湖南省本省农业保费收入角度来看，这种模式可能出现 3.5 亿元到 12.6 亿元赔付资金的缺口。然而在上述假设情景下出现的湖南省农业保险赔偿资金发生缺口时，判断这种现行模式能否做到可持续经营，还要看其总公司经营全国各地农业保险的资金盈亏状况。如果总公司经营农业保险时，当年支付各地赔款后的资金仍有较多的可赔付结余资金，则总公司完全可以支付湖南省农业保险发生的超赔亏空资金，使湖南省农业保险处于可持续经营状态；如果总公司在经营全国各地农业保险时也发生赔偿资金不足的问题，则需要在当前模式的基础上设计一种大灾风险分散制度，保证总公司能够从外部获得超赔补偿资金。因此，无论是分析湖南省农业保险发展模式的可持续性，还是从设计农业保险大灾风险分散体系考虑，都需要进一步分析经营农业保险总公司可用于赔付资金的结余状况，然后从提高经营农业保险总公司应对大灾风险的能力着眼，研究如何建立农业保险大灾风险多级分散体系，提高我国农业保险可持续发展的能力。

（一）总公司的保费收入、赔款支付估测及研究方案设计

由总公司 2001 ~ 2013 年农业保险业务的保费收入和赔款支付的统计资料（见表 5 – 3）及其在各省开展业务的资料可以看出，第一，在政策性农业保险试点前以及试点以来，尽管每年不少省（区、市）分公司经营农业保险的简单赔付率达到 100% 以上，个别年份有的省高达 339%，但总公司的简单赔付率都在 97% 以下；第二，在这 13 年中，赔付率最高的几个年份里，当年赔付率超过

100%的地区最多为10个省，一般为8个省，仅占经营地区总数量的28%或23%，也就是说，每年赔付率在100%以上的地区还不到全部地区数的1/3，有利于在保险业务大数定律的作用下，实现在全国范围的风险分散。

表5-3 某保险总公司经营农业保险保费收入、赔款和简单赔付率

年份	2001	2002	2003	2004	2005	2006	2007	2008	2009	2010	2011	2012	2013
保费收入（亿元）	2.30	2.72	2.28	1.60	1.71	2.21	26.58	59.64	69.99	70.58	94.29	132.97	165.66
赔款支出（亿元）	1.72	2.18	1.94	1.53	1.52	1.63	8.64	31.59	53.46	52.79	43.81	72.21	106.23
赔付率（%）	74.64	80.16	85.08	96.63	89.08	73.72	32.54	52.97	76.38	74.84	46.46	54.31	64.13

资料来源：《中国保险年鉴》。

1. 总公司未来农业保险保费收入

依据2008~2013年总公司种植业、养殖业和林业保费收入数据，再对全国种植业、养殖业以及林地面积承保情况及今后可能达到的承保趋势进行分析，得到总公司种植业、养殖业和林业可能达到的保费收入，并计算出总公司的全部保费收入（见表5-4）。

表5-4 预计总公司未来主要年份保费收入及增长速度

年份		2013	2015	2020	2030	2035
种植业	保费收入（亿元）	110.46	140	190	227	237
	年均增长率（%）	—	12.58	6.30	1.80	0.87
养殖业	保费收入（亿元）	40.40	59.6	107	147	160
	年均增长率（%）	—	21.46	12.41	3.23	1.71
林业	保费收入（亿元）	14.80	15.98	18.94	23.83	29
	增长率（%）	—	3.91	3.46	2.32	4.00
保费总收入	收入	165.66	215.58	315.94	397.83	426
	年均增长率（%）	—	14.07	7.94	2.33	1.38

预计到2020年种植业、养殖业和林业保费收入可能分别达到190亿元、107亿元和18.94亿元，与2013年相比较，年递增率分别为8.06%、14.93%和3.59%，保费总收入可能达到315.94亿元，年均增长9.66%；2035年种植业、养殖业和林业保费收入预计分别达到237亿元、160亿元和29亿元，与2030年

相比年递增率分别为0.87%、1.71%和4%，保费总收入可能达到426亿元，年均增长1.38%（见图5－29）。2013年总公司保费总收入占全国农业保费总收入的54.09%，其中种植业保费收入占全国种植业保费收入的49.69%，养殖业保费收入占全国种植业保费收入的68.60%，林业保费收入占全国种植业保费收入的59.17%。预计2035年，总公司保费总收入占全国农业保费总收入的60.64%，其中种植业保费收入占全国种植业保费收入的59.12%，养殖业保费收入占全国种植业保费收入的62.78%，林业保费收入占全国种植业保费收入的62.03%。预计今后有些保险公司可能退出或缩小农业保险业务，因此总公司农业保险业务可能有所扩大，因此，今后总公司农业保险业务收入占全国农业保险业务的比重可能会略有上升。由此大致推断，对总公司未来20多年里农业保险保费收入的预计基本上是合理的。

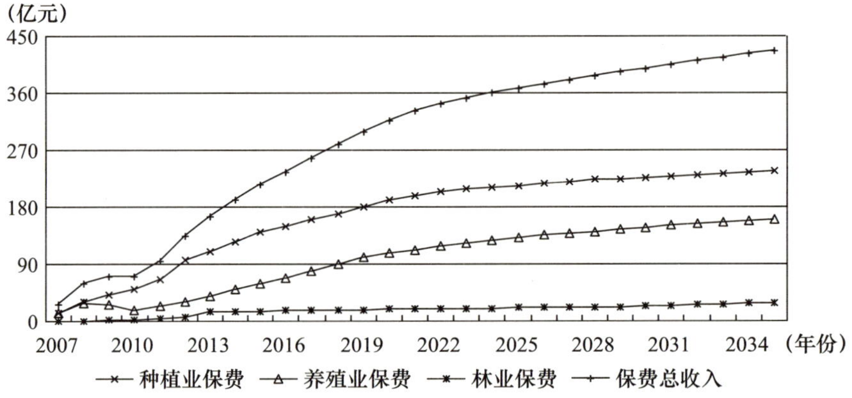

图5－29　预计未来保险总公司保费收入

2. 未来赔付率假设

总公司农业保险未来赔付率需要分别估测平常年景下历年的赔付率和不同程度大灾损失的赔付率。为了估计未来总公司历年的赔付率，本书利用2007～2013年总公司种植业、养殖业和林业历年赔付率资料，分别计算各样本的平均值和标准差，然后借助PD Plus系统动力学专用软件的随机数发生器，分别产生种植业、养殖业和林业保险2014～2035年各险种的随机赔付率，并以此作为各险种未来在平常年景下的历年赔付率。然后，利用总公司1984～2013年的历史赔付率，通过参数方法，分别对未来大灾损失进行估计，以此估算未来10年、20年、30年、50年和100年一遇的大灾发生时可能发生的赔付率。

（1）未来平常年景的种植业赔付率估测。利用正态函数随机产生（自动产生初始值）2015～2035 年种植业平常年景下的赔付率，其平均值为 66.00%，赔付率最高为 79.39%，赔付率最低为 48.67%，标准差为 0.07641。其中赔付率 45%～50%的有 1 年，55%～60%的有 4 年，60%～65%的有 4 年，65%～70%的有 6 年，70%～75%和 75%～80%的各有 3 年。总体看，赔付率在 50%～70%的共 15 年，占未来 21 年的 71.43%，70%～80%的共 6 年，占 28.57%。偏度为 -0.2060，峰度为 2.8415，J-B 统计量为 0.1705，其概率为 0.9183，呈现出左偏的随机正态分布趋势（见图 5-30）。

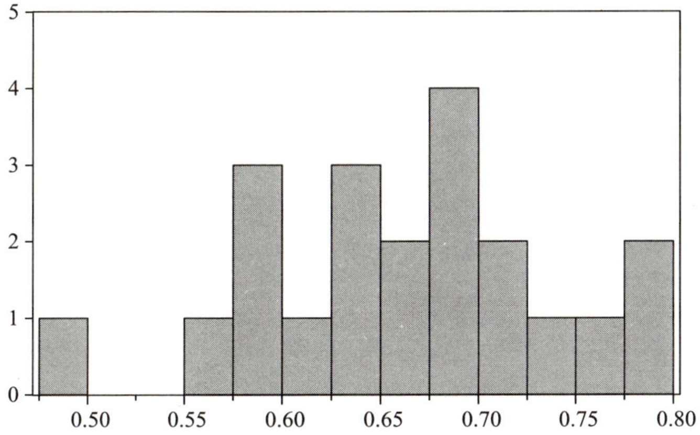

Series:ZGSZPFL	
Sample 2015 2035	
Observations 21	
Mean	0.660062
Median	0.665000
Maximum	0.793900
Minimum	0.486700
Std. Dev.	0.076410
Skewness	-0.205971
Kurtosis	2.841510
Jarque-Bera	0.170463
Probability	0.918299

图 5-30　未来种植业赔付率直方图

（2）未来平常年景的养殖业赔付率估测。利用正态函数随机产生（初始值 321456）2015～2035 年养殖业平常年景下的赔付率，其平均值为 73.10%，标准差为 0.1700，赔付率最高为 108%，最低为 50.72%。其中发生赔付率 50%～60%的有 5 年，60%～70%的有 8 年，70%～80%的有 2 年，80%～90%的有 1 年，90%～100%的 3 年，100%～110%有 2 年。总体看，赔付率在 50%～70%的共 13 年，占未来 21 年的 61.90%，70%～110%的共 8 年，占 38.10%。偏度为 0.6759，峰度为 2.2895，J-B 统计量为 2.0406，是正态分布的概率仅有 36.05%，呈现一定的右厚尾特征（见图 5-31）。

（3）未来平常年景的林业赔付率估测。利用正态函数随机产生（自动产生初始值）2015～2035 年林业平常年景下的赔付率，其平均值为 0.5611，标准差为 0.1233，赔付率最高为 78.94%，最低为 30.97%。其中发生赔付率 30%～45%的有 3 年，45%～50%的有 4 年，50%～60%的有 5 年，60%～70%的有 7 年，70%～80%的有 2 年，总体看，赔付率在 30%～70%的共 19 年，占未来 21 年的 90.48%，70%～80%的共 2 年，占 9.52%。偏度为 -0.3038，峰度为 2.4069，

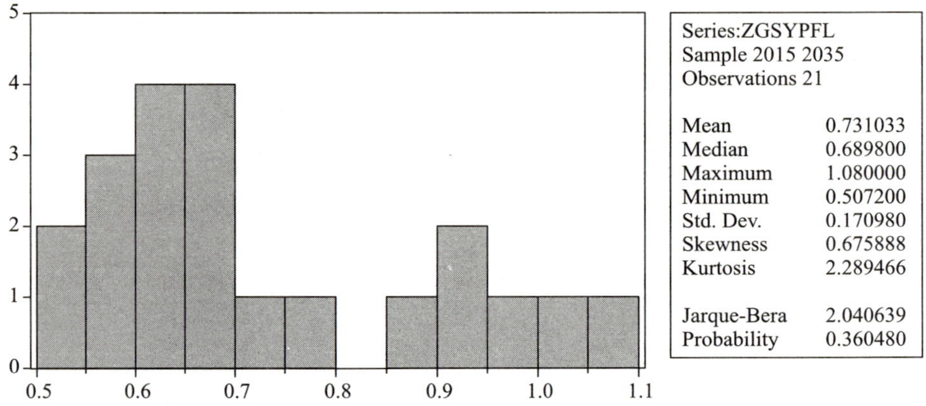

图 5－31　未来养殖业赔付率直方图

J－B 统计量为 0.6308，是正态分布的概率 72.95%，呈现明显左偏的正态分布特征（见图 5－32）。

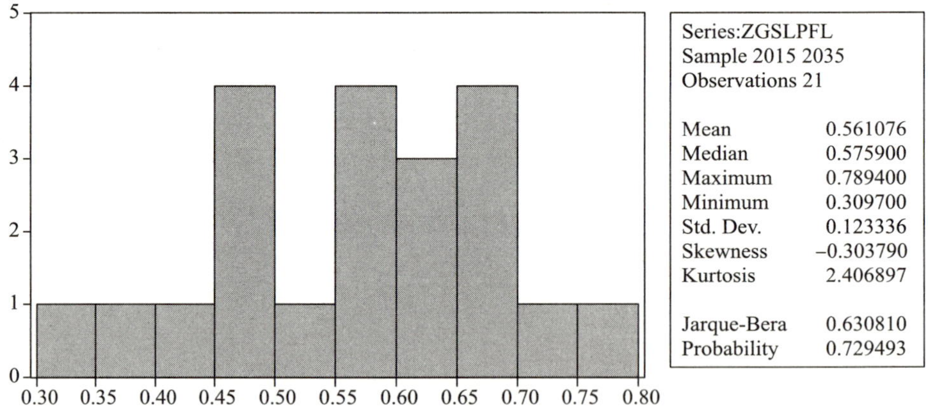

图 5－32　预计未来林业赔付率直方图

通过随机数发生器估计的未来在平常年景下种植业、养殖业、林业以及总公司平均赔付率，如图 5－33 所示。

（4）未来发生大灾赔付率估测。根据人保财险总公司 1984～2013 年历史赔付率数据，应用参数估计方法对总公司在未来发生 10 年、20 年、50 年和 100 年一遇的农业大灾时的赔付率进行估计。由总公司 1984～2013 年历史赔付率数据

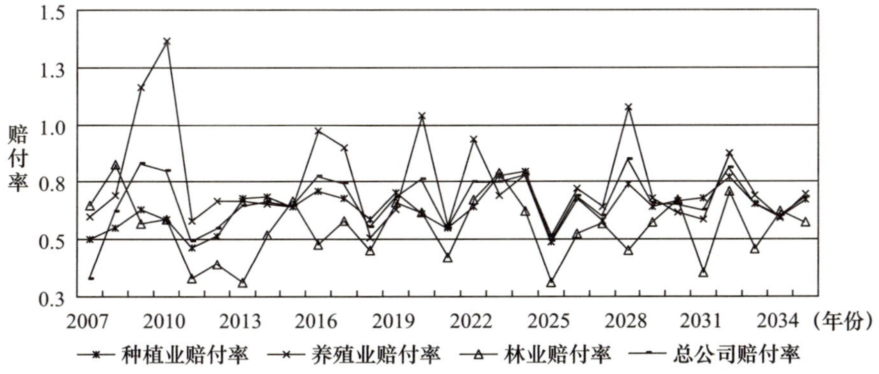

图 5－33　平常年景下种植业、养殖业以及公司总赔付率

绘制的直方图（见图5－34）可以看出，其平均数为84.44%，标准差为0.2189，最大值为136.3%，最小值为48.67%，偏度为0.7375，峰度为2.8351，J－B值为2.7541。

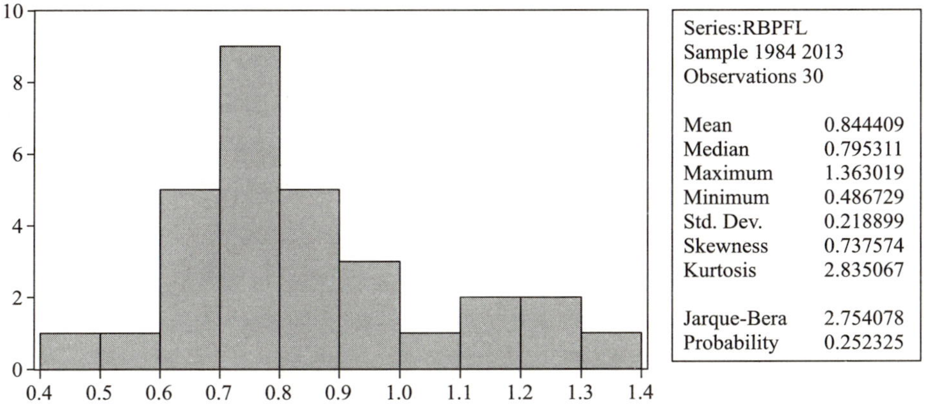

图 5－34　总公司历史赔付率直方图

运用Easyfit5.5软件对赔付率数据进行参数估计，根据AD检验、KS检验和卡方检验，对总公司农业保险赔付率的概率分布进行选择。由于AD检验和KS检验统计量分别为0.2511和0.0884，Bur在概率密度分布函数均排序为第一位，两种方法检验结果一致，因此拟合优度检验结果表明最优概率密度分布为Bur函数，其分布函数如下：

$$f(x)=\frac{\alpha k\left(\frac{x}{\beta}\right)^{\alpha-1}}{\beta\left(1+\left(\frac{x}{\beta}\right)^{\alpha}\right)^{k+1}} \tag{5-4}$$

函数的参数分别为 $k=0.6139$，$\alpha=8.8141$，$\beta=0.7379$。其概率密度分布如图5-35所示。

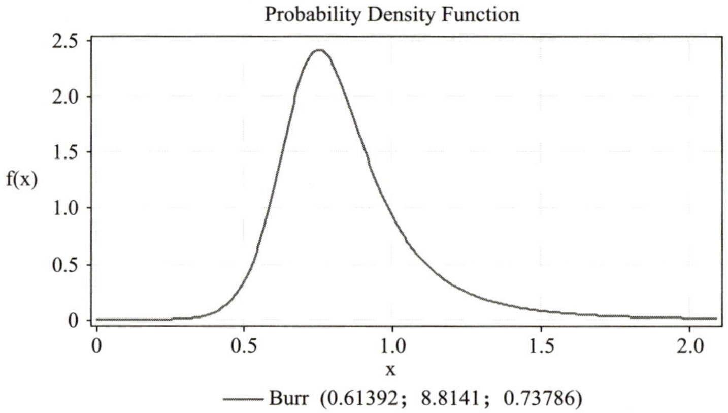

图5-35 总公司灾害损失概率密度分布图

为弥补数据量少引起的计算误差，在确定最优分布函数后，运用蒙特卡罗方法产生了10000个赔付率随机模拟值，由此估算出农业灾害损失概率。根据VaR方法得出，未来10年、20年、30年、50年和100年一遇的大灾发生时农业保险赔付率分别为112.00%、127.22%、137.22%、150.29%和170.41%（见表5-5）。

表5-5 总公司农业巨灾风险测算

农业灾害发生概率	10年一遇	20年一遇	30年一遇	50年一遇	100年一遇
赔付率（%）	112.00	127.22	137.22	150.29	170.41

3. 总公司动态模拟的方案设计

将上述未来20多年中，经营农业保险总公司的保费收入、赔款支付的情景假设以及净利润估算方法，与总公司农业保险经营机制相结合，通过构造系统动力学方程和湖南省农业保险现行模式的系统动力学模型相耦合（见图5-36），便可对在各种情景假设下湖南省农业保险现行模式以及总公司农业保险资金变化趋势进行模拟研究。总公司农业保险机制和湖南省基本一致（详细因果关系图略)，其中在总公司的种植业、养殖业和林业保费收入中，都分别扣除了湖南省相应保费收入。而在总公司的利润准备金支付中增加了湖南省利润准备金未支付金额。图 5－36 中，总公司以及和湖南省耦合部分，因果关系粗线表示二者可以直接计算，短划线表示中间经过其他变量的计算，点划线表示可能的负反馈关系。

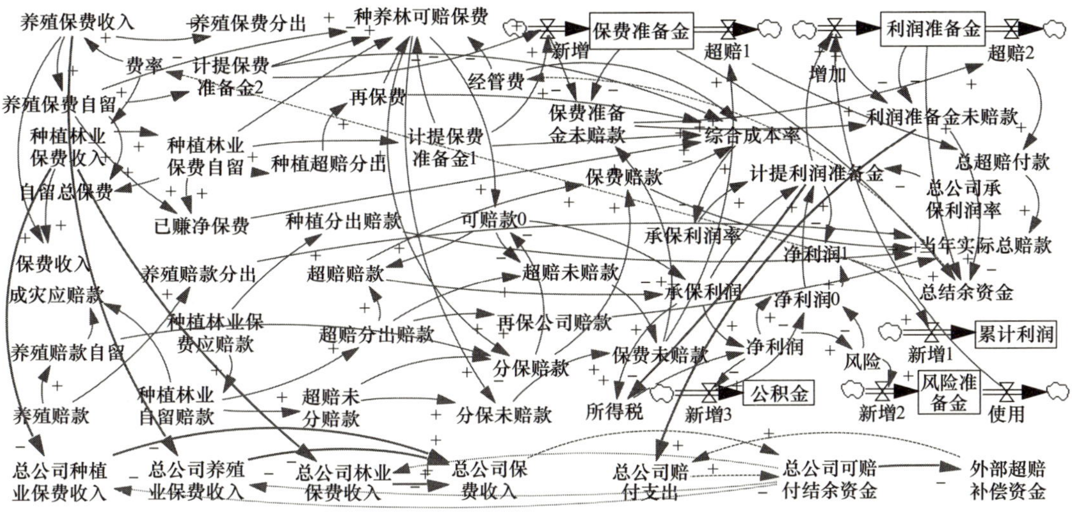

图 5－36　总公司和湖南省系统动力学耦合因果图

为展示总公司大灾准备金应对农业大灾风险冲击的能力，本书设计三大类 13 种方案。

第一类，当总公司农业保险的经营风险为平常年景时，湖南省出现 50 年或 100 年一遇的农业大灾。测试当省级保险经营机构出现大灾时，总公司是否有足够的资金为其弥补亏损，实现农业保险的可持续经营。这一类型分为四个方案：

方案 1，假设总公司处于平常年景，湖南省在早期 2018 年发生 50 年一遇的大灾，2028 年发生 10 年一遇的大灾。

方案 2，假设总公司处于平常年景，湖南省在早期 2018 年发生 10 年一遇的大灾，2028 年发生 50 年一遇的大灾。

方案 3，假设总公司处于平常年景，湖南省在早期 2018 年发生 100 年一遇的大灾，2028 年发生 10 年一遇的大灾。

方案 4，假设总公司处于平常年景，湖南省在 2018 年发生 10 年一遇的大灾，2028 年发生 100 年一遇的大灾。

第二类，当总公司发生10年和20年一遇的大灾假设下，湖南省发生不同程度大灾风险时，总公司农业保险可持续经营状况。

方案5，总公司在早期2018年和晚期2028年相继发生10年和20年一遇的大灾，湖南省在早期和晚期也同时发生10年和20年一遇的大灾。

方案6，总公司发生10年和20年一遇的大灾，湖南省同时在2018年和2028年相继发生50年和10年一遇的大灾；

方案7，总公司发生10年和20年一遇的大灾，湖南省同时在2018年和2028年相继发生10年和50年一遇的大灾；

方案8，总公司发生10年和20年一遇的大灾，湖南省同时在2018年和2028年相继发生100年和10年一遇的大灾；

方案9，总公司发生10年和20年一遇的大灾，湖南省同时在2018年和2028年相继发生10年和100年一遇的大灾。

第三类，总公司和湖南省同时提前发生50年或100年一遇的农业大灾。在早期2018年或晚期2028年，总公司和湖南省同时发生50年或100年一遇的农业灾害，分别称为方案10、方案11、方案12、方案13。

（二）农业保险经营总公司应对大灾风险能力的模拟结果

1. 在平常年景下总公司具有很强的大灾风险准备金的积累能力

在平常年景下，到2020年总公司减去湖南省农业保险业务后的当年保费收入（下同）为290.62亿元，其中种植业保费收入176.22亿元，养殖业97.7亿元，林业16.7亿元。按规定，种植业自留保费提取保费准备金7.93亿元，养殖业和林业计提保费准备金分别为1.78亿元和0.87亿元。当年成灾应赔款219.66亿元，简单赔付率75.58%，分出保费后自留部分当年成灾应赔款149.5亿元，其中种植业自留成灾应赔款80.77亿元，养殖业自留成灾应赔款60.96亿元，林业自留成灾应赔款7.77亿元。用当年全部自留保费赔款143.79亿元，剩余的超赔款5.71亿元全部由保费准备金支付，支付赔款后，年末保费准备金余额为56.63亿元。当年综合成本率102.81%，净利润为零，不计提法定公积金和一般风险准备金。当年末利润准备金余额为39.83亿元，一般风险准备金余额为7.45亿元，当年可用于赔付的结余资金为103.93亿元（见图5－37），年末总公司可供投资者分配利润累计达到18.77亿元。

2030年总公司保费收入达到367.46亿元，当年成灾应赔款238.11亿元，简单赔付率64.80%，分出保费后自留部分当年成灾应赔款166.2亿元。用当年自留保费足以支付全部应赔款，未动用大灾准备金。当年种植业计提保费准备金9.55亿元，养殖业计提保费准备金2.41亿元，林业计提保费准备金1.12亿元。

当年综合成本率94.16%，承保利润率5.84%，净利润12.63亿元，计提法定公积金和一般风险准备金各1.26亿元。超额利润7.66亿元，按《办法》规定计提利润准备金5.75亿元，剩余的可供投资者新增分配利润4.35亿元（见图5－38）。当年末保费准备金余额为116.84亿元，利润准备金余额为130.06亿元，一般风险准备金余额为21.77亿元，当年可用于赔付的结余资金为268.67亿元（见图5－37），年末总公司可供投资者分配利润累计达到约38.75亿元。

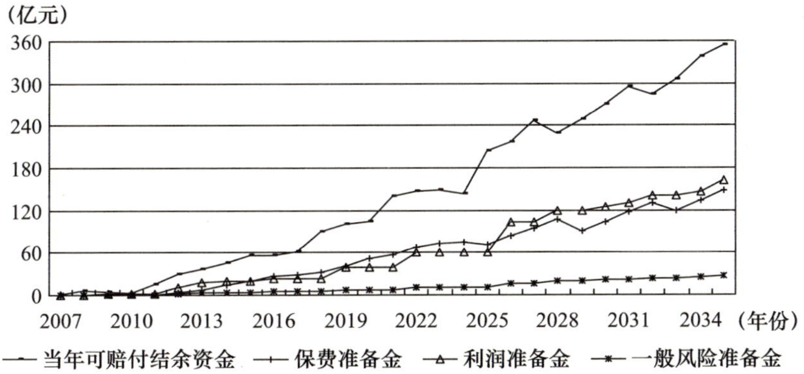

图5－37 平常年景总公司大灾准备金及可赔付结余资金变化趋势

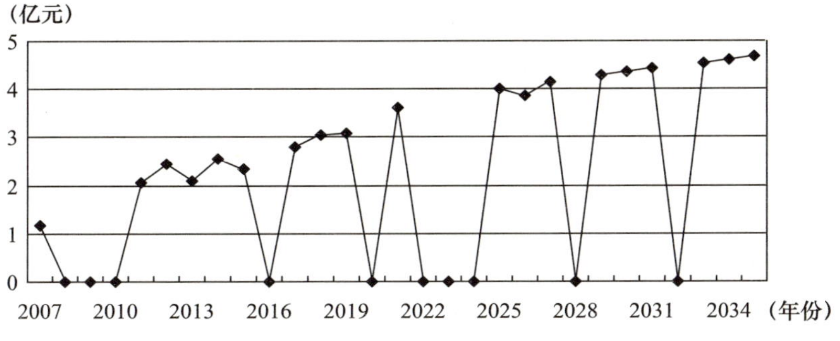

图5－38 平常年景下总公司当年新增可分配利润变化趋势

到2035年预计总公司保费收入（不含湖南省保费收入）可达到394.07亿元，当年成灾应赔款266.74亿元，简单赔付率67.69%，分出保费后自留部分当年成灾应赔款184.79亿元。用当年自留保费足以支付全部应赔款，未动用大灾准备金。当年种植业计提保费准备金9.98亿元，养殖业计提保费准备金2.62亿元，林业计提保费准备金1.39亿元。当年综合成本率96.58%，承保利润率

3.42%，净利润7.32亿元，计提法定公积金和一般风险准备金各0.73亿元。超额利润1.59亿元，按《办法》规定计提利润准备金1.19亿元，剩余的可供投资者新增分配利润4.66亿元（见图5-38）。当年初保费准备金余额为147.08亿元，利润准备金余额为162.58亿元，一般风险准备金余额为27.54亿元，当年可用于赔付的结余资金为353.12亿元（见图5-38），年末总公司可供投资者分配利润累计达到56.69亿元。

以上分析中的总公司保费收入已经减去湖南省全部保费收入。如果在总公司保费收入中只减去湖南省分公司保费收入，并且设计未来湖南省该分公司保费收入占全省保费收入的50%，那么到2020年不含湖南省分公司保费收入的总公司当年保费收入，比减去湖南全省保费收入的原方案总公司保费收入将增加4.36%，2030年将比原方案增加4.13%，2035年将增加4.05%。2020年不含省公司的总公司当年可赔付结余资金将比原方案增加7.22%，2030年将增加5.38%，2035将增加5.11%（见图5-39）。2020年不含省分公司的总公司累计可分配利润将比原方案增加6.97%，2030年将增加5.61%，2035年将增加5.11%。可以看出，由于总公司剩余保费增多，尽管一些主要指标值可能会比减少湖南省全省保费收入的原方案有所增加，但其增加幅度约在5%左右，由此可见，本书中即使使用了减少湖南省全省保费收入后的总公司保费收入数据，也不会影响研究所得到的基本趋势。

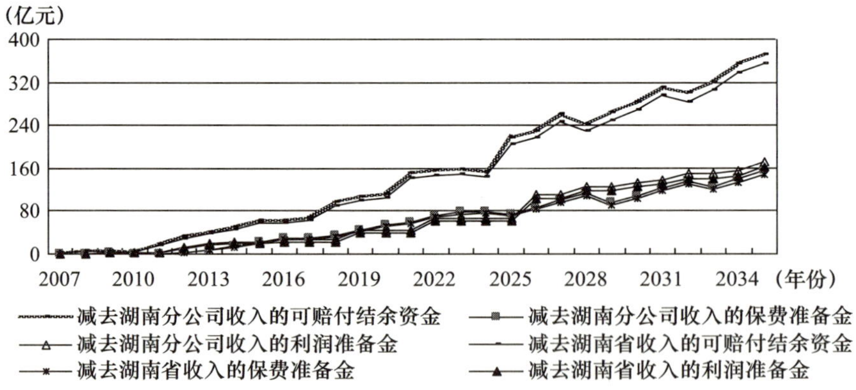

图5-39　不含湖南省分公司保费收入与不含湖南全省保费收入时总公司大灾准备金和可赔付结余资金比较

2. 总公司农业保险在平常年景下，其可赔付结余资金完全可以支付湖南省农业保险不同程度大灾赔偿的亏空资金

对总公司农业保险经营风险为平常年景时湖南省不同程度大灾风险的模拟表

明，总公司减去湖南省保费收入的可赔付结余资金在支付湖南省亏空资金后仍能实现可持续发展。以湖南省未来在早期或晚期提前发生 100 年一遇的大灾为例，如果未来湖南省在早期 2018 年提前发生 100 年一遇的大灾将有 12. 6 亿元的缺口资金需要总公司支付。总公司的当年保费总收入 253. 73 亿元（不含湖南省农业保费收入），当年成灾应赔款 139. 77 亿元，简单赔付率 55. 09%。当年自留部分应赔款 98. 62 亿元，全部从当年自留保费收入中支付，不需要动用大灾准备金。当年末保费准备金余额为 41. 8 亿元，利润准备金 27. 23 亿元，一般风险准备金 7. 07 亿元，当年可赔付结余资金 76. 1 亿元（见图 5 –40），年末总公司累计可分配利润 12. 66 亿元。到 2028 年，总公司当年可赔付结余资金 216. 07 亿元，2035 年可赔付结余资金多达 340. 52 亿元，是总公司净保费收入 273. 7 亿元的 1. 24 倍，年初总公司累计可分配利润为 56. 69 亿元。

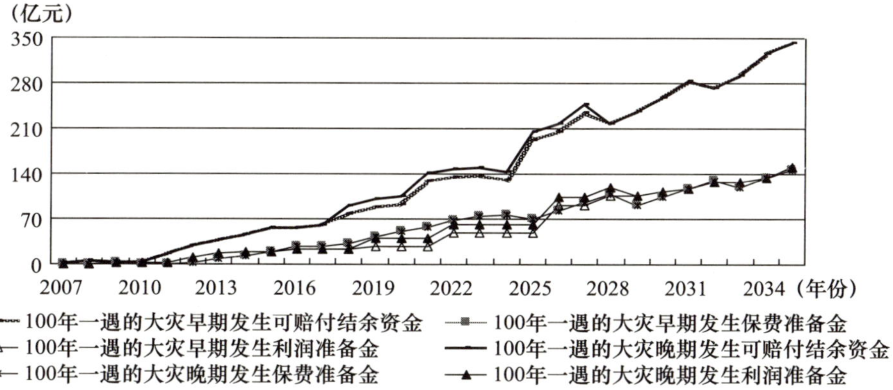

图 5 –40 总公司平常年景下支付湖南省百年一遇的大灾亏空资金后大灾准备金和可赔付结余资金变化趋势

如果湖南省 100 年一遇的大灾在晚期 2028 年提前发生，当年应由总公司支付省分公司超赔款 12. 47 亿元。受灾当年总公司保费收入 356. 52 亿元，当年成灾应赔款 301. 73 亿元，简单赔付率 84. 63%。当年自留部分应赔款 205. 5 亿元，在用总公司当年全部自留保费支付 175. 82 亿元后，还有超赔款 29. 68 亿元全部由保费准备金支付，年末保费准备金余额为 90. 86 亿元。在用总公司利润准备金支付湖南省大灾赔偿亏空资金 12. 47 亿元之后，年末利润准备金余额为 106. 08 亿元，一般风险准备金余额为 19. 26 亿元，当年可赔付结余资金 216. 2 亿元（见图 5 – 40），累计可分配利润为 34. 45 亿元。到 2035 年初，保费准备金余额 147. 08 亿元，利润准备金 150. 11 亿元，一般风险准备金 27. 54 亿元，当年可赔付结余资金 340.65 亿元，是总公司净保费收入 273.7 亿元的 1.24 倍，年初总公司累计可分配利润为 56.69 亿元。

由此可见，总公司在平常年景下，完全可以支付湖南省早期或晚期发生 100 年一遇的大灾时的超赔亏空资金，成灾当年总公司可赔付结余资金分别高达 76.1 亿元和 216.2 亿元。总公司积累了大量的可分配利润，到 2035 年累计可分配利润可能达到 56.7 亿元。

3. 如果总公司先后发生 10 年和 20 年一遇的大灾的情景下，可以支付湖南省甚至在晚期同时发生 50 年或 100 年一遇的大灾时的亏空资金；而湖南省在早期同时发生 50 年或 100 年一遇的大灾时，总公司将发生 3.5 亿元或近 11 亿元的资金缺口

（1）如果未来 21 年里，总公司和湖南省农业保险在早期 2018 年和晚期 2028 年同时先后发生 10 年和 20 年一遇的大灾的情况下，由于湖南省未发生亏损，总公司在支付自身大灾赔款后，当年可赔付结余资金分别为 1.67 亿元和 48.49 亿元（见图 5－41），其他年份也不存在经营亏损，总公司农业保险完全可以实现可持续发展。

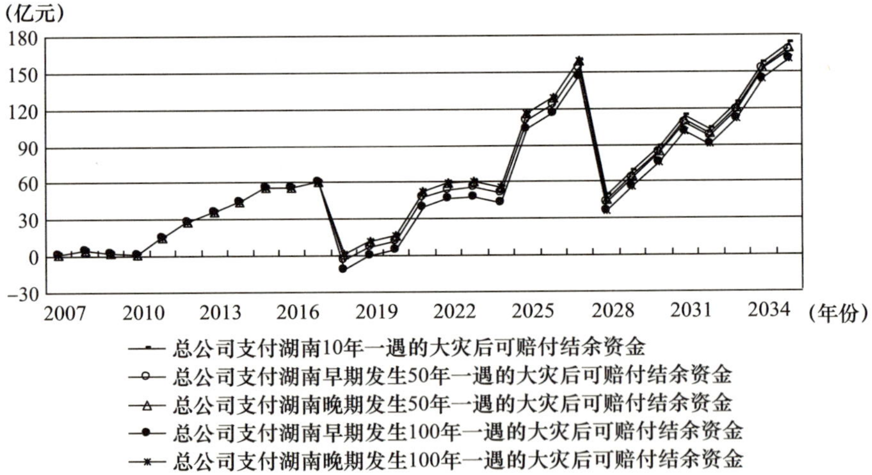

图 5－41　总公司发生 10 年和 20 年一遇的大灾时，支付湖南省不同程度大灾亏空资金后可赔付结余资金变化趋势

（2）当总公司农业保险在早期 2018 年和晚期 2028 年先后发生 10 年和 20 年一遇的大灾时，如果湖南省农业保险在早期提前发生 50 年一遇的大灾，在遭受大灾的 2018 年，湖南省支付成灾赔款后尚有 5.21 亿元的亏空资金需要由总公司

支付。总公司当年成灾应赔款 284. 18 亿元，自留部分应赔款 199. 41 亿元。用当年自留保费赔款 125. 79 亿元，再保险公司赔款 5. 63 亿元，剩余的超赔款 67. 99 亿元，首先由保费准备金支付 41. 8 亿元，剩余的 26. 19 亿元和湖南省亏空资金用全部利润准备和一般风险准备金支付后，将有 3. 53 亿元的亏损资金。在 2028 年总公司和湖南省分别发生 20 年和 10 年一遇的大灾时，当年湖南省可赔付结余资金 5. 37 亿元，总公司可赔付结余资金 43. 28 亿元（见图 5－41）。

如果湖南省在晚期 2028 年提前发生 50 年一遇的大灾，受灾当年在支付赔款后还有 3. 5 亿元的亏空资金需要由总公司支付。总公司当年成灾应赔款 453. 56 亿元，自留部分应赔款 315. 67 亿元。用当年自留保费赔款 175. 82 亿元，再保险公司赔款 17. 01 亿元，剩余的超赔款 122. 84 亿元，首先由保费准备金支付 78. 75 亿元，此后剩余的 44. 09 亿元和湖南省亏空资金全部由利润准备金支付。年末利润准备金余额 31. 13 亿元，一般风险准备金 13. 86 亿元，当年可赔付结余资金 44. 99 亿元（见图 5－41），总公司累计实现可分配利润 31. 42 亿元。到 2035 年初，总公司保费准备金余额为 56. 21 亿元，利润准备金 75. 15 亿元，一般风险准备金 22. 14 亿元，当年可赔付结余资金达到 169. 45 亿元（见图 5－41）。总公司在其他年份也不存在经营亏损，完金可以实现农业保险的可持续发展。

（3）当总公司在早期和晚期先后发生 10 年和 20 年一遇的大灾的情景下，如果湖南省在早期 2018 年发生 100 年一遇的大灾，同时在晚期还发生 10 年一遇的大灾时，受灾的 2018 年，湖南省亏空资金 12. 6 亿元需要总公司支付。总公司在 2018 年成灾应赔款 284. 18 亿元，自留部分应赔款 199. 41 亿元。用当年自留保费赔款 125. 79 亿元，再保险公司赔款 5. 63 亿元，剩余的超赔款 67. 99 亿元，首先由保费准备金支付 41. 8 亿元，剩余的 26. 19 亿元和湖南省亏空资金共 38. 79 亿元用全部利润准备金和一般风险准备金支付后，仍有 10. 92 亿元的缺口资金。在 2028 年总公司和湖南省同时分别发生 20 年和 10 年一遇的大灾时，当年湖南省可赔付结余资金 5. 37 亿元，总公司可赔付结余资金 35. 89 亿元。到 2035 年初，总公司保费准备金余额为 56. 21 亿元，利润准备金 68. 21 亿元，一般风险准备金 20. 08 亿元，当年可赔付结余资金达到 160. 34 亿元（见图 5－41）。

（4）当总公司在早期和晚期先后发生 10 年和 20 年一遇的大灾的情景下，如果湖南省在早期 2018 年发生 10 年一遇的大灾，此后又在晚期 2028 年还发生 100 年一遇的大灾时，受灾的 2018 年湖南省和总公司都不存在亏损。而在 2028 年，湖南省当年亏空资金 12. 47 亿元需要总公司支付。总公司在 2028 年成灾应赔款 453. 56 亿元，自留部分应赔款 315. 67 亿元。用当年自留保费赔款 175. 82 亿元，再保险公司赔款 17. 01 亿元，剩余的超赔款 122. 84 亿元，首先由保费准备金支付 78. 74 亿元，剩余的 44. 1 亿元和湖南省亏空资金合计 56. 57 亿元全部由利润准备金支付。年末利润准备金余额 22.16 亿元，一般风险准备金 13.86 亿元，当年可赔付结余资金 36.02 亿元（见图 5－41）。到 2035 年初，总公司保费准备金余额为 56.21 亿元，利润准备金 66.21 亿元，一般风险准备金 22.14 亿元，当年可赔付结余资金达到 160.47 亿元（见图 5－41）。

4. 如果总公司和湖南省同时在早期发生 50 年一遇的大灾，总公司最多需要外部超赔补偿资金近 54 亿元，3 年后可全部偿还；而在晚期同时发生 50 年一遇的大灾时，总公司可能不会发生经营亏损

（1）50 年一遇的大灾早期发生。如果总公司和湖南省农业保险在早期 2018 年同时提前发生 50 年一遇的农业大灾，成灾当年湖南省亏空资金 5.2 亿元需要由省公司支付。总公司当年成灾应赔款 381.34 亿元，自留部分应赔款 267.58 亿元，其中种植业自留应赔款 176.36 亿元，养殖业自留应赔款 73.67 亿元，林业自留应赔款 17.55 亿元。用当年自留保费赔款 125.79 亿元，再保险公司赔款 23.60 亿元，剩余的超赔款 118.19 亿元，首先由保费准备金支付 41.8 亿元，剩余的 76.39 亿元和湖南省亏空资金共 81.59 亿元由全部利润准备和一般风险准备金支付后，尚有 53.73 亿元的缺口资金需要用外部补偿资金支付。如果没有外部兜底，2019 年和 2020 年总公司仍然将分别亏损 40.28 亿元和 38.51 亿元，直到 2021 年总公司才能偿付全部外部补偿资金。到 2028 年总公司和湖南省如果同时发生 10 年一遇的大灾后，湖南省当年可赔付结余资金 5.37 亿元，总公司当年可赔付结余资金 21.33 亿元（见图 5－42）。到 2035 年总公司当年可赔付结余资金多达 145.78 亿元。

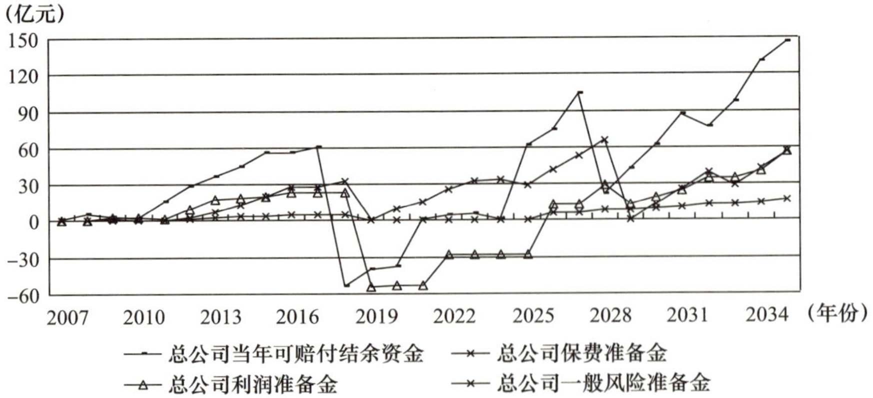

图 5－42　总公司和湖南省同时早期发生 50 年一遇的大灾时总公司大灾准备金和可赔付结余资金变化趋势

（2）50 年一遇的大灾晚期发生。如果总公司和湖南省农业保险在早期 2018 年同时发生 10 年一遇的大灾，在晚期 2028 年同时又提前发生 50 年一遇的农业大灾，2028 年成灾当年湖南省亏空资金 3.5 亿元需要由省公司支付。总公司当年成灾应赔款 535.81 亿元，自留部分应赔款 372.92 亿元。用当年自留保费赔款 175.82 亿元，再保险公司赔款 31.44 亿元，剩余的超赔款 165.66 亿元，首先由保费准备金支付 78.75 亿元，剩余的 86.91 亿元和湖南省亏空资金合计 90.41 亿元全部由利润准备金和一般风险准备金支付。年末一般风险准备金余额 2.17 亿元，当年可赔付结余资金 2.17 亿元（见图 5－43）。到 2035 年总公司当年可赔付结余资金多达 126.63 亿元。

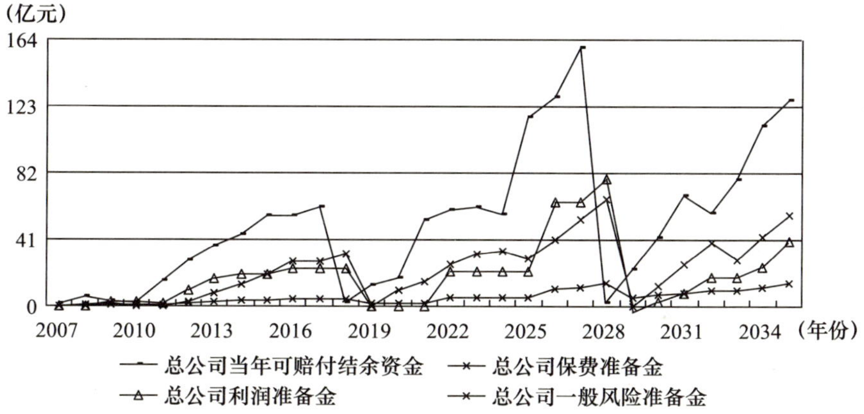

图 5－43　总公司和湖南省同时晚期发生 50 年一遇的大灾时
总公司大灾准备金和可赔付结余资金变化趋势

由此可见，未来 21 年里，如果总公司和湖南省农业保险同时在早期 2018 年发生 50 年一遇的大灾，成灾当年总公司可能会超赔 53.73 亿元，需要外部资金补偿，3 年后可全部偿还。而在晚期 2028 年同时发生 50 年一遇的大灾，此时总公司大灾准备金可能足以支付公司本身和湖南省的亏空资金，不需要外部补偿资金，完全可以通过自身经营实现可持续发展。

5. 如果总公司和湖南省同时在早期或晚期发生 100 年一遇的大灾，受灾后总公司都将发生亏损，最多亏损 92.39 亿元，7 年后才能扭亏为盈

（1）100 年一遇的大灾早发生。如果总公司和湖南省农业保险在早期 2018 年提前发生 100 年一遇的农业大灾，成灾当年湖南省亏空资金 12.6 亿元需要由省公司支付。总公司当年成灾应赔款 432.39 亿元，自留部分应赔款 303.41 亿元。其中种植业自留应赔款 199.97 亿元，养殖业自留应赔款 83.54 亿元，林业

自留应赔款 19.9 亿元。用当年自留保费赔款 125.79 亿元，再保险公司赔款 28.16 亿元，剩余的超赔款 149.46 亿元，首先由保费准备金支付 41.8 亿元，剩余的 107.66 亿元和湖南省亏空资金共计 120.26 亿元由全部利润准备和一般风险准备金支付后，尚有 92.39 亿元的赔偿缺口资金需要用外部补偿资金支付。在无外部兜底的情况下，一直到 2024 年总公司仍然会亏损 38.21 亿元，靠总公司自身经营，经过 7 年，直到 2025 年才能偿付全部外部补偿资金。到 2028 年总公司和湖南省同时发生 10 年一遇的大灾后，湖南省当年可赔付结余资金 5.37 亿元，总公司当年仍将亏损 17.32 亿元（见图 5－44）。到 2035 年总公司当年可赔付结余资金多达 107.13 亿元。

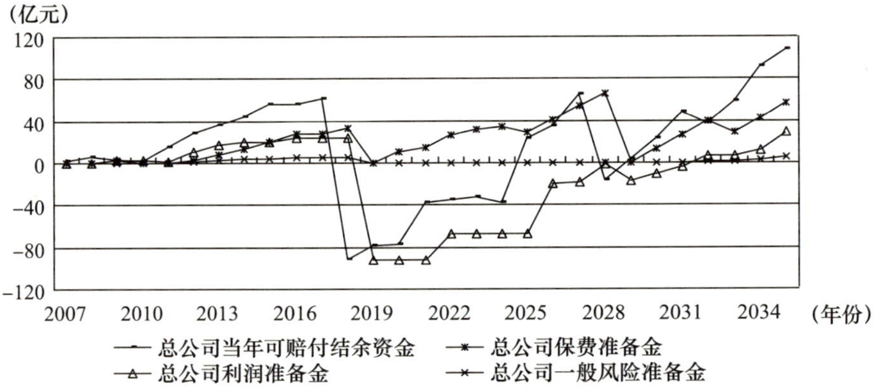

图 5－44　总公司和湖南省同时早期发生 100 年一遇的大灾时总公司大灾准备金和可赔付结余资金变化趋势

（2）100 年一遇的大灾晚期发生。如果总公司和湖南省农业保险在早期 2018 年同时发生 10 年一遇的大灾，在晚期 2028 年同时又提前发生百年一遇的农业大灾，2028 年成灾当年湖南省亏空资金 12.47 亿元需要由省公司支付。总公司当年成灾应赔款 607.54 亿元，自留部分应赔款 422.84 亿元。用当年自留保费赔款 175.82 亿元，再保险公司赔款 37.51 亿元，剩余的超赔款 209.51 亿元，首先由保费准备金支付 78.75 亿元，此后剩余的 130.76 亿元和湖南省亏空资金合计 143.23 亿元由全部利润准备金和一般风险准备金支付后，尚有 50.65 亿元的亏空资金需要由外部超赔补偿资金支付（见图 5－45）。经过 3 年扭亏转盈后，到 2035 年总公司当年可赔付结余资金为 73.79 亿元。

由上述分析可以看出，未来 21 年里，无论总公司和湖南省农业保险同时在早期或晚期发生 100 年一遇的大灾的情况下，受灾当年总公司都将需要外部超赔补偿资金。2018 年早期同时发生 100 年一遇的大灾时，成灾当年总公司可能需要近92.4亿元的外部资金补偿，7年后可全部偿还。而在晚期2028年同时发生100年一遇的大灾，总公司有近50.7亿元的缺口资金需要外部超赔补偿资金支付。

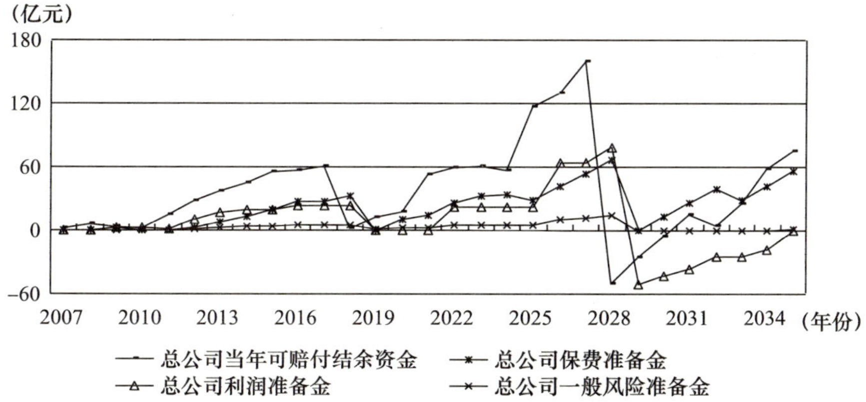

图5-45　总公司和湖南省同时晚期发生100年一遇的大灾时总公司大灾准备金和可赔付结余资金变化趋势

6. 包括湖南省保费收入和赔付在内的总公司农业保险，可能应对即使在2022年发生50年一遇的大灾损失

如果将湖南省分公司的保费收入和赔付不单列计算，即在总公司的保费收入和赔付中都已经包括湖南省分公司，经过多次模拟发现，当2022年总公司提前发生50年一遇的大灾时，成灾当年总公司保费总收入为342.71亿元，当年应赔款515.06亿元，自留保费部分应赔款359.70亿元，其中种植业自留应赔款231.07亿元，养殖业自留应赔款106.41亿元，林业自留应赔款22.22亿元。首先用当年自留保费赔付169.39亿元，并由再保险赔款30.93亿元，剩余的超赔款用全部保费准备金支付87.60亿元，再用全部利润准备金支付70.62亿元，剩余的用一般风险准备金支付1.17亿元，年末可用于赔付的结余资金10.81亿元，全部由一般风险准备金构成（见图5-46）。到2028年再次发生10年一遇的大灾时，成灾当年总公司保费总收入为386.2亿元，当年应赔款432.54亿元，自留保费部分应赔款300.72亿元，其中种植业自留应赔款187.32亿元，养殖业自留应赔款94.75亿元，林业自留应赔款18.65亿元。首先用当年自留保费赔付190.34亿元，并由再保险赔款8.03亿元，剩余的超赔款用全部保费准备金支付53.68亿元，再用利润准备金支付48.67亿元。年末可用于赔付的结余资金30.66亿元，其中利润准备金和一般风险准备金分别为13.35亿元和17.31

亿元。到2035年初，总公司包括湖南省分公司在内的保费收入为426亿元，年初可赔付结余资金165.66亿元，保费准备金60.62亿元，利润准备金和一般风险准备金分别为61.56亿元和26.34亿元（见图5-46）。年初累计可分配利润62.48亿元。

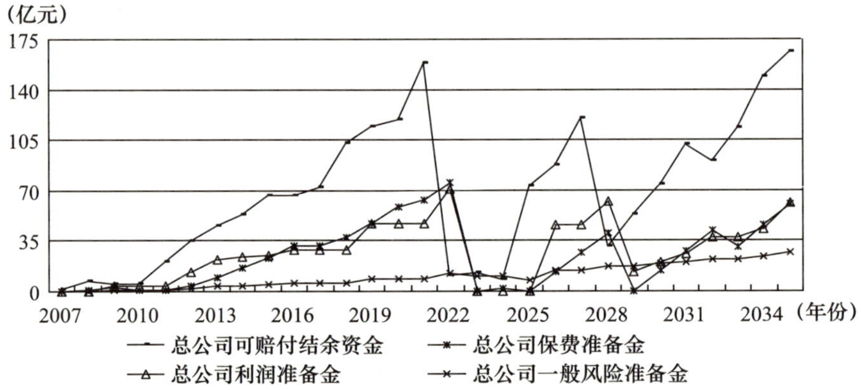

图5-46　2022年发生50年一遇的大灾时，包括湖南省分公司保费收入在内的总公司大灾准备金变化趋势

五、模拟研究的结论和建议

（一）主要结论

1. 湖南省未来农业保险保费收入可能达到31.93亿元

当前，湖南省种植业主要参保品种的承保面积占种植面积的比例已经达到较高的比值，因而今后种植业保费收入增长的幅度有限。而养殖业一些参保畜禽的投保比例仍然较低，今后21年中湖南省保费收入的增加主要靠养殖业投保品种数量的增加，而种植业和林业保费收入对总保费收入增长的贡献率相对较小。按现行价格和费率计算，预计2035年全省农业保险保费总收入可能达到31.93亿元，比2014年全省保费收入20.15亿元增长了58.46%，2014～2020年年均增长率为3.87%，后10年平均增长率为1.22%。到2035年，种植业保费收入可能达到15.17亿元，占全省保费总收入的47.51%；养殖业保费收入可能达到14.27

亿元，占全省保费总收入的44.69%；林业保费收入可能达到2.49亿元，占全省保费总收入的7.79%。

2. 湖南省发生不同程度灾害时的赔付率高于全国平均水平

估测湖南省发生10年、20年、30年、50年和100年一遇的大灾时的赔付率分别为120.92%、165.34%、191.36%、223.80%和267.87%。与全国相应灾害平均赔付率109.5%、126.42%、137.77%、152.85%和176.44%相比，高于全国平均水平。

3. 湖南省农业保险经营机构的财产险业务承保利润率提高到3.5%，将增加省分公司可分配利润和减少可赔付结余资金

如果将2015~2035年湖南省农业保险经营机构的财产险业务承保利润率假设由2.84%提高到3.50%，预计2023年湖南省当年新增可分配利润和累计可分配利润可能比基础方案分别增加了25.81%和20.41%，而当年可赔付结余资金减少了2.4%。到2035年，湖南省农业保险累计可分配利润可能增加1.37多亿元，提高近22.38%；而可赔付结余资金减少1.86亿元，减少4.21%。

4. 如果湖南省农业保险经营管理费用率减少2个百分点，对于增加可分配利润的作用不大，而是有利于增加可赔付结余资金

如果湖南省不包括理赔费用在内的经营管理费用占净保费的比例，由假设的20%减少到18%，预计到2035年湖南省农业保险累计可分配利润可能增加仅0.11亿元，将近提高1.8%；而可赔付结余资金增加了6.70亿元，提高了15%，也就是说，提高经营管理水平，有利于增强省分公司应对大灾风险的能力。

5. 湖南省农业保险现行模式具有较强的大灾准备金积累能力，可以应对未来早期和晚期相继发生10年和20年一遇的大灾风险

《办法》中关于计提保费准备金和利润准备金的规定，使湖南农业保险和其他省一样，具有较强的大灾准备金的积累能力。保费准备金、利润准备金和一般风险准备金及其当年新增部分，减去当年保费收入支付成灾应赔偿后剩余的超赔款之差，本书称为“当年可赔付结余资金”，它体现了一定农业保险发展模式所积累的大灾准备金应对农业大灾风险的能力。在没有发生10年一遇的大灾的平常年景赔付率下，预计湖南省当年可赔付结余资金到2020年可能达到近23亿元，2030年达到38亿元，2035年多达44亿元，是当年净保费的2倍。在早期2018年和晚期2028年先后发生10年和20年一遇的两次大灾的情景下，在支付当年应赔后，当年可赔付结余资金余额分别为11.65亿元和8.41亿元。表明湖南省农业保险现行的建立大灾风险准备金和购买再保险这两层大灾风险分散方式，即使在未来21年里于早期和晚期先后发生10年和20年一遇的两次大灾的情景下，也能够保障农业保险业务实现可持续经营。

6. 当早期或晚期提前发生50年或100年一遇的大灾时，湖南省农业保险可能有5.2亿元或12.6亿元的亏空资金需要由总公司支付；而中期发生50年一遇的大灾时则可能不发生亏损

在早期或晚期提前发生50年或者100年一遇的大灾，同时在晚期或早期再发生一次10年一遇的大灾的情景下，湖南省使用当年自留保费和大灾准备金并通过再保险赔款，都不足以支付50年或100年一遇的大灾发生后当年的赔偿资金。50年一遇的大灾提前在早期或晚期发生后，湖南省农业保险当年赔付可能分别发生5.2亿元或3.5亿元的亏空资金；100年一遇的大灾提前在早期或晚期发生后，当年赔款可能分别发生12.6亿元或12.47亿元亏空资金需要由总公司支付。而中期2025年才发生50年一遇的大灾时，则可能不发生亏损，但当年可能仅有近1500万元的可赔付结余资金。

7. 即使总公司在先后发生10年和20年一遇两次大灾的情景下，也可以支付湖南省同时在晚期发生50年或100年一遇的大灾时的亏空资金；而在早期发生50年或100年一遇的大灾时，总公司将因亏损而分别需要外部超赔补偿资金3.5亿元或近11亿元

总公司在先后发生10年和20年一遇两次大灾的情景下，如果湖南省农业保险同时在晚期提前发生50年或100年一遇的大灾，成灾当年总公司支付全部赔款后的可赔付结余资金分别达到近45亿元或36亿元。但是，如果湖南省在早期提前发生50年或100年一遇的大灾时，支付赔款后总公司将因为经营亏损而分别需要外部超赔补偿资金3.50亿元或10.92亿元。可以看出，大灾准备金积累时间越长，总公司应对大灾风险的能力也将随之不断增强。

8. 如果总公司和湖南省同时发生50年一遇的大灾，在早期成灾后总公司可能需要外部超赔补偿资金近54亿元；而在后期发生50年一遇的大灾时仍可做到可持续经营

未来21年里，如果总公司和湖南省农业保险在早期2018年同时提前发生50年一遇的大灾，并且在晚期同时再发生一次10年一遇的大灾，则在早期成灾当年将亏损53.73亿元，3年后即可扭亏为盈。而50年一遇的大灾晚发生时，成灾当年不会发生亏损，当年可赔付结余资金仅有2.17亿元。表明大灾准备金积累时间越长，总公司越能够应对50年一遇的大灾损失。

9. 如果总公司和湖南省同时在早期或晚期发生100年一遇的大灾，成灾当年总公司可能分别需要外部超赔补偿资金92.4亿元或50.7亿元

未来21年里，如果总公司和湖南省农业保险在早期2018年同时提前发生100年一遇的大灾，成灾后总公司可能发生严重亏损，需要92.4亿元的外部补偿资金，靠总公司自身经营7年后才能扭亏为盈。而在晚期2028年同时发生100

年一遇的大灾时，需要外部超赔补偿资金近 50.7 亿元。可见今后如果总公司和湖南省同时发生 100 年一遇的大灾，总公司农业的保险业务将发生严重亏损。

10. 包括湖南省分公司保费收入在内的总公司农业保险，基本能够应对在 2022 年提前发生 50 年一遇的大灾损失

如果在 2022 年才提前发生 50 年一遇的大灾，包括湖南省分公司保费收入在内的总公司农业保险在成灾当年支付全部应赔款后，可能还有 5600 多万元的可赔付结余资金，表明总公司农业保险在整体上基本能够应对即使在 2022 年提前发生 50 年一遇的大灾损失。

11. 我国财政部制定的《农业保险大灾风险准备金管理办法》使农业保险经营机构最多只能获得和财产保险相同的平均利润率

我国从 2014 年 1 月 1 日起实施的财政部《农业保险大灾风险准备金管理办法》（以下简称《办法》），对农业保险经营机构可获得的可分配利润进行了严格限制。经营农业保险最多只能获得和财产保险相同的利润率，避免了政府对政策性农业保险的补助费大量转化为农业保险经营机构的可分配利润。当经营农业保险机构的承保利润率高于财产保险行业平均利润率的情况下，经营农业保险业务实现的可供分配利润与其净保费收入和财产保险行业的平均承保利润率有关，而与其自身的承保利润率无关。《办法》计提利润准备金设定了两个条件：一是其承保利润率高于财产保险业务承保利润率，存在超额利润；二是其综合赔付率低于 70%。这两个限定条件可能会存在判断上的不一致性。

（二）政策建议

1. 未来 21 年里湖南省应适当降低主要承保品种的保险费率

预计未来 21 年里，即使将全省保费收入和平均赔付率分别同时提高 3% 的情景下，可能有三个时段湖南省农业保险全省平均承保利润率会连续 3 年以上高于设定的未来总公司财产险平均 2.84% 的承保利润率。如 2017 ~2019 年，湖南省连续 3 年平均承保利润率都可能高于总公司财产险的承保利润率，全省 3 年承保利润率平均值为 8.77%，最高值为 11.81%，最低值为 6.84%。2022 ~2029 年连续 8 年湖南省年平均承保利润率都可能高于总公司财产险的承保利润率，全省 8 年承保利润率平均值为 9.63%，最高值为 19.65%，最低值为 3.44%。2033 ~2035 年连续 3 年湖南省年平均承保利润率都可能高于总公司财产险的承保利润率，全省 3 年承保利润率平均值为 6.31%，最高值为 8.37%，最低值为 4.75%。《办法》第六条规定，“保险机构农业保险实现承保盈利，且承保利润率连续 3 年高于财产险行业承保利润率，原则上应当适当降低农业保险盈利险种的保险费率，省级财政部门应当依法予以监督”。为维护农户参保的利益，建议湖南省财

政厅今后应监测湖南省农业保险经营机构及其省分公司每年分险种的承保利润率，当省分公司连续3年承保利润率高于其总公司财产险的承保利润率时，应及时对相应险种的保险费率适当予以下调。

2. 湖南省应着重关注本省农业保险以及经营本省农业保险的总公司在未来三五年里提前发生50年或100年一遇的大灾风险

由于我国新一轮政策性农业保险业务开展时间才十多年，尤其是规范的保险公司大灾准备金计提和积累也仅短短2年时间，因此，在今后三五年内我国农业保险大灾准备金应对大灾风险的能力十分有限。如果在早期2018年同时发生50年或100年一遇的大灾，不仅湖南省可能亏空资金5.2亿元或12.6亿元，而且总公司同时需要的外部超赔补偿资金多达54亿元或92亿元。随着大灾准备金积累的增多，即使湖南省和总公司同时在晚期2028年提前发生50年一遇的大灾，总公司的大灾准备金可能也足以支付大灾赔款。一旦湖南省和总公司同时在早期发生50年或100年一遇的大灾，如果总公司不能及时得到外部超赔补偿资金，不能履行赔款合约，那么湖南省和总公司农业保险都不可能做到持续经营。因此，湖南省不仅要关注本省近三五年内可能提前发生50年一遇甚至100年一遇的大灾损失，同时更要关注近三五年内经营湖南省农业保险的几家总公司是否可能提前发生50年甚至100年一遇的大灾风险，并有针对性地提前做好相应的预案。

3. 在全国农业保险大灾风险分散制度建立之前，为应对可能提前发生的50年或100年一遇的大灾风险，湖南省在2021年以前每年宜筹资0.16亿元或0.38亿元

我国政策性农业保险的重要特点是政府主导和市场运作相结合。因此在没有建立全国农业保险大灾风险分散制度的情景下，保险公司因灾发生经营亏损时，政府可通过“兜底方式”，或按不同比例承担本省农业保险亏空的部分资金，以及仅支付本省亏空资金的贷款利息等多种方式为保险公司提供外部超赔补偿资金。从有利于提高省级财政和保险公司资金利用率角度考虑，当经营湖南省农业保险总公司也发生亏损时，湖南省可以采取仅支付本省农业保险亏空资金的贷款利息的方式为其提供外部超赔补偿资金。如果未来在早期2018年提前发生50年或100年一遇的农业大灾，湖南省农业保险可能分别亏空5.2亿元或12.6亿元资金，需要由总公司支付。如果此时经营湖南农业保险的总公司也发生50年一遇的大灾而需要外部超赔补偿资金，总公司通过贷款或发行公司债券等融资方式筹集的外部资金将在三年后可偿还全部本金。假设贷款年利率按照6%计算，2016~2021年的6年间，湖南省财政每年应筹资0.16亿元或0.38亿元作为省政府农业保险大灾风险准备金。到2021年前累计筹集的大灾风险准备金达到0.94亿元或2.30亿元，完全可以支付在早期或晚期发生50年或100年一遇的大灾时

总公司贷款中湖南省应支付的利息。如果在筹资过程中，开始实施全国农业保险大灾风险分散制度，湖南省所筹资金可按中央规定转划为相应的政府大灾准备金。

4. 建立农业保险以融资为主的外部超赔补偿机制

我国是农业自然灾害多发的国家。正如以上模拟结果表明，如果50年一遇的农业大灾突然提前发生，将可能导致国内经营农业保险业务最大的一家保险机构出现近54亿元的巨额超赔资金缺口。从2014年1月1日起我国已经建立了在经营农业保险公司层面计提大灾风险准备金的制度。2014年11月21日，由中国人民财产保险股份有限公司等23家具有农业保险经营资质的保险公司和中国财产再保险有限责任公司，共同发起组建了中国农业保险再保险共同体（以下简称农共体）。尽管农共体有利于在全国更大空间和时间上分散大灾风险，但仍然是在保险机构层面利用保费收入建立起的农业保险大灾风险分散体系，还没有从外部为农业保险经营机构注入其他大灾风险超赔补偿资金，使农业保险经营机构应对农业大灾损失能力的提高仍然受到很大限制。因此，为应对湖南省及全国其他地区50年一遇，甚至100年一遇的大灾风险损失，亟待建立有效的外部资金补偿机制。

我国农业保险经营机构具有较强的大灾风险准确金的积累能力。由湖南省和总公司农业保险现行的大灾风险分散方式的模拟研究可以看出，在未来21年里，当提前发生50年一遇，甚至100年一遇的农业大灾时，受灾次年可能发生近54亿元到92亿元的赔偿资金缺口，然而在保险公司自身经营三年或者七年以后便可以偿还全部的外部补偿资金。因此，从提高政府和保险公司的资金利用效率考虑，我国农业保险应建立以融资为主的外部资金补偿方式。其要点是，由中央财政担保，由农业保险经营机构融资并偿还本金，并由政府大灾准备金支付融资利息。

5. 完善我国农业保险大灾风险分散体系

在我国已经建立了农业保险经营机构大灾风险准备金制度和再保险两级大灾风险分散层级的基础上，应进一步建立和完善政府大灾准备金和融资预案等农业保险大灾风险四级分散体系。政府大灾准备金由中央财政和省级政府财政按一定比例筹资组成，其数额足以支付未来20多年中农业保险经营机构最大融资的利息。融资预案是一种预先设计好的方案，即当农险机构因大灾超过自身赔偿能力而发生赔偿资金缺口时，由中央财政担保，农险机构通过货款或发行农业保险大灾风险债券等方式获得外部超赔补偿资金，并由农险机构负责偿还融资本金。

在我国农业保险以融资预案为主的大灾风险四级分散体系中，对大多数省一级政府而言，不直接承担在该省农业保险经营机构发生大灾亏损时为其提供外部超赔资金，而是在总公司申请、中央财政担保的前提下，通过融资获得缺口资金，并由全国政府大灾准备金支付融资利息。对一些经济发达的省、市，如北京市、上海市和浙江省，由于地方财政资金雄厚，仍然可以实施由地方政府承担或通过购买再保险的方式，为经营本地农业保险的机构提供大灾所需缺口资金。个别省，如江苏省农业保险也可继续实行“联办共保”模式，由地方财政负责其承担的农业保险业务中全部的大灾风险损失。

6. 修改《办法》中关于计提利润准备金的规定

我国从 2014 年 1 月 1 日开始实施的《办法》规定，当承保利润率低于财产保险业务承保利润率以及综合赔付率大于 70% 时，不再从净利润中计提利润准备金。由于综合赔付率和承保利润率计算的支出项不一致，因此，当经营农业保险的综合赔付率大于 70% 时，其承保利润率可能会高于财产保险业务的承保利润率。此时，如不计提利润准备金，则经营农业保险机构可能获得超过经营财产保险的平均可供分配利润。

为避免《办法》规定的计提利润准备金的方法中，出现综合赔付率和承保利润率两个限定条件的不一致性，建议对计提利润准备金的条件，只需规定“当经营农业保险承保利润率超过其自身财产保险业务承保利润率”或“对于专业农业保险机构承保利润率超过其自身与财产保险行业承保利润率的均值时，就可以计提利润准备金”，也就是说，对于计提利润准备金的条件，没有必要再设定“且其综合赔付率低于 70%”的规定。

7. 《办法》内容应体现激励机制，适度提高经营农业保险的可供分配利润

用精算方法和动态模拟对《办法》税前计提利润准备金的研究表明，经营农业保险获得的可供投资者分配利润与自身的承保利润率无关，而与其净保费收入和财产保险业务的承保利润率有关。表明在税前计提利润准备金的方案，使经营农业保险最高可获得和财产险业务相同的可供投资者分配的利润率。可见，《办法》只设计了对农业保险经营机构获得超额利润的约束机制，而缺乏对其经营效果的激励机制。

从机制设计理论看，一种政策既要有约束机制还要有激励机制，只有满足参与约束和激励相容这两个条件，才能实现政策的社会目标。在把经营农业保险可分配利润限制在一定范围、实现国家利益的同时，还要通过激励机制，使农业保险机构的经营行为和经营效果相关联。否则，可能会出现经营农业保险机构的道德风险，通过人为提高经营和管理费用，来减少计提利润准备金和增加公司的实际可供分配利润。因此，建议可以将《办法》中根据超额利润计提利润准备金的比例适度降低（如超额利润的 73.5%），使保险公司能够按照经营农业保险效果的优劣获得略有差异的可供分配利润，通过提高经营管理水平后，能得到略高于经营财产险业务的可分配利润。

第六章　甘肃省农业保险大灾风险分散方式的模拟研究

甘肃省地处我国黄土高原、内蒙古高原和青藏高原的交汇处，分属黄河流域、长江流域和西北荒漠内陆河流域。甘肃省不仅是西北地区中连接我国东、中部地区的桥梁和纽带，而且是贯穿东亚与中亚、西亚和欧洲的陆上“丝绸之路”的重要通道。全省地形呈狭长状，境内地貌复杂多样，山地、高原、平川、河谷、沙漠、戈壁，交错分布，山地、高原约占60%，平川区、沙漠平原区约占40%。甘肃深居西北内陆，属温带大陆性气候，受季风和地形影响，省内大部分地区干旱少雨。尤其是陇中黄土高原，过度垦殖，植被稀少，十年九旱，素有“陇中苦瘠甲天下”之称。甘肃省农村人口占比近60%，农业所占比重大，而且是我国西部农业自然灾害多发地区，研究甘肃省农业保险现行模式应对大灾风险的能力，在我国西部具有一定的代表性。研究成果对于把握我国西部农业自然灾害多发地区农业保险的经营特点，以及建立西部地区乃至全国可持续发展的农业保险大灾风险分散体系都具有重要意义。

本书首先以甘肃省农业保险赔付率为样本，运用参数估计方法，对未来发生10年、20年、30年、50年以及100年一遇的农业大灾时的赔付率进行了估计，在此基础上，进一步运用系统动力学原理和方法，建立与甘肃省农业保险目前实行的大灾风险分散机制相对应的农业保险动力学模型，并与在全国农业保险经营规模最大的一家保险公司（以下简称总公司）经营全国其他地区农业保险的系统动力学模型相耦合，通过对未来大灾风险的情景假设和动态模拟，展示甘肃省农业保险大灾准备金、可供投资者分配利润的变化趋势，以及总公司大灾准备金积累和超赔补偿状况，体现了甘肃省农业保险以及总公司应对大灾风险损失的能力。最后，依据甘肃省和总公司农业保险中长期运作的模拟结果，提出相关建议。

一、甘肃省农业保险发展和农业自然灾害概况

（一）甘肃省农业保险发展概况

甘肃省于2007年开始政策性能繁母猪保险试点工作。2008年中央又增加政策性奶牛保险试点。当年农业保险保费收入0.55亿元，比2007年增长34.03%。其中种植业保费收入0.048亿元，增长7.5倍；养殖业保费收入0.5亿元，增长24.43%。当年赔付支出2.72亿元，赔付率49.12%。到2012年，全省已开展的中央财政政策性农业保险保费补贴险种有玉米、青稞、马铃薯、森林、能繁母猪、奶牛、牦牛、藏系羊八个品种。同时省财政从2007年开始，每年安排专项资金，扶持开展玉米制种、设施蔬菜、啤酒大麦、苹果等地方特色优势农业产品的保险试点。保险公司还积极拓展商业性承保领域，涉及育肥猪、肉牛、鸡、葡萄等品种。2012年，全省农业保费收入达到3.78亿元，比上年增长1.27倍。其中种植业收入1.78亿元，同比增长2.36倍；养殖业收入1.83亿元，增长62.58%；林业收入0.16亿元，增长235倍。全省赔付率为50.66%，其中种植业赔付率为46.06%，养殖业赔付率为59.58%。

甘肃省农业保险规模逐年稳步扩大。到2014年，全省在已有的八个中央财政补贴险种，以及设施蔬菜、玉米制种、油菜、肉牛、葡萄等地方特色优势产业险种的基础上，新增冬小麦、棉花两个中央财政补贴险种，中药材、苹果两个地方性补贴险种。全年实现农业保险保费收入6.76亿元，比2013年增长18.07%，其中种植业保费收入3.4亿元，比上年增长21.80%；养殖业保费收入2.92亿元，比上年增长5.75%；林业保费收入0.44亿元，比上年增长1.55倍。当年全省赔付支出近4亿元，赔付率为58.98%；其中种植业赔付支出1.94亿元，赔付率为56.98%；养殖业赔付支出1.97亿元，赔付率为67.35%；林业赔付支出0.084亿元，赔付率为19.01%。

甘肃省农业保险很有特色。一是积极开展藏区农业保险。2011年在中央扶持的甘、藏、青、川和滇五省区藏区的牦牛、藏系羊、青稞三个特色农业保险产品中，甘肃省当年实现藏区农业保险保费收入7885万元，占全省农业保险保费收入的47.44%，占全国五个藏区农业保险总签单保费的45.2%，承保覆盖面和保费总量都居五个藏区第一位。

二是在全国首先试点马铃薯产值保险。2012年，中华联合保险公司甘肃分

公司在甘肃省首次开展马铃薯产值保险的试点，对我国农业保险的发展是一次有益的尝试。当年在甘肃省 10 个市州 32 个县（区）和两个省直单位共 478 个乡镇、6085 个村、71.5 万农户的马铃薯种植保险，承保面积 453.3 万亩，保险金额累计 16.88 亿元。马铃薯产值保险是在产量保险的基础上引入价格因素和产品品质因素，从产量和价格两个维度衡量最终损失。产量测定由政府相关部门、农业专家、农户和保险公司共同参与完成，单位农产品价格由甘肃政府价格主管部门依据马铃薯前三年的均价得出。与目前的成本保险相比，马铃薯产值保险是介于产量保险与收入保险之间的一种形式，它的最大特点是简化了理赔计算方式，不仅理赔方式易于农户理解和接受，同时也有效地保障了农户的最低收入。保险的赔付计算是，以产量与平均价格的乘积为依据，每亩马铃薯保障金额按 350 元计算，低于保险金额的，保险公司赔付差额部分；高于这一价格的则不赔付。甘肃省马铃薯产值保险开展当年，遭遇了近 10 年来最严重的一场马铃薯晚疫病灾害，最终核定 40.2 万农户达到起赔线，定损面积 184 万亩，共支付赔款 4500 多万元，每亩最高赔偿标准 296 元，最低 7.3 元，使受灾农户的收益获得了基本保障①。

三是在全国首次开展中药材产值保险。2014 年，人保财险甘肃分公司和中华联合甘肃分公司联合在全国率先启动了中药材产值保险试点。当年承保当归、黄芪、党参面积共 8.77 万亩，为 2.59 万农户、15 家企业和 8 家合作社提供了风险保障。当年 6 月、7 月以后部分中药材种植区遭受了不同程度的干旱和雹洪灾害，对产量造成较大影响，有些在苗期就形成绝收，尤其是当年中药材市场价格持续下跌，最大跌幅超过 80%。两家保险分公司接受报案 207 笔，投入查勘定损 1400 多人次，投入理赔费用 40 余万元，向 2.59 万户农户支付赔款 3523 万元，户均赔款 1351 元，相当于定西农民人均纯收入的 33%，赔款是财政补贴资金的近 5 倍，是农户自缴保费的 7.3 倍，公司简单赔付率高达 297%，减轻了政府的救灾压力，有效发挥了支持当地中药材可持续发展的保障作用②。

（二）甘肃省农业自然灾害及农业保险历史赔付率趋势

甘肃省是我国自然灾害多发和重发省份之一。从 1978 年以来，甘肃省农作物受灾面积占当年全省农作物播种面积之比平均值为 39.17%，其中最高值为 62.03%，最低值为 17.12%，标准差为 0.1345，正态分布的偏度为 0.1870，峰度为 1.8387，J－B 统计量为 2.2948，正态分布的概率为 0.3175，表明农作物受

① 高嵩．中华保险首家试点马铃薯产值保险［N］．中国保险报，2013－01－22.

② 冯威．定西政策性农业保险保障能力逐步提升［EB/OL］．每日甘肃网〈定西〉．2015－09－07.

灾面积占农作物播种面积的比值分布具有正态分布特征（见图 6－1）。其中受灾面积比在 10% ~30% 的有 10 年，30% ~40% 的有 10 年，40% ~70% 的有 17 年。在 37 年中，受灾面积占比 10% ~40% 的共 20 年，占 54.05%，40% ~70% 的共 17 年，占 45.95%，表明每两年多就会发生一次重灾。

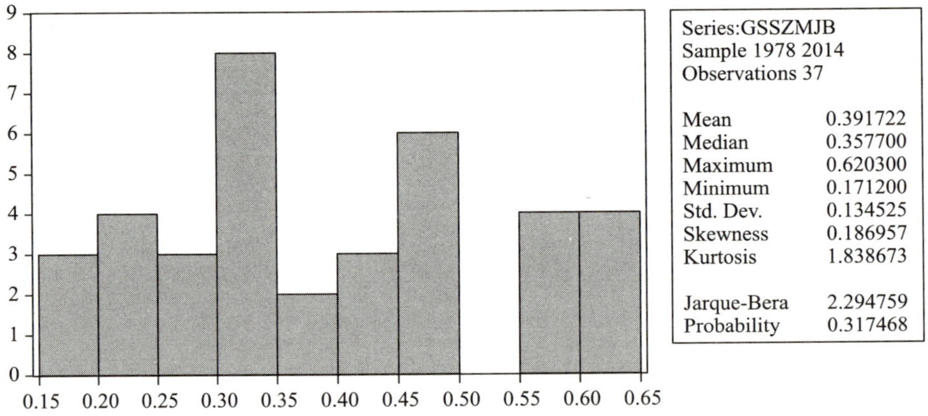

图 6－1　1978 ~2014 年甘肃省农作物受灾面积占农作物总播种面积之比直方图

甘肃省自 1988 年开展农业保险以来，27 年里平均赔付率为 94.72%，最高值为 303.61%，最小值为 0.1%，标准差为 0.6991，赔付率正态分布的偏度为 1.2571，峰度为 4.5417，J－B 统计量为 9.7856，正态分布的概率为 0.0075，表明赔付率分布具有十分明显的左偏厚尾分布特征（见图 6－2）。其中赔付率小于 50% 的共有 6 年，占 22.22%；50% ~100% 的有 12 年，占 44.44%；100% ~200% 的有 7 年，占 25.93%；200% ~350% 的有 2 年，占 7.41%。从历年赔付率与农作物受灾面积占比之间的关系来看，凡是出现农业保险赔付率超过 90% 的年份，基本上都是农作物受灾面积占比较高的年份（见表 6－1）。例如，1991 年、1992 年、1994 年、1995 年和 2009 年的农作物受灾面积占比分别为 49.29%、46.50%、60.63%、56.26% 和 47.76%，对应年份农业保险的赔付率分别是 196.55%、155.53%、303.61%、116.60% 和 137.91%。赔付率大于 90% 的九个年份，相对应的农作物受灾面积占比年平均值为 44.74%。其中，农作物受灾面积占比在 24% ~30% 的有 3 年，45% ~50% 的有 3 年，50% ~60.7% 的也是 3 年，表明上述三个占比区间各占 1/3。

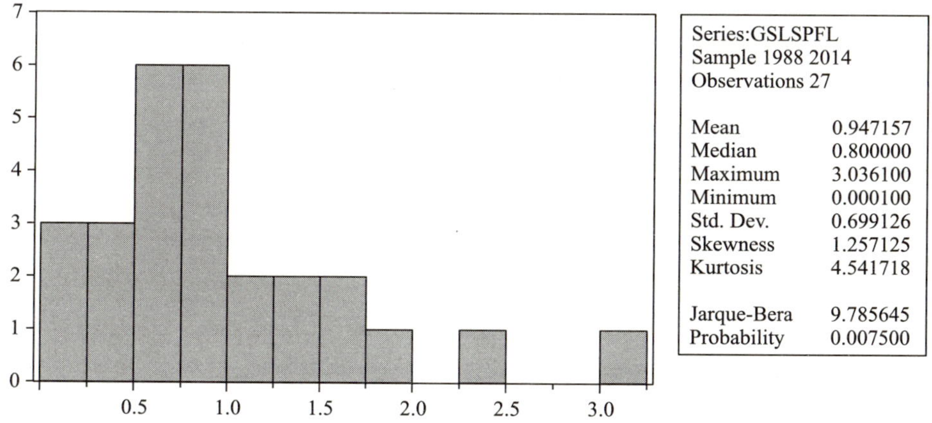

图 6-2　1988~2014 年甘肃省农业保险赔付率直方图

表 6-1　农作物受灾面积占农作物总播种面积的比值与当年农业保险赔付率

单位:%

年份	受灾面积占比	赔付率
1990	28. 21	239. 73
1991	49. 29	196. 55
1992	46. 50	155. 53
1994	60. 63	303. 61
1995	56. 26	116. 60
1996	29. 31	158. 94
1998	24. 66	130. 24
2001	60. 02	90. 20
2009	47. 76	137. 91

1978~2014 年甘肃省农作物受灾面积占比表现出一定趋势性的变化特征。测定变量长期趋势可以采用 HP（Hodrick - Precott）滤波方法。利用 EViews7. 0 软件对 1978~2014 年甘肃省农作物受灾面积占比历史数据进行 HP 滤波后表明，农作物受灾占比呈现出十分明显的由低到高、再到低的长期变化趋势（见图6 -

3)。从1978年的38.11%，到1985年逐渐下降到低谷，最低值为31.55%；然后又逐年上升，到2000年达到波峰，最高值为46.46%；然后又逐年减少，到2007年农作物受灾面积占比小于44.5%，直到2014年的31.16%，仍未到达谷底。可以看出，近七八年来甘肃省农业生产基本处于自然灾害相对较轻的年代。

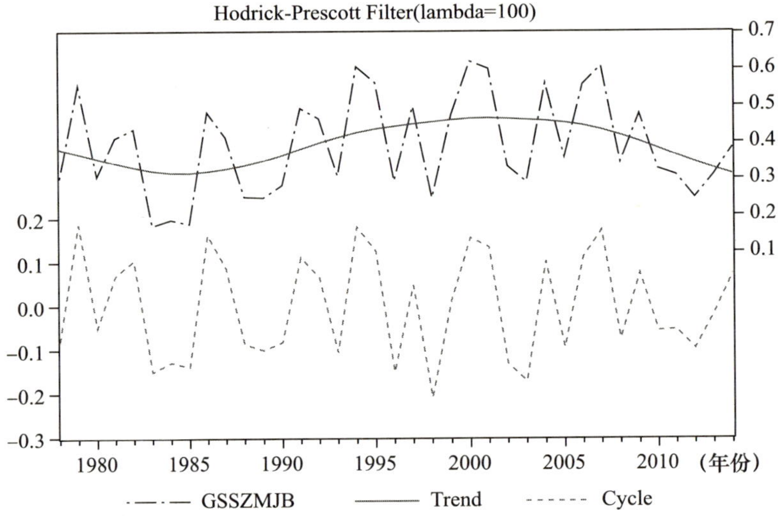

图6-3　甘肃省农作物受灾面积占比HP滤波

同样对1988~2014年甘肃省农业保险赔付率历史数据也采用HP滤波方法进行分析。结果表明，自2007年以来，全省农业保险赔付率也呈现出由低向高再逐年缓慢降低的总趋势（见图6-4）。从1988年的赔付率122.12%，逐年上升，到1991年到达波峰，其最高赔付率为143.92%；然后逐年缓慢下降，到2000年减少到97.85%，到2007年稳定在58%以下，2015年减少到53.53%，并且仍呈下行趋势。由此可以看出，无论用农作物受灾面积占比表示的甘肃省农业生产自然灾害强度，还是农业保险赔付率，在近七八年来都呈现出相对较低的趋势。

目前，甘肃省政府尚未建立农业保险大灾风险准备金。经营甘肃省农业保险的机构主要是人保财险甘肃省分公司和中华联合甘肃省分公司，各保险公司按规定分别从当年保费收入中提取一定比例的大灾风险准备金，同时公司还通过成数再保险和赔付率超赔分保等方式分散大灾风险。

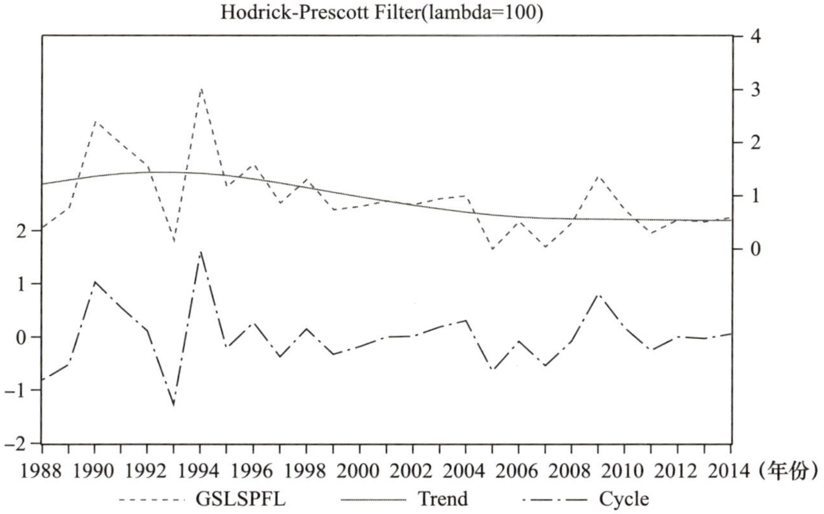

图 6－4 甘肃省农业保险赔付率 HP 滤波

二、甘肃省农业保险系统动力学模型、参数估测及方案设计

在甘肃省农业保险经营各单位中，2013 年人保财险甘肃省分公司保费收入占全省农业保费总收入的 75.02％。由于甘肃省各级政府都没有建立大灾风险准备金，因此，可以将人保财险经营甘肃省农业保险的风险分散方式看作当前甘肃省农业保险大灾风险分散的基本模式。为便于分析一省农业保险发展模式的可持续性，在保持保险公司收支两条线的同时，对省级农业保费收入和赔付支出单独建账进行核算。其目的是在仅仅考虑本省农业保险收入的情况下，考察该模式应对本省农业保险灾害风险的能力。

（一）甘肃省农业保险发展模式的系统动力模型

甘肃省农业保险经营的现行模式中，最大的特点是不仅采取了成数分出再保险，而且在自留部分中对部分保费又实行了赔付率超赔再保险。同时还要依据《农业保险大灾风险准备金管理办法》的要求，建立保费准备金和利润准备金。因此，可以在前述湖南省农业保险大灾风险分散系统动力学模型的基础上，修改有关参数，对甘肃省农业保险大灾风险分散方式进行各种情景假设下的模拟研究。

甘肃省农业保险现行模式的系统动力学模型，利用 PD Plus 软件进行编制并运行。模拟研究起始年为 2007 年，终止年为 2035 年。

（二）模型参数设定

1. 农业保费收入

甘肃省 2007～2014 年农业保险种植业、养殖业保费收入数据来源于《中国保险年鉴》。2015～2035 年种植业、养殖业和林业保费收入，依据全省农业保险农作物品种承保面积和家畜投保数量以及生态林和商品林已投保面积，估测未来不同时段可能达到的投保规模，再按照省出台的各险种单位保费规定计算得到各险种应收保费。2020 年预计甘肃省保费收入可能达到 9.69 亿元，与 2014 年相比年均增长 6.18%。其中种植业保费收入可能达到 5.54 亿元，与 2014 年相比年均递增 8.47%；养殖业保费收入可能达到 3.4 亿元，与 2014 年相比年均递增 2.59%；林业保费收入可能达到 0.75 亿元，与 2014 年相比年均递增 9.23%。2030 年全省农业保费收入可能达到 13.15 亿元，与 2020 年相比年均递增 3.10%。其中种植业保费收入可能达到 8.26 亿元，与 2020 年相比年均递增 4.07%；养殖业保费收入可能达到 4 亿元，与 2020 年相比年均递增 1.63%；林业保费收入可能达到 0.89 亿元，与 2020 年相比年均递增 1.73%（见图 6－5）。2035 年全年保费总收可能达到 14.78 亿元，与 2030 年相比年均增长 2.36%。其中种植业保费收入可能达到 9.54 亿元，与 2030 年相比年均递增 2.93%；养殖业保费收入可能达到 4.33 亿元，年均递增 1.59%；林业保费收入可能达到 0.91 亿元，年均递增 0.44%。

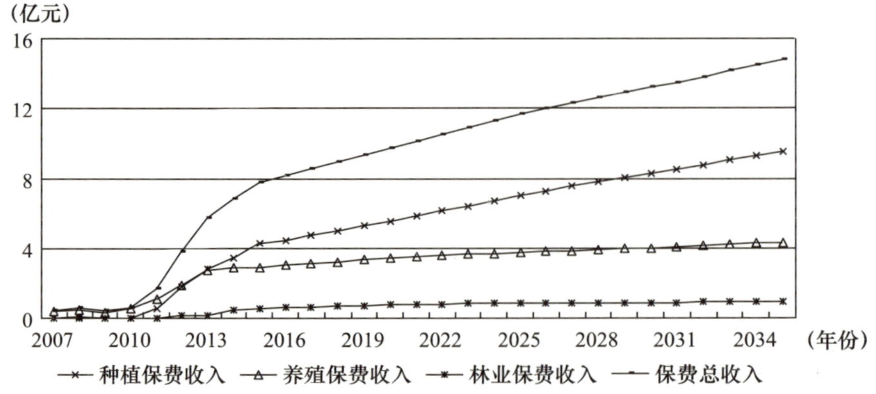

图 6－5　2007～2035 年甘肃省农业保险保费收入规模现状及预计

2. 农业保险赔付率

2007～2014年农业保险受灾赔付支出数据来源于《中国保险年鉴》。2015～2035年，本书采用平常年景赔付率和发生10年、20年、50年以及100年一遇农业大灾时的赔付率相结合的方法，对甘肃省未来农业保险赔付率进行假设。

第一类为平常年景赔付率。在计算甘肃省平常年景赔付率时，首先对2007～2014年种植业、养殖业和林业的赔付率分别求其平均值和方差，其次利用系统动力学软件PD Plus随机生成器产生正态函数序列，以此作为甘肃省2015～2035年全省种植业、养殖业和林业平常年景下的赔付率，在此基础上再计算出全省逐年的赔付率（见图6－6）。

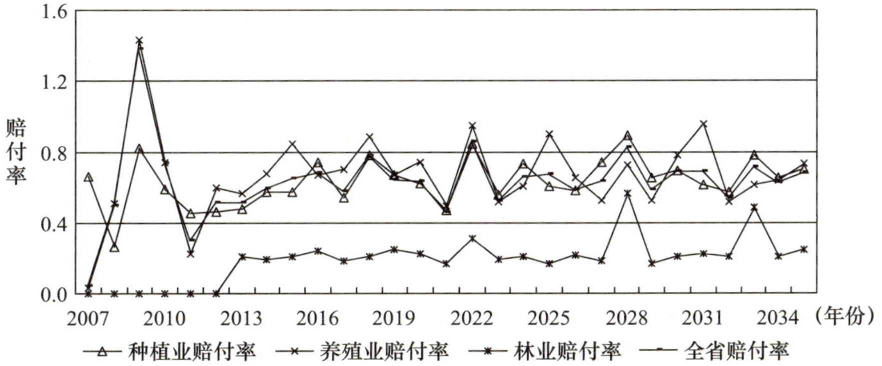

图6－6　甘肃省农业保险赔付率现状及未来平常年景下赔付率估测

其中，2015～2035年种植业赔付率的平均值为0.6669，标准差为0.1069，正态分布的偏度为0.3111，峰度为2.5301，J－B统计量为0.5320，正态分布的概率为0.7664，表明赔付率分布具有正态分布特征（见图6－7）。其中赔付率在40%～50%的有1年，50%～60%的有5年，60%～70%的有8年，70%～80%的有5年，80%～90%的有2年。在未来21年中，赔付率40%～70%共14年，占66.67%，70%～80%的共5年，占23.81%，80%～90%共2年，占9.52%。

2015～2035年养殖业赔付率的平均值为0.6958，标准差为0.1456，正态分布的偏度为0.326，峰度为2.0414，J－B统计量为1.1760，正态分布的概率为0.5554，表明赔付率分布具有正态分布特征（见图6－8）。其中赔付率在40%～50%的有1年，50%～60%的有4年，60%～70%的有6年，70%～80%的有5年，80%～90%的有3年，90%～100%的有2年。在未来21年中，赔付率在40%～70%的共11年，占52.38%，70%～80%的共5年，占23.81%，80%～100%的共5年，占23.81%。

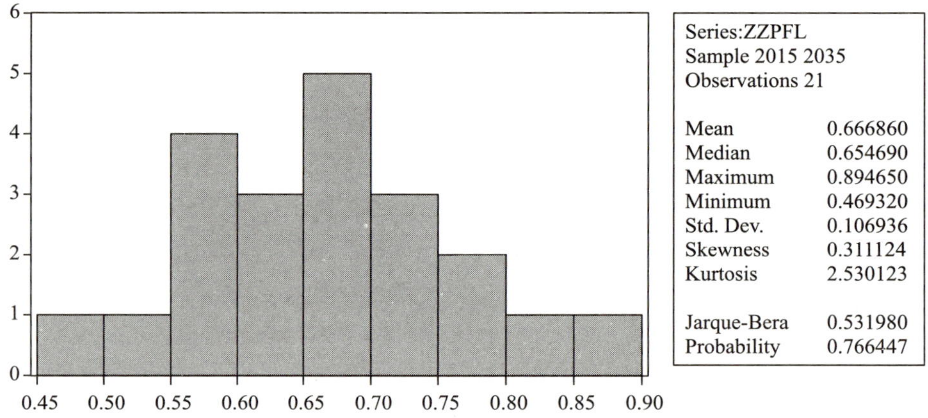

图 6-7　2015~2035 年平常年景下种植业赔率直方图

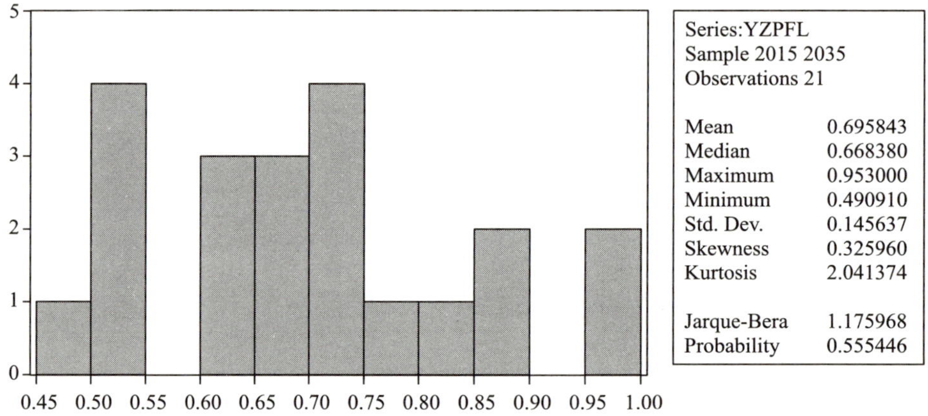

图 6-8　2015~2035 年未来随机产生的养殖业赔付率直方图

由于甘肃省林业保险实施才两年的时间，而且受灾程度相对较低。因此，2007~2035 年估测林业平均赔付率为 0.2413，标准差为 0.1012，其中发生 10%~20%赔付率的有 6 年，20%~30%的有 12 年，30%~40%、40%~50%、50%~60%的各有 1 年。偏度为 2.3523，峰度为 7.5150，J-B 统计量为 37.2042，来自正态分布的概率为 0.0000，表现出十分明显的右宽尾特征（见图 6-9）。

在分别估算出种植业、养殖业和林业未来平常年景下的赔付率的基础上，就可以计算出未来平常年景下全省的平均赔付率。其平均值为 64.77%，标准差为 0.09522，正态分布的偏度为 0.211，峰度为 3.1046，J-B 统计量为 0.1653，正

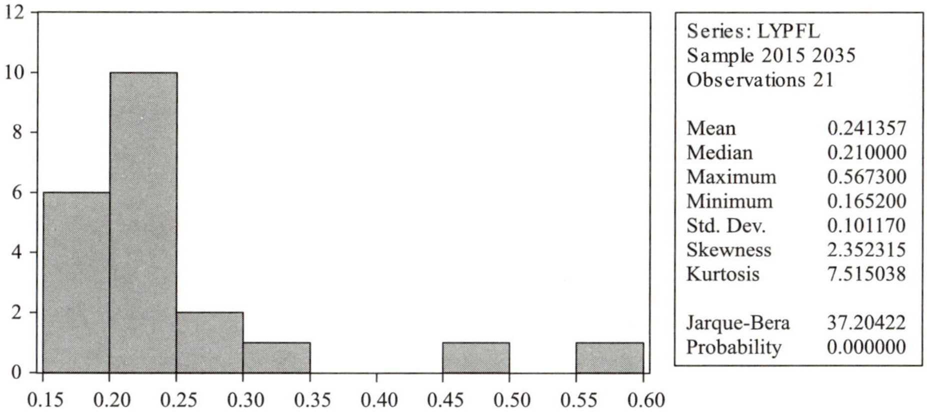

图 6-9 2015~2035 年未来随机产生的林业赔付率直方图

态分布的概率为 0. 9207，表明赔付率分布具有正态分布特征（见图 6-10）。其中赔付率在 40% ~50% 的有 1 年，50% ~60% 的有 5 年，60% ~70% 的有 11 年，70% ~80% 的有 2 年，80% ~90% 的有 2 年。在未来 21 年中，赔付率 40% ~70% 共 17 年，占 80. 95% ，70% ~90% 的共 2 年，占 19. 05% 。由以上估测的赔付率可以看出，未来 21 年中甘肃省平常年景下的赔付率相对比较低，这与 2007 年以来甘肃省农业保险赔付率的实际情况比较吻合；但从农业保险赔付率的历史资料看，其发生大灾时的赔付率又相对较高。

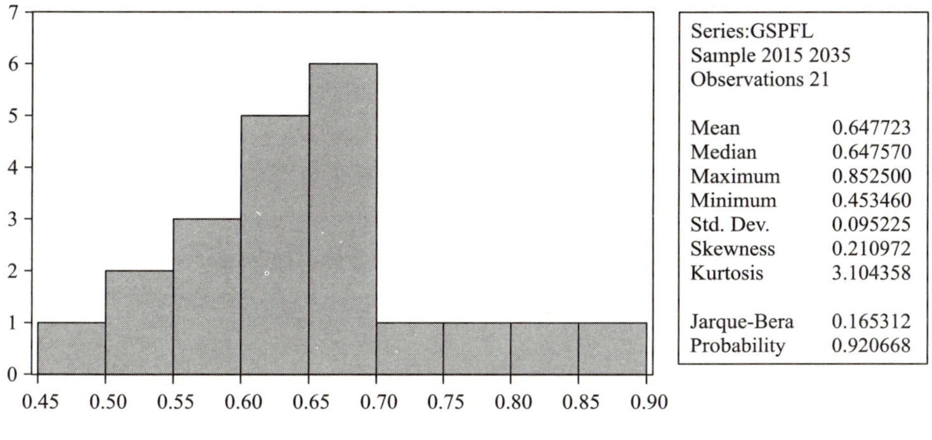

图 6-10 未来甘肃省平常年景赔付率直方图

第二类为发生大灾时的赔付率。本书将造成10年一遇以上大灾损失的可能性称为农业大灾风险。以1989～2011年《甘肃省统计年鉴》和《中国保险年鉴》以及有关部门提供的甘肃省农业保险保费收入和赔款支付的数据，计算1988～2015年历年简单赔付率并以此为样本，对10年、20年、30年、50年和100年一遇的农业大灾时的赔付率进行了估测。

首先，使用Easyfit 5.0软件进行参数估计，拟合农业保险大灾损失的概率密度分布函数。本书运用AD检验、KS检验和卡方检验选择最优分布函数。如果三种检验结果一致，则以该结果作为选择的标准；如果三种检验方法不一致，而其中两种方法检验结果相同，则以多数检验结果为准；如果三种方法检验结果不同，由于AD检验是三种检验方法中比较稳健的一种方法，因此以AD检验为标准选择最优的概率密度分布函数。根据以上检验标准，拟合出甘肃省最优概率密度分布函数为Wakeby，其分布由分位数函数表示为：

$$x(F)=\zeta+\frac{\alpha}{\beta}(1-(1-F)^{\beta})-\frac{\gamma}{\delta}(1-(1-F)^{-\delta}) \quad (6-1)$$

函数中的参数分别为 $\alpha=11.705$，$\beta=15.791$，$\gamma=0.55268$，$\delta=0.10833$，$\xi=-0.38051$。AD检验和卡方检验值分别为0.12178和0.16024，在概率密度函数检验排序中均为第一位。概率密度分布如图6－11所示。

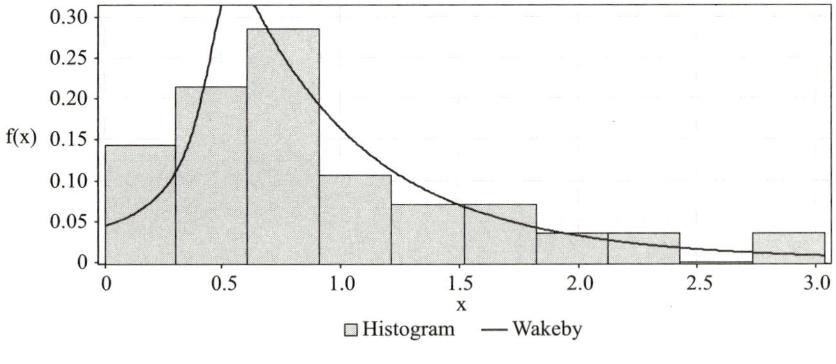

图6－11　甘肃省赔付率的概率密度分布函数和直方图

其次，为了避免由于数据量不足产生的计算误差，本书在拟合甘肃省赔付率的概率密度分布函数后，利用蒙特卡罗方法随机产生了10000个数据，以此为依据估算甘肃省农业灾害损失概率。根据VaR方法得出，确定未来发生10年、20年、50年和100年一遇农业大灾时其赔付率分别为177.04%、224.08%、293.63%和352.53%（见表6－2）。

表6-2　甘肃省农业保险不同程度大灾赔付率估测结果

	10年一遇	20年一遇	30年一遇	50年一遇	100年一遇
参数估测赔付率（%）	177.04	224.08	254.51	293.63	352.53

（三）方案设计

将上述情景假设的两种类型进行适当组合，形成甘肃省当前农业保险模式研究的共三大类型14种方案。

第一大类是平常年景，共四种方案：

方案1，平常年景赔付率。将上述估测的种植业、养殖业和林业平常年景下的赔付率作为基础性方案，用来测试当未来不发生农业大灾，而是发生平常年景赔付率时，甘肃省当前农业保险模式的可持续性。

方案2，同时增加3%保费收入和赔付率。对方案1中种植业、养殖业和林业平常年景下逐年保费收入和赔付率同时增加3%，观察在这种情景下，甘肃省当前农业保险模式的可持续性。

方案3，经营管理费用减少到18%。观察经管费用减少对甘肃省当前农业保险的大灾准备金和可供分配利润的影响。

方案4，将未来人保财险的平均承保利润率由2.84%提高到3.5%。测试在这种情景下，对甘肃省农业保险大灾准备金和可供分配利润的影响。

第二大类是甘肃省农业保险发生10年、20年、50年或100年一遇的大灾，共五种方案：

方案5，甘肃省农业保险发生10年和20年一遇的两次大灾。在方案1的基础上，假设未来在2018年和2028年全省相继发生10年和20年一遇的两次大灾，甘肃省农业保险应对大灾风险的能力，并且测试甘肃省农业保险现行模式何时可以应对10年一遇或20年一遇的大灾。

方案6和方案7，在早期2018年或晚期2028年提前发生50年一遇的大灾。在方案1的基础上，假设未来在2018年全省提前发生50年一遇的一次农业大灾，并在2028年再发生10年一遇的一次大灾（方案6）。或者在2018年发生10年一遇的大灾后，又在2028年再发生一次50年一遇的大灾（方案7）。

方案8和方案9，在早期2018年或晚期2028年提前发生100年一遇的大灾。在方案1的基础上，假设未来在2018年提前发生100年一遇的一次农业大灾，并在2028年再发生10年一遇的一次大灾（方案8）。或者在2018年发生10年一遇的大灾后，又在2028年再发生一次100年一遇的大灾（方案9）。

由于在发生大灾后甘肃省农业保险能否实现可持续发展，还取决于经营甘肃省农业保险的总公司应对大灾风险的能力。多年来，人保财险甘肃省分公司农业保费收入占甘肃农业保险保费总收入的70%以上。因此，以人保财险总公司农业保险作为经营甘肃省农业保险的总公司。前面在湖南省农业保险可持续发展研究中，已经对人保财险总公司的农业保险保费收入、平常年景赔付率和不同程度大灾下的赔付率作了研究和说明，在此仅将甘肃省农业保险大灾损失与人保财险模型相耦合并开展相关研究。为此，进一步设计出第三大类五种方案，以考察在甘肃省农业保险超赔情景下总公司应对大灾风险的能力。

第三大类是总公司应对不同程度大灾风险损失的能力，共五种方案：

方案10，总公司处于平常年景下，甘肃省发生10年、20年、50年或100年一遇的大灾时，总公司农业保险的支付能力。

方案11和方案12，甘肃省和总公司农业保险同时在早期2018年或晚期2028年提前发生50年一遇的大灾。假设未来在2018年甘肃省和总公司农业保险同时提前发生50年一遇的一次农业大灾，并在2028年再同时发生10年一遇的一次大灾（方案11）。或者在2018年同时发生10年一遇的大灾后，又在2028年再同时发生一次50年一遇的大灾（方案12）。

方案13和方案14，甘肃省和总公司农业保险同时在早期2018年或晚期2028年提前发生100年一遇的大灾。假设未来在2018年甘肃省和总公司农业保险同时提前发生100年一遇的一次农业大灾，并在2028年再同时发生10年一遇的一次大灾（方案13）。或者在2018年同时发生10年一遇的大灾后，又在2028年再同时发生一次100年一遇的大灾（方案14）。

三、甘肃省农业保险模拟研究结果分析

（一）未来平常年景赔付率下，甘肃省农业保险完全可以实现可持续发展

未来在没有发生10年以上一遇大灾的平常年景赔付率情景下，甘肃省农业保险除了在2018年、2022年和2028年发生当年保费支付超赔外，其余18年中当年自留保费都足以支付当年赔偿（见图6－12）。而在发生当年保费支付超赔的3年中，仅需动用保费准备金就足以支付当年保费的超赔金额。2018年，当年可赔付结余资金为4.69亿元，其中年末保费准备金、利润准备金、一般风险准备金分别为0.57亿元、3.58亿元和0.54亿元。到2035年，保费准备金、利润准备金、一般风险准备金和可用于赔付的结余资金分别为2.92亿元、12.78亿

元、1.93 亿元和 18.29 亿元。以上表明，未来 21 年里，在平常年景赔付率下，甘肃省农业保险完全可以实现可持续发展。

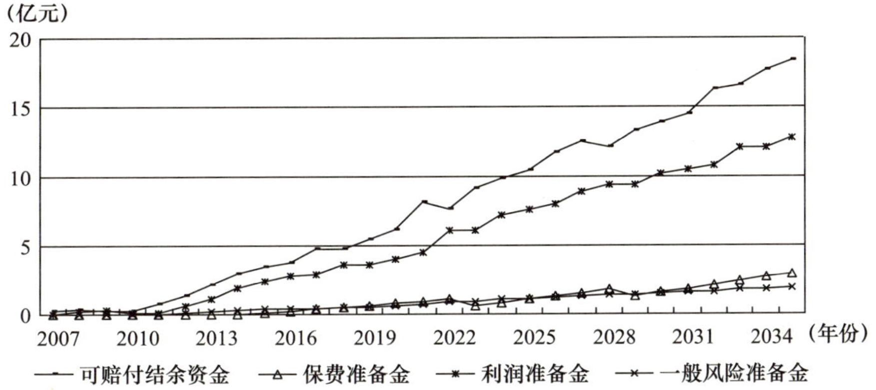

图 6－12　平常年景保费准备全、利润准备金、一般风险准备金及可赔付结余资金变化趋势

在平常年景赔付率下，未来 21 年里，2018 年、2022 年和 2028 年的综合成本率可能大于 100%，其余 18 年的承保利润率可能都大于 2.87%，即这 18 年中甘肃省农业保险全省平均承保利润率可能都高于预计的未来人保财险公司财产险平均 2.84% 的承保利润率，因而在 18 年里每年不仅可以从超额利润中计提法定公积金、一般风险准备金后，再从年度净利润中计提利润准备金，而且当年都还可以获得可分配利润。每年计提的利润准备金随着超额利润的多少而变动，计提最多的 2021 年为 1.6292 亿元（见图 6－13），2023 年和 2032 年都在 1 亿元以上，最少的是 2033 年，为 22 万元；而且甘肃省农业保险在这 18 年中都可能实现可供分配利润，并且随着保费收入增多而逐年略有增加，2015～2019 年由 896 万元增加到 1088 万元；2026～2030 年由 1407 万元增加到 1556 万元；2034 年开始增加到 1716 万元以上。到 2035 年初，累计可供分配利润为 2.58 亿元。如果将人保总公司财产险未来平均承保利润率提高到 3.5%，即提高 23.24%，那么甘肃省农业保险当年实现的可分配利润将普遍增加 23%，如 2015 年达到 1104 万元，比未提高财险平均承保利润率时的 896 万元增加了 23.21%（见图 6－14），2026 年达到 1734 万元，2034 年达到 2115 万元，都比原方案提高了 23% 以上。2015～2035 年，提高财险平均承保利润率方案累计可分配利润为 3.07 亿元，比原方案 2.58 亿元增加了 18.99%。可见，财政部制定施行的《农业保险大灾风险准备金管理办法》，对农业保险经营机构实现的可供分配利润率作了严格限制。

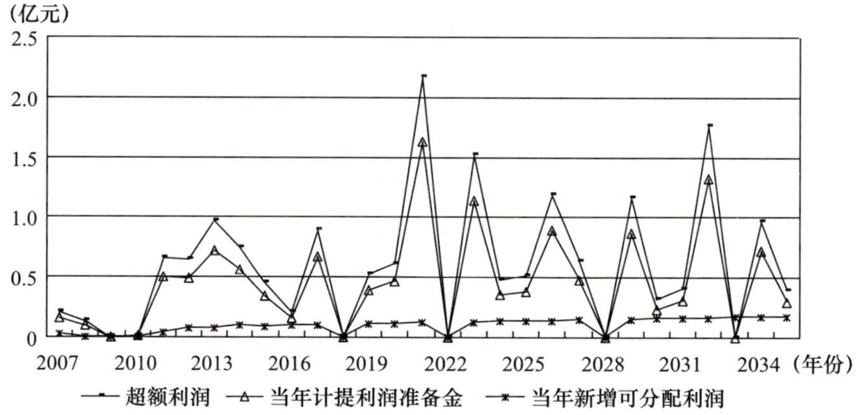

图 6-13　超额利润、计提利润准备金和可分配利润变化趋势

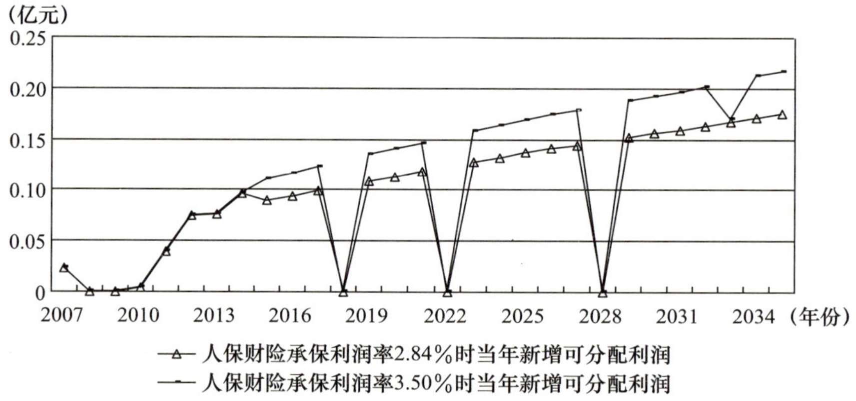

图 6-14　财险承保利润率 2.84%和 3.50%时可分配利润比较

（二）保费收入和赔付率分别增加 3%，不会改变甘肃省农业保险可持续发展的趋势

如果 2015～2035 年每年将种植业、养殖业和林业的保费收入及其赔付率分别增加 3%，到 2020 年全省农业保费总收入将增加到 9.98 亿元，比原方案增加了 3%；当年成灾应赔款增加到 6.5 亿元，比未增加保费收入和赔付率的原方案提高了 6.20%；简单赔付率达到 65.05%，比原方案提高了 3%。当年用自留保费支付全部自留应赔款 4.44 亿元，未动用保费准备金，年末保费准备金余额为 0.82 亿元，比原方案 0.94 亿元减少 12.76%。2020 年当年综合成本率为 89.74%，承保利润率为 10.26%，比原方案 12.14%减少了 15.49%；实现超额

利润0.50亿元，比原方案的0.8亿元减少了37.50%；计提利润准备金0.38亿元，比原方案0.46亿元减少了17.39%。年末利润准备金和一般风险准备金结余分别为4.08亿元和0.63亿元，分别比原方案减少了7.9%和5.97%，当年可赔付结余资金为5.53亿元，比原方案6.05亿元减少了8.59%（见图6－15）。新增可分配利润为1166万元，比原方案的1132万元增长了3%，年末累计可分配利润为0.83亿元，比原方案的0.81亿元提高了2.47%。

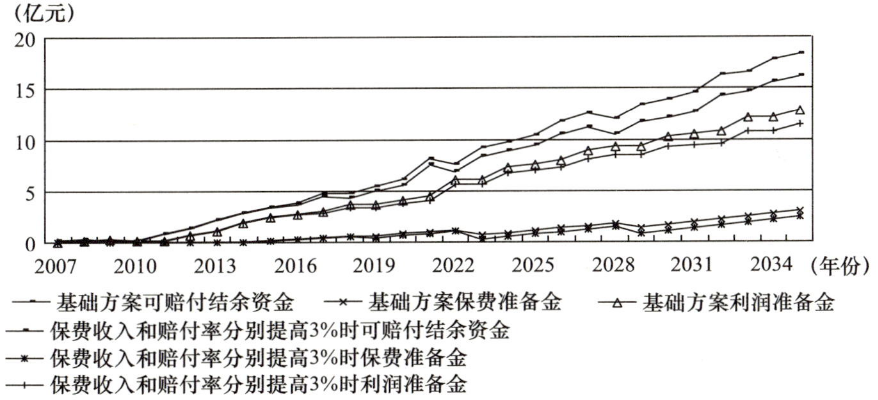

图6－15　平常年景与保费收入和赔付率增加3%时保费准备金、利润准备金和当年可赔付结余资金比较

到2035年提高保费收入和赔付率3%时，预计保费收入达到15.22亿元，比原方案的14.78亿元提高了3%，当年成灾应赔款10.67亿元，比原方案的10.05亿元增加了6.17%，简单赔付率为70.06%，比原方案提高了3%。自留部分应赔款7.46亿元，比原方案的7.03亿元增加了6.12%。用自留保费支付全部应赔款7.46亿元，无须动用保费准备金和利润准备金。承保利润率为4.58%，而综合成本率达到95.42%，计提利润准备金0.13亿元。年初保费准备金余额为2.45亿元，比原方案的2.92亿元减少了16.09%；利润准备金余额为11.35亿元，比原方案的12.78亿元减少了11.19%；一般风险准备金为1.75亿元，比原方案的1.93亿元减少了9.33%；年初可赔付结余资金16.04亿元，比原方案的18.29亿元减少了12.30%（见图6－15）。当年实现可分配利润0.18亿元，比原方案的0.17亿元增长了5.88%。累计可分配利润达到2.52亿元，比原方案的2.58亿元仅减少了2.32%。

通过以上比较可以看出，如果将甘肃省农业保险各大险种的保费收入及其赔付率分别提高3%，与未增加保费收入和赔付率的原方案相比，当年成灾应赔款和自留部分应赔款都比原方案有所增加，年末保费准备金、利润准备金和可用于赔付结余资金等主要指标的数值都将明显减少，而当年新增可分配利润和在2034年以前累计可分配利润仅有微小增加，从中长期看，并没有改变原方案所表现出的可持续发展的总趋势。

（三）如果甘肃省农业保险的经营管理费用率减少2个百分点，不会增加可分配利润，而会增多可赔付结余资金

如果甘肃省不包括理赔费用在内的经营管理费用占净保费的比例，由假设的20%减少到18%，预计到2020年累计可分配利润可能达到0.70亿元，与原方案持平；而可赔付结余资金达到6.67亿元，比原方案的6.05亿元提高了10.25%（见图6－16）。到2030年累计可分配利润可能为1.77亿元，与原方案持平；而可赔付结余资金增加为15.84亿元，比原方案的13.81亿元提高了14.70%。到2035年累计可分配利润为2.58亿元，仍与原方案持平；而可赔付结余资金增加到21.16亿元，比原方案的18.29亿元提高了15.69%。也就是说，提高经营管理水平，不会影响可分配利润，而会增加大灾准备金数量，从而有利于增强省分公司应对大灾风险的能力。

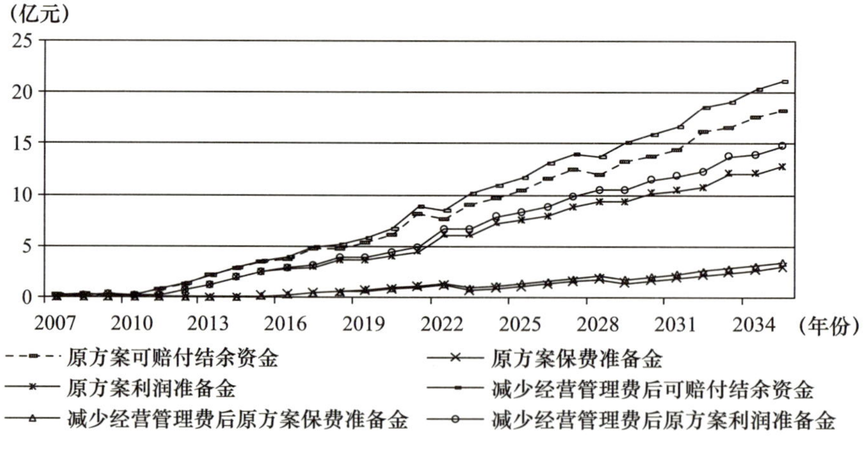

图6－16　经营管理费减少到18%时的大灾准备金与原方案比较

（四）未来如果先后发生10年和20年一遇的大灾，甘肃省农业保险将发生0.5亿～3.6亿元的资金亏空而需要由总公司支付

假设在2018年和2028年先后发生10年和20年一遇的两次大灾。在2018年成灾当年应赔款 15.78 亿元，自留部分应赔款 10.79 亿元。其中，种植业自留部分应赔款 6.63 亿元，养殖业自留部分应赔款 3.43 亿元，林业自留部分应赔款 0.73 亿元。用当年自留保费赔付 4.58 亿元，再保险公司赔款 0.90 亿元，剩余的超赔款 5.31 亿元，先用全部保费准备金支付 0.71 亿元，再用利润准备金和一般风险准备金支付 4.12 亿元后，还有 0.48 亿元亏空资金需要由总公司支付。在 2028 年再次发生 20 年一遇的大灾时，当年大灾损失应赔款 28.13 亿元，自留部分应赔款 19.49 亿元。先用自留保费赔付 6.52 亿元，再保险公司赔款 1.40 亿元，剩余的超赔款 11.57 亿元，由全部保费准备金支付 1.42 亿元，再全部由利润准备金和一般风险准备金支付 6.57 亿元后，仍有 3.58 亿元的亏空资金需要由总公司支付。到 2035 年，当年成灾应赔款 10.05 亿元，自留部分应赔款 7.03 亿元。用当年保费收入支付全部自留应赔款，未动用大灾准备金。年初保费准备金余额为 1.61 亿元，利润准备金为 3.47 亿元，一般风险准备金为 0.55 亿元，当年可赔付结余资金为 6.28 亿元（见图 6－17）。以上表明，如果未来 21 年里在早期和晚期先后发生 10 年和 20 年一遇的两次农业大灾，甘肃农业保险在成灾之年都将发生亏损，需要总公司支付的亏空资金可能达到 0.5 亿～3.6 亿元。

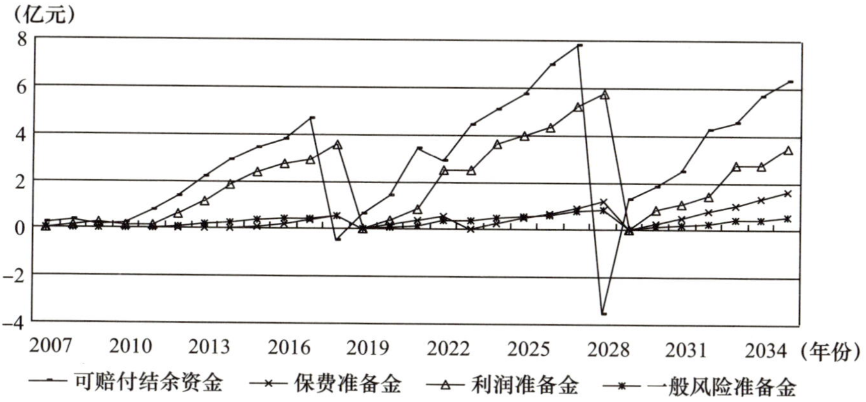

图 6－17 发生 10 年和 20 年一遇大灾时全省大灾准备金及可赔付结余资金变化趋势

（五）在 2022 年发生 10 年一遇或 2027 年发生 20 年一遇大灾的情景下，甘肃省农业保险现行模式早期能实现可持续发展

多次模拟结果表明，如果在 2022 年才发生一次 10 年一遇的大灾，甘肃省农业保险现行模式仍然足以应对大灾损失，全省农业保险不会发生经营亏损。2022 年成灾当年应赔款 18.58 亿元，自留部分应赔款 12.78 亿元。用当年保费赔付 5.42 亿

元，再保险公司赔款 1. 1 亿元，剩余的超赔款 6. 62 亿元，先用保费准备金支付 1. 34 亿元，再用利润准备金支付剩余的 4. 92 亿元后，年末利润准备金余额还有 1. 15 亿元，一般风险准备金余额 0. 89 亿元，当年可赔付结余资金为 2. 04 亿元。当然，如果在 2028 年再发生一次 20 年一遇的大灾，成灾当年甘肃省农业保险仍然要发生赔款支付亏空，需要总公司支付的资金多达 4. 41 亿元（见图 6 – 18）。

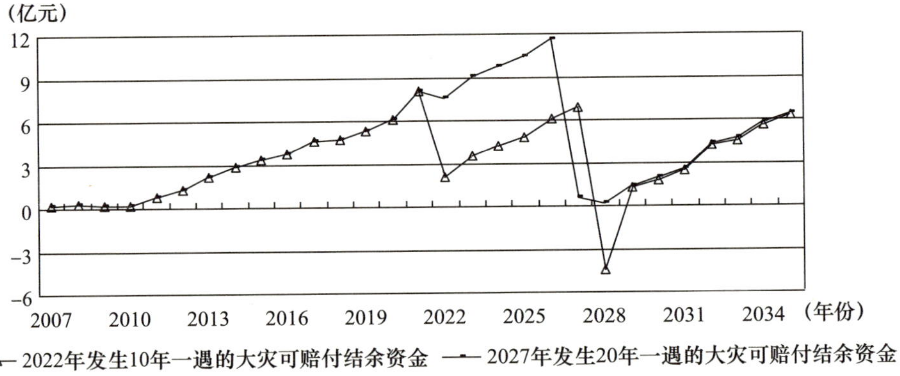

图 6 – 18　甘肃省农业保险现行模式在 2022 年发生 10 年一遇或 2027 年发生 20 年一遇的大灾时可赔付结余资金变化趋势

如果早期未发生大灾的情况下，即使到 2027 年才发生一次 20 年一遇的大灾，甘肃省农业保险现行模式仍然能够支付大灾应赔款而不发生经营亏损。模拟表明，如果 2027 年发生 20 年一遇的大灾，成灾当年应赔款 27. 47 亿元，自留部分应赔款 19. 02 亿元。用当年保费赔付 6. 36 亿元，再保险公司赔款 1. 36 亿元，剩余的超赔款 11. 30 亿元，先用保费准备金支付 1. 75 亿元，再用利润准备金和一般风险准备金支付剩余的 9. 55 亿元后，年末一般风险准备金余额还有 0. 58 亿元，即为当年可赔付结余资金（见图 6 – 18）。

（六）甘肃省农业保险在早期或晚期发生 50 年一遇大灾的情景下，当年受灾损失都可能超过其赔付能力，需要总公司支付的超赔资金约 7. 6 亿元或 9. 6 亿元

如果早期 2018 年发生 50 年一遇的大灾，当年成灾应赔款 26. 17 亿元，自留部分应赔款 17. 9 亿元。用当年保费自留部分赔付 4. 58 亿元，再保险公司赔款 0. 9 亿元，超赔的 12. 42 亿元，先用保费准备金支付 0. 7 亿元，再用利润准备金和一般风险准备金支付 4. 12 亿元后，还有 7. 6 亿元的未赔款需要总公司支付。如果在 2028 年再次发生 10 年一遇的大灾，当年成灾损失应赔款 22. 23 亿元，自留部分应赔款 15. 4 亿元。先用自留保费赔付 6. 52 亿元，再保险公司赔款 1. 4 亿元，剩余的超赔款 7.48 亿元，由全部保费准备金支付 1.42 亿元，用全部利润准备金支付 5.73 亿元后，再用一般风险准备金支付剩余的 0.33 亿元，年末一般风险准备金余额还有 0.51 亿元，全部作为当年可赔付结余资金（见图 6－19）。到 2035 年初，保费准备金余额为 1.61 亿元，利润准备金为 3.47 亿元，一般风险准备金为 1.07 亿元，可用于赔付结余资金为 6.80 亿元。

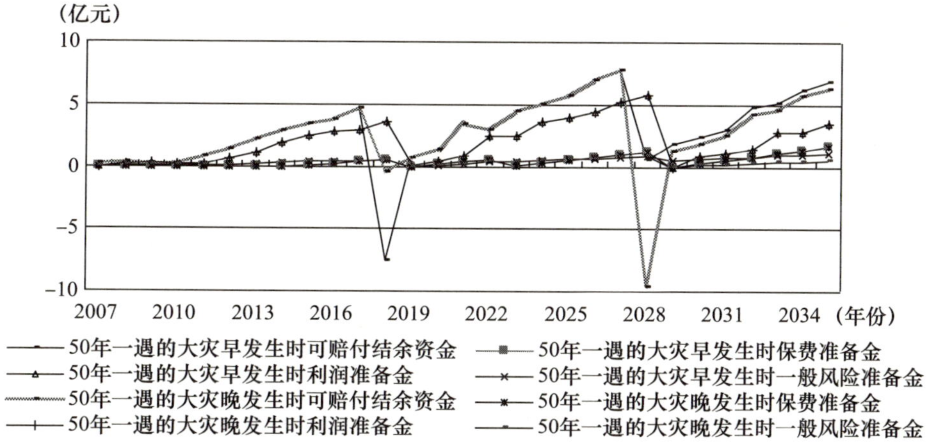

图 6－19　50 年一遇的大灾早期或晚期发生时大灾准备金和可赔付结余资金变化趋势

如果在早期发生 10 年一遇的大灾，甘肃省农业保险在大灾之年将发生 0.48 亿元的资金亏空，需要由总公司支付。如果在后期 2028 年再发生一次 50 年一遇的大灾，当年成灾应赔款 36.87 亿元，自留部分应赔款 25.55 亿元。用当年保费自留部分赔付 6.52 亿元，再保险公司赔款 1.40 亿元，超赔的 17.63 亿元，先用保费准备金支付 1.42 亿元，再用利润准备金和一般风险准备金支付 6.58 亿元后，还有 9.63 亿元的未赔款需要总公司支付（见图 6－19）。到 2035 年初，保费准备金余额为 1.61 亿元，利润准备金为 3.47 亿元，一般风险准备金为 0.55 亿元，可用于赔付结余资金为 6.28 亿元。

（七）早期或后期发生 100 年一遇的大灾时，甘肃省农业保险可能最多亏空 14.80 亿元

如果早期 2018 年发生 100 年一遇的大灾，当年成灾应赔款 31.42 亿元，自留部分应赔款 21.50 亿元。用当年保费自留部分赔付 4.59 亿元，再保险公司赔款 0.90 亿元，超赔的 16.01 亿元，先用保费准备金支付 0.71 亿元，再用利润准备金和一般风险准备金支付 4.12 亿元后，还有 11.18 亿元的未赔款需要总公司支付。

如果在2028年再次发生10年一遇的大灾，和50年一遇的大灾早发生方案中10年一遇大灾发生时一样，当年成灾损失应赔款22.23亿元，自留部分应赔款15.4亿元。先用自留保费赔付6.52亿元，再保险公司赔款1.4亿元，剩余的超赔款7.48亿元，由全部保费准备金支付1.42亿元，再由利润准备金和一般风险准备金支付剩余的6.06亿元，年末一般风险准备金余额0.51亿元，即为当年可赔付结余资金（见图6－20）。到2035年，可赔付结余资金有6.80亿元。

如果在早期2018年发生10年一遇的大灾，当年有0.48亿元亏空资金需要由总公司支付。在晚期2028年再发生100年一遇的大灾，当年成灾应赔款44.27亿元，自留部分应赔款30.67亿元。用当年保费自留部分赔付6.52亿元，再保险公司赔款1.40亿元，超赔的22.75亿元，先用保费准备金支付1.42亿元，再用利润准备金和一般风险准备金支付6.57亿元后，还有14.76亿元的未赔款需要总公司支付（见图6－20）。到2035年初，保费准备金余额为1.61亿元，利润准备金为3.47亿元，一般风险准备金为0.55亿元，当年可用于赔付结余资金为6.28亿元。

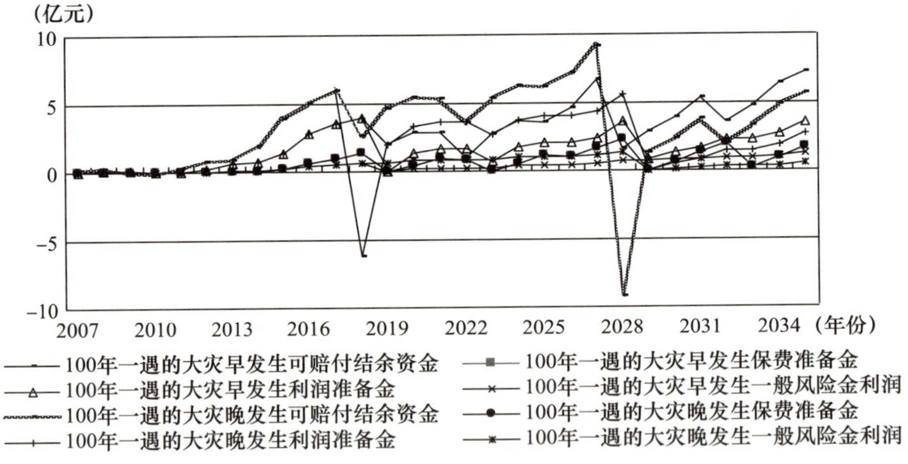

图6－20　100年一遇的大灾早期或中晚期发生时大灾准备金和可赔付结余资金变化趋势

（八）总公司在平常年景赔付率下，完全可以支付甘肃省发生不同程度大灾时的亏空资金

当总公司农业保险处于平常年景赔付率情景时，总公司保费收入在支付其他省的成灾赔款后，不仅完全可以支付甘肃省在早期2018年或后期2028年提前发生50年一遇大灾时的亏空资金，而且完全可以支付甘肃省在早期或晚期发生100年一遇大灾时的亏空资金。以甘肃省提前发生100年一遇的大灾为例，如果在早

期 2018 年提前发生 100 年一遇的大灾，成灾当年甘肃省农业保险有 11.18 亿元的亏空资金需要由总公司支付。而总公司当年成灾应赔款 147.99 亿元，简单赔付率为 55.05%，自留应赔款 104.39 亿元。用当年保费支付全部自留应赔款 104.39 亿元后，年末保费准备金余额为 46.32 亿元，利润准备金余额 34.68 亿元，一般风险准备金余额 7.92 亿元，总公司可用于赔付支出结余资金 88.92 亿元（见图 6－21）。在 2028 年甘肃省农业保险又一次发生 10 年一遇的大灾时，当年全省可赔付结余资金 0.51 亿元，不需要动用总公司经营其他省区的大灾准备金。

以甘肃省农业保险在晚期 2028 年才提前发生 100 年一遇的大灾为例，成灾当年需要总公司支付的亏空资金多达 14.76 亿元。而总公司当年成灾应赔款 316.91 亿元，自留应赔款 215.47 亿元。用当年保费支付 184.1 亿元后还剩余的 31.37 亿元全部由保费准备金支付。年末保费准备金余额 97.35 亿元，利润准备金余额 113.42 亿元，一般风险准备金余额 20.74 亿元，可用于赔付支出结余资金 231.51 亿元（见图 6－21）。可见，即使甘肃省由于在早期或晚期提前发生 50 年或 100 年一遇的大灾而出现赔付资金亏空时，由总公司支付甘肃省亏空资金后，不会影响总公司农业保险在平常年景下的可持续发展。

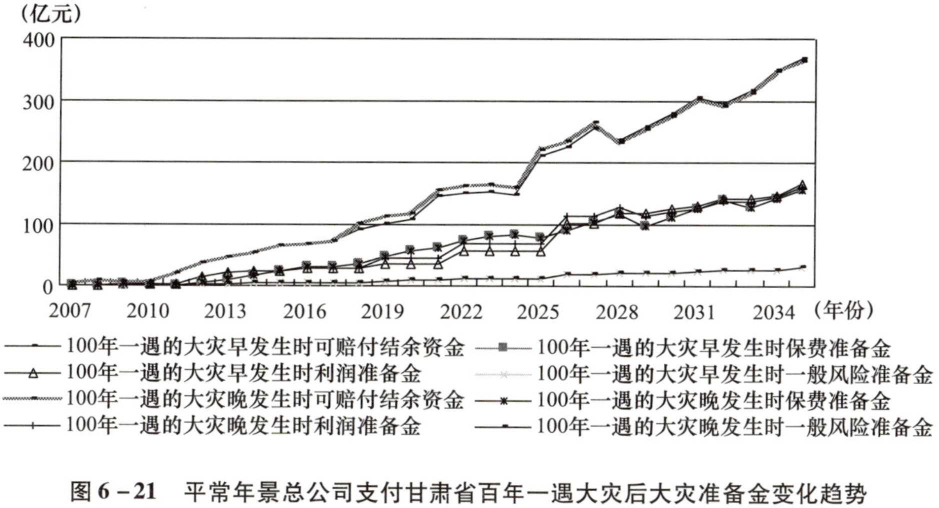

图 6－21　平常年景总公司支付甘肃省百年一遇大灾后大灾准备金变化趋势

（九）如果总公司先后发生 10 年和 20 年一遇的大灾，可以支付甘肃省同时发生 10 年和 20 年，甚至在早期或晚期再发生 50 年一遇大灾时的亏空资金

如果未来 21 年里，总公司农业保险在早期 2018 年和晚期 2028 年先后发生 10 年和 20 年一遇大灾的情况下，不仅完全可以支付甘肃省农业保险先后发生 10 年和 20 年一遇的两次大灾损失，甚至在支付甘肃省在早期或晚期发生 50 年一遇

的大灾亏空资金后，总公司农业保险还基本可以实现可持续发展。以甘肃省在早期2018年发生50年一遇的大灾、同时在晚期发生10年一遇的大灾为例，在2018年甘肃省亏空资金7.59亿元需要总公司支付。总公司在2018年成灾应赔款301.11亿元，自留部分应赔款211.25亿元。用当年自留保费赔款133.28亿元，再保险公司赔款5.94亿元，剩余的超赔款72.03亿元，先由保费准备金支付46.32亿元，剩余的25.71亿元和甘肃省亏空资金共33.3亿元全部由利润准备金和一般风险准备金支付。年末仅有一般风险准备金0.22亿元作为当年可赔付结余资金。在2028年总公司和甘肃省同时分别发生20年和10年一遇的大灾时，当年甘肃省可赔付结余资金0.51亿元，总公司可赔付结余资金49.56亿元。到2035年初，总公司保费准备金余额为58.31亿元，利润准备金83.24亿元，一般风险准备金21.79亿元，当年可赔付结余资金达到179.99亿元（见图6－22）。

总公司农业保险在早期和晚期先后发生10年和20年一遇大灾的情景下，如果甘肃省在晚期2028年发生50年一遇的大灾时，总公司在支付甘肃省亏空资金9.63亿元后，当年尚有可赔付结余资金47.04亿元，其中利润准备金28.91亿元，一般风险准备金18.13亿元。到2035年初，总公司保费准备金58.31亿元，利润准备金75.64亿元，一般风险准备金26.87亿元，可赔付结余资金177.47亿元（见图6－22）。

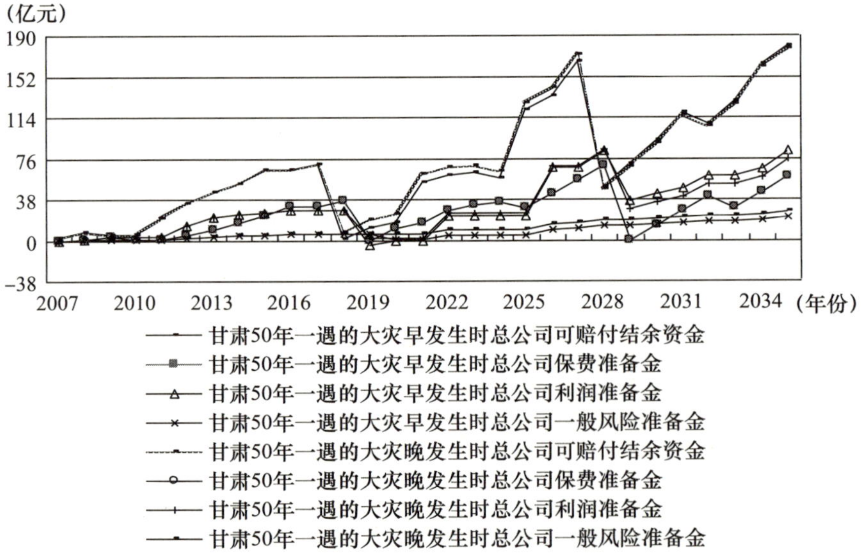

图6－22　总公司发生10年和20年一遇的大灾时，支付甘肃省50年一遇的大灾缺口资金后总公司可赔付结余资金变化趋势

（十）甘肃省和总公司同时在早期或晚期发生 50 年一遇的大灾时，总公司在早期将需要外部超赔补偿资金 53 多亿元

2018 年当甘肃省和总公司早期同时发生 50 年一遇的大灾时，成灾当年甘肃省农业保险将亏空 7.59 亿元资金，需要总公司予以支付。总公司当年成灾应赔款 404.05 亿元，保费自留部分应赔款 283.48 亿元。先用当年保费赔付 133.28 亿元，再保险公司赔款 24.89 亿元。剩余的超赔款 125.31 亿元，用全部保费准备金赔款 46.33 亿元，全部利润准备金和一般风险准备金支付 33.53 亿元，再加上甘肃省亏空资金，共需要外部超赔补偿资金 53.04 亿元，经过自身经营到 2020 年末，可全部偿还外部补偿资金。当后期 2028 年同时再发生 10 年一遇的大灾时，甘肃省农业保险当年可赔付结余资金 0.51 亿元；总公司当年成灾应赔款 418.48 亿元，保费自留部分应赔款 290.83 亿元。先由当年保费和再保险公司赔款后，再用全部保费准备金和部分利润准备金支付，当年可用于赔付结余资金 8.46 亿元，其中利润准备金 1.32 亿元，一般风险准备金 7.14 亿元。到 2035 年初，保费准备金 58.31 亿元，利润准备金 48.04 亿元，一般风险准备金 15.88 亿元，总公司可赔付结余资金 138.89 亿元（见图 6－23）。

如果总公司和甘肃省农业保险在晚期 2028 年才发生 50 年一遇的大灾，成灾当年甘肃省亏空资金 9.63 亿元，总公司当年应赔款 561.55 亿元，保费自留部分应赔款 390.25 亿元。先由当年保费和再保险公司赔款后，再用全部保费准备金和利润准备金及部分一般风险准备金支付后，当年可用于赔付结余资金尚有 2.03 亿元，全部为一般风险准备金的余额。到 2035 年初，总公司保费准备金 58.31 亿元，利润准备金 40.65 亿元，一般风险准备金 16.85 亿元，可赔付结余资金 132.46 亿元（见图 6－23）。

可见，未来 21 年里，在早期如果甘肃省和总公司同时发生 50 年一遇的农业大灾，总公司在支付其他省赔款和甘肃省亏空赔款资金后，将需要外部超赔补偿资金 53 多亿元。而在晚期才同时发生 50 年一遇大灾的情况下，总公司不需要外部补偿资金，基本能做到可持续经营。

（十一）甘肃省和总公司同时在早期或晚期发生 100 年一遇的大灾时，总公司都将发生严重亏损，早期最多需要外部超赔补偿资金近 89.78 亿元

2018 年当甘肃省和总公司早期同时发生 100 年一遇的大灾时，成灾当年甘肃省亏空资金 11.18 亿元，总公司当年成灾应赔款 458.14 亿元，保费自留部分应赔款 321.43 亿元。先用当年保费赔付 133.28 亿元，再保险公司赔款 29.70 亿元。剩余的超赔款 158.45 亿元，用全部保费准备金赔款 46.33 亿元，全部利润准

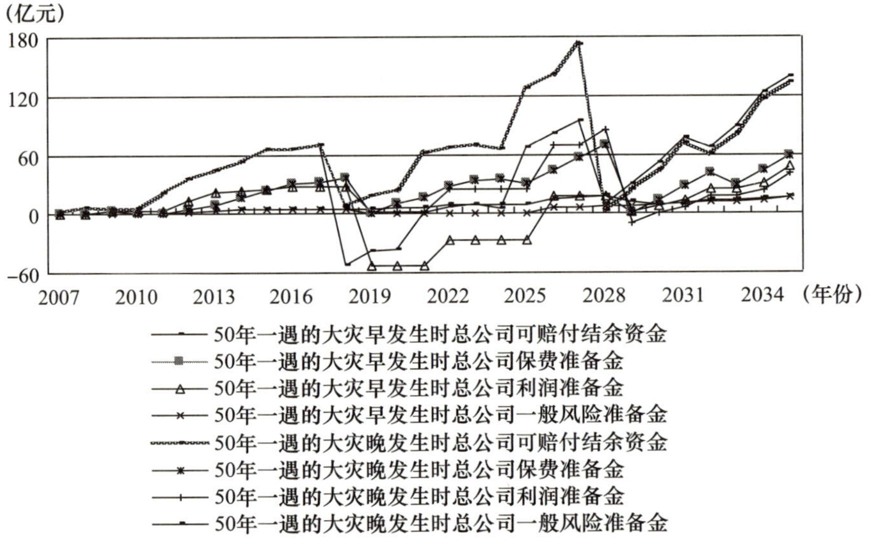

图6－23　早期或晚期同时发生50年一遇的大灾时总公司大灾准备金变化趋势

备金和一般风险准备金支付33.52亿元，还亏空赔款78.60亿元，加上甘肃省赔付亏空的11.18亿元，共需要外部超赔补偿资金89.78亿元，经过6年，到2024年末可全部偿还外部补偿资金。当后期2028年再次同时发生10年一遇的大灾时，甘肃省尚有可赔付结余资金0.51亿元，总公司当年成灾应赔款418.48亿元，保费自留部分应赔款290.83亿元。先由当年保费收入和再保险公司赔款191.85亿元，用全部保费准备金、利润准备金和一般风险准备金支付88.23亿元后，年末尚有10.75亿元的亏损需要外部超赔补偿资金支付。到2035年初，总公司保费准备金余额58.31亿元，利润准备金37.3亿元，一般风险准备金7.42亿元，总公司可赔付结余资金119.68亿元（见图6－24）。

如果总公司和甘肃省农业保险在晚期2028年才发生100年一遇的大灾，成灾当年总公司应赔款636.73亿元，保费自留部分应赔款442.5亿元。先由当年保费和再保险公司赔款后，再用全部保费准备金和利润准备金以及一般风险准备金支付后，仍有34.31亿元的亏空资金，再加上甘肃省缺口资金14.75亿元，共有49.06亿元需要由外部超赔补偿资金支付。到2035年初，总公司保费准备金余额58.31亿元，利润准备金3.61亿元，一般风险准备金2.79亿元，总公司可赔付结余资金81.36亿元（见图6－24）。

可见，未来21年里，无论在早期或者是在晚期，如果甘肃省和总公司同时发生100年一遇的农业大灾，总公司在支付其他省赔款和甘肃省缺口资金后，早期将需要外部超赔补偿资金89.78亿元，而在晚期总公司可能需要外部超赔补偿

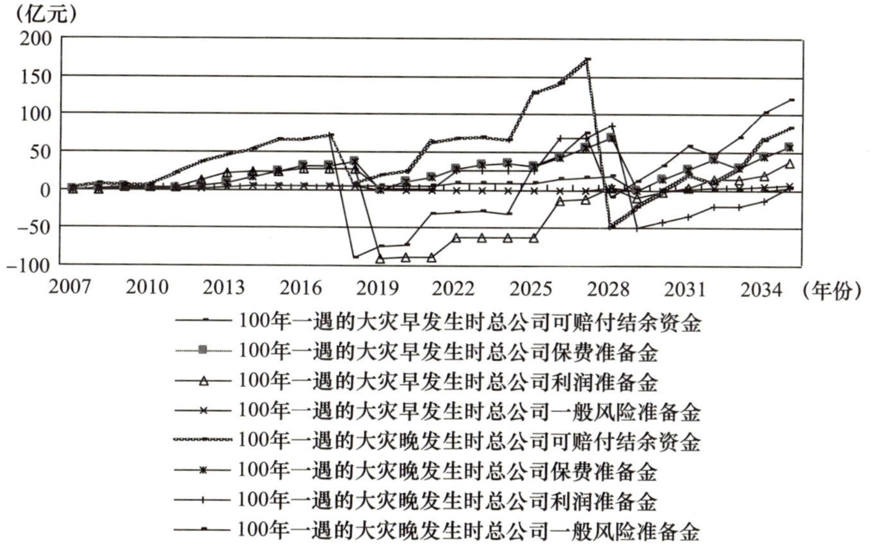

图 6－24　早期或晚期同时发生 100 年一遇的大灾时总公司大灾准备金变化趋势

资金 49 亿元。

四、模拟研究的结论

通过上述对甘肃省农业保险现行模式以及总公司经营全国其他地区农业保险可用于赔付的结余资金变化趋势的模拟研究，可以得出如下一些主要结论。

（一）甘肃省农业自然灾害和农业风险都处于较轻阶段

甘肃省农业自然灾害造成的损失强度正处于长周期的低谷阶段。以农作物受灾面积占农作物总播种面积之比来度量自然灾害造成的损失强度，其占比已由波峰最高值 46.46% 逐年减少到近七八年来走向低谷的 31.16%（2014 年），而且可能还未探底。从多年的历史资料看，甘肃省农业保险赔付率大于 90% 的年份，大多与全省农作物受灾面积占农作物播种面积的较高比值相对应，九个高赔付率年份的平均赔付率为 169.92%，相对应的九个年份的农作物受灾面积占比的年平均值为 44.74%。近七八年来，甘肃省农业保险赔付率基本处于长期趋势中缓慢下降的阶段，2008 年赔付率已稳定在 57% 以下，到 2014 年再次走低到 53.53%，与全省农业自然灾害损失程度较轻的长期走势基本吻合。

（二）在平常年景下，甘肃省农业保险现行模式具有较强的应对农业大灾风险损失的能力

2014～2035 年，如果甘肃省农业保险仅仅发生随机平常年景下的赔付率，历年都有大量可用于赔付的结余资金，到 2035 年结余资金可能达到 18.29 亿元，是净保费的 1.7 倍，不需要动用总公司经营其他省份的大灾准备金，完全可以实现多年的可持续发展。平常年景在实现多年收支平衡的状态下，甘肃省农业保险现行模式在 2022 年以后完全可以应对 10 年一遇的大灾损失；在 2027 年以后完全可以应对 20 年一遇的大灾损失。在平常年景赔付率下，无论每年保费收入增加 3%，还是每年赔付率提高 3%，都不会改变甘肃省农业保险现行模式可持续发展的基本态势。

（三）甘肃省农业保险计提的利润准备金余额远多于保费准备金，并且只能获得与总公司经营财产保险业务相同的利润率

财政部 2014 年 1 月 1 日起施行的《农业保险大灾风险准备金管理办法》（以下简称《办法》）将大灾准备金管理进一步细化，有助于规范农业保险业务，分散农险大灾风险，是农业保险大灾准备金制度建设迈出的重要一步。《办法》规定从年度净利润中计提利润准备金，一方面有利于增加大灾损失保障资金的储备，另一方面体现了财政部门对农业保险经营的利润进行调节，避免了中央财政补贴转化为保险公司利润的情况。将保费准备金和利润准备金分别计提，计提的利润准备金余额比保费准备金明显增多。甘肃农业保险在平常年景赔付率下，2020 年末计提利润准备金余额为 4.43 亿元，比保费准备金余额 0.94 亿元多了 3.71 倍；2035 年初利润准备金余额为 12.78 亿元，比保费准备金 2.92 亿元多了 3.38 倍。而在平常年景赔付率下，如果在早期 2018 年和晚期 2028 年先后发生 10 年一遇和 20 年一遇两次大灾的情景下，2020 年末利润准备金余额为 0.85 亿元，比保费准备金 0.36 亿元仍多了 1.36 倍；到 2035 年初，利润准备金余额为 3.47 亿元，比保费准备金 1.61 亿元多了 1.16 倍。模拟结果进一步发现：第一，经营农业保险获得的可供投资者分配利润的多少仅取决于自身净保费和经营财产保险的平均利润率，而与自身的承保利润率无关。当净保费和财产保险的承保利润率一定时，无论农业保险承保利润率在大于财产保险承保利润率以上如何变化，经营农业保险的可供分配利润始终为确定金额。如净保费收入为 5 亿元，财产保险平均承保利润率为 2% 时，即使农业保险的承保利润率分别为 5% 或 20%，其可供分配利润均为 600 万元。第二，当净保费收入不变，仅改变财产保险平均承保利润率时，可供分配利润将同时变化。如净保费收入仍为 5 亿元，财产保险

平均承保利润率提高到4%时，可供分配利润将增加到1200万元。第三，当净保费收入增加（如6亿元），即使财产保险平均承保利润率不变（4%），分配利润也会随之增多（1440万元）。在平常年景下，甘肃省农业保险在2016年预计可获得平均可供分配利润941万元，2025年为1368万元，2035年为1755万元。表明在税前计提利润准备金的方案使经营农业保险时只能够获得和经营财产保险时一样的利润率。可见，《办法》只设计了对农业保险经营机构获得超额利润的约束机制，而缺乏对其经营效果的激励机制。

（四）甘肃省农业保险的大灾损失比较严重

甘肃省未来发生10年一遇、20年一遇、50年一遇和100年一遇的农业大灾时，其相应的赔付率分别是177.04%、224.08%、293.63%和352.53%。与湖南、广东、内蒙古、吉林、山东和辽宁等省区相比，甘肃省发生10年一遇大灾时的损失是最重的，比受灾损失较重的辽宁省和山东省的赔付率分别高出2个和3个百分点；而发生20年、50年和100年一遇大灾时的赔付率仅次于辽宁省而高于上述其他省区。由于甘肃省农业保险遭受10年和20年一遇大灾时损失严重，因此与上述除辽宁省外的其他省区不同的是，如果在早期2018年和晚期2028年先后发生10年和20年一遇的两次大灾，甘肃省农业保险整体上将发生赔付资金的亏空，在2018年赔付资金缺口可能为0.48亿元，2028年赔付资金缺口可能为3.58亿元。如果50年一遇的大灾在2018年提前发生，当年的资金缺口可能为7.6亿元；如果在2028年晚发生，资金缺口可能为9.63亿元。如果在2018年提前发生100年一遇的农业大灾，资金缺口可能多达11.18亿元；如果在2028年晚发生百年一遇的农业大灾，缺口资金可能多达14.76亿元。在甘肃省发生大灾的情景下，如果总公司经营其他地区农业保险处于平常年景赔付率，甚至在早期和晚期先后发生10年和20年一遇的两次大灾的情景下，此时总公司可用于赔付的结余资金雄厚，完全可以从其利润准备金中支付甘肃省因大灾损失而出现的超赔补偿资金，使甘肃省农业保险处于可持续发展状态。

（五）在甘肃省和总公司的农业保险同时发生大灾的情景下，甘肃省农业保险发展模式的可持续性取决于总公司可用于赔付结余资金的状况

（1）如果在早期2018年甘肃省和总公司的农业保险同时发生50年一遇的农业大灾，总公司将发生53亿元的严重亏损，而且可能两年后才能扭亏为盈；如果在晚期2028年才发生50年一遇的农业大灾，总公司当年可赔付结余资金仅有2亿多元，使得甘肃省农业保险和总公司基本处于可持续经营的状态。

（2）在早期2018年或晚期2028年甘肃省和总公司的农业保险同时发生100

年一遇的农业大灾，总公司都需要大量外部超赔补偿资金。如果在2018年早发生100年一遇的农业大灾，总公司可能发生多达89.78亿元的严重亏损，而且可能6年后才能扭亏为盈。如果在2028年晚发生100年一遇的农业大灾，总公司可能需要外部超赔补偿资金49亿元，且靠公司自身经营两年后即可全部偿还外部补偿资金。

以上模拟研究结论表明，如果未来21年中，甘肃省和总公司农业保险即使同时先后发生10年和20年一遇的两次农业大灾，或者在2028年以后同时发生50年一遇的农业大灾时，从总公司农业保险总体经营角度看，不需要外部资金超赔补偿，完全可以通过自身经营积累的大灾准备金应对农业大灾风险损失，实现农业保险业务的可持续发展。但是，如果在早期2018年甘肃省和总公司同时发生50年一遇的大灾，在2018年或2028年同时发生100年一遇的农业大灾时，总公司可能最多亏损近90亿元，如果没有外部资金超赔补偿，6年后总公司才可能扭亏为盈。因此，为了实现甘肃省和总公司农业保险的可持续经营，当经营农业保险机构在遭遇大灾损失自身无力承担赔款责任时，亟须建立为经营农业保险机构提供外部超赔补偿资金的农业保险大灾风险管理制度。

五、建议

在对甘肃省和总公司农业保险大灾风险损失多种情景假设模拟研究的基础上，针对甘肃省和总公司农业保险可持续发展、《办法》修改的内容以及建立和完善我国农业保险大灾风险分散体系，提出如下建议。

（一）免除甘肃省大灾准备金的资金筹集，增加中央对甘肃省农业保险保费补贴品种

甘肃省是我国的经济欠发达省，地方财政收入拮据。在农业保险试点的前几年中，甘肃省获得中央财政农业保险保费补贴的品种较少，地方财政支持的特色农业保险更少。因此在2013年以前，甘肃省农业保险投保品种少、保障规模较小。尤其是作为甘肃省主要粮食作物之一的小麦种植在2014年才列入中央和地方财政农业保险保费补贴的品种，到2015年冬小麦种植承保面积的覆盖率大约为30%左右。因此，甘肃省财政能否持续加大对本省农业保险的保费补贴，争取更多品种得到中央财政的保费补贴，是今后甘肃省农业保险能否持续、稳定发展的关键。针对甘肃省经济发展状况和全省农业保险发展相对缓慢的现状，如果

今后建立由中央和地方财政共同出资构成的大灾准备金制度，建议免除甘肃省级财政大灾准备金的资金筹集，让甘肃省将更多资金用于本省农业保险保费补贴，增加中央补贴的农业保险品种，扩大农业保险规模。

（二）经营甘肃省农业保险的机构要在省内增加农业保险不同风险单位的数量

甘肃省是我国农业灾害多发和重发省区之一。但近七八年来，无论是农业受灾损失程度，还是农业保险赔付率都处于长期趋势的低谷阶段。加上农业保险的承保品种有限，覆盖率较低，自 2008 年以来，全省农业保险的实际赔付率除 2009 年高达 137.90% 之外，其他年份都未超过 75%，平均为 52.14%。但是，在全球气温变暖的大背景下，甘肃省内局部地区和个别险种发生较大自然灾害的可能性仍然存在。尤其是 10 年、20 年，甚至 50 年一遇的大灾也可能突然提前发生。而甘肃省农业保险发生 10 年一遇大灾所造成的损失，不仅比湖南、广东、内蒙古、吉林等省区要大，甚至比灾损最为严重的辽宁还要大。甘肃省河西走廊、陇中黄土高原丘陵区、陇东黄土高原沟壑区、陇南山区以及高寒牧区，农业自然条件差异很大，主要农牧业品种不同。因此，经营甘肃省农业保险的机构从省级核算角度而言，应该尽可能在甘肃省内不同区域以及不同险种开展农业保险业务，增加农业保险不同风险单位的数量，通过大灾风险在不同区域间的分散，增强省级分公司农业保险应对大灾风险的能力。

（三）农业保险经营机构要建立重点应对今后三五年内提前发生 50 年一遇大灾损失的预案

财政部出台的《农业保险大灾风险准备金管理办法》将大灾准备金分为保费准备金和利润准备金，使经营农业保险的大部分超额利润转化为大灾损失保障资金并累计使用。加上农业保险经营机构购买再保险，这仅仅是在保险机构层面利用保费收入建立起的农业保险大灾风险分散体系，并没有从外部为农业保险经营机构注入其他大灾风险超赔补偿资金，因而其应对农业大灾损失能力的提高仍然受到很大限制。因此，在国家还没有建立为经营农业保险机构注入外部超赔补偿资金制度的情况下，经营农业保险的机构还应该从公司层面建立应对农业保险大灾风险的预案，并且重点应对甘肃省和总公司在今后三五年内同时发生 50 年一遇大灾时偿付能力不足的问题。对甘肃省和总公司农业保险现行模式的动态模拟表明，当甘肃省和总公司农业保险在晚期 2028 年才发生 50 年一遇的大灾时，总公司基本可以支付全部赔款而做到持续经营。而在早期 2018 年提前发生 50 年一遇的大灾时，总公司可能需要 53 亿元外部超赔补偿资金，并且通过总公司自身经营在两三年内即可偿还全部外部补偿资金。因此，在提前发生 50 年一遇的大灾而总公司偿付能力不足时，总公司可以通过银行贷款或在政府担保下发行农业保险大灾债券的融资方式来分散大灾风险，同时可以和经济发达省份达成协议，由这些省份财政支付总公司超赔补偿资金的融资利息。

（四）建立由中央财政担保的贷款或发行债券为主的农业保险大灾风险融资方式

连续多年的中央一号文件和《农业保险条例》都提出建立国家农业保险大灾准备金制度。当前，在建立和完善我国农业保险大灾风险分散体系的讨论和设计中涉及的主要问题是：第一，是采取建立中央和地方政府大灾准备金方式，还是采取当农业保险经营机构发生大灾超赔时通过贷款或者发行债券的方式为其注入外部资金，以及农业保险经办机构的还债能力等。第二，如果建立大灾准备金，中央大灾准备金的用途、资金来源和规模需要多大？第三，地方政府大灾准备金怎样建立，主要用途是什么，需要多大规模？依据本书的动态模拟结果，结合我国农业保险大灾风险准备金积累的趋势，提出如下建议：第一，为应对未来可能提前发生的农业大灾风险损失，最适宜采取以贷款或发行农业大灾风险债券为主的融资方式。第二，中央和地方政府应建立农业大灾风险准备金，其来源由中央和地方财政预算逐年补充，主要用于支付农业保险经营机构贷款或发行债券的利息，而由农业保险经营机构负责偿还本金。如果经营全国各省农业保险规模最大的一家总公司占全国农业保险保费总收入的 46%，那么预计全国农业保险在早期 2018 年提前发生 50 年一遇的大灾时，大约需要外部超赔补偿资金 115 亿元。融资利息按 6% 计，共需利息 6.9 亿元，2017 ~ 2021 年年均利息 1.38 亿元。如果中央财政和省级地方财政按 4∶6 承担支付利息筹集工作，则中央财政每年需筹集资金 0.56 亿元，按 22 个省级财政计算，各省每年只需筹集 400 多万元的资金。也就是说，到 2021 年政府大灾准备金规模达到近 7 亿元，就可以支付农业保险经营机构在 2018 年前后提前发生 50 年一遇的大灾时融资所需的利息。同时建议对粮食大省可适当减少利息的承担比例。对于西部地区的甘肃、青海、陕西、贵州、云南、新疆、宁夏、内蒙古、西藏等省区，建议免除建立地方农业保险大灾风险准备金，农业保险经营机构所需贷款或债券的利息全部由中央财政承担。

第七章　广东省农业保险大灾风险分散体系的模拟研究

广东省位于我国东南沿海地带，属于东亚季风区。境内从北向南分别为中亚热带、南亚热带和热带气候，是我国光、热和水资源最丰富的地区之一，但也是我国东部地区农业自然灾害频发区，以热带气旋、洪涝灾害为主的自然灾害给农业生产带来巨大的损失。在我国虽然已经建立起农业保险经营机构（以下统称农险公司）大灾准备金但仍未建立完整的农业大灾风险分散制度的现状下，研究广东省农业保险现行发展模式应对农业大灾风险损失的能力，对于了解我国农险公司大灾准备金变化趋势以及建立和完善我国农业保险大灾风险分散模式具有重要的参考意义。

广东省至今未建立省级政府农业保险大灾风险准备金制度。在广东省经营农业保险业务的几家机构中，中国人保财产有限公司的农业保费收入占农业保费总收入的比重最大，2013 年仍然高达 85.53%，阳光互助保险仅占 10.42%，中华联合仅占 2.7%，其他四家保险公司的保费收入仅占 1.35%。为此，本书在评估广东省农业保险大灾风险损失发生概率的基础上，以广东省和人保总公司农业保险系统动力学耦合模型为基础，通过对未来农业大灾风险的情景假设，展示广东省农业保险大灾准备金、可供投资者分配利润的变化趋势，以及总公司大灾准备金积累和需要外部超赔补偿资金的状况，以此考察广东省农业保险以及总公司应对大灾风险的能力，同时从我国东部农业灾害多发省的角度，探讨地方政府在建立农业保险大灾风险分散机制中的职能定位，为建立我国农业保险以农险公司融资为主的大灾风险多级分散体系提供依据。

一、广东省农业保险发展概况及大灾风险分散方式

（一）广东省农业保险发展概况

广东省从 1985 年开始试办农业保险业务。到 1989 年农业保险规模一直在

900 万元以下，此后业务量逐年扩大，到 1993 年农业保费收入达到 1.45 亿元，成为历史高峰（见图 7－1）。随着 1992 年以后国有企业改革不断深化，尤其是 1996 年中国人保公司拆分为中国财产保险有限公司、中国人寿保险有限公司和中保再保险有限公司，将农业保险视为一般商业性财产保险，逐步压缩了农业保险业务。与全国一样，广东省农业保险进入萎缩阶段，农业保险规模逐年减少，到 2003 年全省农业保险保费收入仅有 878 万元，比上年的 1864 万元减少了将近 53%（见图 7－1）。在此期间，农业保险赔付率在 1986 年创历史最高水平 218.46%。1991 年和 1993 年两年又分别高达 120.16% 和 179.46%。并且有 5 年达到 80% ~95%。高于 80% 赔付率的共有 8 年，占 42%，也就是说农业保险不到 3 年就会发生一次经营亏损。

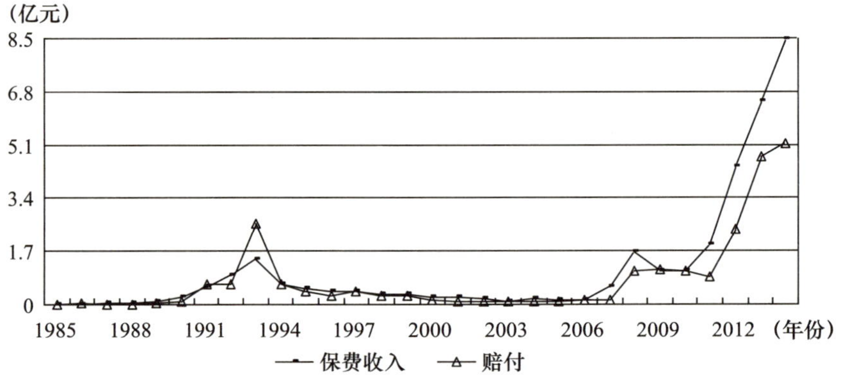

图 7－1　1985 ~2014 年广东省农业保险保费收入和赔付变化趋势

2007 年，我国财政支持的新一轮政策性农业保险试点以来，广东省农业保险进入快速发展的新阶段。2007 年当年农业保险规模达到 0.58 亿元，比上年增长 3.56 倍，当年赔付支出近 0.20 亿元，简单赔付率为 34.83%。2012 年，省政府加大了农业保险的推广力度，出台了《关于大力推广政策性涉农保险的意见》文件（粤府办［2012］50 号），提出了从 2012 年起，力争用五年时间建立健全以基本项目为主、多险种统筹、运营规范、服务优良的政策性涉农保险体系，保险项目基本覆盖全省种植业和养殖业主要品种以及农民财产的主要种类，保险的深度、密度超过全国平均水平，使自然灾害对“三农”造成的损失得到合理分担，冲击和风险得到有效化解，使广东农业保险迎来了重要的发展机遇期。2012 年，水稻承保 1307.8 万亩，保险覆盖面近 45%，保费收入近 1.9 亿元；能繁母猪承保 126.12 万头，保费收入 0.78 亿元，全省农业保险保费总收入将近 4.39 亿元，比上年的 1.9 亿元增长了 1.3 倍，其中种植业保费收入 3.04 亿元，养殖业 0.80 亿元，林业 0.55 亿元，分别比上年增长了 1.5 倍、32.83%和 5.8 倍。

2013 年经广东省人民政府同意，省农业厅、省财政厅、广东保监局先后共同印发了《关于广东省政策性水稻种植保险实施方案》以及《政策性涉农保险补充项目的实施意见》，从指导思想、基本原则、主要内容、实施办法、保费补贴资金管理和拨付以及保障措施和要求等方面做了具体的规定和要求，进一步推动了广东省农业保险的快速发展。2013 年末全省水稻种植保险承保面积 1675 万亩，同比增长 28%，覆盖率达到 57%，参保农户 714 万户，同比增长 12%；全年水稻保险保费收入 3.40 亿元，同比增长 76%。承保能繁母猪 153.82 万头，同比增长 21.96%，保费收入 0.92 亿元，同比增长 17.95%。全年保费总收入达到 6.45 亿元，同比增长 47.14%。全年成灾赔付总支出 4.73 亿元，赔付率 73.33%。其中种植业赔付率为 78.22%，养殖业赔付率为 74.46%，林业赔付率为 44.39%。到 2014 年全省农业保险保费总收入达到 8.46 亿元，同比增长 31.16%。其中种植业保费收入 6.64 亿元，比上年增长 43.25%；养殖业保费收入 0.79 亿元，比上年减少 19.77%；林业保费收入 1.03 亿元，同比增长 22.78%。当年赔付支出 5.14 亿元，赔付率为 60.76%。其中种植业赔付 3.89 亿元，赔付率为 58.53%；养殖业赔付 0.69 亿元，赔付率为 87.88%；林业赔付 0.56 亿元，赔付率为 54.63%。依据目前各险种投保所占的比例，预计今后广东农业保险的主要种植作物水稻的承保面积增幅有限，而主要饲养家畜能繁母猪、育肥猪及奶牛的承保规模仍有较大的增长幅度，而新增加的马铃薯、玉米、花生以及水产养殖等保险品种承保数量的增长幅度更大。

（二）广东省农业保险大灾风险分散方式

广东省是我国东南沿海农业灾害高发地区。据有关资料介绍，在全国重大自然灾害调查统计的 44 种主要自然灾害中，广东占 40 种，尤以台风、暴雨、洪涝、暴潮和干旱等灾害发生更为频繁，而且具有发生频率高、受灾范围广、时间长和成灾强度大等特点，灾害造成的经济损失比较严重。1979～2012 年，平均每年因灾经济损失 100 亿元以上，受灾人口 2000 多万人（次），平均每年紧急转移安置灾民 50 万人次，其中缺乏自救能力需要救济的困难灾民近 300 万人（次）。在自然灾害中，每年春夏的强对流天气以及前汛期暴雨洪涝灾害和 7 月至 9 月后汛期的台风灾害，是最常见的灾害，低温冷害、干旱、生物灾害等也常有发生。在频繁的自然灾害中，台风灾害尤为突出。广东是台风登陆我国东南沿海最多的省，平均每年登陆广东的台风近 4 次，约占全国的 40%。台风不但频繁，且强度大。1993 年 9 月 14 日至 26 日，在 13 天内，广东省连续遭受 3 次强台风袭击，分别在惠来县、斗门县、台山市登陆，因灾死亡 63

人，受伤1613人，倒塌民房7.27万间，受灾农作物86.2万公顷。广东省每年11月下旬至翌年3月有多次程度不等的低温冷害天气。如1996年春节期间寒潮，造成全省淡水养殖受灾面积240万亩，冻死成鱼17.5万吨和过冬鱼种鱼苗4亿尾，直接经济损失14.8亿元。干旱对广东的影响也十分明显，1997年10月至1998年4月，粤西的湛江、茂名、云浮等市降雨明显偏少，雷州半岛未下过一场透雨，给春耕生产带来严重影响。生物灾害对广东水产的影响也很大，例如1997年11月至1998年3月发生于粤东和珠江口的赤潮，共死鱼虾6298吨，造成经济损失1.2亿元。

从广东省农业保险实践看，1985～2003年广东省多次出现较高的赔付率。1986年广东省农业保险最高赔付率曾达到218.46%；在1991～2009年的9年间，当年处于严重经营亏损的有7年，占77.78%，其中最高赔付率为179.46%，还有1年为125.83%，赔付率在93%～95%、83%～88%的各有2年，还有1年为79.82%。新一轮政策性农业保险试点以来，2009～2012年每年至少有一个大险种的赔付率大于120%以上，如2009年全省农业保险赔付率为115.47%，其中养殖业为125.83%，林业为129.21%；2010年农业保险赔付率为113.83%，其中养殖业为133.46%；2011年农险赔付率为63.30%，其中养殖业为112.28%，林业为132.40%；2012年林业的赔付率高达181.30%。因此，建立和完善农业保险大灾风险分散制度是确保广东省农业保险可持续发展的重要制度保障。

2012年，广东省政府办公厅下发《关于大力推广政策性涉农保险的意见》（粤府办［2012］50号），要求在全省范围建立以基本项目为主、多险种统筹的政策性涉农保险巨灾风险准备金，完善以丰补歉机制。该文件明确提出，除国家对巨灾风险准备金的计提比例已有规定的险种外，其他险种的巨灾风险准备金资金来源为承保机构年度保费的大部分结余或由承保机构按补贴险种当年保费收入的25%计提，省、市及有条件的县（市、区）财政给予适当补助。发生重大涉农风险事故造成巨大损失、超出承保机构赔付能力时，从巨灾风险准备金中出资予以适当救助。巨灾风险准备金管理办法由省财政厅牵头，联合省农业厅、广东保监局研究制定。但目前仍未出台具体的实施文件和规定。因此，广东省目前农业保险大灾分散方式，除保险公司按中央财政部规定建立农业保险大灾准备金外，还采取由农业保险经办公司通过购买再保险的方式来分散农业保险大灾风险。

为推进广东省农业保险大灾风险分散制度建设，2011年广东省科学技术厅立项对广东省政策性农业保险巨灾基金进行测算并对管理模式进行了研究（胡浪多、官华平，2013）。这项研究在测算中假设：①投保比例100%；②保险费率1%；③核定赔付额超过当年保费收入1.2倍时由大灾准备金负责赔偿；④核定赔付额指农作物绝收的损失赔偿。测算思路是：巨灾准备金的金额应该是应赔付的实际损失金额与保险公司封顶赔付金额之间的差额。因此，首先算出2001～2010年10年间巨灾基金的值，其次根据简单平均原则，认为要在广东省全面推开政策性农业保险，需要建立规模大约为35亿元的巨灾基金。并且建议广东省政策性农业保险的各风险分担主体对保险赔付实施5倍封顶：即当年赔付在保费收入的2倍以内时由经营政策性农业保险的公司全部承担；2～3倍部分的责任由保险公司与巨灾基金按1∶1的比例分担；3～5倍部分的责任由保险公司与巨灾基金按1∶2的比例分担。农业保险巨灾基金可以通过以下方式筹集：①财政补贴和财政拨款；②从保险公司农业保险保费节余中提取部分资金；③将农业保险公司税收减免部分，防灾、减灾和救灾专项支出中与农业保险服务标的相对应部分等几个方面的资金整合起来，充实巨灾基金；④在必要时也可以由政策性保险机构在资本市场上发行一定数量的巨灾债券；⑤动员社会力量通过自愿捐助方式筹集；⑥在保费中适当增加一部分作为巨灾基金的来源。建议成立省政策性农业保险领导小组，负责政策性农业保险的机制设计、工作协调和巨灾基金管理办法制定等工作；省政策性农业保险管理办公室（省农业风险巨灾基金管理办公室）负责具体事务的运作、沟通和协调。

为落实广东省人民政府办公厅《关于大力推广政策性涉农保险的意见》提出的建立全省政策性涉农保险巨灾风险准备金机制，阳光农业相互保险公司广东分公司的陈进宏、陈昌华（2013）撰文建议，可以参照江苏省的模式，按省、市、县三级财政补助和保险公司巨灾准备金提取方式建立广东省巨灾风险基金制度。经办公司设专门巨灾准备金账户，按照每年保费总额的25%提取巨灾准备金，当累积到上年保费的100%时不再提取；省财政按照当年全省农业保险保费的10%给予配套资金，市、县两级财政也按照当地农业保险保费总额的10%配套资金；当历年准备金超过全省上年农业保险总保费时财政支持部分不再安排。对巨灾准备金的使用和管理，建议当发生巨大自然灾害单个承保机构单险种赔付率达到100%以上时，该承保机构可以使用本公司专款专户的巨灾准备金支付超赔部分的赔款；当单个承保机构单险种赔付率达到150%以上时，先使用该承保机构省内全部的农业保险巨灾准备金，不足以支付的再使用该承保机构经办该险种所在地市、县政府财政巨灾准备金；当上述准备金仍不足以支付赔款时，使用省级财政准备金。当单个承保公司单险种赔付率达到200%以上时，200%以上部分由承保机构和各级政府按1∶1的比例承担。各级政府财政补贴准备金管理办法是，县级政府巨灾准备金由县财政部门负责管理，地级市政府巨灾准备金由市财政部门负责管理，实行专户存储、专项核算、滚动积累、定向使用。省级政府巨灾准备金由省财政厅负责管理。市县巨灾准备金在必要时由省财政统一调配使用。

2014 年 1 月 1 日起开始实施的财政部《农业保险大灾风险准备金管理办法》，规定农业保险经营机构按其大险种保费收入以一定比例分别计提保费准备金，并在其超额利润中计提利润准备金。在《农业保险大灾风险准备金管理办法》实施后，至今尚未见到对广东省农业保险大灾风险分散机制的研究报道。因此，研究广东省农业保险应对大灾风险的能力，探讨地方政府在建立农业保险大灾风险分散机制中的职能定位，成为完善我国农业保险大灾风险分散制度中迫切需要解决的重大问题。

二、广东省农业保险动力学模型、参数估测和方案设计

在广东省农业保险经营各单位中，2013 年人保财险广东省分公司、中华联合分公司和阳光农业保险分公司的农业保险保费收入占全省总保费收入的比例，分别为 85.53%、2.70% 和 10.42%（《2013 年中国保险年鉴》）。由于广东省各级政府都没有建立大灾风险准备金，人保财险、中华联合两家保险公司不仅都按一定比例分出部分保费收入，而且都对种植业的部分自留保费又购买了赔付率超赔再保险。因此，本书将人保财险经营广东省农业保险的风险分散方式看作当前广东省农业保险大灾风险分散的基本模式。为便于分析一省农业保险发展模式的可持续性，在保持保险公司收支两条线的同时，对省级农业保费收入和赔付支出单独建账进行核算，考察在该省农业保险收入的情况下，该模式应对该省农业保险灾害风险的能力，以及农业保险总公司整体的可持续发展能力。

（一）广东省农业保险发展模式的系统动力模型

广东省以人保财险为代表的农业保险经营模式中，不仅采取了成数分出再保险，而且在自留部分中对种植业部分保费又实行了赔付率超赔再保险。2014 年以前全国和广东省有关农业保险文件中都曾经提出，政策性农业保险保费的节余部分作为今后大灾的赔付资金，可滚动使用，并按种植业保费收入的一定比例计提大灾风险准备金。因此，在构建系统动力学模型时，2007～2013 年，也依据《农业保险大灾风险准备金管理办法》的要求，建立了保费准备金和利润准备金，并按要求核算保险公司可供投资者分配利润。广东省农业保险发生灾害损失后的赔付过程，与本书第五章湖南省农业保险系统动力学模型设计的流程一样，

因此，在广东农业保险大灾风险分散方式的研究中，可以借用上述湖南省系统动力学的建模思路和流图设计（见图 7 -2），并且只需要在上述湖南省建立的具体运行程序中改动相关方程中的参数，便可完成对广东省农业保险发展模式的模拟研究。广东省农业保险系统动力学模型仍然在 PD Plus 软件进行编制并运行，模拟时间为 2007 ~2035 年。

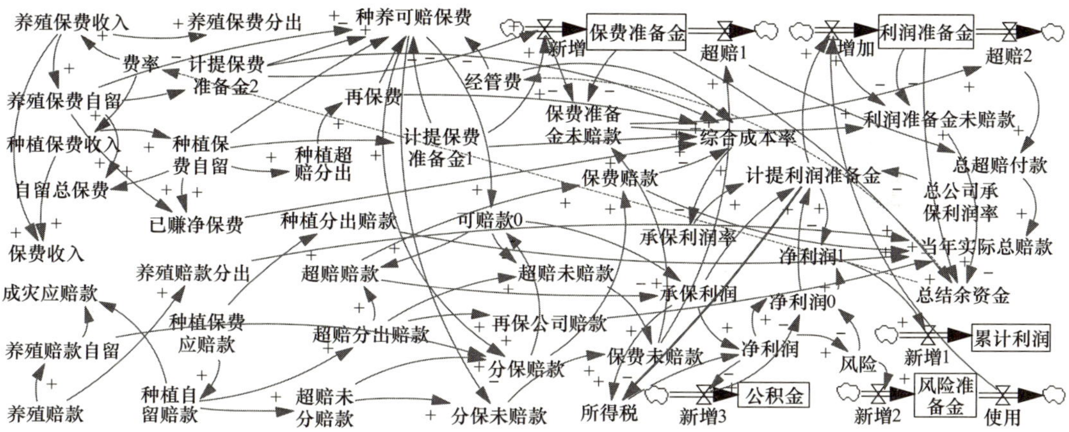

图 7 -2　广东省农业保险发展模式现状系统动力学因果关系图

（二）主要参数设定

1. 保费收入估算

广东省 2007 ~2014 年种植业、养殖业和林业保费收入数据都来自《中国统计年鉴》。2015 ~2035 年种植业、养殖业和林业保费收入数据，根据种植业保险品种、养殖业保险品种和林地面积及其可能实现的投保规模分别进行估算。预计 2020 年全年保费总收入可能达到 12. 85 亿元，比 2014 年增加 51. 89%，年均增长 7. 21%，其中种植业保费收入可能达到 9. 83 亿元，比 2014 年增加 48. 04%，年均递增 6. 76%；养殖业保费收入可能达到 1. 66 亿元，比 2014 年增加 112. 82%，年均递增 13. 41%；林业保费收入可能达到 1. 66 亿元，比 2014 年增加 31. 32%，年均递增 4. 65%（见图 7 -3）。2035 年全年保费总收入可能达到 19. 99 亿元，比 2020 年增加 55. 56%，年均增长 2. 99%，其中种植业保费收入可能达到 14. 61 亿元，比 2020 年增加 48. 63%，年均递增 2. 68%；养殖业保费收入可能达到 3. 13 亿元，比 2020 年增加 88. 55%，年均递增 4. 32%；林业保费收入可能达到 2. 24 亿元，比 2020 年增加 65. 93%，年均递增 3. 43%。

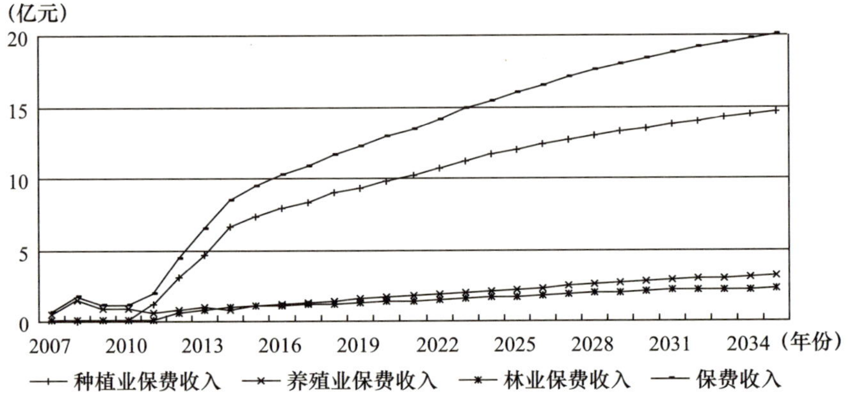

图7－3　广东省种植业和养殖业保费收入趋势

2. 赔付率设定

（1）平常年景赔付率设定。2007～2014年种植业、养殖业和林业的赔付率，由《中国保险年鉴》历年广东省农业保险保费收入和赔付数据计算得到。2015～2035年广东省历年赔付率假设用平常年景赔付率和大灾年赔付率相结合的办法估计。平常年景赔付率估算的方法是，首先分别计算出种植业、养殖业和林业2007～2013年赔付率的平均值和标准差，其次利用系统动力学专用软件PD Plus中的随机数发生器的随机数和正态分布两个函数分别产生22个随机数，并且将此两个函数随机数的平均值作为未来2015～2035年历年在平常年景下种植业、养殖业和林业的赔付率（见图7－4）。2015～2035年全省平均赔付率的平均值为70.41%，高于湖南省未来平均赔付率68.73%，其中最高赔付率为96.15%（湖南省为85.05%），最低值为48.26%（湖南省为57.48%），标准差为0.1373（湖南省为0.05982）。其中发生45%～60%赔付率的有5年，60%～70%的有9年，70%～85%的有3年，90%～95%的有3年，90%～100%的有1年，偏度为0.5598，峰度为2.4079，J－B统计量为1.4036，来自正态分布的概率为0.4957，表现出一定的正态分布特征（见图7－5）。其中赔付率45%～70%的占66.67%，75%以上的占33.33%，说明未来21年中，在平常年景下广东省农业保险至少有2/3的年份是不会发生经营亏损的，而湖南省农业保险至少有71%的年份是不会发生经营亏损的。

（2）大灾年的赔付率设定。假定大灾年种植业、养殖业和林业同时发生。由1985～2000年《广东省统计年鉴》，2001～2013年《中国保险年鉴》历年农业保费收入和赔付率数据，计算出29年间的历年赔付率，在Eastfit 5.5软件上首先拟合出历史赔付率的最佳概率分布函数Burr（4P），其概率密度分布函数的形式为：

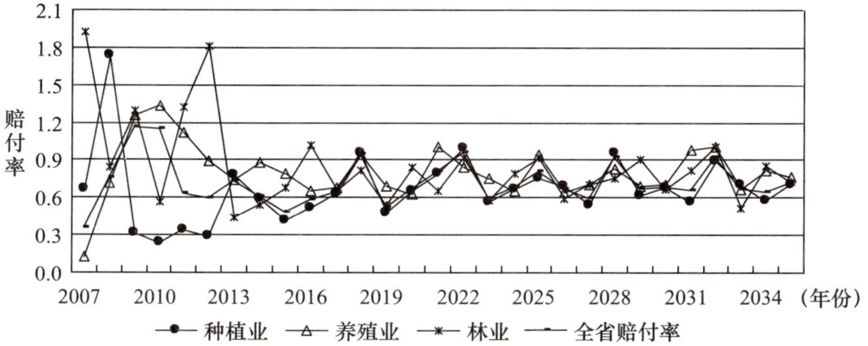

图 7-4 广东省历史和未来赔付率

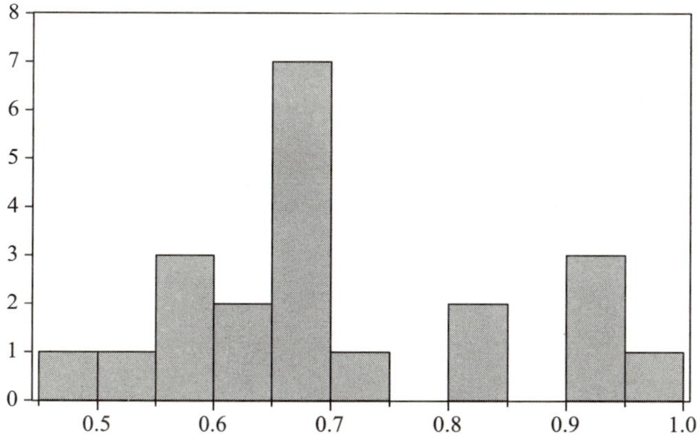

Series:GDPFL	
Sample 2015 2035	
Observations 21	
Mean	0.704064
Median	0.671980
Maximum	0.961560
Minimum	0.482610
Std. Dev.	0.137267
Skewness	0.559824
Kurtosis	2.407928
Jarque-Bera	1.403640
Probability	0.495682

图 7-5 广东省 2015~2035 年赔付率直方图

$$f(x)=\frac{\alpha k\,\dfrac{(x-\gamma)^{\alpha-1}}{\beta}}{\beta\left(1+\dfrac{(x-\gamma)^{\alpha}}{\beta}\right)^{k+1}} \tag{7-1}$$

AD 检验和 KS 检验值分别为 0.1602 和 0.0854，在密度函数检验中排序为第一位和第五位。通常 AD 检验值更加稳健，因此当 AD 和 KS 检验结果不一致时，以 AD 检验值为准。Burr（4P）密度函数的参数为 $\kappa=0.6832$，$\alpha=7.0201$，$\beta=1.0263$，$\gamma=-0.3837$。概率密度分布如图 7-6 所示。

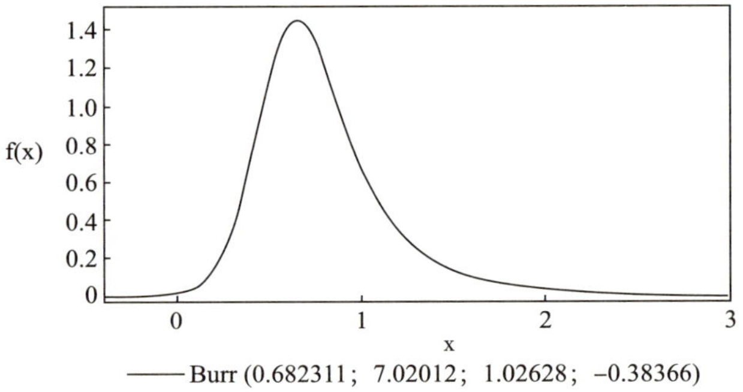

图7-6 广东省赔付率最优分布函数图

为了避免由于数据量不足产生的计算误差，利用蒙特卡罗模拟方法随机模拟1000次，以此为依据估算广东省农业灾害损失概率。根据VaR方法，分别估算了广东省10年、20年、30年、50年和100年一遇的农业大灾赔付率，分别为129.85%、156.55%、174.31%、197.87%和235.00%。

（三）方案设计

依据研究目的，广东省农业保险大灾风险分散的模拟共设计了两大类型9种方案。

第一大类是平常年景的赔付率，共四种方案：

方案1，平常年景赔付率。将上述估测的种植业、养殖业和林业各险种平常年景下的赔付率作为基础性方案，用来测试当未来不发生农业大灾时，即平常年景赔付率下，广东省当前农业保险大灾风险分散模式的可持续性。

方案2，农业保费收入和赔付率分别提高3%。将2015~2035年种植业、养殖业和林业各险种的保费收入和平常年景下的赔付率分别提高3%，观察增加保费收入和提高赔付率，对广东省当前农业保险模式各种指标的影响程度。

方案3，2015~2035年人保财险平均承保利润率由基础方案的2.84%提高到3.5%，对模拟结果进行比较，观察提高平均承保利润率，对广东省农业保险大灾准备金和可分配利润的影响程度。

方案4，2015~2035年广东省基础方案中省分公司经营管理费用所占净保费的比例由20%减少到18%，对广东省农业保险大灾准备金和可分配利润的影响程度。

第二大类是发生农业大灾时的赔付率，共五种方案：

方案5，广东省农业保险未来发生10年和20年一遇的农业大灾。在方案1的基础上，假设未来在2018年和2028年全省相继发生10年（赔付率为

129.85%）和20年（赔付率为156.55%）一遇的两次农业大灾时，广东省农业保险现行模式可持续发展的趋势。

方案6，在早期2018年提前发生50年一遇的农业大灾。假设未来在早期2018年全省提前发生赔付率为197.87%的农业大灾，同时在2028年再发生10年一遇的农业大灾。

方案7，在晚期2028年提前发生50年一遇的农业大灾。假设未来在晚期2028年全省提前发生赔付率为197.87%的农业大灾，同时在2018年发生10年一遇的农业大灾。

方案8，在早期2018年提前发生100年一遇的农业大灾。假设未来在早期2018年全省提前发生赔付率为235%的农业大灾，同时在2028年再发生10年一遇的农业大灾。

方案9，在晚期2028年提前发生100年一遇的农业大灾。假设未来在晚期2028年全省提前发生赔付率为235%的农业大灾，同时在2018年发生10年一遇的农业大灾。

由于在发生大灾后广东省农业保险能否实现可持续发展，还取决于经营广东省农业保险的总公司应对大灾风险的能力。2013年人保财险农业保费收入占广东农业保险保费总收入的85.53%，因此，以人保财险总公司农业保险作为经营广东省农业保险的总公司。前面在湖南省农业保险可持续发展的研究中，已经对人保财险总公司的农业保险保费收入、平常年景赔付率和不同程度大灾赔付率作了研究和说明，在此仅将广东省农业保险大灾损失与人保财险模型相耦合并开展相关研究。为此，进一步设计三大类13种方案，以考察在广东省农业保险超赔情景下总公司应对大灾风险的能力。

第一类是总公司农业保险的经营风险为平常年景，广东省出现50年或100年一遇的农业大灾。测试当广东省保险经营机构出现大灾时，总公司是否有足够的资金为其弥补亏损，实现农业保险的可持续经营，共四种方案：

方案1，假设总公司处于平常年景，广东省在早期2018年发生50年一遇的大灾，2028年发生10年一遇的大灾。

方案2，假设总公司处于平常年景，广东省在早期2018年发生10年一遇的大灾，2028年发生50年一遇的大灾。

方案3，假设总公司处于平常年景，广东省在早期2018年发生100年一遇的大灾，2028年发生10年一遇的大灾。

方案4，假设总公司处于平常年景，广东省在2018年发生10年一遇的大灾，2028年发生100年一遇的大灾。

第二类是假设总公司发生10年和20年一遇的大灾时，广东省发生不同程度大灾风险，共五种方案：

方案5，总公司在早期2018年和晚期2028年相继发生10年和20年一遇的大灾，广东省在早期和晚期也同时发生10年和20年一遇的大灾。

方案6，总公司发生10年和20年一遇的大灾，广东省同时在2018年和2028年相继发生50年和10年一遇的大灾。

方案7，总公司发生10年和20年一遇的大灾，广东省同时在2018年和2028年相继发生10年和50年一遇的大灾。

方案8，总公司发生10年和20年一遇的大灾，广东省同时在2018年和2028年相继发生100年和10年一遇的大灾。

方案9，总公司发生10年和20年一遇大灾，广东省同时在2018年和2028年相继发生10年和100年一遇的大灾。

第三类是总公司和广东省同时提前发生50年或100年一遇的农业大灾，共四种方案：在早期2018年总公司和广东省同时发生50年或100年一遇的农业灾害，2028年晚期同时发生10年一遇的灾害，分别为方案10和方案11。总公司或广东省在2018年发生10年一遇的灾害，晚期2028年提前发生50年或100年一遇的大灾，分别为方案12和方案13。

三、广东省农业保险模拟研究结果分析

（一）未来平常年景赔付率下，广东省农业保险完全可以实现可持续发展

未来在平常年景赔付率情景下，即假设在未来的21年中没有发生10年以上一遇的农业大灾时，广东省农业保险除了在2018年、2021年、2022年、2025年、2028年和2032年发生当年保费支付超赔外，其余15年中当年自留保费都足以支付当年的赔偿（见图7－7）。而在发生当年保费支付超赔的6年中，除2022年在使用保费准备金支付赔款后还需要用利润准备金支付0.84亿元超赔款外，其余5年中，仅需动用保费准备金就足以支付当年保费的超赔金额。在发生保费支付超赔的6年中，当年可用于赔付的结余资金分别为4.63亿元、7.37亿元、5.58亿元、8.15亿元、9.60亿元和11.55亿元。到2035年保费准备金、利润准备金、一般风险准备金和可用于赔付的结余资金分别为2.25亿元、10.36亿元、1.77亿元和15.16亿元。以上表明，未来21年里，在平常年景赔付率下，广东省农业保险完全可以实现可持续发展。

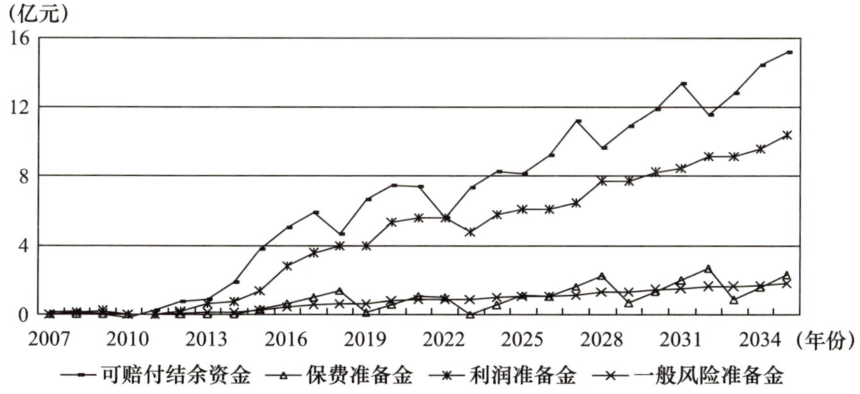

图7-7 平常年景保费准备金、利润准备金、一般风险准备金及可赔付结余资金变化趋势

在平常年景赔付率下，未来21年里，2018年、2021年、2022年、2025年、2028年和2032年的综合成本率可能都大于100%，其余15年的承保利润率可能都大于2.9%，即这15年中广东省农业保险全省平均承保利润率可能都高于预计的未来人保财险公司财产险平均2.84%的承保利润率，因而在15年里每年不仅可以从超额利润中计提法定公积金、一般风险准备金后，再从年度净利润中计提利润准备金，而且当年都还可以获得可分配利润。每年计提的利润准备金随着超额利润的多少而变动，计提最多的2019年为1.36亿元，2023年和2027年都在1亿元以上，最少的是2035年，为119万元；而且广东省农业保险在这15年中都可能实现可供分配利润，并且随着保费收入的增多而逐年略有增加，2015~2020年由1177万元增加到1600万元，2026~2035年由2047万元增加到2474万元（见图7-8）。到2035年初，累计可供分配利润为3.04亿元。如果将人保总公司财产险未来平均承保利润率提高到3.5%，即提高23.24%，那么广东省农业保险当年实现的可分配利润将普遍增加23%，如2019年达到1872万元，比未提高财险平均承保利润率时的1519万元增加了23.23%（见图7-9），2026年达到2522万元，而原方案为2047万元，2034年达到3007万元，原方案为2440万元。

从2014年到2035年末，提高财险平均承保利润率方案累计可分配利润为3.66亿元，比原方案的3.04亿元增加了20.39%。可见，财政部制定施行的《农业保险大灾风险准备金管理办法》，对农业保险经营机构实现可供分配利润率作了严格限制。

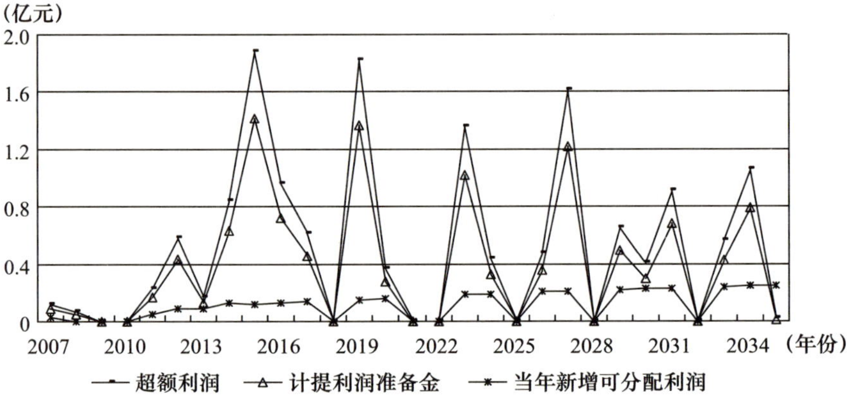

图7-8 超额利润、计提利润准备金和可分配利润变化趋势

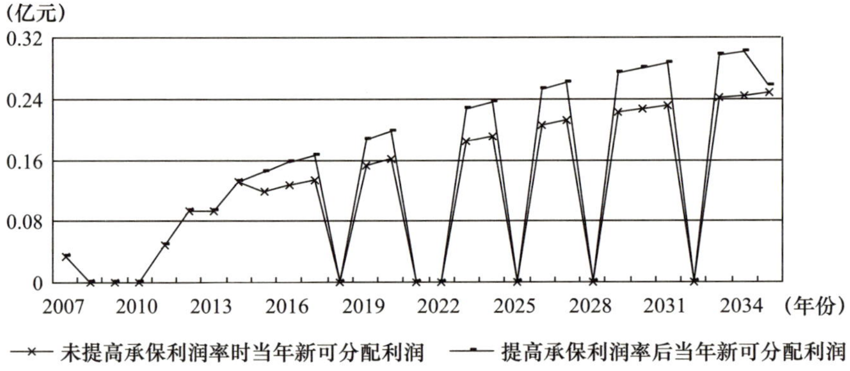

图7-9 财险承保利润率3.5%和2.84%时可分配利润比较

(二)保费收入和赔付率分别增加3%,不会改变广东省农业保险可持续发展的趋势

如果2015~2035年将每年种植业、养殖业和林业的保费收入及其赔付率分别增加和提高3%,到2020年全省农业保费总收入将增加到13.24亿元;当年成灾应赔款增加到9.16亿元,比未增加保费收入和赔付率的原方案提高了6%;简单赔付率达到69.21%,比原方案提高了3%。当年用自留保费支付全部自留应赔款6.71亿元,未动用保费准备金,年末保费准备金余额为0.94亿元,比原方案1亿元减少了6%。当年综合成本率为95.26%,承保利润率为4.74%,比原方案6.76%减少了29.89%;实现超额利润0.18亿元,比原方案的0.36亿元减

少了 50%；计提利润 0.13 亿元，比原方案 0.43 亿元减少了 69.77%。年末利润准备金和一般风险准备金结余分别为 4.91 亿元和 0.74 亿元，分别比原方案减少了 7.71% 和 3.89%，当年可赔付结余资金为 6.78 亿元，比原方案的 7.44 亿元减少了 8.87%（见图 7－10）。新增可分配利润为 0.16 亿元，与原方案持平，年末累计可分配利润为 0.94 亿元，比原方案的 0.92 亿元略有增加，仅提高约 2.17%（见图 7－11）。到 2030 年在提高保费收入和赔付率 3% 的假设下，预计保费收入达到 18.86 亿元，比原方案的 18.31 亿元提高了 3%；当年成灾应赔款 13.28 亿元，比原方案的 12.28 亿元增加了 8.41%；简单赔付率为 70.38%，比原方案提高了 3%。用自留保费支付全部应赔款 9.64 亿元，无须动用保费准备金，年末保费准备金余额为 1.37 亿元，比原方案 1.96 亿元减少了 30.10%。当年承保利润率 3.81%，比原方案的 5.86% 减少了 34.98%；实现超额利润 0.13 亿元，比原方案的 0.40 亿元减少了 67.50%；计提利润 0.10 亿元，比原方案的 0.30 亿元减少了 66.67%。年末利润准备金和一般风险准备金结余分别为 6.30 亿元和 1.28 亿元，分别比原方案减少了 25.44% 和 11.72%，当年可赔付结余资金为 8.96 亿元，比原方案的 11.87 亿元减少了 24.52%（见图 7－10）。新增可分配利润为 0.23 亿元，比原方案的 0.22 亿元仅增加了 4.54%，年末累计可分配利润为 2.39 亿元，比原方案的 2.33 亿元提高了 2.57%（见图 7－11）。

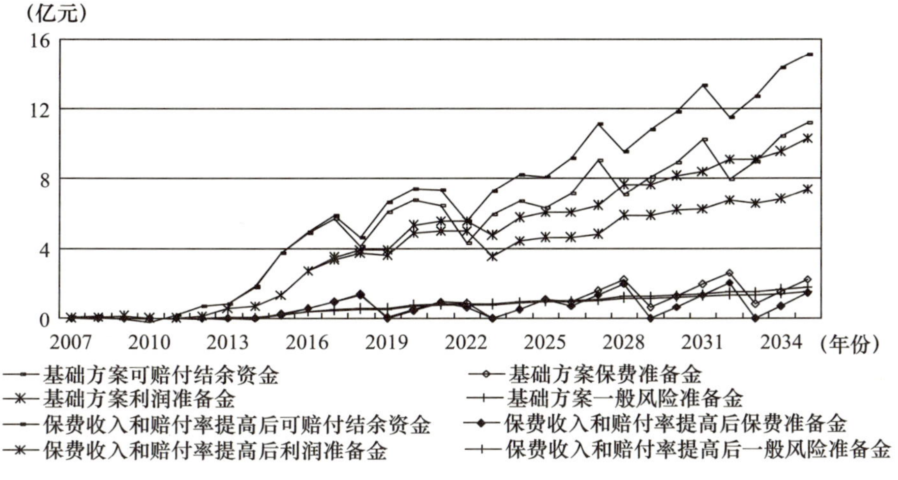

图 7－10　平常年景与保费收入和赔付率增加 3% 时保费准备金、利润准备金和当年可赔付结余资金比较

到 2035 年，提高保费收入和赔付率 3% 时，预计保费收入达到 20.59 亿元，比原方案提高了 3%，当年成灾应赔款 15.13 亿元，比原方案的 14.26 亿元增加了6.10%，简单赔付率为73.48%，比原方案提高了3%。自留部分应赔款10.97亿元，比原方案的10.34亿元增加了6.09%。用自留保费支付全部应赔款10.97亿元，无须动用保费准备金和利润准备金。承保利润率仅为0.81%，而综合成本率达到73.32%，超过《办法》规定的70%，因此未计提利润准备金；年初利润准备金余额为7.45亿元，比原方案的10.36亿元减少了28.08%；一般风险准备金为1.54亿元，比原方案的1.77亿元减少12.99%；年初可赔付结余资金11.2亿元，比原方案减少了26.12%（见图7-10）。当年实现可分配利润0.07亿元，比原方案的0.24亿元减少了70.83%。累计可分配利润达到3.12亿元（见图7-11），比原方案的3.04亿元仅增加了2.63%。

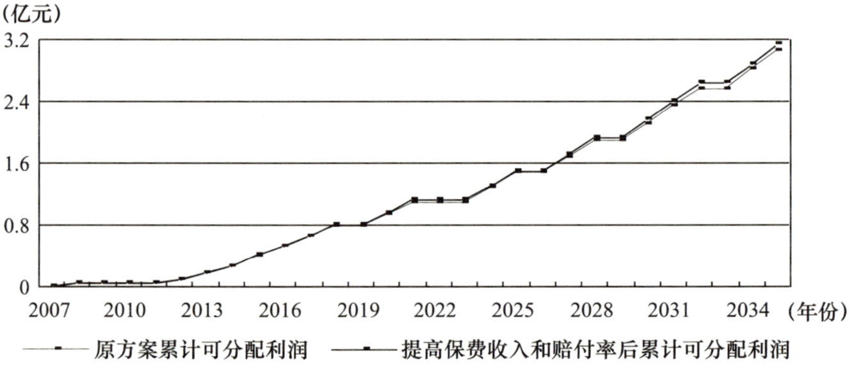

图7-11　平常年景与保费收入和赔付率增加3%时累计可分配利润比较

通过以上比较可以看出，如果将广东省农业保险各大险种的保费收入及其赔付率分别增加和提高3%，与未增加保费收入和赔付率的原方案相比，尽管当年成灾应赔款和自留部分应赔款都比原方案有所增多，而年末保费准备金、利润准备金和可用于赔付结余资金等主要指标的数值都将有明显减少，而累计可分配利润仅有微小增加，从中长期看，并没有改变原方案所表现出的可持续发展的总趋势。

（三）如果广东省农业保险的经营管理费用率减少2个百分点，不会增加可分配利润，而会增加可赔付结余资金

如果广东省不包括理赔费用在内的经营管理费用占净保费的比例，由假设的20%减少到18%，预计到2020年累计可分配利润可能达到0.92亿元，与原方案持平；而可赔付结余资金达到8.29亿元，比原方案提高了11.42%（见图7-12）。到2030年累计可分配利润可能为2.1亿元，与原方案持平；而可赔付结余资金增加为14.84亿元，比原方案提高了25.02%。到2035年累计可分配利润为3.04亿元，仍与原方案持平；而可赔付结余资金增加到19.36亿元，比原方案提高了27.7%。也就是说，提高经营管理水平，不会影响可分配利润，而会增加可赔付结余资金的数量，从而有利于增强省分公司应对大灾风险的能力。

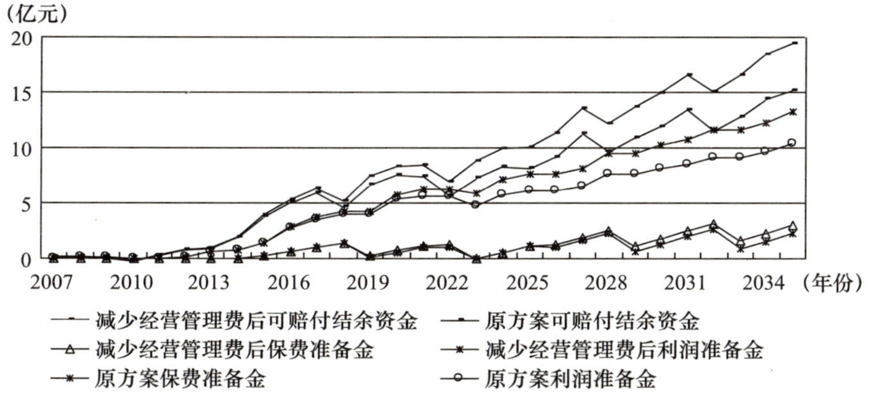

图7-12 经营管理费减少到18%时的大灾准备金与原方案比较

(四) 发生10年和20年一遇大灾的情景下，广东省农业保险仍能实现可持续发展

假设在2018年和2028年先后发生10年和20年一遇的两次大灾。在2018年成灾当年原保费收入可能达到11.61亿元，当年成灾应赔款15.09亿元，自留部分应赔款11.04亿元。用当年自留保费赔付6.30亿元，再保险公司赔款0.50亿元，剩余的超赔款4.24亿元，先用全部保费准备金支付1.79亿元后，还有2.45亿元用利润准备金支付。年末还剩余利润准备金1.51亿元，一般风险准备金0.58亿元，当年可用于赔付的结余资金为2.09亿元。在2028年再次发生20年一遇的大灾时，当年原保费收入17.52亿元，大灾损失应赔款27.43亿元，自留部分应赔款19.97亿元。先用自留保费赔付9.45亿元，再保险公司赔款1.38亿元，剩余的超赔款9.14亿元，由全部保费准备金支付2.86亿元，再全部由利润准备金和一般风险准备金支付后，一般风险准备金还结余0.14亿元，即为当年可赔付结余资金（见图7-13）。到2035年，当年保费收入19.99亿元，当年成灾应赔款14.26亿元，自留部分应赔款10.34亿元。用当年保费收入支付全部自留应赔款，未动用大灾准备金。年初保费准备金余额为1.6亿元，利润准备金为2.69亿元，一般风险准备金为0.62亿元，当年可赔付结余资金为5.70亿元。以

上表明，在未来21年中，即使在早期和晚期先后发生10年和20年一遇的两次农业大灾，广东农业保险经营过程中始终未发生资金亏空，完全可以实现可持续发展。

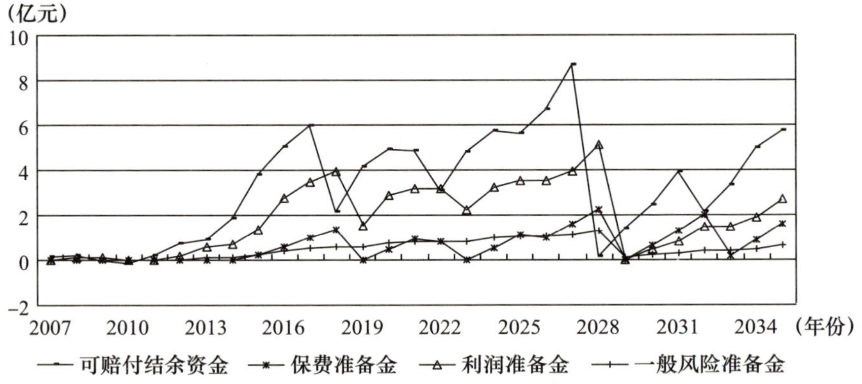

图7-13　发生10年和20年一遇的大灾时全省大灾准备金及可赔付结余资金变化趋势

（五）广东省农业保险在早期或晚期发生50年一遇大灾的情景下，当年受灾损失都可能超过其赔付能力，需要总公司支付的超赔资金约3.2亿元或5亿元

如果早期2018年发生50年一遇大灾，当年成灾应赔款22.99亿元，自留部分应赔款16.82亿元。用当年保费自留部分赔付6.29亿元，再保险公司赔款1.01亿元，超赔的9.52亿元，首先用保费准备金支付1.8亿元，再用利润准备金和一般风险准备金支付4.54亿元后，还有3.18亿元的未赔款需要总公司支付。如果在2028年再次发生10年一遇的大灾，当年成灾损失应赔款22.76亿元，自留部分应赔款16.57亿元。先用自留保费赔付9.45亿元，再保险公司赔款0.72亿元，剩余的超赔款6.38亿元，由全部保费准备金支付后，再由利润准备金支付剩余的3.52亿元，年末利润准备金和一般风险准备金余额分别为0.09亿元和0.71亿元，当年可赔付结余资金尚有0.80亿元（见图7-14）。到2035年初，保费准备金余额为1.60亿元，利润准备金为2.79亿元，一般风险准备金为1.19亿元，可用于赔付结余资金为6.36亿元。

如果在早期发生10年一遇的大灾后，在晚期2028年再发生一次50年一遇的大灾，当年成灾应赔款34.67亿元，自留部分应赔款25.25亿元。用当年保费自留部分赔付9.46亿元，再保险公司赔款1.46亿元，超赔的14.33亿元，先用保费准备金支付2.87亿元，再用利润准备金和一般风险准备金支付6.42亿元后，还有5.04亿元的未赔款需要总公司支付（见图7-14）。到2035年初，保费准备金余额为 1. 6 亿元，利润准备金为 2. 69 亿元，一般风险准备金为 0. 48 亿元，可用于赔付结余资金为 5. 55 亿元。

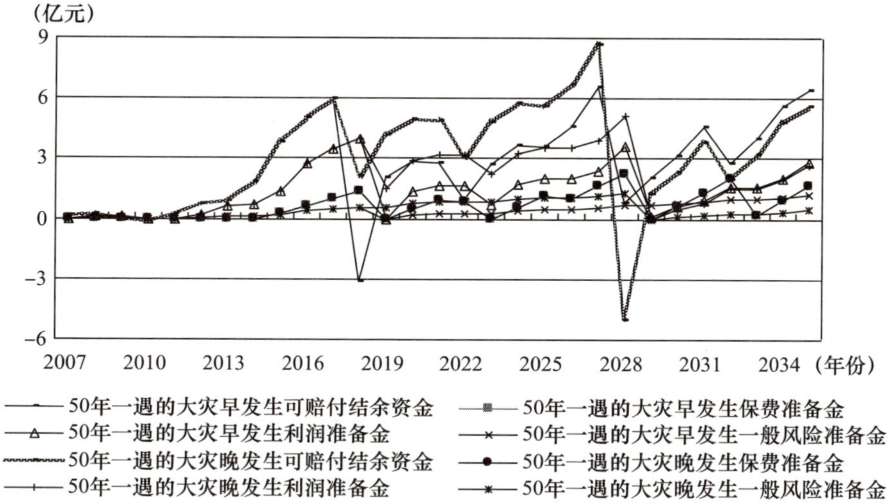

图 7－14　50 年一遇的大灾早期或晚期发生时大灾准备金和可赔付结余资金变化趋势

（六）早期或晚期发生 100 年一遇的大灾时，广东省农业保险可能最多亏空 9. 78 亿元

如果早期 2018 年发生 100 年一遇的大灾，当年成灾应赔款 27. 3 亿元，自留部分应赔款 19. 97 亿元。用当年保费自留部分赔付 6. 29 亿元，再保险公司赔款 1. 01 亿元，超赔的 12. 67 亿元，先用保费准备金支付 1. 80 亿元，再用利润准备金和一般风险准备金支付 4. 54 亿元后，还有 6. 33 亿元的未赔款需要总公司支付。如果在 2028 年再次发生 10 年一遇的大灾，和 50 年一遇的大灾早发生方案中 10 年一遇的大灾发生时一样，当年成灾损失应赔款 22. 76 亿元，自留部分应赔款 16. 57 亿元。先用自留保费赔付 9. 46 亿元，再保险公司赔款 0. 73 亿元，剩余的超赔款 6. 38 亿元，由全部保费准备金支付 2. 87 亿元，再由利润准备金支付剩余的 3. 51 亿元后，年末利润准备金余额 0. 09 亿元，一般风险准备金的余额 0. 71 亿元，当年可赔付结余资金尚有 0. 80 亿元（见图 7－15），到 2035 年初保费准备金余额 1. 6 亿元，利润准备金余额 2. 79 亿元，一般风险准备金 1. 19 亿元，可赔付结余资金同样也有 6. 36 亿元。

如果在早期发生 10 年一遇的大灾后，在晚期 2028 年才发生 100 年一遇的大灾，当年成灾应赔款 41. 18 亿元，自留部分应赔款 29. 98 亿元。用当年保费自留部分赔付 9.45 亿元，再保险公司赔款 1.46 亿元，超赔的 19.07 亿元，先用保费准备金支付 2.87 亿元，再用利润准备金和一般风险准备金支付 6.42 亿元后，还有 9.78 亿元的未赔款需要总公司支付（见图 7－15）。到 2035 年初，保费准备金余额为 1.6 亿元，利润准备金为 2.69 亿元，一般风险准备金为 0.48 亿元，当年可用于赔付结余资金为 5.55 亿元。

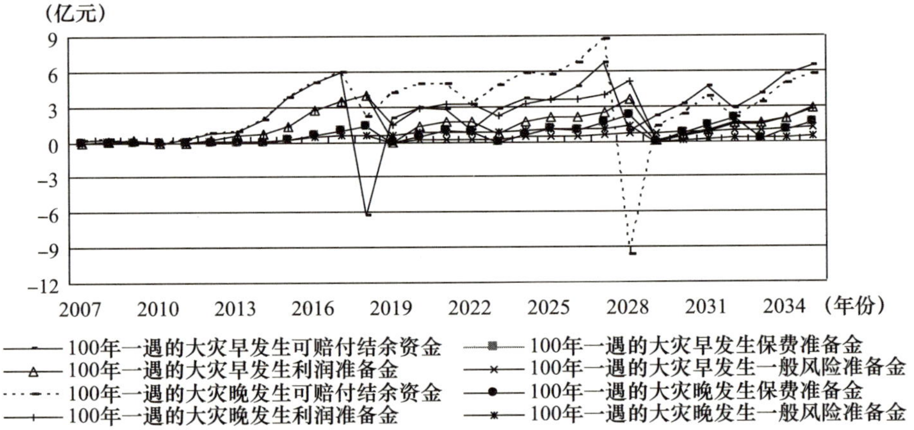

图 7－15　100 年一遇大灾早期或中晚期发生时大灾准备金和可赔付结余资金变化趋势

（七）总公司在平常年景赔付率下，完全可以支付广东省发生不同程度大灾时的亏空资金

当总公司农业保险处于平常年景赔付率情景时，总公司保费收入在支付其他省的成灾赔款后，不仅完全可以支付广东省在早期 2018 年或后期 2028 年提前发生 50 年一遇大灾时的亏空资金，而且完全可以支付广东省在早期或晚期发生 100 年一遇大灾时的亏空资金。以广东省提前发生 100 年一遇的大灾为例，如果在早期 2018 年提前发生 100 年一遇的大灾，成灾当年广东省农业保险有 6.33 亿元亏空资金需要由总公司支付。而总公司当年成灾应赔款 146.35 亿元，简单赔付率为 54.98%，自留应赔款 103.02 亿元，其中种植业自留部分应赔款 70.7 亿元，养殖业自留部分应赔款 26.96 亿元，林业自留部分应赔款 5.36 亿元。用当年保费支付全部自留应赔款 103.02 亿元后，年末保费准备金余额 45.06 亿元，利润准备金余额 39.03 亿元，一般风险准备金余额 7.87 亿元，可用于赔付支出结余资金 91.96 亿元（见图 7－16）。在 2028 年广东省农业保险又一次发生 10 年一遇的大灾时，当年全省可赔付结余资金 0.80 亿元，不需要动用总公司经营其他省区的大灾准备金。

以广东省农业保险在晚期2028年才提前发生100年一遇的大灾为例，成灾当年需要总公司支付的缺口资金多达9.78亿元。而总公司当年成灾应赔款314亿元，简单赔付率为85.17%，自留应赔款213.07亿元，用当年保费支付181.43亿元后还剩余的31.64亿元全部由保费准备金支付。年末保费准备金余额93.33亿元，利润准备金余额117.31亿元，一般风险准备金余额20.54亿元，可用于赔付支出结余资金231.18亿元（见图7-16）。可见，即使广东省由于在早期或晚期提前发生50年或100年一遇的大灾而出现赔付资金亏空时，由总公司支付广东省的亏空资金后，不会影响总公司农业保险在平常年景下的可持续发展。

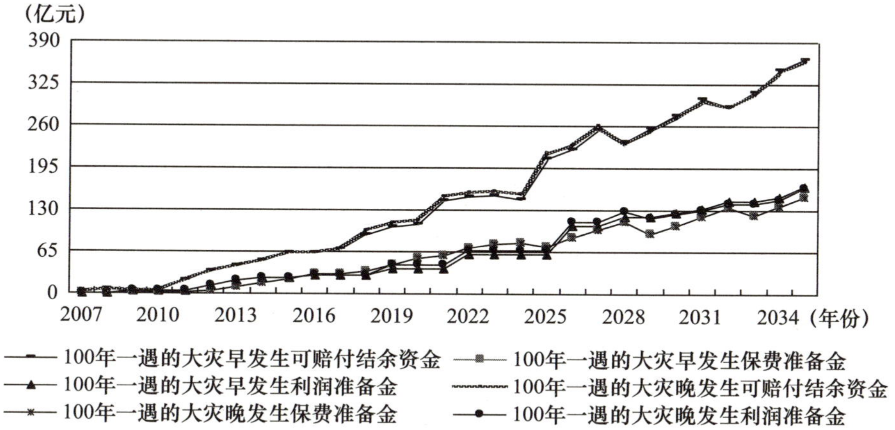

图7-16 平常年景总公司支付广东省100年一遇的大灾后大灾准备金变化趋势

（八）如果总公司先后发生10年和20年一遇的大灾，完全可以支付广东省同时发生10年和20年，甚至在早期或晚期再发生50年或100年一遇大灾时的亏空资金

在未来21年里，总公司农业保险在早期2018年和晚期2028年先后发生10年和20年一遇大灾的情况下，不仅完全可以支付广东省农业保险先后发生10年和20年一遇的两次大灾损失，甚至在支付广东省在早期或晚期发生50年或100年一遇的大灾亏空资金后，总公司农业保险仍然可以实现可持续发展。以广东省在早期2018年发生100年一遇的大灾，同时在晚期还发生10年一遇的大灾为例，在2018年广东省亏空资金6.33亿元需要总公司支付。总公司在2018年成灾应赔款298.08亿元，自留部分应赔款208.68亿元。用当年自留保费赔款

131.76 亿元，再保险公司赔款 5.80 亿元，剩余的超赔款 71.12 亿元，先由保费准备金支付 45.06 亿万，剩余的 26.06 亿元和广东省亏空资金共 32.39 亿元全部由利润准备金和一般风险准备金支付。年末利润准备金余额全部支付完，仅仅结余一般风险准备金 0.66 亿元，并作为当年可赔付结余资金。在 2028 年总公司和广东省同时分别发生 20 年和 10 年一遇的大灾时，当年广东省可赔付结余资金 0.80 亿元，总公司可赔付结余资金 48.19 亿元。到 2035 年初，总公司保费准备金余额为 56.88 亿元，利润准备金 81.17 亿元，一般风险准备金 21.97 亿元，当年可赔付结余资金达到 176.35 亿元（见图 7－17）。

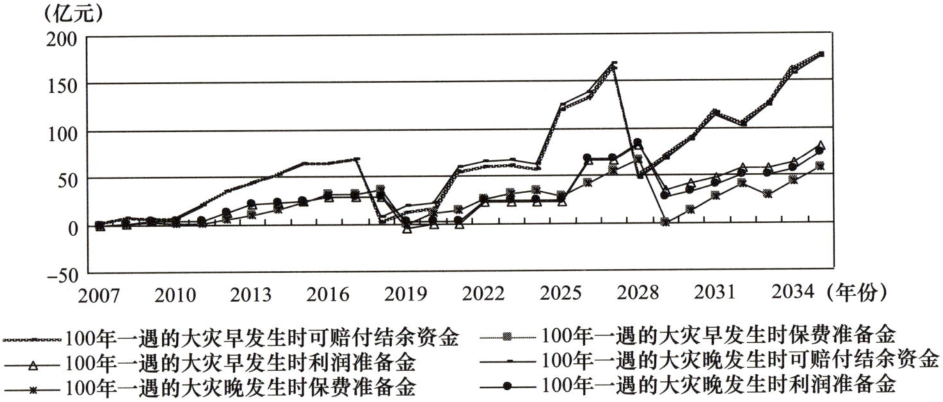

图 7－17　总公司发生 10 年和 20 年一遇的大灾时，支付广东省 100 年一遇的大灾亏空资金后总公司可赔付结余资金变化趋势

总公司农业保险在早期和晚期先后发生 10 年和 20 年一遇大灾的情景下，如果广东省在晚期 2028 年发生 100 年一遇的大灾，总公司在支付广东省亏空资金 9.78 亿元后，当年尚有可赔付结余资金 44.75 亿元，其中利润准备金 26.81 亿元，一般风险准备金 17.94 亿元。到 2035 年初，总公司保费准备金 56.88 亿元，利润准备金 73.11 亿元，一般风险准备金 26.58 亿元，可赔付结余资金 172.91 亿元。

（九）广东省和总公司同时在早期或晚期发生 50 年一遇的大灾时，总公司在早期将需要外部超赔补偿资金 49 多亿元

2018 年当广东省和总公司早期同时发生 50 年一遇的大灾时，成灾当年广东省农业保险将亏空 3.18 亿元资金需要总公司予以支付。总公司当年成灾应赔款 399.99 亿元，保费自留部分应赔款 280.02 亿元。先用当年保费赔付 131.76 亿

元，再保险公司赔款 24.29 亿元。剩余的超赔款 123.97 亿元，用全部保费准备金赔款 45.06 亿元，全部利润准备金和一般风险准备金支付 33.05 亿元，还亏空赔款 45.86 亿元，加上广东省赔付亏空的 3.17 亿元，共需要外部超赔补偿资金 49.03 亿元，经过自身经营到 2020 年末，可全部偿还外部补偿资金。当后期 2028 年同时再发生 10 年一遇大灾时，总公司当年成灾应赔款 412.92 亿元，保费自留部分应赔款 286.43 亿元。先由当年保费和再保险公司赔款后，再用全部保费准备金和部分利润准备金支付，当年可用于赔付结余资金 27.84 亿元，其中利润准备金 18.88 亿元，一般风险准备金 8.96 亿元。到 2035 年初，保费准备金 56.88 亿元，利润准备金 65.18 亿元，一般风险准备金 17.6 亿元，总公司可赔付结余资金 156 亿元（见图 7－18）。

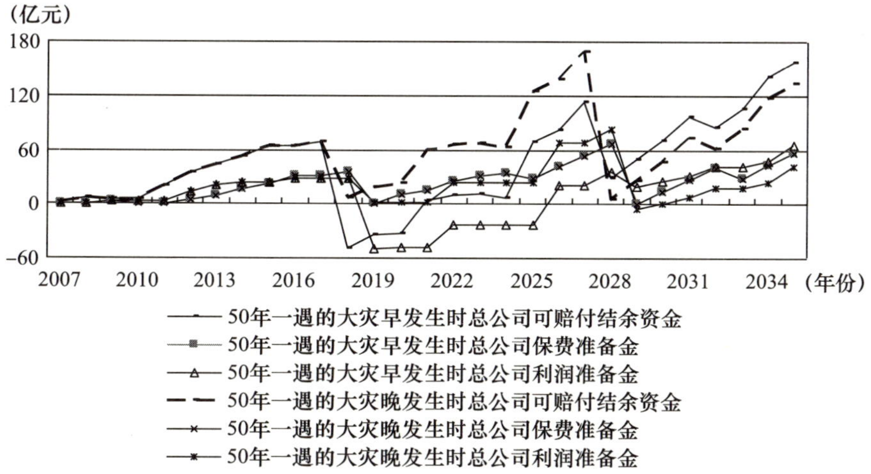

图 7－18　早期或晚期同时发生 50 年一遇的大灾时总公司大灾准备金变化趋势

如果总公司和广东省农业保险在晚期 2028 年才发生 50 年一遇的大灾，成灾当年广东省缺口资金 5.04 亿元，总公司当年应赔款 554.08 亿元，保费自留部分应赔款 384.35 亿元。先由当年保费和再保险公司赔款，再用全部保费准备金和利润准备金支付后，一般风险准备金余额为 5.02 亿元，即为当年可用于赔付结余资金。到 2035 年初，年初保费准备金 56.88 亿元，利润准备金 41.26 亿元，一般风险准备金 18.71 亿元，总公司可赔付结余资金 133.18 亿元（见图 7－18）。

可见，未来 21 年里，在早期广东省和总公司如果同时发生 50 年一遇的农业大灾，总公司在支付其他省份赔款和广东省亏空赔款资金后，将需要外部超赔补偿资金49多亿元。而在晚期才同时发生50年一遇大灾的情况下，总公司不需要外部补偿资金，基本能做到可持续经营。

（十）广东省和总公司同时在早期或晚期发生100年一遇的大灾时，总公司都将发生严重亏损，早期最多需要外部超赔补偿资金近85亿元

2018年当广东省和总公司早期同时发生100年一遇的大灾时，成灾当年广东省缺口资金6.33亿元，总公司当年成灾应赔款453.53亿元，保费自留部分应赔款317.50亿元。先用当年保费赔付131.76亿元，再保险公司赔款28.98亿元。剩余的超赔款156.76亿元，用全部保费准备金赔款45.06亿元，全部利润准备金和一般风险准备金支付33.05亿元，还亏空赔款78.65亿元，加上广东省赔付亏空的6.33亿元，共需要外部超赔补偿资金84.98亿元，经过6年到2024年末可全部偿还外部补偿资金。当后期2028年再次发生10年一遇的大灾时，总公司当年成灾应赔款412.92亿元，保费自留部分应赔款286.43亿元。先由当年保费收入和再保险公司赔款，再用全部保费准备金、利润准备金、一般风险准备金支付后，仍有8.11亿元亏空资金需要由外部补偿资金支付。到2035年初，保费准备金56.88亿元，利润准备金39.49亿元，一般风险准备金7.34亿元，总公司可赔付结余资金120.05亿元（见图7－19）。

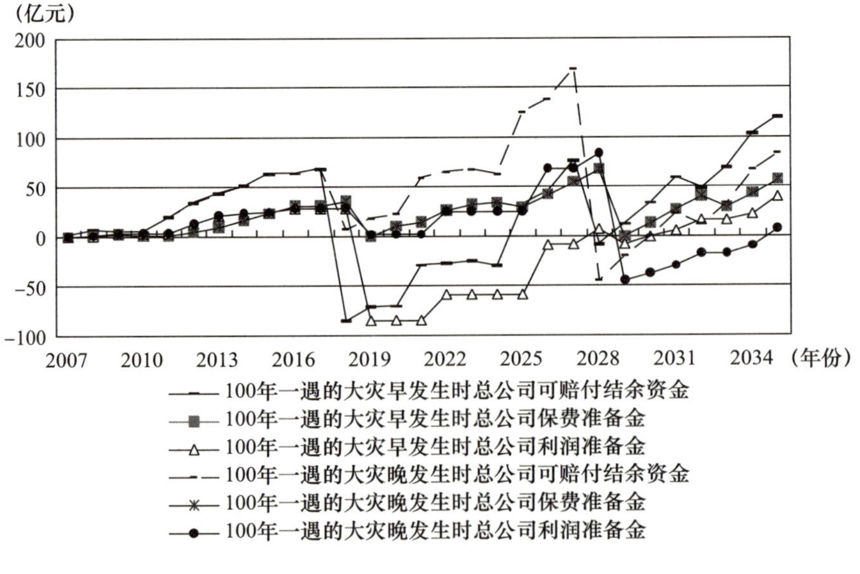

图7－19　早期或晚期同时发生100年一遇的大灾时总公司大灾准备金变化趋势

如果总公司和广东省农业保险在晚期2028年才发生100年一遇的大灾，成灾当年总公司应赔款628.26亿元，保费自留部分应赔款435.81亿元。先由当年保费和再保险公司赔款后，再用全部保费准备金和利润准备金以及一般风险准备金支付后，加上支付广东省缺口资金9.78亿元，共有45.05亿元的缺口资金需要由外部超赔补偿资金支付，第二年末即可还清外部补偿资金。到2035年初，总公司保费准备金56.88亿元，利润准备金7.13亿元，一般风险准备金2.76亿元，总公司可赔付结余资金83.10亿元（见图7-19）。

可见，未来21年里，无论在早期或者是在晚期，如果广东省和总公司同时发生百年一遇的农业大灾，总公司在支付其他省份赔款和广东省亏空资金后，早期将需要外部超赔补偿资金近85亿元，而在晚期总公司可能需要外部超赔补偿资金约45亿元。

四、结论

（一）广东省农业保险现行模式在平常年景赔付率下能够实现可持续发展

2015～2035年，广东省农业保险如果没有大灾发生，而是处于平常年景赔付率，有15个年份，即占71.43%的年份用每年自留保费即可支付当年成灾应赔款。在其余的6年中，要支付当年应赔款，有5个年份在当年自留保费赔付后只需要动用部分保费准备金；只有1年在保费准备金支付后还需动用部分利润准备金。到2035年末，全省可用于赔付的结余资金可能达到15.16亿元，约占当年净保费收入14.50亿元的104.55%。也就是说，未来21年里如果广东省农业保险处于平常年景赔付率，仅靠本省农业保险保费收入和大灾准备金便可以实现可持续发展。在这种情景下，未来21年里如果总公司财产险的平均承保利润率为2.84%，预计2018年全省农业保险当年实现可供投资者分配利润约0.16亿元。随着农业保费的增多，2035年全省农业保险当年实现可供投资者分配利润0.24亿元。到2035年初，全省大约累计实现可分配利润3亿多元。

（二）广东省农业保险现行模式在早期和晚期相继发生10年和20年一遇的两次大灾时，仍然可实现可持续经营

在广东省农业保险平常年景赔付率情景下，如果早期2018年发生10年一遇的大灾，又在2028年发生20年一遇大灾的情景下，全省都不会出现赔付资金不

足的问题。早期成灾当年可赔付结余资金为2.10亿元，而在2028年再次发生20年一遇的大灾后，当年全省可赔付结余资金可能仅有0.15亿元。这说明农业保险现行模式仅仅在保险公司层面建立的大灾准备金制度，使得广东省级农业保险应对相继发生10年和20年一遇的两次大灾风险的能力相对有限。

（三）广东省农业保险在早期或晚期发生50年一遇的大灾时，当年受灾损失都可能超过其赔付能力，需要总公司支付的超赔资金3.18亿元或5.04亿元

未来21年里，如果广东省农业保险在早期2018年或晚期2028年发生一次50年一遇的大灾，并且在先后还发生一次10年一遇的大灾的情景下，发生50年一遇大灾时当年全省农业保险可能会出现3.18亿元或5.04亿元的赔款资金亏空需要总公司予以支付。

（四）广东省农业保险在早期或晚期发生100年一遇大灾的情景下，受灾当年亏空资金不断增多，需要总公司支付的超赔资金6亿~9亿多元

未来21年里，如果广东省农业保险在早期2018年或晚期2028年提前发生一次100年一遇的大灾，并且先后还发生一次10年一遇大灾的情景下，发生100年一遇大灾时当年全省农业保险可能会出现6.33亿元或9.78亿元的赔款资金亏空，需要由总公司予以支付。

（五）无论总公司农业保险整体上处于平常年景赔付率的情景下，还是总公司发生10年和20年一遇的大灾时，总公司农业保险都有能力支付广东省不同程度的大灾风险损失，实现广东省和总公司农业保险的可持续发展

未来21年里，在总公司农业保险整体上处于平常年景赔付率时，甚至总公司在早期2018年和晚期2028年相继发生10年和20年一遇两次大灾的情景下，总公司农业保险在支付其他各地农业保险赔款后，仍然能够支付广东省农业保险在早期或晚期发生50年一遇，甚至100年一遇的大灾时的缺口资金，进而实现广东省和总公司农业保险业务的可持续发展。

（六）广东省和总公司在早期或晚期同时发生50年一遇的大灾时，总公司可能仅在早期需要49亿多元的外部超赔补偿资金

未来21年里，广东省和总公司在早期2018年同时发生50年一遇的大灾时，成灾当年总公司支付赔款会出现超赔，可能需要外部超赔补偿资金49.03亿元，靠总公司自身经营，到2020年末可全部偿还外部补偿资金。由于总公司有较强的大灾准备金的积累能力，在晚期2028年才发生50年一遇的大灾时，当年支付应赔款后的可赔付结余资金还有 5.02 亿元。

（七）广东省和总公司在早期或晚期同时发生 100 年一遇的大灾时，总公司在早期可能需要近 85 亿元的外部超赔补偿资金

广东省和总公司同时在早期 2018 年提前发生 100 年一遇的大灾时，成灾当年总公司可能需要外部超赔补偿资金 84.98 亿元，靠总公司自身经营，到 2024 年末可全部偿还外部补偿资金。而且在后期 2028 年再次同时发生 10 年一遇的大灾时，总公司可能还需要外部超赔补偿资金 8.11 亿元。如果在晚期 2028 年才发生 100 年一遇的大灾时，成灾当年总公司可能需要外部超赔补偿资金 45.05 亿元，第二年末可以偿还全部外部补偿资金。

五、建议

对广东省农业保险现行模式以及广东省和总公司农业保险同时发生不同程度农业大灾损失的模拟研究表明，未来 21 年里，广东省农业保险无论在早期或者晚期只要发生 50 年或 100 年一遇的大灾时，成灾当年一定会造成赔付资金的亏空。此时，如果总公司农业保险仅仅发生 10 年和 20 年一遇的大灾时，甚至总公司仅在晚期才发生 50 年一遇大灾的情景下，总公司农业保险完全可以支付广东省农业保险因灾造成的赔付亏空资金，实现广东省和总公司农业保险业务的可持续发展。

然而，当广东省和总公司农业保险在早期同时发生 50 年一遇的大灾，甚至在早期或晚期同时发生 100 年一遇的大灾时，总公司可能会因赔付能力有限而需要外部超赔补偿资金，所需金额将可能达到近 85 亿元，而且要经历 6 年才可能扭亏为盈。因此，对广东省农业保险应对大灾风险提出如下参考建议：

（一）在以下三种情景下，广东省政府对经营广东农业保险的省政府可以不承担缺口资金的赔付责任

一是当广东省农业保险在早期和晚期先后发生赔付率为 129.85% 和 156.55% 的 10 年和 20 年一遇的两次大灾时，广东省农业保险完全可以通过自身计提和积累的大灾准备金予以赔付，不需要政府财政筹资予以补助。二是当总公司相继发生 10 年和 20 年一遇的两次大灾的情景下，无论广东省农业保险在早期或晚期提前发生 50 年甚至 100 年一遇的大灾时，总公司在支付湖南省赔付的亏空资金后，仍然可以实现可持续发展，因此广东省政府可以不承担对省级分公司缺口资金的补助。三是当经营广东省农业保险机构的总公司和省分公司在晚期 2028 年才发生 50 年一遇的大灾时，总公司凭借其在全国各地农业保险经营中积累的大灾准备金，可能通过大灾风险的时间和空间分散，实现其在整体上的可持续经营，因此即使在这种情景下，广东省政府也可以不向省级保险分公司提供资金补助。

（二）为应对未来 21 年里发生最不利的大灾风险损失，2017 ~ 2020 年广东省财政每年至少应筹资 0. 15 亿元或 0. 29 亿元

从最不利处着想，如果今后广东省农业保险在早期 2018 年提前发生 50 年或 100 年一遇的大灾，而经营广东省农业保险机构的总公司在早期 2018 年提前发生 50 年一遇大灾的情景下，经营全国各地农业保险的超赔金额可能会超过总公司的实际支付能力，成灾当年需要外部超赔补偿的资金可能多达 49 亿元。由于保险公司总部在亏损的第 3 年末即可扭亏为盈，为提高政府财政资金和保险公司大灾准备金的使用效率，建议总公司可以通过贷款或发行公司农业保险债券等方式进行融资，并在今后 3 年中负责偿还本金，而由广东省政府承担本省农业保险超赔资金 3. 18 亿元的融资利息。当早期 2018 年提前发生 100 年一遇的大灾时，广东省政府需要承担本省农业保险缺口资金 6. 33 亿元的融资利息。如果年利率按 6% 计算，从早期 2018 年可能提前发生 50 年或 100 年一遇的大灾考虑，2017 ~ 2020 年预计广东省最多需要支付利息约 0. 58 亿元或 1. 14 亿元，省财政每年至少应筹资 0. 15 亿元或 0. 29 亿元。在全国建立农业保险大灾风险分散体系以后，以上从 2017 年开始由广东省财政每年筹集用于支付本省农业保险超赔融资利息的资金如果尚有结余，可将其按国家规定转入相应账户。

第八章　专业农业保险公司应对大灾风险能力的模拟

在全球气候变暖的大背景下，极端气候事件发生的概率不断增加，50年甚至100年一遇的农业大灾随时可能突然提前降临，大灾造成的农业投保损失远远超过农业保险公司自身的偿付能力。因此，在我国现行的农业保险大灾风险分散制度下，我国农业保险经营机构应对农业大灾损失的能力及其在不同程度大灾损失下需要外部超赔补偿资金的额度，以及如何建立和健全我国农业保险大灾风险管理制度，已成为当前我国政府以及农业保险实践和理论研究十分关注的问题。

我国专业农业保险公司（以下简称专业公司）以一两个省为主或在数省内开展农业保险业务。与综合保险公司在全国各省份经营农业保险相比较，专业公司虽然专业性强，但业务量相对较少，尤其是展业地域有限，风险单位数量较少，面临大灾风险冲击的概率增大。因此，地方政府、广大农户和理论界对专业公司应对大灾风险的能力尤为关注。但国内还没有专业公司及其在灾害多发省分支机构的农业保险发展模式应对大灾风险能力的研究报道。

为此，本书应用系统动力学的原理和方法，使用下标变量，建立某专业农业保险公司①和其下属吉林、辽宁、内蒙古、北京、山东五省（区、市）分公司农业保险的系统动力学数组模型，开展了五省（区、市）分公司和专业公司应对农业大灾风险的能力及可持续发展的模拟研究。以此了解在提前发生10年、20年或50年一遇大灾风险的冲击下，我国一些农业灾害多发省，尤其是农业保险保费收入超过30亿元的内蒙古和其他四个省、市同时发生不同程度的大灾损失时，需要专业农业保险公司支付的缺口资金，以及专业农业保险公司需要的外部超赔补偿资金和通过自身经营偿还融资本金的能力，提出专业农业保险公司实现可持续发展需要采取的措施，为进一步完善我国农业保险大灾风险分散体系提供参考。

---

① 专业农业保险公司的业务数据为内部资料，因此不公开该保险公司名称，下文中统一称为某专业农业保险公司。

一、五省（区、市）农业保险基本情况

某专业农业保险公司成立于2004年12月。自专业公司成立以来，公司农业保险业务不断扩大，先后在吉林、辽宁、内蒙古、北京和山东等五省（区、市）开展种植业、养殖业和林业等险种的保险业务。这五省（区、市）分布在我国东、中、西部，除北京市外，其余四省（区）都是我国粮食和畜产品大省，同时也都是农业自然灾害高发地区，而且五省（区、市）2014年农业保险规模已经占到全国的18%，其中内蒙古农业保险规模仅次于江苏[①]和新疆，在全国居第3位，辽宁省、吉林省和山东省分别位居全国第11、第12和第13位。因此，研究五省（区、市）农业保险以及专业公司农业保险应对大灾风险的能力，对我国东、中、西部农业保险和专业农业保险公司都具有代表性。

（一）吉林省农业保险概况

吉林省是我国接近亚寒带的最北部的北温带地区，形成了春季干燥多风、夏季炎热多雨、秋季温差大、冬季严寒漫长的气候特点，也是我国粮食主产区中自然灾害多发省。1989~2012年的24年里，农作物播种面积中发生干旱的成灾面积（指农作物减产20%以上）占30%以上的有5年，占20.83%，即平均五年发生一次，因此农业保险对于稳定农业生产和农民收入显得十分重要。

2007年，吉林省被列入全国首批开展农业保险的六个试点省份之一。多年来，中央和地方财政保费补贴的农业保险品种由2007年的玉米、水稻和大豆，逐步扩大到油料、烟叶、蔬菜和温室大棚作物，以及奶牛、能繁母猪、育肥猪、鸡、海水养殖、林木等种植业、养殖业和林业多个品种，农业保险规模不断扩大。2007年，农业保险原保费收入6.88亿元，其中种植业保费收入5.95亿元，养殖业保费收入0.81亿元，林业保费收入0.11亿元。当年赔付支出8.94亿元，简单赔付率为129.78%，其中种植业赔付率145.81%，养殖业赔付率34.09%，林业赔付率42.71%。2010年农业保险保费收入达到8.02亿元，比2007年增加了1.13亿元，年均递增率为5.22%。在这四年里，2008年和2009年养殖业赔付率分别高达203.68%和159.25%。到2014年，全省当年农业保险保费收入达到9.21亿元，比2010年增加了1.19亿元，年均递增率3.51%。其中全年种植

① 包括省政府承担的农业保险保费收入合计为32.01亿元。

业保费收入为 7. 39 亿元，占全年保费总收入的 80. 24%；养殖业保费收入 1. 36 亿元，占 14. 77%；林业保费收入 0. 46 亿元，占 4. 95%。当年赔付支出 5. 53 亿元，简单赔付率为 60. 09%，其中种植业赔付率 68. 83%，养殖业赔付率 31. 97%，林业赔付率为 3. 13%。

吉林省农业保险采取“封顶赔付”的理赔机制，2012 年之前封顶赔付的比例为 150%，2012 年之后提高到 200%，超过 200% 以上的部分，农业保险公司自主选择赔付比例及额度。

（二）辽宁省农业保险概况

辽宁省属于温带大陆型季风气候区。冬长夏暖，春秋季短，雨量不均，东湿西干。农业气象灾害主要有干旱、涝、寒、风雹等。辽宁气象灾害具有种类多、范围广、频率高、群发性显著、灾害链明显和灾害不断加强等特点，造成农业大幅减产，粮食产量不稳定，给农业生产带来极大危害。在全球变暖的情况下，虽然夏季低温灾害有减弱或消除的趋势，但干旱、洪涝及高温灾害有加剧的倾向，局部低温现象也仍然存在。从空间分布特征来看，辽宁农业灾害影响较大的地区集中在辽西地区。辽宁地区受农业灾害影响减产较大，各地农业灾害平均减产面积，以减产 3 ~5 成为主，其次为 5 ~8 成，8 成以上最少。

2008 年辽宁被中央财政列为全国第二批农业保险 10 个试点省份之一。当年农业保险保费收入增加到 1. 23 亿元，比 2007 年增长了 11. 3 倍。2009 年农业保险保费收入又猛增到 5. 81 亿元，是上年的 3. 72 倍。其中种植业保费收入 5. 49 亿元，养殖业保费收入 0. 32 亿元，林业保费收入 75 万元。由于当年遭受严重灾害，农业保险赔付支出为 8. 59 亿元，简单赔付率达到 147. 75%。其中种植业赔付 8. 01 亿元，赔付率高达 146. 03%；养殖业赔付 0. 58 亿元，赔付率高达 179. 55%；林业赔付 22. 23 万元，赔付率为 30. 43%。在经历了 2009 年大发展和大灾害的考验后，2010 年全省农业保险适度调整，当年全省保费总收入下降到 3. 93 亿元，比上年减少了 32. 43%。其中种植业保费收入减少到 3. 86 亿元，比上年减少 29. 53%；养殖业剧减到 0. 053 亿元，减少了 83. 57%；林业保费收入增加到 121. 97 万元，增长了 66. 97%。当年再度遭受严重灾害，全省赔付支出 6. 21 亿元，赔付率达到 158%。其中种植业赔付支出 5. 84 亿元，赔付率为 151. 08%；养殖业赔付支出 0. 37 亿元，赔付率高达 690. 51%，创历史最高纪录；林业赔付支出 26. 75 万元，赔付率仅 21. 93%。经过 2011 年的适度发展、全面调控，辽宁省的农业保险业务终于在 2013 年再度快速发展和持续增长。2013 全年农业保费收入猛增到 9. 80 亿元，比 2012 年的 6. 91 亿元增长了 41. 71%。2014 年稳步发展，全年实现农业保费收入 9. 97 亿元，比上年增长 17. 79%。其中种植业保费收入下调到8.05亿元，比上年减少9.63%；而养殖业和林业飞速发展，保费收入分别达到1.16亿元和0.76亿元，分别比上年增长了5.30倍和7.64%。由于当年又发生严重灾害，全省农业保险赔付支出近1.29亿元，赔付率为129.11%。其中种植业赔付支出近1.21亿元，赔付率高达149.69%；养殖业赔付支出0.54亿元，赔付率46.77%；林业赔付支出0.28亿元，赔付率35.69%。

从2007～2014年短短8年的农业保险实践可以初步看出，辽宁省农业保险容易频繁遭受大灾风险的冲击。种植业几乎是每两年就可能发生赔付率高于78%的一次灾害，不到3年就可能发生一次赔付率高于146%的大灾。而养殖业似乎承保业务越少，越容易因家畜死亡而导致高赔付率。相对而言，辽宁省林业保险的赔付率一直较低，可保性较强。

（三）内蒙古自治区农业保险概况

内蒙古是我国2007年首批确定的政策性农业保险9个试点地区之一。2007年，内蒙古首先开始试点推广玉米、小麦、大豆和能繁母猪等险种的政策性农业保险。当年农业保险保费收入达到4.33亿元，其中种植业保费收入4.04亿元，养殖业保费收入0.29亿元。当年赔付支出3.33亿元，赔付率为76.76%。其中种植业赔付支出3.29亿元，养殖业赔付支出0.03亿元，种植业和养殖业赔付率分别为81.54%和11.50%。

随着中央和地方财政加大对农业保险保费的补贴，内蒙古农业保险快速发展。到2008年全区农业保险原保费收入已达到10.92亿元，仅次于黑龙江（13.76亿元）和新疆（13.51亿元），在国内各省（区、市）居第三位。而到2009年和2010年，内蒙古农业保险规模分别达到14.07亿元和14.88亿元，连续两年位居全国各省（区、市）第一。2011年，内蒙古自治区财政拨款额已增至13.20亿元，当年全自治区农业保险累计实现原保险保费收入17亿元，农业保险规模仅小于四川省（17.15亿元），位居全国各省（区、市）第二位。其中，种植业保险实现保险保费收入16.21亿元，比上年增长16.55%，承保农作物7416万亩，其中小麦种植面积869.40万亩，玉米3531.70万亩，大豆992.30万亩；参保农户266万户（次），同比增加60万户（次）；种植业赔付支出9.44亿元，赔付率为58.23%，受益农户169万户（次）。养殖业保险实现原保费收入0.79亿元，同比下降18.72%，承保奶牛26.70万头、能繁母猪4万头、羊15.30万只；当年养殖业赔付支出0.53亿元，赔付率为66.69%。

2012年和2013年内蒙古农业保险快速发展，全年农业保费收入分别猛增到19.20亿元和27.84亿元，比上年分别增长12.98%和44.86%。2014年，农业保险稳步发展，规模达到30亿元以上，比2013年增长7.76%，成为国内农业保险规模仅低于江苏省（32.01 亿元[①]）和新疆（31.82 亿元[②]）的第三个大省（区、市）。当年种植业保险保费收入 20.21 亿元，比 2013 年增长 3.04%，赔付支出 12.01 亿元，赔付率为 59.43%；养殖业保险保费收入 3.28 亿元，比 2013 年增长 83.95%，赔付支出 1.29 亿元，赔付率为 39.20%；林业保险保费收入 6.53 亿元，比 2013 年增长 1.39%，赔付支出 2.21 亿元，赔付率为 33.90%。全年农业保险赔付共支出 15.51 亿元，比 2013 年增长 4.01%，赔付率为 51.66%。

2014 年以前，内蒙古自治区根据财政部的有关规定，按照"丰年积累、平年结余、大灾调剂、稳步发展、逐年滚存、封闭运行"的原则，建立自治区农业保险种植业大灾风险保障机制。以自治区保险分公司为核算单位，各保险经办机构的总保费收入扣除其运营费用、代办费用、合理赔付后，其余部分作为大灾风险基金和保险分公司的经营利润。

2014 年，财政部关于农业保险有关政策调整后，内蒙古财政提高了对主要粮食作物和重要畜产品的保险保费补贴比例，提高稻谷、小麦、玉米三大粮食品种及奶牛、能繁母猪、育肥猪保险的覆盖面和风险保障水平。并且开展蔬菜、水果，肉牛、肉羊等畜禽类，苜蓿等牧草政策性保险保费养殖业的补贴试点。还鼓励保险机构开展特色优势农畜产品保险，内蒙古财政通过以奖代补等方式予以支持。在推进公益林保险工作的基础上，积极推进商品林保险试点。在落实好国家启动大豆目标价格补贴试点的基础上，探索粮食、生猪目标价格保险试点，探索建立农村信贷与农牧业保险相结合的农保互动体系。

（四）北京市农业保险发展概况

北京属于典型的暖温带半湿润大陆性季风气候，四季分明，春秋短促，冬夏较长。夏季炎热多雨，冬季寒冷干燥。从多年的历史数据看，北京市农业易遭受干旱、洪涝、冰雹、低温冻害等自然灾害的袭击，大面积的干旱、风雹、冻害的发生率都很高。

2007 年，北京市开始实施政策性农业保险。试办当年，开展了小麦、玉米、苹果、梨、桃、葡萄、露地蔬菜、温室园艺、西瓜、奶牛、肉鸡、种猪（生猪）、磨盘柿、肉鸭、豆类 15 个品种的政策性农业保险试点。全市实现农业保险保费收入 0.76 亿元，其中种植业保费收入 0.29 亿元，养殖业保费收入 0.47 亿元。当年农业保险赔付支出 0.56 亿元，赔付率为 74.35%，其中种植业保险赔付支出 0.32 亿元，赔付率为 108.65%；养殖业保险赔付支出 0.24 亿元，赔付率为 52.89%。从 2008 年开始，北京市农业保险进入快速、稳步发展阶段，2008 年农

---

① 江苏省政府金融办公室。

② 中国保险监督管理委员会。

业保费收入猛增到2.46亿元，比上年增长近2.2倍。其中，种植业大幅增加到0.81亿元，养殖业猛增到1.65亿元，分别比上年增长1.7倍和2.5倍。受种植业遭灾损失的影响，当年农业保险赔付支出近2.36亿元，赔付率达到95.86%，其中种植业赔付支出1.25亿元，赔付率高达154.24%；养殖业赔付1.11亿元，赔付率为67.35%。2007年和2008年两年种植业赔付支出较多的原因，分作物看，苹果、梨、西瓜和露地蔬菜的赔付率都比较高，如苹果保险在2008年赔付率高达280.31%，梨在2008年的赔付率为196.43%，西瓜在2007年和2008年的赔付率分别高达271.91%和914.51%，露地蔬菜2008年的赔付率为212.74%，大棚温室2008年的赔付率为158.82%。相对而言，小麦、玉米等作物的风险损失较小，赔付率在20%～120%。

为进一步分散农业大灾风险，增强保险公司应对大灾风险的能力，2009年8月初，北京市政府与瑞士再保险股份有限公司和中国再保险（集团）股份有限公司签署政策性农业再保险合作协议，由政府出资购买赔付率为160%～300%的赔付率超赔再保险。按照协议由直接承保政策性农业保险业务的三家保险公司分别核算赔付率，当年农业保险赔付率在160%以下的风险将由保险公司承担，任一家保险公司赔付率超过160%后，可直接向再保险公司索赔，赔付率最高限为300%。赔付率在300%以上的风险，再由政府每年按照农业增加值1‰提取的农业大灾风险准备金提供保障。

2009～2013年北京市农业保险快速、持续增长。2009年，农业保险保费收入猛增到3.38亿元，比上年增长37.40%。2010年，农业保险发展速度下降到8.45%，而2011年和2012年又加快发展，农业保险规模分别比上年增长17.50%和19.00%。从2013年开始，北京市农业保险进入稳步正常发展阶段，2013年农业保费收入较上年增长8.86%，达到5.58亿元。2014年，北京市农作物总播种面积大幅度减少，全年农业保险保费收入减少到4.51亿元，比上年减少19.16%。其中种植业保费收入1.20亿元，比上年的近1.54亿元减少了21.62%；养殖业保费收入3.02亿元，比上年的4.02亿元减少了24.87%：林业保费收入0.27亿元，比上年增长了13.5倍。由于种植业、养殖业同时遭遇较大风险损失，当年全市赔付支出近4.88亿元，赔付率高达108.10%。其中种植业赔付支出1.70亿元，赔付率高达141.04%；养殖业赔付支出3.16亿元，赔付率为104.43%；林业仅支付146万元，赔付率为5.23%。

从以上北京市8年农业保险的实践看，北京市承保险种中，种植业发生大灾风险的概率很高，8年中有7年的赔付率在104%以上，发生概率为87.50%；有3年赔付率高于141%，发生概率为37.50%，其中最高赔付率（2013年）为154.24%。而养殖业仅有3年赔付率高于79%，发生概率为37.50%，其中最高赔付率（2014 年）为 104.44%。

（五）山东省农业保险发展概况

山东省属于暖温带半湿润季风气候。全省气候温和，雨量集中，四季分明。夏季盛行偏南风，炎热多雨；冬季多偏北风，寒冷干燥；春季天气多变，干旱少雨多风沙。山东是农业大省，也是自然灾害频发的省份，干旱、洪涝、风雹、低温冻害、病虫害、动物疫病等灾害经常给农民造成巨大的经济损失。大力发展政策性农业保险，对于增强山东省农业风险防范能力，提高山东大宗农产品供给能力和稳定农民收入，具有重要意义。

2006 年，山东省政府正式启动政策性农业保险试点。在临清、寿光、章丘三市开展小麦、玉米、蔬菜大棚和奶牛 4 个险种的政策性农业保险试点。2007 年，扩大试点范围，试点县增至 25 个（含青岛市 5 个），试点险种增至小麦、玉米、瓜菜、棉花、苹果、肉牛羊、奶牛、生猪 8 个，并在全省范围内开展了政策性能繁母猪保险，当年农业保险保费收入仅 0.87 亿元。2008 年，山东省被纳入政策性农业保险中央财政补贴省份，进一步扩大了试点区域，新增 35 个试点县（含青岛市），试点品种为小麦、玉米、棉花等，鼓励有条件的地方，根据实际情况自行开展高附加值经济作物等其他险种的试点工作，前期试点安排的其他险种继续按原计划做好承保工作。当年农业保险保费收入猛增到 3.14 亿元，比上年增加 2.6 倍，其中种植业保费收入 2.32 亿元，养殖业保费收入 0.81 亿元，还有 117 万元的林业保费收入。当年全省赔付支出 1.30 亿元，简单赔付率为 48.74%，其中种植业赔付率仅 29.45%，而养殖业赔付率达到 104.16%。2010 年，尽管全省农业保险试点范围仍为 60 个县（市、区），但是由于 2009 年受严重灾害的影响，种植业、养殖业和林业的赔付率分别达到 95.30%、143.43% 和 117.07%，因而当年农业保险规模有所收缩，保费收入由 2009 年的 3.82 亿元减少到 2.13 亿元，减少了 44.15%。保险规模缩小，但当年种植业和养殖业的赔付率仍然高达 104.07 和 710.25%。2012 年，在全省范围内推动玉米、棉花保险，支持开展高附加值经济作物和集体公益林等险种的保险工作，拓宽保险品种，农业保险发展规模打破了前几年波动中缓慢增长的局面，当年保费收入猛增到 8.07 亿元，比 2011 年增长了 1.8 倍。其中种植业保费收入高达 7.84 亿元，比 2011 年增长了 1.85 倍；养殖业保费收入 0.22 亿元，比 2011 年增长了 11.87 倍；林业仅 106.79 万元，比上年减少了 38.25%。2014 年，为了不断完善山东省农业保险补贴品种，推进山东省农业保险工作稳定健康发展，将保费补贴范围扩展到了花生保险、公益林、商品林（仅指用材林）、能繁母猪、育肥猪、奶牛，并将日光温室、苹果、桃保险列为地方财政补贴的保险品种。同时，鼓励有条件的市、县

（市、区）可根据情况自行自主开展其他特色险种试点，积极探索多样化的农业保险模式。当年全省农业保险保费收入为8.79亿元，比2013年的9.33亿元减少了5.79%。其中种植业保费收入下降到7.67亿元，比上年减少了14.23%；养殖业继续扩大到0.81亿元，比上年增加了1.18倍；林业保费收入增加了0.29亿元，比上年猛增24.54倍。当年全省赔付支出达到4.45亿元，赔付率为50.58%，各大险种赔付率都比较低，养殖业赔付率最高，也仅为62.37%。2014年，山东省承保粮食作物播种面积占当年粮食作物播种面积的57%以上，其中玉米承保面积占当年玉米播种面积的84%以上，小麦承保面积占43%以上。

为贯彻落实国发［2014］29号文件精神，山东省在涉农保险上加大了财政扶持力度，要求未来小麦、玉米、棉花等作物的保险覆盖率达到种植面积的90%以上。此外还要扩大公益林保险覆盖面，尽快启动商品林保险，逐步扩大花生、育肥猪、奶牛、蔬菜大棚以及牡丹、黄烟、玫瑰、西瓜等地方特色农产品保险的覆盖范围。在“三农”保险创新上，山东省还将开展农产品目标价格保险、天气指数保险、收益保险等新兴产品和服务，推广菜篮子工程保险、农产品质量责任保险等险种，丰富农业保险品种。鼓励各地自行开展具有地方特色的农产品种植保险、畜牧保险和水产养殖保险等险种。积极发展农田水利设施保险。

在农业保险大灾风险分散制度建设上，山东省政府要求省、市、县三级建立农业风险准备金，但未明确界定各级政府在大灾风险赔付的分摊比例。同时还规定，当试点县（市、区）出现农业大灾损失时，报经山东省政府同意，最高赔偿总额按承保公司当年在山东省农业保险保费收入的3倍封顶。2014年，山东省农业厅与省财政厅、省林业厅、省金融办、省畜牧兽医局和中国保监会山东监管局共同制定并下发了《山东省农业保险新增补贴品种实施方案》，要求各农业保险经办机构均应建立农业保险大灾风险金制度，提高大灾风险的补偿能力。同时，应建立“以险养险”的补充机制，积极利用再保险等市场化运作，分散经营风险，提高抗风险能力。

二、专业农业保险公司农业保险概况

某专业农业保险公司先后在吉林、辽宁、内蒙古、北京和山东等省（区、市）开展种植业、养殖业和林业等险种的保险业务，农业保险保费收入逐年增加。2007年，中央和地方财政首次对试点地区农业保险险种进行保费补贴，当年专业保险公司在吉林省和内蒙古两省（区）分别累计实现政策性农业保费收入6.57亿元和2.20亿元，分别占当年两省（区）农业保险保费总收入的50.81%和95.49%。其中种植业保费收入分别为5.96亿元和2.11亿元；养殖业保费收入分别为0.61亿元和0.09亿元。同时当年还在北京和山东共实现农业保险保费收入1060万元。当年专业公司在吉林和内蒙古的农业保险赔付支出分别为8.43亿元和1.68亿元，简单赔付率分别为128.13%和76.51%。

随着我国政策性农业保险试点的扩大，2009年专业公司共实现农业保险保费收入14.29亿元，占五省份农业保险保费总收入33亿元的43.30%。其中专业公司在吉林省保费收入5.32亿元，占吉林全省保费收入的90.17%；在辽宁省保费收入2.08亿元，占辽宁全省保费收入的35.80%；在内蒙古保费收入6.14亿元，占全区保费收入的43.64%；在北京市保费收入0.54亿元，占全市保费收入的15.98%；在山东省保费收入0.21亿元，占山东全省保费收入的5.50%。其中专业公司当年在五省（区、市）种植业保费收入13.47亿元，占五省（区、市）种植业保费总收入27.62亿元的48.77%；养殖业保费收入0.82亿元，占五省（区、市）养殖业保费总收入5.32亿元的15.41%。当年专业公司农业保险赔付总支出10.65亿元，赔付率为75.03%，比五省（区、市）平均赔付率85.04%低11.77%。

2014年，上述五省（区、市）农业保险保费总收入达到62.52亿元，其中吉林保费收入9.21亿元，辽宁省保费收入9.98亿元，内蒙古保费收入30亿元，北京市保费收入4.51亿元，山东省保费收入8.79亿元。在五省（区、市）保费总收入中，种植业保费收入44.54亿元，占总收入的71.24%；养殖业保费收入9.65亿元，占总收入的15.44%；林业保费收入8.33亿元，占总收入的13.32%。当年五省（区、市）赔付总支出43.25亿元，平均赔付率为69.18%，其中辽宁省赔付率高达129.11%，北京市赔付率也达到108.10%。2014年，专业公司经营上述五省（区、市）农业保险的原保费收入超过16亿元，其中种植业保费收入12.6亿元，养殖业3.10亿元，林业0.40亿元；赔付支出8.90亿元，简单赔付率为55.4%，比五省（区、市）平均赔付率69.18%低19.92%。2014年，专业农业保险总公司各省（区、市）农业保险保费收入中，吉林省农险分公司的保费收入占吉林全省农业保费收入的42.27%，在辽宁省占辽宁全省的18.85%，在内蒙古占全自治区保费收入的27.10%，在北京市和山东省分别占到14.27%和8.61%。多年来，总公司种植业和养殖业在各省（区、市）的赔付率相差较大。种植业赔付率相对较低的是内蒙古（见表8－1），8年平均值为62.22%，其次，是吉林，为64.56%，平均赔付率最高的是北京，为123.11%，辽宁也高达83.74%，山东处于中间，赔付率为68.60%。

表 8-1　各省分公司种植业赔付率比较　　单位:%

年份	2007	2008	2009	2010	2011	2012	2013	2014	平均
吉林分公司	139.41	32.25	73.26	50.55	46.97	59.63	48.11	66.28	64.56
辽宁分公司	0.00	0.00	93.95	116.62	34.11	83.89	51.10	122.78	83.74
内蒙古分公司	80.02	41.98	67.88	62.91	59.91	49.75	82.27	53.02	62.22
北京分公司	143.76	177.39	58.07	0.00	0.00	167.04	132.37	60.00	123.11
山东分公司	75.51	33.02	109.62	39.22	0.00	75.04	136.44	13.83	68.60

三、五省（区、市）和专业农业保险系统动力学模型设计

（一）研究基本思路

本书按照我国现行农业保险运作机制，建立与之相对应的农业保险系统动力学模型，通过对平常年景和10年、20年以及50年不同程度农业大灾风险的情景假设，模拟在不同程度大灾风险下，专业农业保险公司在上述五省（区、市）农业保险的经营状况。重点展示公司的保费准备金、利润准备金和一般风险准备金的计提和累计趋势，以及体现公司赔付能力的可用于赔付结余资金的变化趋势；面对不同程度的大灾风险损失，预计公司需要的外部超赔补偿资金额度以及在融资预案时偿还本金的能力。

（二）系统动力学流图设计

五省（区、市）分公司—总公司农业保险的系统动力学模型包括两大部分。第一部分是各省（区、市）分公司农业保险运营的系统动力学模型，依据一般农业保险运作机制，不仅采取了成数分出再保险，而且在自留部分中对种植业的保费又实行了赔付率超赔再保险，并按照《农业保险大灾风险准备金管理办法》规定，建立保费准备金和利润准备金。当发生大灾后的基本运作机制是：先用当年自留保费赔付和按合约由再保险公司支付赔付率超赔部分的赔款；如发生超赔，先使用保费准备金赔款，仍不足以支付赔款时，再用利润准备金和一般风险准备金支付。在大灾造成的损失超过保险公司的偿付能力时，省（区、市）分公司未支付的超赔款由总公司承担支付。当年各省（区、市）分公司的保费准

备金、利润准备金和一般风险准备金余额及其年内新增部分之和，与当年保费准备金未赔款之差，叫作当年分公司可用于赔付的结余资金，它体现了各省（区、市）分公司应对当年灾害损失的偿付能力。第二部分是总公司农业保险系统动力学模型，这部分的很多变量都是通过对五省（区、市）分公司相应变量求和而得到的。结合国内农业保险公司的运作实际，绘制出从农业保费收入到成灾赔付和可供分配利润形成的农业保险现行模式的系统动力学简化因果关系流程图（见图8－1）。

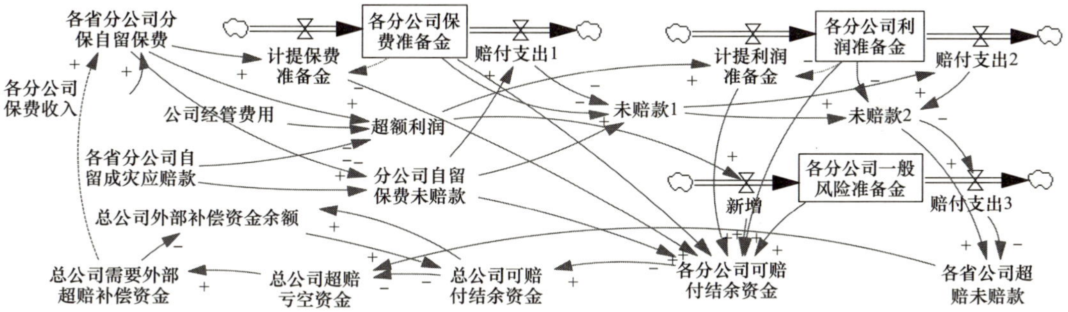

图8－1　五省（区、市）分公司—总公司农业保险系统动力学简化因果关系流程图

从图8－1中可以看出，除了各省级农业保险内部具有复杂的反馈回路之外，在总公司层面也存在一条主要的负反馈回路。这条主要的负反馈回路是：从各省（区、市）分公司主要险种的保费费率和保费收入直到各省（区、市）分公司种植业、养殖业和林业的自留保费开始，经过保费准备金、利润准备金和一般风险准备金及其新增部分与保费收入和未赔款之差形成的各省（区、市）分公司可赔付结余资金，再加上与总公司外部超赔补偿资金余额之差形成的总公司可赔付结余资金，最后形成总公司需要外部超赔补偿的资金，如果需要的外部超赔补偿资金数额巨大而且多年处于亏损状态，或者结余资金数额超过总公司自留保费的两倍以上，为保障总公司和投保农户的利益，总公司都可能会对各省（区、市）主要险种的保费费率进行适当调整，以便通过保费收入的变化，使总公司的可赔付结余资金保持在合理范围内。依据此图借助系统动力学专用语言DYNAMO编制程序，并在PD Plus软件上运行，动态模拟时间为2011～2035年。

（三）系统动力学程序设计的主要难点突破

在动态模拟程序编制中，本书使用了高级DYNAMO语言中的数组变量。以数组下标的方式使常规变量成为数组变量，报告中将吉林、辽宁、内蒙古、北京和山东等省（区、市）分公司分别定义为 c_1、c_2、c_3、c_4 和 c_5，实际上每一个带有下标的方程都要计算 5 次。在计算出每个省（区、市）分公司的相关指标后，再通过求和得到总公司的相关变量和运行结果。由于每个省级分公司运营发生资金亏空后都由总公司出资予以补亏，因此大灾之年省（区、市）公司大灾风险准备金都不会出现亏空问题，因而在此后几年的运营中省级分公司不再积累亏损。由此，不能采取把各省级分公司当年可赔付结余资金简单相加而得到总公司当年可赔付结余资金。因为当总公司当年可赔付结余资金出现亏空时，意味着总公司经营发生了亏损。按照常规，总公司在亏损时，如果没有外来补偿资金为其兜底，必须通过贷款等融资方式支付农户赔款，而且在其后几年里还要根据自身的运营盈利状况偿还融资本息。鉴于上述原因，在采用下标变量进行五个省级分公司农业保险运作模拟的基础上，还需要对总公司发生亏损时偿还本金（本书设计融资利息由中央政府筹集的大灾准备金支付）的状况进行模拟。这是本书研究中遇到的又一难题。

解决这一难题的基本思路，一是通过求和函数求得以下标变量表示的五省（区、市）分公司当年可赔付结余资金之和，称为求和函数得到的可赔付结余资金，在没有发生整体亏损的情况下，大于零的此值也是总公司当年实际可赔付结余资金。二是如果求和函数得到的可赔付结余资金小于零，即亏损的情况下，再看上一年可赔付结余资金的状况，如果也小于零，则将上一年和当期的两个亏损值相加，即是当期总公司的实际亏损额；如果上一年可赔付结余资金大于零，则本年可赔付结余资金便是当期的实际亏损金额。三是如果利用求和函数得到的当年可赔付结余资金大于零，则将此值和当前累计的亏损值进行比较，当求和得到的可赔付结余资金小于累计亏损值时，那么二者之差便是当前总公司实际亏损值；如果求和得到的可赔付结余资金值大于累计亏损值，则用求和值减去累计亏损值之差便是当前总公司当年可赔付结余资金。四是累计亏损值是流位变量，其新增流入速率变量值即求和函数得到的当年亏损值，其流出速率变量即每年通过以上方法减少的亏损值。

四、基本设定和方案设计

（一）农业保险保费收入

2011～2014 年五省（区、市）保费收入数据来自《中国保险年鉴》。2015～

2035 年五省（区、市）保费收入数据，根据五省（区、市）农作物品种种植面积、养殖家畜和林地承保现状以及未来可能达到的承保比例换算而得到（见表 8－2）。五省（区、市）农业保费总收入及其种植业保费收入、养殖业保费收入和林业保费收入的变化趋势如图 8－2 至图 8－6 所示。预计 2020 年吉林省保费收入为 12.39 亿元，其中种植业保费收入为 9.19 亿元，养殖业为 2.58 亿元，林业为 0.62 亿元。2035 年保费收入达到 17.64 亿元，其中种植业保费收入为 12.59 亿元，养殖业为 3.83 亿元，林业为 1.22 亿元（见图 8－2）。

表 8－2　五省（区、市）农业保费收入预计　　单位：亿元

年份	吉林	辽宁	内蒙古	北京	山东
2020	12.39	13.06	34.18	4.67	12.41
2025	14.71	15.09	37.00	5.35	15.40
2035	17.65	18.15	41.63	6.34	19.78

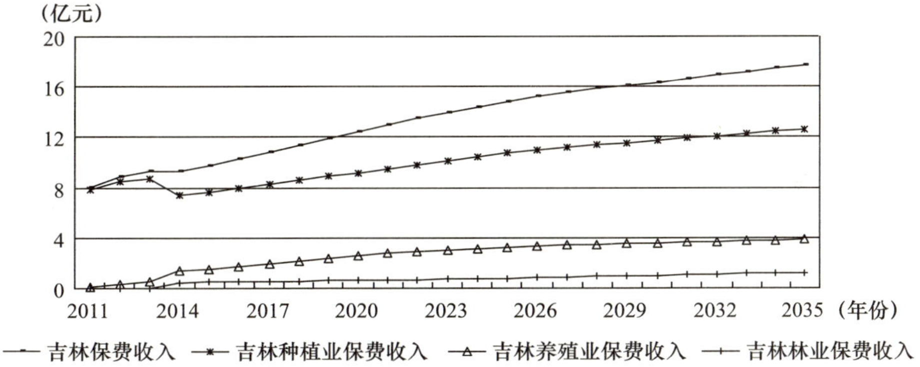

图 8－2　吉林省农业保险各大险种的保费收入

预计 2020 年辽宁省保费收入为 13.06 亿元，其中种植业保费收入为 9.77 亿元，养殖业为 2.42 亿元，林业为 0.87 亿元。2035 年保费收入达到 18.14 亿元，其中种植业保费收入为 12.60 亿元，养殖业为 4.51 亿元，林业为 1.03 亿元（见图 8－3）。

预计 2020 年内蒙古自治区保费收入为 34.18 亿元，其中种植业保费收入为 20.89 亿元，养殖业为 6.41 亿元，林业为 6.88 亿元。2035 年保费收入达到 41.63 亿元，其中种植业保费收入为 22.25 亿元，养殖业为 11.69 亿元，林业为 7.69 亿元（见图 8－4）。

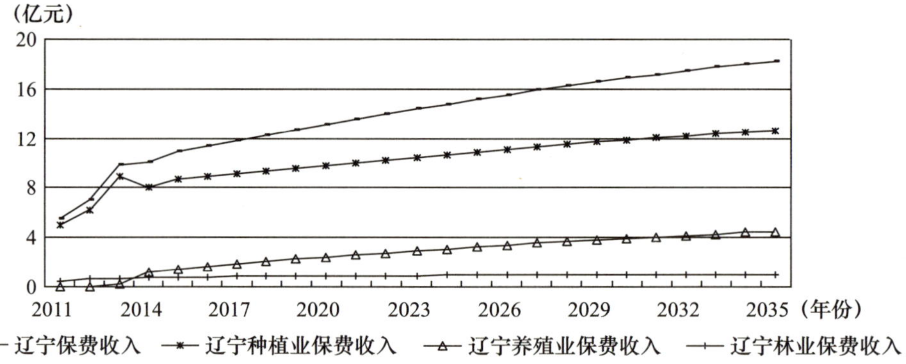

图 8－3　辽宁省农业保险各大险种保费收入

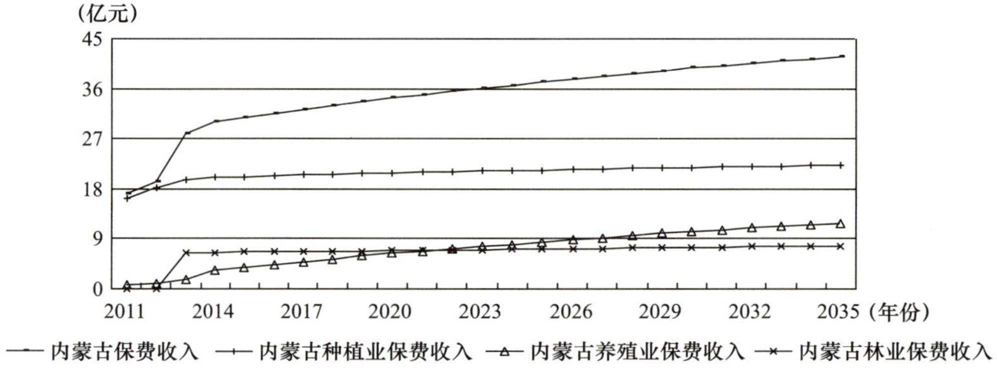

图 8－4　内蒙古自治区农业保险保费及各大险种保费收入

预计 2020 年北京保费收入为 4.67 亿元，其中种植业保费收入为 1.61 亿元，养殖业为 2.76 亿元，林业为 0.30 亿元；2035 年保费收入达到 6.33 亿元，其中种植业保费收入为 2.3 亿元，养殖业为 3.71 亿元，林业为 0.32 亿元（见图 8－5）。

预计 2020 年山东省保费收入为 12.41 亿元，其中种植业保费收入为 9.94 亿元，养殖业为 1.83 亿元，林业为 0.64 亿元；2035 年保费收入达到 19.78 亿元，其中种植业保费收入为 13.36 亿元，养殖业为 5.44 亿元，林业为 0.98 亿元（见图 8－6）。

依据专业农业保险公司在各省（区、市）农业保费收入中所占比例，预计 2020 年专业农业保险公司农业保费总收入为 18.582 亿元，2025 年为 20 亿元，2030 年为 22.86 亿元，2035 年为 24.45 亿元。

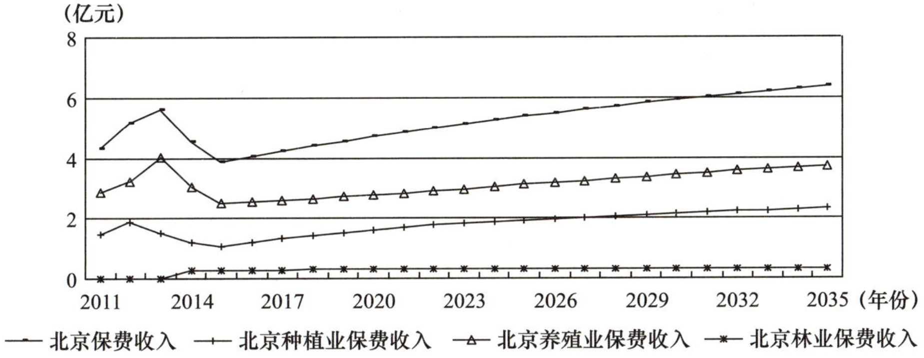

图 8-5 北京市农业保险保费及各大险种保费收入

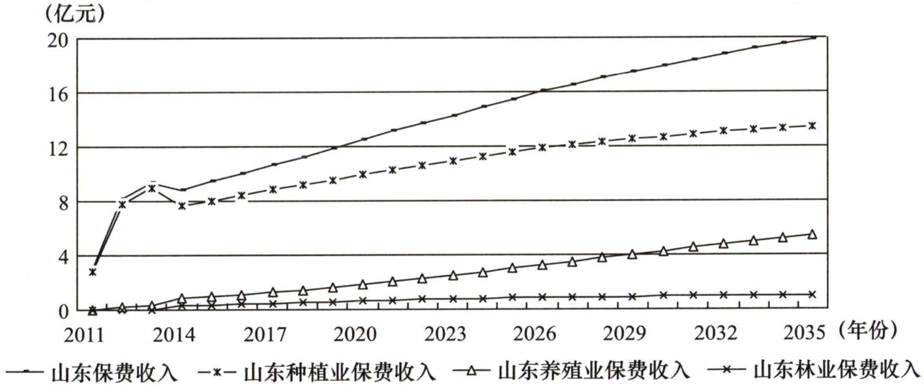

图 8-6 山东省农业保险保费及各大险种保费收入

在分别测算出各省（区、市）2015～2035 年历年种植业、养殖业和林业保费收入的基础上，依据 2005～2014 年各省（区、市）分公司保费收入占全省（区、市）保费收入的比例及其变化趋势，然后估算出未来主要时段各省（区、市）分公司保费收入所占比例，再乘以未来各省（区、市）历年保费收入估测值，最终得到各省（区、市）分公司种植业、养殖业和林业历年的保费收入以及专业公司的保费总收入。

（二）农业保险赔付率

1. 平常年景赔付率

2011～2014 年各省（区、市）专业农业保险分公司农业保险赔付率数据来自《中国保险年鉴》。2015～2035 年没有发生 10 年一遇大灾时的赔付率，即平常年景下的赔付率数据由随机数发生器（正态函数）产生（见图8－7）。

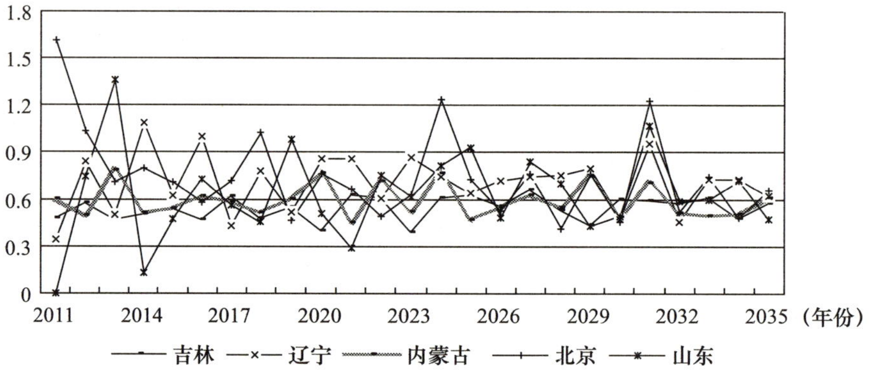

图8－7　各省（区、市）专业农业保险公司简单赔付率

2. 大灾发生时的赔付率

各省分公司发生大灾时的赔付率用各省（区、市）大灾发生时的赔付率表示。

（1）吉林省农业大灾发生时的赔付率。根据《吉林省统计年鉴》和《中国保险年鉴》提供的吉林省农业保险保费收入和赔款支付的数据，计算出1983～2014年吉林省历年简单赔付率。吉林省赔付率的平均值为84.92%，标准差0.1351，偏度3.7414，峰度16.8455。使用Easyfit 5.0软件进行参数估计，拟合农业保险大灾损失的概率密度分布函数。本书运用AD检验、KS检验和卡方检验选择最优分布函数。如果三种检验结果一致，则以该结果作为选择的标准；如果三种检验方法不一致，而其中两种方法检验结果相同，则以多数检验结果为准；如果三种方法检验结果不同，由于AD检验是三种检验方法中比较稳健的一种方法，因此以AD检验为标准选择最优概率密度分布函数。根据以上检验标准，拟合出吉林最优概率密度分布函数为Burr（4P），其概率密度分布函数的形式为：

$$f(x)=\frac{\alpha k\dfrac{(x-\gamma)^{\alpha-1}}{\beta}}{\beta\left(1+\dfrac{(x-\gamma)^{\alpha}}{\beta}\right)^{k+1}}\qquad(8-1)$$

AD检验和KS检验值分别为0.2629和0.0792，在密度函数检验排序中均为第一位。Burr（4P）概率密度函数的参数为$k=0.312827$，$\alpha=9.39715$，$\beta=0.833239$，$\gamma=-0.388619$。概率密度分布如图8－8所示。

为了避免由于数据量不足产生的计算误差，本书在拟合吉林省赔付率的概率密度分布函数后，利用蒙特卡罗方法随机产生了1000个数据，以此为依据估算

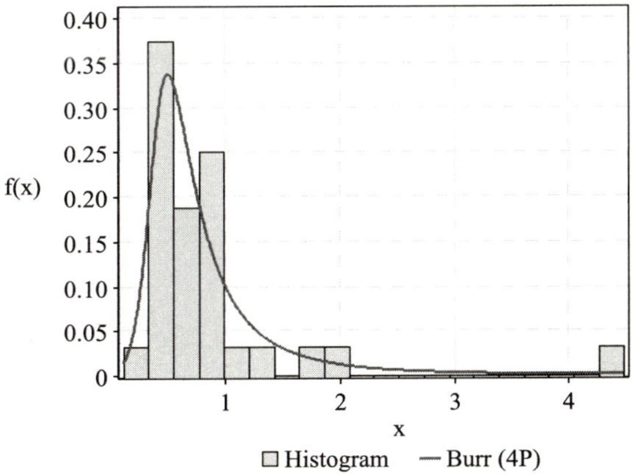

图 8－8 吉林省赔付率的概率密度分布函数和直方图

吉林省农业灾害损失概率。根据 VaR 方法得出，吉林省 10 年、20 年、30 年、50 年和 100 年一遇的农业大灾发生时相应的赔付率分别为 143. 56%、192. 12%、227. 32%、277. 06% 和 361. 8%。

（2）辽宁省农业大灾发生时的赔付率。辽宁省农业保险业务集中于种植业保险，而养殖业保险和林业保险所占比例较低，2013 年种植业保费收入占总保费收入的比例为 90. 95%，养殖业和林业保费收入的比例不足 1%。由此，可以用民政部和农业部公布的农作物灾情数据进行农业保险大灾风险评估。由于农业大灾的发生具有小概率和厚尾特征，极值理论在研究极端、小概率事件的统计规律上具有优势，因此运用超越阈值极值模型估计辽宁省农业大灾损失的概率。

根据 1978～2012 年农作物灾害损失数据，将农作物受灾面积、成灾面积和绝收面积折算成农作物灾害损失率，其计算公式如下：

$$G_y = \frac{[(S_1 - S_2) \times C_1 + (S_2 - S_3) \times C_2 + S_3 \times C_2] \times y}{S_0 \times y} \qquad (8-2)$$

上式中 G_y 为自然灾害形成的农作物产量损失率；S_1、S_2、S_3 分别表示灾害导致的农作物受灾面积、成灾面积和绝收面积；C_1、C_2 和 C_3 分别为农作物受灾面积的平均减产系数、成灾面积和绝收面积的减产系数，由于农作物成灾面积、受灾面积和绝收面积分别表示减产 10%、30% 和 90% 以上的面积，因此本书用减产损失的中位数，即 0. 20、0. 55 和 0. 9 依次作为三个受灾面积的减产系数；y 为农作物单位面积产量，S_0 为农作物总播种面积。

根据 1978～2012 年自然灾害损失率的时间序列，进一步分析辽宁省农作物自然灾害损失的特征。由农作物损失率的直方图可以看出（见图 8－9），在过去的 30 多年中，辽宁省农作物生产的平均损失率为 16. 25%，最大损失率为

45.49%、最小损失率为3.21%，有9.19%的可能性符合正态分布，灾害损失率在0~10%的有8年，损失率10%~20%的有16年，20%~30%的有7年，30%~40%的有3年，40%~50%的有1年，农作物灾害损失率的峰度为3.5207，呈现出巨灾“尖峰厚尾”的特征。

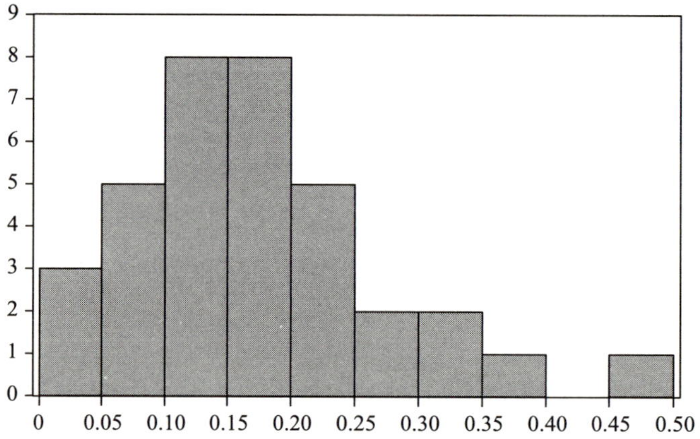

Series:ZS	
Sample 1978 2012	
Observations 35	
Mean	0.173837
Median	0.162500
Maximum	0.454900
Minimum	0.032100
Std. Dev.	0.096696
Skewness	0.866321
Kurtosis	3.520707
Jarque-Bera	4.773397
Probability	0.091933

图8-9　辽宁省自然灾害损失率直方图

为了克服样本数据不足可能导致的误差增大问题，本书利用蒙特卡罗模拟10000次以增加辽宁省损失率样本空间。在蒙特卡罗模拟中，需要确定概率密度分布函数。以农作物灾害损失率为依据，根据AD检验、KS检验和卡方检验，拟合出辽宁省灾害损失率的最优概率密度分布函数为Wakeby，其参数值$\alpha=0.6372$，$\beta=9.8816$，$\gamma=0.1220$，$\delta=-0.1559$，$\xi=0.0097$。依据上述概率密度函数随机抽样10000次，产生Wakeby分布的随机变量以建立新的样本空间。

使用R统计软件，运用超越阈值极值方法对新产生的辽宁省灾害损失率样本拟合广义Pareto分布，获得辽宁省农作物巨灾损失率的概率分布函数。其中选取恰当的阈值才能使超出量符合广义Pareto分布。阈值太大将造成超出量过少，样本点过少形成估计方差偏大；而阈值太低导致有偏差，样本点可能不代表极端的巨灾。根据辽宁省灾害损失率的平均残差图（见图8-10），可以判断阈值为0.35，超过阈值的数据量占总数据量的5.99%，超出阈值的样本点有599个。使用极大似然估计辽宁省灾害广义Pareto分布函数：

$$G_x=1-\left(1-\frac{0.1948x}{0.0835}\right)^{1/0.1948} \tag{8-3}$$

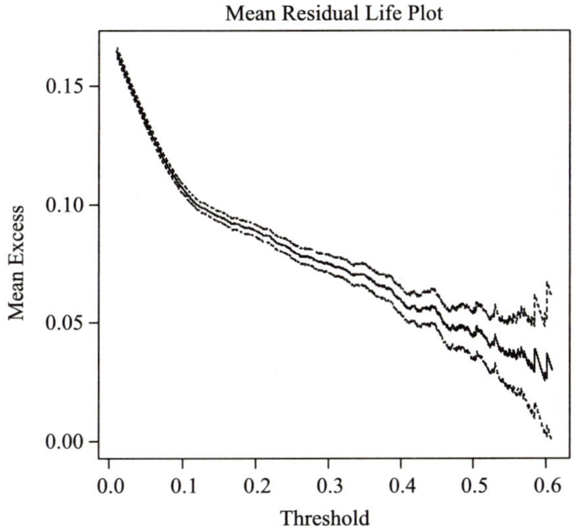

图 8 – 10 辽宁省农业灾害损失率平均残差寿命图

图 8 – 11 显示了辽宁省灾害损失率拟合的广义 Pareto 分布的诊断检验图。从超出阈值样本点分布图可以看出样本点基本落在拟合曲线上，QQ 图也显示仅有几个点偏离直线，因此模型拟合较好，农作物灾害损失的概率分布函数是合适的。

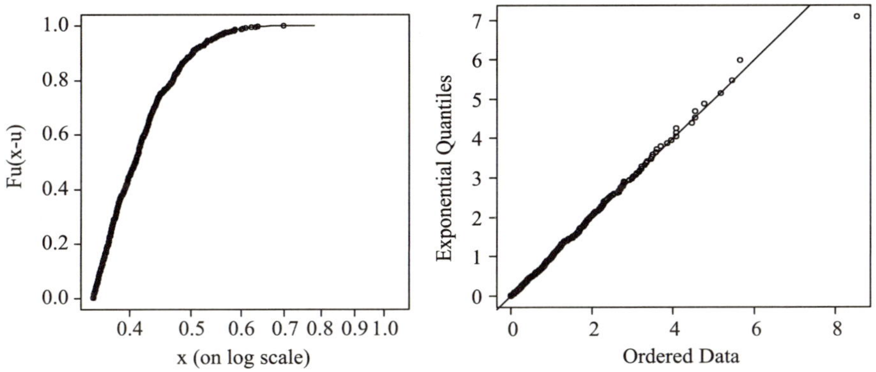

图 8 – 11 超出阈值样本点分布图和残差 QQ 图

由此运用 VaR 方法计算出辽宁省农作物生产 10 年、20 年、30 年、50 年和 100 年一遇的灾害损失率分别为 30.50%、36.48%、39.63%、43.25% 和 47.62%。由于辽宁省农业保险的免赔率为 30%，农作物保险的平均费率为 6%，按照损失率减去20%[①]之差除以保险费率折算出10年、20年、30年、50年和100年一遇的大灾农业保险赔付率分别为174.97%、274.71%、327.24%、387.51%和460.41%（见表8－3）。

表8－3 辽宁省农业大灾损失概率测算

	10年一遇	20年一遇	30年一遇	50年一遇	100年一遇
灾害损失率	0.3050	0.3648	0.3963	0.4325	0.4762
农业保险赔付率	1.7497	2.7471	3.2724	3.8751	4.6041

注：赔付率折算公式为：[农作物损失率－（免赔率－10%）]/农业保险平均费率。

（3）内蒙古自治区农业大灾损失概率。由于内蒙古缺乏历年赔付率的完整数据资料，因此使用民政部公布的灾情数据进行农业大灾风险估算。依据1978～2013年内蒙古农作物成灾面积、受灾面积和绝收面积计算出历年农作物灾害损失率，计算方法同辽宁省。内蒙古农作物损失率的平均值为20.82%，标准差0.0799，偏度0.2163，峰度1.7723。使用Easyfit 5.0软件进行参数估计，拟合农业保险大灾损失的概率密度分布函数。AD检验、KS检验和卡方检验表明，最优分布函数为Burr（4P），函数的参数分别为$k=720.85$，$\alpha=1.8004$，$\beta=6.0461$，$\gamma=0.0693$，AD检验值为0.6047，在拟合函数排序中列第一位。KS检验值为0.1332，其概率密度分布函数如图8－12所示。

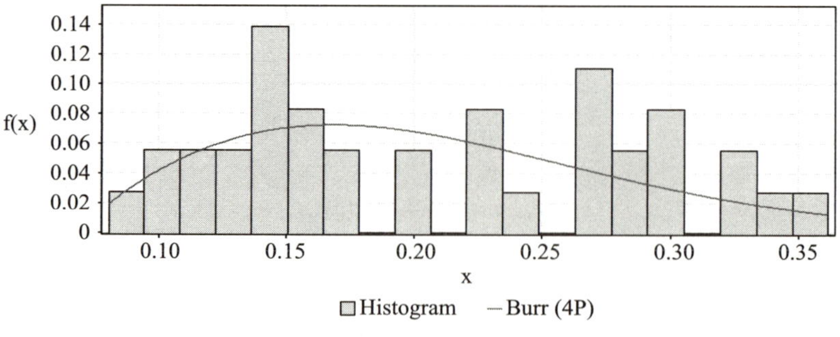

图8－12 内蒙古自治区农作物损失率的概率密度分布函数和直方图

① 由于我国农业灾情数据统计将因灾减产的10%计算在内，相当于已经有了10%免赔率，因此在实际换算中使用20%作为免赔率。

为避免数据量少造成的统计误差，在拟合内蒙古赔付率的概率密度分布函数后，利用蒙特卡罗方法随机产生了1000个数据，以此为依据估算内蒙古农业灾害损失概率。根据VaR方法得出，内蒙古10年、20年、30年、50年和100年一遇的农业大灾发生时相应的农作物损失率分别为31.77%、35.48%、37.50%、39.77%和42.695%。按照免赔率为30%和农作物平均费率为7.5%，将内蒙古农业损失率折算成农业保险赔付率，可以得到发生10年、20年、30年、50年和100年一遇的大灾时，农业保险赔付率分别为156.95%、206.36%、233.28%、263.63%和302.6%（见表8－4）。

表8－4　内蒙古自治区农业大灾损失概率测算

	10年一遇	20年一遇	30年一遇	50年一遇	100年一遇
损失率	0.31771	0.35477	0.37496	0.39772	0.42695
赔付率	1.5695	2.0636	2.3328	2.6363	3.0260

注：赔付率折算公式为：[农作物损失率－（免赔率－10%）]/农业保险平均费率。

（4）北京农业大灾损失概率。北京市缺乏准确和完整的历年赔付率数据资料，因此使用民政部公布的灾情数据估算北京市农业大灾损失概率。依据1978～2013年北京市农作物成灾面积、受灾面积和绝收面积计算出历年农作物灾害损失率。北京市农作物损失率的平均值为14.17%，标准差0.0768，偏度0.8909，峰度4.8494。使用Easyfit5.0软件进行参数估计，拟合农业保险大灾损失的概率密度分布函数。根据AD检验、KS检验和卡方检验，拟合最优分布函数为Wakeby，其分位数函数表示为：

$$x(F)=\zeta+\frac{\alpha}{\beta}(1-(1-F)^{\beta})-\frac{\gamma}{\delta}(1-(1-F)^{-\delta}) \qquad (8-4)$$

函数中的参数分别为$\alpha=0.38533$，$\beta=2.548$，$\gamma=0.01578$，$\delta=0.441$，$\xi=0.00488$。其概率密度分布函数如图8－13所示。

根据拟合出的最优概率密度分布函数，运用VaR方法得出估算北京市农业大灾损失概率的分位数。北京市10年、20年、30年、50年和100年一遇的农业大灾发生时相应的农作物损失率分别为21.87%、25.44%、28.14%、32.12%和39.30%。按照免赔率为20%和北京市农作物平均费率为6.8%，将北京市农业大灾发生时的损失率折算成农业保险赔付率，可以得到发生10年、20年、30年、50年和100年一遇的大灾时，农业保险赔付率分别为174.54%、227.00%、266.74%、325.29%和430.93%（见表8－5）。

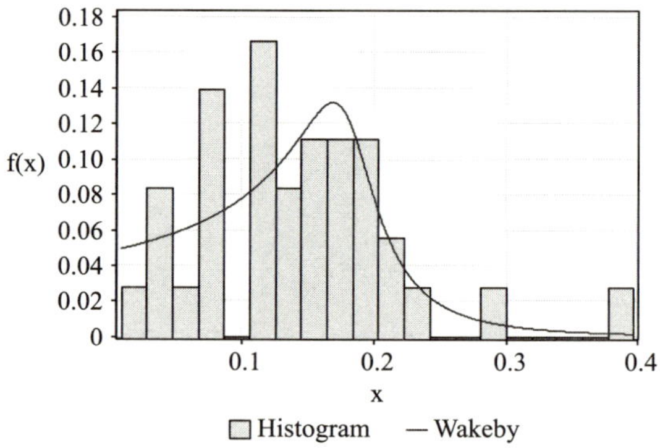

图8-13 北京市农作物损失率的概率密度分布函数和直方图

表8-5 北京市农业大灾损失概率测算

	10年一遇	20年一遇	30年一遇	50年一遇	100年一遇
损失率	0.21869	0.25436	0.28138	0.32120	0.39303
赔付率	1.7454	2.2700	2.6674	3.2529	4.3093

注：赔付率计算公式为：[农作物损失率-(免赔率-10%)]/农业保险平均费率。

(5)山东省农业大灾损失概率。山东省也缺乏完整的历年赔付和保费收入资料，因此使用山东省农业灾情数据估算农业大灾损失概率。依据1978~2013年山东省农作物成灾面积、受灾面积和绝收面积计算出历年农作物灾害损失率。山东农作物损失率的平均值为11.45%，标准差0.0473，偏度0.0920，峰度2.3117。使用Easyfit5.0软件进行参数估计，拟合农业保险大灾损失的概率密度分布函数。根据AD检验、KS检验和卡方检验结果可知，最优分布函数为Dagum(4P)，其概率密度分布函数为：

$$f(x)=\frac{\alpha k\left(\frac{x-\gamma}{\beta}\right)^{\alpha k-1}}{\beta\left(1+\left(\frac{x-\gamma}{\beta}\right)^{\alpha}\right)^{k+1}} \tag{8-5}$$

该函数中的参数分别为$k=0.14852$，$\alpha=9.8798$，$\beta=0.15539$，$\gamma=0.01806$。AD检验、KS检验和卡方检验结果不一致，由于AD检验方法通常比较稳健，因此以该检验结果为准，AD检验值为0.2740，在拟合函数排序中Dagum（4P）函数列第一位，其概率密度分布函数如图8-14所示。

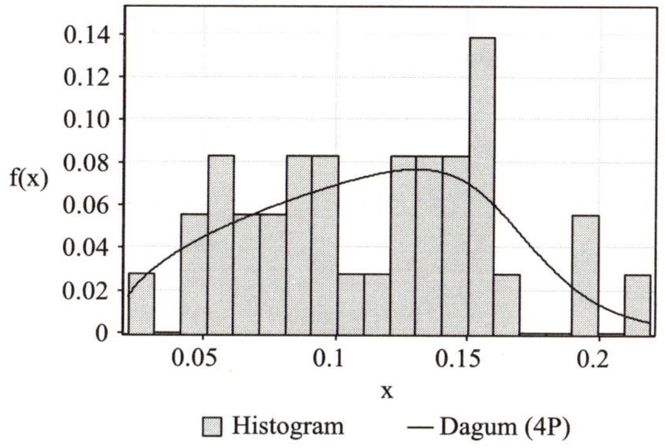

图8-14 山东省农作物损失率的概率密度分布函数和直方图

按照最优分布函数，估算山东省农业灾害损失概率。山东省10年、20年、30年、50年和100年一遇的农业大灾发生时相应的农作物损失率分别为17.29%、18.80%、19.66%、20.69%和22.14%。按照免赔率为20%和山东省农作物平均费率为4.20%，将农业大灾发生时的农作物损失率折算成农业保险赔付率，可以得到发生10年、20年、30年、50年和100年一遇的大灾时，农业保险赔付率分别为173.67%、209.57%、230.00%、254.52%和289.14%（见表8-6）。

表8-6 山东省农业大灾损失概率测算

	10年一遇	20年一遇	30年一遇	50年一遇	100年一遇
损失率	0.17294	0.18802	0.19660	0.20690	0.22144
赔付率	1.7367	2.0957	2.3000	2.5452	2.8914

由此可见，在专业农业保险公司开展业务的五省（区、市）中，大灾发生时农业保险损失程度最高的是辽宁，北京为第二位，其次是吉林，而内蒙古和山东的大灾风险相对较低（见表8-7）。本书以此作为专业农业保险公司在各省（区、市）不同程度大灾风险时的赔付率。

表8-7 各省（区、市）不同程度大灾时的赔付率 单位:%

省（区、市）	10年一遇	20年一遇	30年一遇	50年一遇	百年一遇
吉林	143.56	192.12	227.32	277.06	361.8
辽宁	174.97	274.71	327.24	387.51	460.41

续表

省（区、市）	10 年一遇	20 年一遇	30 年一遇	50 年一遇	百年一遇
内蒙古	156.95	206.36	233.28	263.63	302.60
北京	174.54	227.00	266.74	325.29	430.93
山东	173.67	209.57	230.00	254.52	289.14

（三）方案设计

依据研究目的，以平常年景赔付率为基础方案，然后在此方案基础上分别设计了各省（区、市）分公司以下不同的组合方案：

（1）多省（区、市）同时发生 10 年（2017 年）、20 年（2024 年）和 10 年（2031 年）一遇的三次大灾：①吉林和辽宁；②吉林、辽宁和内蒙古；③五省（区、市）。

（2）一省（区、市）或两省（区、市）早期（2018 年）、中期（2024 年）或晚期（2031 年）发生 50 年一遇的大灾，同时相关省（区、市）发生 10 年（2017 年）、20 年（2024 年）和 10 年（2031 年）一遇三次大灾：①吉林发生 50 年一遇的大灾，辽宁发生上述三次大灾；②辽宁发生 50 年一遇的大灾，吉林发生上述三次大灾；③内蒙古发生 50 年一遇的大灾，吉林和辽宁发生上述三次大灾；④北京和山东同时发生 50 年一遇的大灾，吉林、辽宁和内蒙古同时发生上述三次大灾；⑤吉林、辽宁同时发生 50 年一遇大灾，其他三省（区、市）同时发生 10 年、20 年和 10 年一遇的大灾；⑥吉林、辽宁和内蒙古三省（区、市）同时发生 50 年一遇的大灾，其他两省（市）同时发生 10 年、20 年和 10 年一遇的大灾；⑦吉林、辽宁、内蒙古、北京和山东五省（区、市）同时发生 50 年一遇的大灾。

（四）其他设定

（1）本书定义农业保险大灾风险指在农业保险经营中发生 10 年一遇及以上风险损失的事件。

（2）按各省分公司进行了分出保费和将全部自留保费购买不同保障程度的赔付率超赔再保险。

（3）除理赔之外的费用率设定为 22%。

（4）据保监会资料，2011～2013 年全国财产保险承保利润率分别为 4.74%、2.77% 和 0.5%，未来 22 年一律设定前三年承保利润率的平均值，即 2.67%。

（5）赔付率超赔再保险费率 7.79%。

（6）假设各省（区、市）无政府购买再保险。

五、模拟研究主要结果分析

（一）平常年景赔付率假设下专业农业保险公司农业保险完全可以实现可持续发展

1. 可用于赔付结余资金逐年增多

动态模拟表明，在平常年景赔付率的假设下，未来20年里，由于各省（区、市）分公司保费准备金和利润准备金逐年增多，当年可用于赔付结余资金都为正值，并且逐年增多，表明应对大灾的能力不断提高。2020年预计吉林省分公司可赔结余资金为6.73亿元，其中保费准备金2.2亿元，利润准备金3.94亿元，一般风险准备金0.57亿元（见图8－15）；2035年预计年初保费准备金5.44亿元，利润准备金9.25亿元，一般风险准备金1.35亿元，可赔付结余资金为16.71亿元。预计2020年辽宁省分公司可赔付结余资金为0.79亿元，其中保费准备金全部用完，利润准备金0.65亿元，一般风险准备金0.14亿元（见图8－16）；2035年初辽宁省分公司保费准备金0.11亿元，利润准备金1.01亿元，一般风险准备金0.26亿元，可赔付结余资金为1.57亿元。2020年预计内蒙古分公司可赔结余资金为5.19亿元，其中保费准备金2.64亿元，利润准备金2.18亿元，一般风险准备金0.37亿元；2035年初预计内蒙古分公司保费准备金6.52亿元，利润准备金8.16亿元，一般风险准备金1.25亿元（见图8－17），可赔付结余资金为16.46亿元。2020年预计北京市分公司可赔付结余资金为0.15亿元，其中保费准备金0.019亿元，利润准备金0.110亿元，一般风险准备金0.021亿元（见图8－18）；2035年初预计北京市分公司保费准备金0.056亿元，利润准备金0.47亿元，一般风险准备金0.1亿元，可赔付结余资金为0.67亿元。2020年预计山东省分公司可赔结余资金为0.63亿元，其中保费准备金0.05亿元，利润准备金0.51亿元，一般风险准备金0.062亿元（见图8－19）；2035年初预计山东省分公司保费准备金0.13亿元，利润准备金0.91亿元，一般风险准备金0.18亿元，可赔付结余资金为1.5亿元（见图8－20）。预计2020年总公司可赔付结余资金为13.51亿元，其中保费准备金为4.93亿元，利润准备金7.40亿元，一般风险准备金1.18亿元；2030年总公司可赔付结余资金为28.17亿元，其中保费准备金10.05亿元，利润准备金15.63亿元，一般风险准备金2.49亿元；2035年

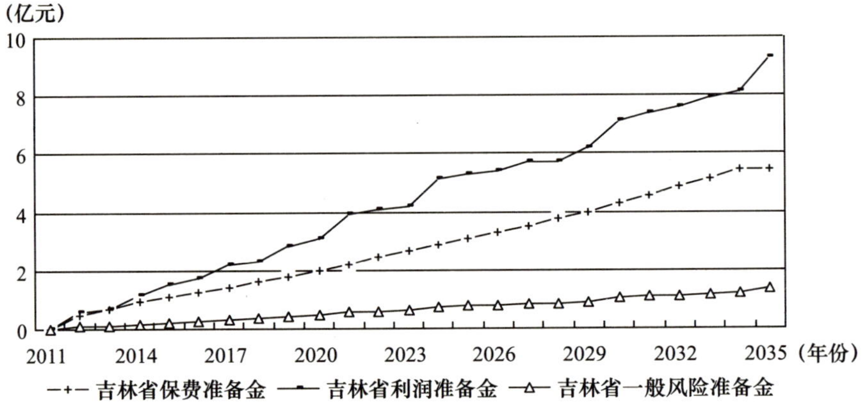

图 8－15　吉林省分公司大灾准备金变化趋势

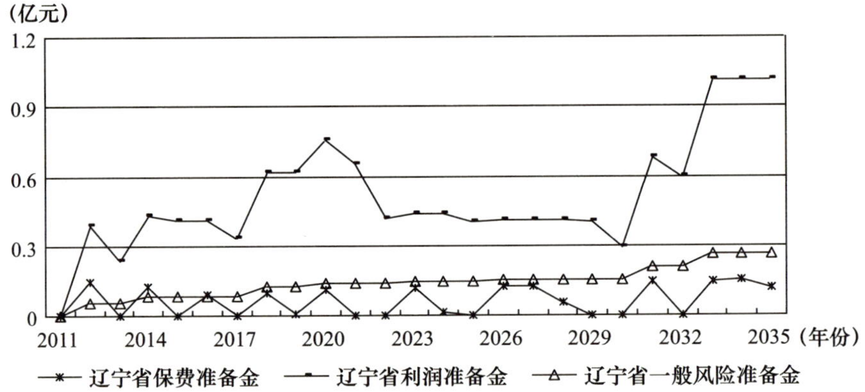

图 8－16　辽宁省分公司大灾准备金变化趋势

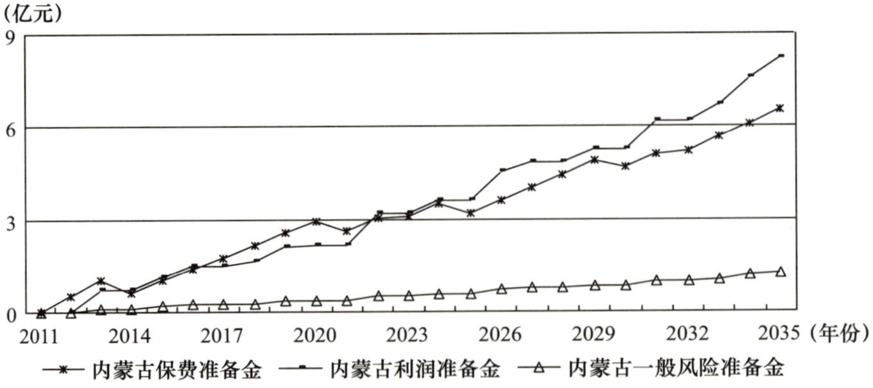

图 8－17　内蒙古自治区分公司大灾准备金变化趋势

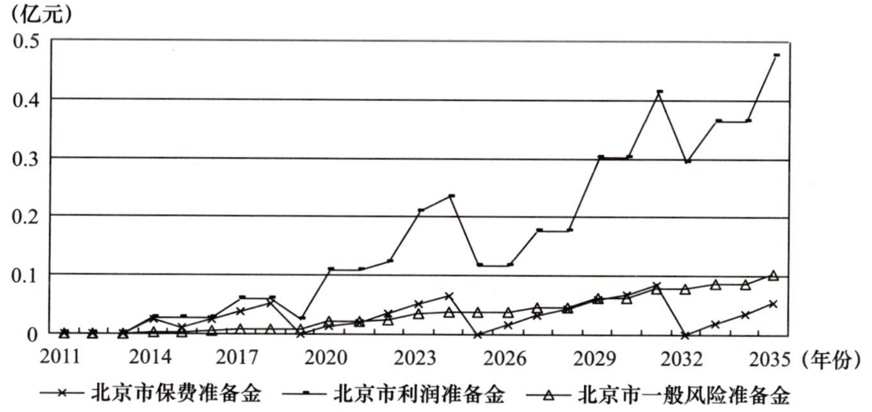

图 8-18　北京市分公司大灾准备金变化趋势

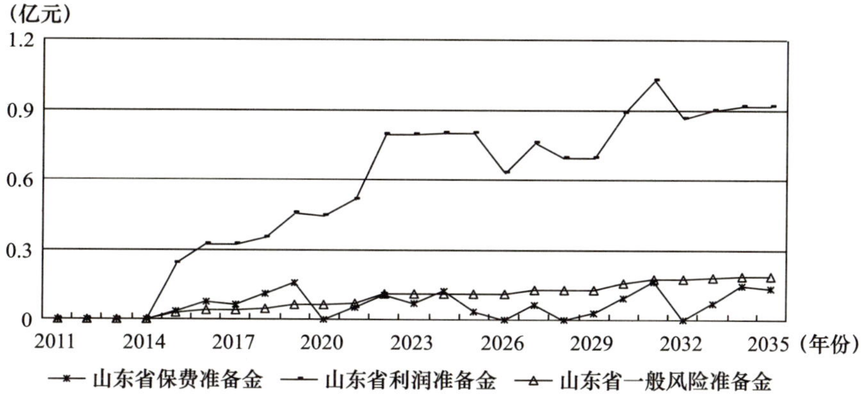

图 8-19　山东省分公司大灾准备金变化趋势

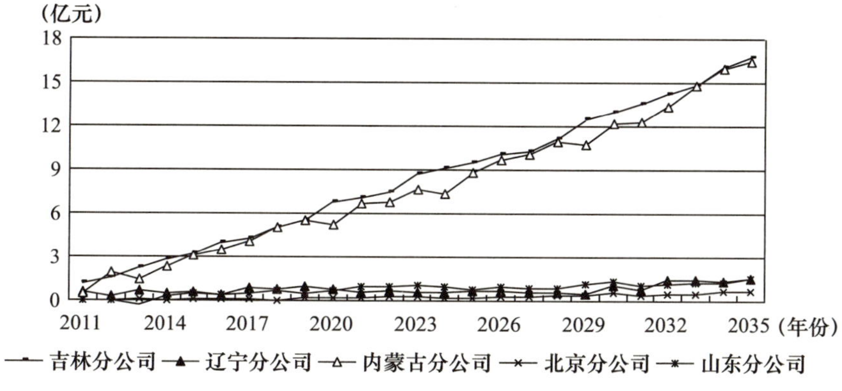

图 8-20　各省（区、市）分公司当年可赔付结余资金变化趋势

初保费准备金 9. 1 亿元，利润准备金 13. 85 亿元，一般风险准备金 2. 24 亿元，当年可赔付结余资金为 36. 94 亿元。

2. 可供分配利润小幅增加

受财政部《办法》规定约束，每年新增可供分配利润增幅很小（见图 2 - 21）。2025 和 2035 年吉林省分公司可供分配利润当年新增约为 605 万元和 867 万元，辽宁省分公司为 327 万元和 410 万元，内蒙古分公司为 1002 万元和 1080 万元，北京分公司为 35 万元和 81 万元，山东省分公司为 150 万元和 188 万元。专业农业保险公司累计可分配利润 2025 年为 2. 15 亿元，2030 年为 2. 96 亿元，2035 年为 3. 95 亿元。

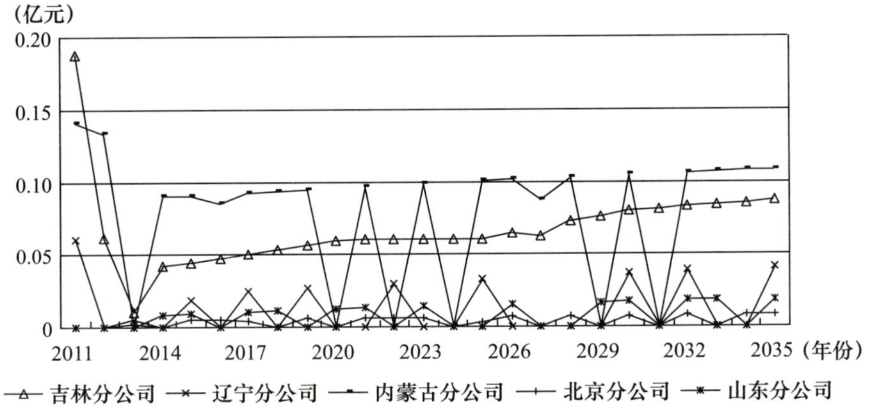

图 8 - 21　各省（区、市）分公司当年新增可分配利润变化趋势

（二）如果吉林和辽宁两省相继发生 10 年、20 年和 10 年一遇的三次大灾，专业农业保险公司仍可实现可持续发展

未来 20 年里，如果 2017 年、2024 年和 2031 年吉林和辽宁两省同时相继发生 10 年、20 年和 10 年一遇的三次农业大灾，专业农业保险公司仍能实现可持续发展。相继发生上述三次大灾的情景下，吉林省分公司仍可实现可持续发展。2017 年发生 10 年一遇的大灾时，再保险公司赔款 0. 37 亿元，吉林省分公司当年支付赔款后可赔付结余资金尚有 2. 13 亿元；2024 年发生 20 年一遇的大灾时，再保险公司赔款 0. 36 亿元，省分公司当年支付赔款后可赔付结余资金尚有 2. 13 亿元；2031 年再次发生 10 年一遇的大灾时，再保险公司赔款 0. 54 亿元，吉林省分公司当年支付赔款后可赔付结余资金尚有 3. 40 亿元，2035 年可赔付结余资金为 6. 67 亿元。而辽宁省分公司在大灾之年将出现亏损，2017 年、2024 年和 2031 年分别亏损 0. 68 亿元、3. 38 亿元和 1. 16 亿元，再保险公司分别赔款 0. 50 亿元、

0.59 亿元和 0.69 亿元。在总公司当年予以补亏的情景下，2018～2030 年，辽宁省分公司还可能发生 3 次亏损，年亏损额度在 0.01～0.18 亿元（见图 8-22），再保险公司分别赔款 0.048 亿元、0.210 亿元和 0.089 亿元。专业农业保险总公司 2017 年可赔付结余资金 6.14 亿元，2024 年为 7.60 亿元，2031 年为 15.99 亿元，2035 年为 26.09 亿元，始终能够做到可持续经营。

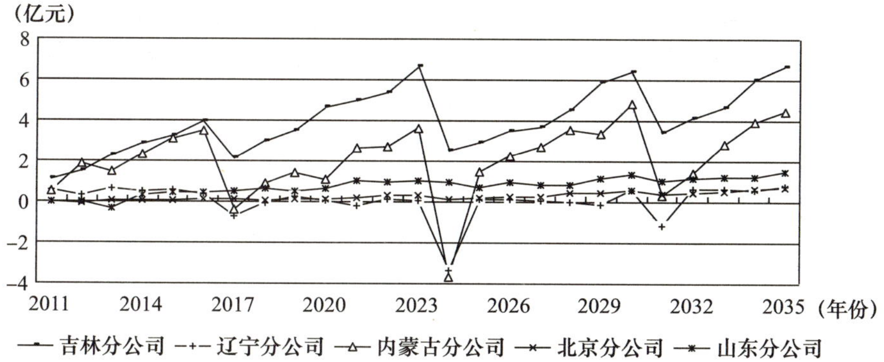

图 8-22 吉林、辽宁、内蒙古三省同时发生 10 年、20 年和 10 年一遇的三次大灾时各省（区、市）分公司可赔付结余资金变化趋势

（三）如果吉林、辽宁和内蒙古三省（区、市）同时相继发生 10 年、20 年和 10 年一遇的三次大灾，专业农业保险公司将需要外部超赔补偿资金 3.45 亿元

如果吉林、辽宁和内蒙古三省（区、市）在 2017 年、2024 年和 2031 年同时相继发生 10 年、20 年和 10 年一遇的三次大灾，大灾之年除吉林和辽宁分公司已如前述外，2017 年内蒙古分公司将亏损 0.40 亿元，2024 年亏损 3.69 亿元，2031 年可赔付结余资金 0.34 亿元，2035 年可赔付结余资金 4.47 亿元（见图 8-22）。在支付上述两省（区）分公司资金缺口后，2017 年专业农业保险公司可赔付结余资金为 1.67 亿元；2024 年亏空 3.45 亿元，如无外部补偿资金，靠自身运营次年可扭亏为盈；2031 年专业公司当年可赔付结余资金 4 亿元，2035 年可赔付结余资金尚有 14.1 亿元。

（四）如果吉林、辽宁、内蒙古、北京和山东五省（区、市）同时发生 10 年、20 年和 10 年一遇的三次大灾，专业农业保险总公司可能需要外部超赔补偿资金 5.41 亿元

上述五省（区、市）在 2017 年、2024 年和 2031 年先后同时发生 10 年、20

年和10年一遇的大灾时，吉林、辽宁、内蒙古三省（区）分公司情况已如上述。2017年发生10年一遇的大灾时，北京和山东分公司当年成灾应赔款分别为0.99亿元和1.65亿元，其中自留应赔款0.64亿元和1.14亿元，再保险赔款分别为58万元和0.11亿元，当年北京和山东分公司可赔付结余资金分别亏空0.22亿元和0.13亿元（见图8－23）。总公司当年成灾应赔款26.49亿元，自留部分应赔款18.02亿元，其中再保险赔款2.07亿元，年末总公司可赔付结余资金仅有0.69亿元。2024年再次同时发生20年一遇的大灾时，北京和山东分公司当年成灾应赔款分别为1.53亿元和2.75亿元，自留应赔款分别为0.94亿元和1.89亿元，其中再保险赔款分别为83万元和0.15亿元，当年可赔付结余资金分别亏空0.30亿元和0.56亿元。当年总公司成灾应赔款42.16亿元，自留赔款28.40亿元，其中再保险赔款2.23亿元，总公司年末需要外部超赔补偿资金5.41亿元，全靠自身运营次年尚需外部补偿资金1.13亿元，到2026年全部偿还外部资金后尚有可赔付结余资金5.04亿元。2031年第三次同时发生10年一遇的大灾时，北京和山东分公司当年成灾应赔款分别为1.36亿元和2.8亿元，自留赔款0.83亿元和1.91亿元，其中再保险赔款96万元和0.17亿元，当年可赔付结余资金分别亏空0.03亿元和0.31亿元。当年总公司成灾应赔款36.45亿元，自留赔款24.49亿元，其中再保险赔款2.55亿元，总公司年末可赔付结余资金为2.24亿元。到2035年北京和山东分公司可赔付结余资金分别为0.30亿元和0.46亿元，总公司为12.69亿元。由此可见，在未来20年里，如果专业农业保险公司所经营的吉林、辽宁、内蒙古、北京和山东五省（区、市）农业同时在早期、中期和晚期发生10年、20年和10年一遇的大灾时，在发生20年大灾时，专业农业保险公司可能需要外部超赔补偿资金5.41亿元。

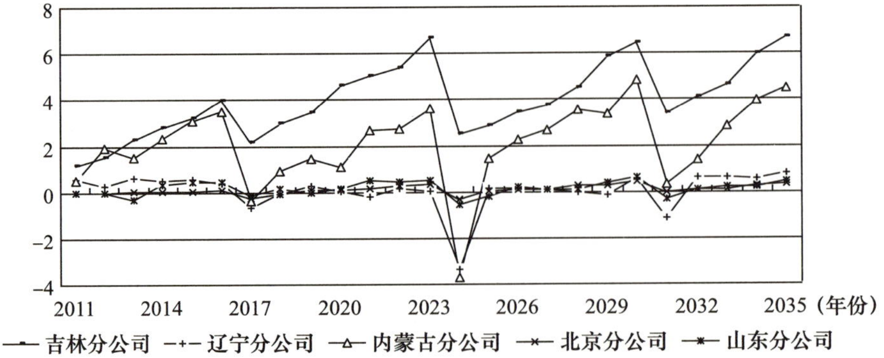

图8－23　五省（区、市）同时发生10年、20年和10年一遇的三次大灾时各省（区、市）分公司可赔付结余资金变化趋势

（五）如果辽宁发生10年、20年和10年一遇的三次大灾时，吉林早期、中期或晚期提前发生50年一遇的大灾，专业农业保险公司仍能实现可持续发展

1. 早期发生50年一遇大灾

在辽宁省相继发生10年、20年和10年一遇的三次大灾时，吉林省在早期2018年提前发生50年一遇的大灾，2024年和2031年又相继发生20年和10年一遇的两次大灾。50年一遇的大灾早期发生时，吉林省分公司当年成灾应赔款13.88亿元，公司自留应赔款9.21亿元，再保险赔款0.38亿元，赔付支出后省分公司可赔付资金尚亏空2.14亿元，当年总公司支付亏空资金后可赔付结余资金3.47亿元。2024年吉林省分公司再次发生10年一遇的大灾时，当年分公司自留应赔款5.44亿元，再保险赔款0.36亿元，支付赔款后可赔付结余资金1.42亿元，总公司当年可赔付结余资金余额6.5亿元。当2031年吉林省分公司再次发生20年一遇的大灾时，分公司当年自留应赔款9.74亿元，再保险赔款0.54亿元，分公司支付全部可赔付资金后，亏损0.16亿元，总公司当年可赔付结余资金为12.42亿元。到2035年吉林省公司可赔付结余资金为3.26亿元，总公司为22.68亿元（见图8－24）。

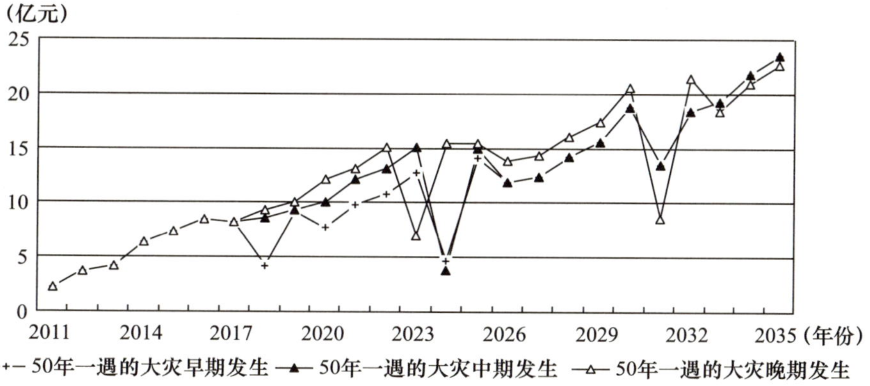

图8－24 吉林省公司早期、中期或晚期发生50年一遇的大灾时总公司可赔付结余资金变化趋势

2. 中期发生50年一遇的大灾

如果在上述其他省（区、市）假设下，吉林省在2018年和2031年发生10年一遇的大灾，省（区、市）分公司都不会出现亏损，当年可赔付结余资金分别为2.29亿元和0.87亿元。在中期2024年提前发生50年一遇的大灾

时，成灾当年吉林省分公司自留应赔款 10.5 亿元，再保险公司赔款 0.36 亿元，省分公司支付赔款后亏空 1.34 亿元，当年总公司可赔付结余资金 3.74 亿元。2035 年吉林省分公司可赔付结余资金为 4.14 亿元，总公司为 23.56 亿元（见图 8－24）。

3. 晚期发生 50 年一遇的大灾

如果吉林省在 2018 年和 2024 年相继发生 10 年和 20 年一遇的两次大灾，省分公司都不会出现亏损。2031 年吉林省提前发生 50 年一遇的大灾，当年省分公司自留应赔款 14.06 亿元，再保险公司赔款 0.54 亿元，省分公司当年可赔付资金亏空 4.02 亿元，总公司支付吉林省分公司的亏空资金后，可赔付结余资金为 8.57 亿元。2035 年省分公司可赔付结余资金 3.26 亿元，总公司为 22.69 亿元（见图 8－24）。

由此可见，当内蒙古、北京、山东三省（区、市）为平常年景赔付率时，如果辽宁省先后发生 10 年、20 年和 10 年一遇的大灾时，即使吉林省在早期或中期、晚期提前发生 50 年一遇的大灾，并且早期、中期和晚期再相继发生 10 年和 20 年一遇的两次大灾，专业农业保险公司农业保险仍然能够实现可持续发展。

（六）在吉林发生 10 年、20 年、10 年一遇的三次大灾时，如果辽宁早期、中期或晚期提前发生 50 年一遇的大灾，专业农业保险公司仍能实现可持续发展

1. 早期发生 50 年一遇的大灾

假设在吉林省相继发生 10 年、20 年和 10 年一遇的三次大灾时，辽宁省在早期 2018 年提前发生 50 年一遇的大灾，2024 年和 2031 年又相继发生 10 年和 20 年一遇的两次大灾。早期发生 50 年一遇的大灾时，辽宁省分公司当年成灾应赔款 9.21 亿元，分公司自留应赔款 6.25 亿元，再保险赔款 0.51 亿元，支出赔付后省分公司尚亏空 3.73 亿元，当年总公司支付亏空资金后可赔付结余资金 4.91 亿元。2024 年辽宁省分公司再次发生 10 年一遇的大灾时，当年分公司自留应赔款 3.48 亿元，再保险赔款 0.59 亿元，支付后可赔付结余资金后亏空 1.40 亿元，总公司当年可赔付结余资金余额 9.59 亿元。当 2031 年再次发生 20 年一遇大灾时，辽宁省分公司当年自留应赔款 6.52 亿元，再保险赔款 0.69 亿元，省分公司可赔付资金全部支付后，亏损 3.53 亿元，总公司当年可赔付结余资金为 13.62 亿元。到 2035 年辽宁省分公司可赔付结余资金为 0.77 亿元，总公司为 26.09 亿元（见图 8－25）。

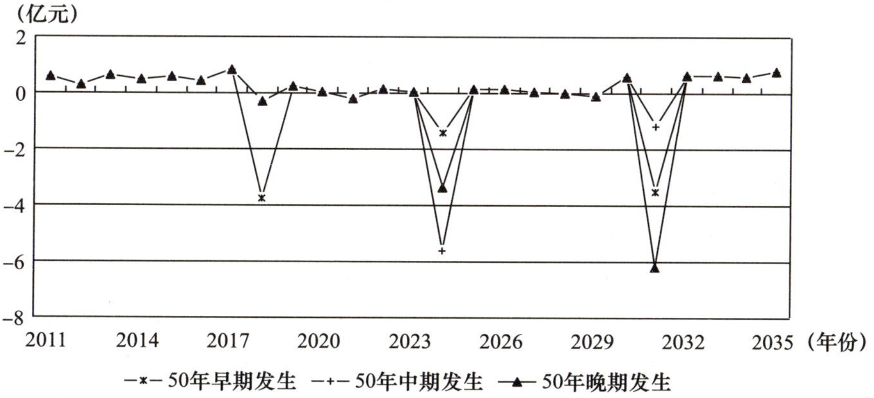

图 8-25 辽宁省早期、中期或晚期发生 50 年一遇的大灾时省分公司可赔付结余资金变化趋势

2. 中期发生 50 年一遇的大灾

如果在上述其他省（区、市）假设下，辽宁省在 2018 年和 2031 年发生 10 年一遇的大灾时，省分公司将分别亏损 0.31 亿元和 1.16 亿元。在中期 2024 年提前发生 50 年一遇大灾时，成灾当年辽宁省分公司自留应赔款 7.7 亿元，再保险公司赔款 0.59 亿元，省分公司支付后亏空 5.62 亿元，当年总公司可赔付结余资金 5.36 亿元。2035 年省分公司可赔付结余资金为 0.77 亿元，总公司为 26.09 亿元（见图 8-25）。

3. 晚期发生 50 年一遇的大灾

如果在上述其他省（区、市）假设下，辽宁省在 2018 年和 2024 年发生 10 年和 20 年一遇的大灾时，省分公司将分别亏损 0.31 亿元和 3.38 亿元。在晚期 2031 年提前发生 50 年一遇大灾时，成灾当年辽宁省分公司自留应赔款 9.20 亿元，再保险公司赔款 0.69 亿元，省分公司支付后亏空 6.2 亿元，当年总公司可赔付结余资金 10.94 亿元。2035 年辽宁省分公司可赔付结余资金为 0.77 亿元，总公司为 26.09 亿元（见图 8-25）。

由此可见，当内蒙古、北京、山东三省（区、市）为平常年景赔付率时，如果吉林省先后发生 10 年、20 年和 10 年一遇（区、市）大灾时，即使辽宁在早期、中期或晚期提前发生 50 年一遇的大灾，并且早期、中期和晚期再相继发生 10 年和 20 年一遇的两次大灾，专业农业保险公司农业保险仍然能够实现可持续发展。

（七）在吉林、辽宁两省同时发生 10 年、20 年和 10 年一遇三次大灾时，如果内蒙古早期、中期或晚期提前发生 50 年一遇的大灾，总公司最多需要外部超赔补偿资金 7. 82 亿元

1. 早期发生 50 年一遇的大灾

假设在吉林、辽宁两省同时相继发生 10 年、20 年和 10 年一遇的三次大灾时，内蒙古在早期 2018 年提前发生 50 年一遇的大灾，2024 年和 2031 年又相继发生 10 年和 20 年一遇的两次大灾。50 年一遇的大灾发生时，内蒙古自治区分公司当年成灾应赔款 22. 29 亿元，分公司自留应赔款 15. 41 亿元，再保险赔款 1. 07 亿元，支出赔付后自治区公司尚亏空 6. 12 亿元，当年总公司支付亏空资金后可赔付结余资金亏空 2. 56 亿元。2024 年内蒙古自治区分公司再次发生 10 年一遇的大灾时，当年自治区分公司自留应赔款 9. 76 亿元，再保险赔款 1. 10 亿元，支付后可赔付结余资金亏空 1. 55 亿元，总公司当年可赔付结余资金余额 9. 76 亿元。当 2031 年再次发生 20 年一遇的大灾时，内蒙古自治区分公司当年自留应赔款 13. 57 亿元，再保险赔款 1. 13 亿元，分公司可赔付资金全部支付后，亏损 2. 90 亿元，总公司当年可赔付结余资金为 0. 75 亿元。到 2035 年内蒙古自治区分公司可赔付结余资金为 4. 12 亿元，总公司为 13. 75 亿元（见图 8 –26）。

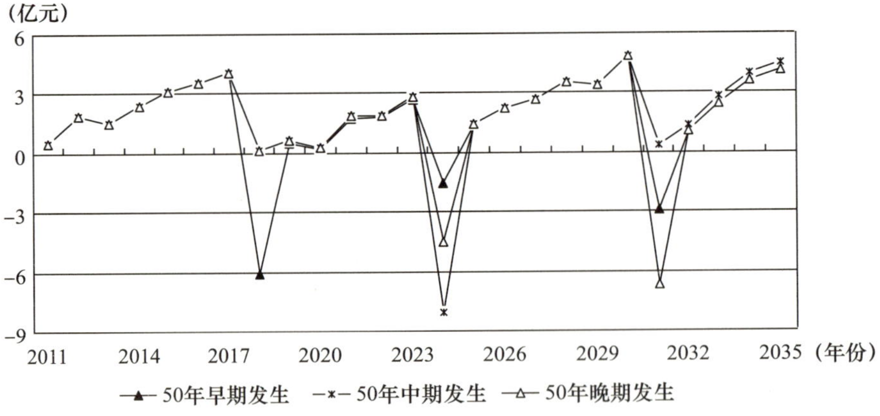

图 8 –26　早期、中期或晚期发生 50 年一遇的大灾时内蒙古自治区分公司可赔付结余资金变化趋势

2. 中期发生 50 年一遇的大灾

2018 年和 2031 年相继发生 10 年一遇的大灾时，当年自治区分公司支付赔款后可赔付结余资金分别为 0. 11 亿元和 0. 34 亿元。2024 年 50 年一遇的大灾发生时，内蒙古自治区分公司当年成灾应赔款 23. 84 亿元，分公司自留应赔款 16. 39 亿元，再保险赔款 1. 10 亿元，赔付支出后自治区分公司尚亏空 8. 06 亿元，当年总公司支付亏空资金后需要外部超赔补偿资金 7. 82 亿元，靠自身经营第二年尚亏空 2. 44 亿元，到第三年末可扭亏为盈，并有可赔付结余资金 4. 62 亿元。到 2035 年内蒙古自治区分公司可赔付结余资金为 4. 47 亿元，总公司为 14. 10 亿元（见图 8 –26）。

3. 晚期发生 50 年一遇的大灾

2018 年发生 10 年一遇的大灾时，当年自治区分公司支付赔款后可赔付结余资金 0. 11 亿元。2024 年发生 20 年一遇的大灾时，支付赔款后自治区分公司当年可赔付结余资金亏空 4. 50 亿元，总公司亏空 4. 26 亿元。2031 年 50 年一遇的大灾发生时，内蒙古自治区分公司当年成灾应赔款 25. 33 亿元，分公司自留应赔款 17. 34 亿元，再保险赔款 1. 13 亿元，赔付支出后自治区分公司尚亏空 6. 67 亿元，当年总公司支付亏空资金后可赔付结余资金亏空 3. 01 亿元。到 2035 年内蒙古自治区分公司可赔付结余资金为 6. 67 亿元，总公司为 13. 75 亿元（见图 8 –26）。

由此可见，当北京、山东两省（市）为平常年景赔付率时，如果吉林和辽宁两省先后同时发生 10 年、20 年和 10 年一遇的大灾时，内蒙古在早期、中期或晚期提前发生 50 年一遇的大灾，并且早期、中期和晚期再相继发生 10 年和 20 年一遇的两次大灾的情景下，专业农业保险公司农业保险将出现多次亏损，需要外部超赔补偿资金最多达到 7. 82 亿元，但在第三年即可扭亏为盈。

（八）如果吉林、辽宁和内蒙古三省（区）同时发生 10 年、20 年和 10 年一遇的大灾，北京和山东同时在早期、中期或晚期发生 50 年一遇的大灾，专业农业保险公司可能需要外部超赔补偿资金 6. 23 亿元

1. 早期发生 50 年一遇的大灾

2018 年北京和山东发生 50 年一遇的大灾时，北京市分公司成灾应赔款 1. 89 亿元，分公司自留应赔款 1. 15 亿元，再保险赔款 63 万元，年末亏空资金 0. 75 亿元。山东省分公司当年成灾应赔款 2. 55 亿元，分公司自留应赔款 1. 76 亿元，再保险赔款 0. 12 亿元，年末缺口资金为 0. 63 亿元（见图 8 –27），当年总公司支付各省分公司亏空后可赔付结余资金尚有 2. 38 亿元。2024 年发生 10 年一遇的大灾后，北京市分公司支付赔款后亏空金额 0. 09 亿元，山东省分公司亏空 0. 24 亿元，总公司当年需要外部超赔补偿资金 4. 88 亿元，靠自身经营第二年仍亏损 0. 59 亿元，第三年扭亏后有可赔付结余资金 5. 58 亿元。2031 年第三次发生 20 年一遇的大灾时，北京市分公司支付赔款后亏空金额 0. 28 亿元，山东省分公司亏空0.71亿元，总公司当年可赔付结余资金为1.60亿元。

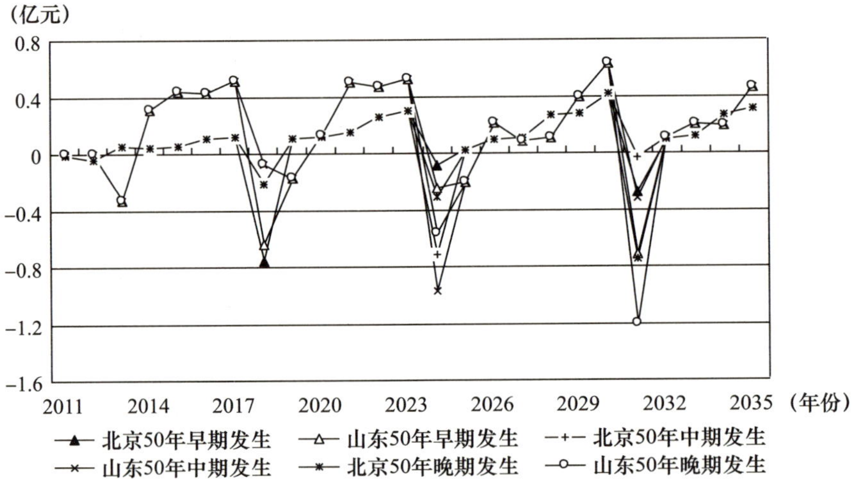

图8－27　北京、山东分公司早期、中期或晚期同时发生50年一遇的大灾时可赔付结余资金变化趋势

2. 中期发生50年一遇的大灾

2018年发生10年一遇的大灾时，北京市分公司支付赔款后，年末亏空资金为0.21亿元，山东省分公司支付赔款后年末亏空资金0.08亿元，当年总公司支付各省（区、市）亏空后可赔付结余资金尚有3.48亿元。2024年发生50年一遇的大灾后，北京市分公司成灾应赔款2.19亿元，分公司自留应赔款1.34亿元，再保险赔款83万元，年末亏空资金0.71亿元；山东省分公司当年成灾应赔款3.34亿元，分公司自留应赔款2.29亿元，其中再保险赔款0.15亿元，年末亏空资金0.97亿元（见图8－27），总公司支付各省（区、市）分公司的亏空资金后，当年需要外部超赔补偿资金6.23亿元，靠自身经营第二年仍亏损1.94亿元，第三年扭亏后有可赔付结余资金6.66亿元。2031年第三次发生10年一遇的大灾时，北京市分公司支付赔款后亏空金额0.03亿元，山东省分公司亏空0.31亿元，总公司当年可赔付结余资金为2.24亿元。

3. 晚期发生50年一遇的大灾

2018年发生10年一遇的大灾时，北京市和山东省分公司支付赔款后年末分别亏空资金0.2亿元和0.08亿元，当年总公司支付各省（区、市）分公司亏空后可赔付结余资金为3.48亿元。2024年发生20年一遇的大灾后，北京市分公司年末亏空资金0.3亿元；山东省分公司亏空资金0.56亿元（见图8－27），总公司当年需要外部超赔补偿资金 5.42 亿元，靠自身经营第二年仍亏损 1.13 亿元，到第三年可扭亏为盈，且有可赔付结余资金 5.04 亿元。2031 年发生 50 年一遇的大灾时，北京市分公司当年成灾应赔款 2.53 亿元，自留部分应赔款 1.54 亿元，再保险赔款 96 万元，年末亏空资金 0.75 亿元；山东省分公司当年成灾应赔款 4.10 亿元，自留部分应赔款 2.79 亿元，再保险赔款 0.17 亿元，年末亏空资金 1.2 亿元（见图 8－27），总公司支付各省（区、市）分公司亏空资金后，当年可赔付结余资金仅有 0.63 亿元。

由此可见，如果吉林、辽宁和内蒙古三省（区）同时发生 10 年、20 年和 10 年一遇的大灾，北京和山东同时在早期、中期或晚期发生 50 年一遇大灾的情景下，专业农业保险公司可能分别需要外部超赔补偿资金 4.88 亿元、6.23 亿元或 5.42 亿元。

（九）如果吉林、辽宁和内蒙古三省（区）同时在早期、中期或晚期发生 50 年一遇的大灾，北京和山东同时发生 10 年、20 年和 10 年一遇的大灾，专业农业保险公司可能需要外部超赔补偿资金多达 17.24 亿元

1. 早期发生 50 年一遇的大灾

如果吉林、辽宁和内蒙古在早期 2018 年发生 50 年一遇的大灾，成灾当年吉林省分公司应赔款 13.88 亿元，自留部分应赔款 9.22 亿元，再保险赔款 0.38 亿元，省分公司当年亏空资金 2.15 亿元需要总公司支付；辽宁省分公司成灾应赔款 9.21 亿元，自留部分应赔款 6.25 亿元，再保险赔款 0.51 亿元，省分公司当年亏空资金 3.74 亿元需要总公司支付；内蒙古自治区分公司成灾应赔款 22.29 亿元，自留部分应赔款 15.41 亿元，再保险赔款 1.07 亿元，自治区分公司当年亏空资金 6.12 亿元需要总公司支付。当年专业农业保险公司成灾应赔款 46.44 亿元，简单赔付率为 266.51%，其中种植业应赔款 35.51 亿元，养殖业应赔款 9.52 亿元，林业应赔款 1.4 亿元，自留部分应赔款 31.55 亿元，再保险总赔款 1.98 亿元，支付各省（区、市）分公司赔款后可赔付结余资金亏空为 11.92 亿元，需要由外部资金补偿，经过四年便可扭亏为盈（见图 8－28）。2024 年发生 10 年一遇的大灾，成灾当年吉林省分公司当年可赔付结余资金 1.42 亿元，辽宁省分公司当年亏空资金 1.4 亿元需要总公司支付，内蒙古自治区分公司当年亏空资金 1.55 亿元。当年专业农业保险公司成灾应赔款 31.95 亿元，自留应赔款 21.51 亿元，再保险总赔款 2.23 亿元，支付各省（区、市）分公司赔款后需要外部超赔补偿资金 2.4 亿元。2031 年再次发生 20 年一遇的大灾，成灾当年吉林省分公司当年亏空资金 0.16 亿元，辽宁省分公司当年亏空资金 3.53 亿元，内蒙古自治区分公司当年亏空资金 2.9 亿元。当年专业农业保险公司成灾应赔款 48.45 亿

元，自留应赔款 32.58 亿元，再保险总赔款 2.55 亿元，支付各省（区、市）赔款后需要外部超赔补偿资金 6.94 亿元。

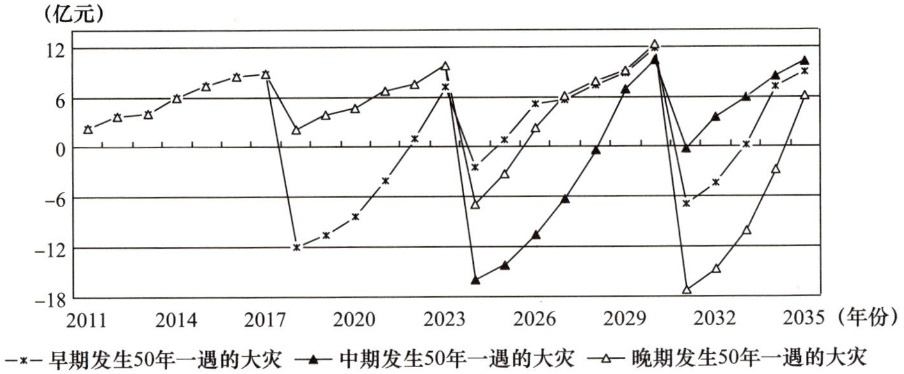

图 8-28　三省（区）早期、中期或晚期发生 50 年一遇的大灾时专业农业保险公司可赔付结余资金变化趋势

2. 中期发生 50 年一遇的大灾

如果吉林、辽宁和内蒙古在 2018 年发生 10 年一遇的大灾，成灾当年吉林省分公司当年可赔付结余资金 2.29 亿元，辽宁省分公司当年亏空资金 0.31 亿元需要总公司支付，内蒙古自治区分公司当年可赔付结余资金 0.11 亿元。当年专业农险公司支付各省（区、市）分公司赔款后可赔付结余资金 2.18 亿元。中期 2024 年发生 50 年一遇的大灾，当年吉林省分公司成灾应赔款 16.03 亿元，简单赔付率为 281.21%，其中种植业应赔款 38.8 亿元，养殖业应赔款 14.87 亿元，林业应赔款 1.92 亿元，自留部分应赔款 10.50 亿元，再保险赔款 0.36 亿元，省分公司当年亏空资金 1.34 亿元；辽宁省分公司成灾应赔款 11.43 亿元，自留部分应赔款 7.7 亿元，再保险赔款 0.59 亿元，省分公司当年亏空资金 5.62 亿元；内蒙古自治区分公司成灾应赔款 23.84 亿元，自留部分应赔款 16.39 亿元，再保险赔款 1.10 亿元，自治区分公司当年亏空资金 8.06 亿元。当年专业农险公司成灾应赔款 55.58 亿元，自留应赔款 37.43 亿元，再保险总赔款 2.23 亿元，支付各省（区、市）分公司赔款后需要由外部补偿资金 15.90 亿元，经过五年便可扭亏为盈（见图 8-28）。2031 年再次发生 10 年一遇的大灾，成灾当年吉林省分公司当年可赔付结余资金 0.87 亿元，辽宁省分公司当年亏空资金 1.16 亿元，内蒙古自治区分公司当年可赔付结余资金 0.34 亿元。当年专业农业保险公司成灾应赔款 36.45 亿元，自留应赔款 24.5 亿元，再保险总赔款 2.55 亿元，支付各省（区、市）分公司赔款后需要外部超赔补偿资金 0.28 亿元。

3. 晚期发生 50 年一遇的大灾

如果吉林、辽宁和内蒙古在 2018 年发生 10 年一遇的大灾，成灾当年总公司支付各省（区、市）亏空后尚有可赔付结余资金 2.18 亿元。而在 2024 年同时发生 20 年一遇的大灾时，总公司将需要外部超赔补偿资金 6.88 亿元。当 2031 年再次同时发生 50 年一遇的大灾时，当年吉林省分公司成灾应赔款 21.27 亿元，自留部分应赔款 14.06 亿元，再保险赔款 0.54 亿元，省分公司当年亏空资金 4.02 亿元；辽宁省分公司成灾应赔款 13.71 亿元，自留部分应赔款 9.2 亿元，再保险赔款 0.69 亿元，省分公司当年亏空资金 6.21 亿元；内蒙古自治区分公司成灾应赔款 25.33 亿元，自留部分应赔款 17.34 亿元，再保险赔款 1.13 亿元，自治区分公司当年亏空资金 6.67 亿元。当年总公司成灾应赔款 64.47 亿元，简单赔付率为 277.72%，其中种植业应赔款 43.99 亿元，养殖业应赔款 17.92 亿元，林业应赔款 2.56 亿元，自留部分应赔款 43.34 亿元，再保险公司总赔款 2.55 亿元，支付各省（区、市）分公司赔款后，当年需要外部超赔补偿资金 17.24 亿元（见图 8－28），经过四年便可扭亏为盈。

由此可见，在北京和山东两省（市）同时发生 10 年、20 年和 10 年一遇三次大灾情景下，如果吉林、辽宁和内蒙古三省（区）同时在早期、中期或晚期发生 50 年一遇的大灾，专业农业保险公司都将需要大量外部超赔补偿资金，50 年一遇的大灾早期发生需要外部补偿资金 11.92 亿元，中期发生时需要 15.9 亿元，晚期发生时需要 17.24 亿元。50 年一遇的大灾发生后出现的亏损，经过四五年便可扭亏为盈。

（十）如果吉林、辽宁、内蒙古、北京和山东五省（区、市）同时在早期、中期或晚期发生 50 年一遇的大灾，专业农业险保公司可能需要外部超赔补偿资金多达 18.85 亿元

1. 早期发生 50 年一遇的大灾

如果吉林、辽宁、内蒙古、北京和山东五省（区、市）同时在早期 2018 年发生 50 年一遇的大灾，成灾当年吉林省分公司亏空资金 2.15 亿元需要总公司支付，辽宁省分公司亏空资金 3.74 亿元，内蒙古自治区分公司亏空资金 6.12 亿元，北京市分公司亏空 0.75 亿元，山东省分公司亏空资金 0.64 亿元。当年专业农业保险公司成灾应赔款 49.82 亿元，简单赔付率为 285.91%，其中种植业应赔款 37.42 亿元，养殖业应赔款 10.87 亿元，林业应赔款 1.53 亿元，自留部分应赔款 33.79 亿元，再保险总赔款 2.109 亿元，支付各省（区、市）分公司赔款后可赔付结余资金亏空 13.39 亿元，需要由外部资金补偿，经过四年便可扭亏为盈（见图 8－29）。

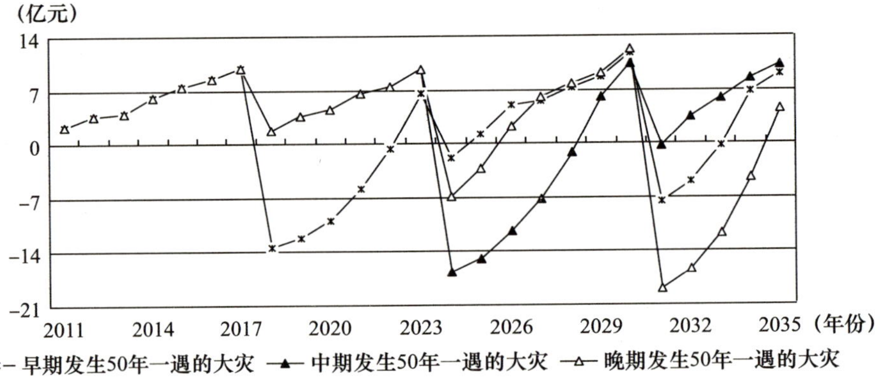

图 8－29　五省（区、市）同时在早期、中期或晚期发生 50 年一遇的大灾时总公司可赔付结余资金变化趋势

2024 年再次同时发生 10 年一遇的大灾时，北京市分公司亏空资金 0.088 亿元，山东省分公司亏空 0.24 亿元，总公司支付各省（区、市）分公司亏空资金后当年需要外部补偿资金 1.85 亿元。2031 年再次发生 20 年一遇的大灾时，北京市分公司亏空资金 0.28 亿元，山东省分公司亏空 0.71 亿元，总公司支付各省（区、市）分公司亏空资金后当年需要外部补偿资金 7.58 亿元，经过三年到 2034 年即可扭亏为盈。到 2035 年吉林省分公司可赔付结余资金 3.27 亿元，辽宁省分公司为 0.77 亿元，内蒙古自治区分公司为 4.13 亿元，北京市分公司为 0.31 亿元，山东省分公司为 0.46 亿元，总公司当年可赔付结余资金为 8.94 亿元。

2. 中期发生 50 年一遇的大灾

如果五省（区、市）同时在早期 2018 年发生 10 年一遇的大灾，当年总公司支付各省（区、市）分公司亏空资金后尚有可赔付结余资金 1.8 亿元。如果在 2024 年再次同时发生 50 年一遇的大灾，成灾当年吉林省分公司亏空资金 1.34 亿元需要总公司支付，辽宁省分公司亏空资金 5.63 亿元，内蒙古自治区分公司亏空资金 8.06 亿元，北京市分公司亏空资金 0.71 亿元，山东省分公司亏空资金 0.97 亿元。当年专业农业保险公司成灾应赔款 56.84 亿元，简单赔付率为 287.54%，其中种植业应赔款 39.34 亿元，养殖业应赔款 15.53 亿元，林业应赔款 1.97 亿元，自留应赔款 38.24 亿元，再保险总赔款 2.23 亿元，支付各省（区、市）分公司赔款后可赔付结余资金亏空 16.71 亿元，需要由外部资金补偿，经过五年便可扭亏为盈（见图 8－29）。2031 年再次同时发生 10 年一遇的大灾时，北京市分公司亏空资金 0.088 亿元，山东省分公司亏空 0.24 亿元，总公司支付各省（区、市）分公司亏空资金后当年需要外部补偿资金 1.85 亿元。2031 年再次发生 20 年一遇的大灾时，北京市分公司亏空资金 0.032 亿元，山东省分公司亏空0.32亿元，总公司支付各省（区、市）分公司亏空资金后当年仅需要外部补偿资金0.28亿元。到2035年吉林省分公司可赔付结余资金4.15亿元，辽宁省分公司为0.77亿元，内蒙古自治区分公司为4.47亿元，北京市分公司为0.31亿元，山东省分公司为0.46亿元，总公司当年可赔付结余资金为10.16亿元。

3. 晚期发生50年一遇的大灾

如果五省（区、市）同时在早期2018年发生10年一遇的大灾，当年总公司支付各省（区、市）分公司亏空资金后尚有可赔付结余资金1.80亿元。而在2024年同时发生20年一遇的大灾时，总公司将需要外部超赔补偿资金6.88亿元。当2031年再次同时发生50年一遇的大灾时，当年北京市分公司成灾应赔款2.53亿元，自留部分应赔款1.55亿元，再保险公司赔款96万元，当年需要总公司支付超赔款0.75亿元。山东省分公司当年成灾应赔款4.10亿元，自留部分应赔款2.79亿元，再保险公司赔款0.17亿元，需要总公司支付超赔款1.20亿元。当年专业农业保险公司成灾应赔款66.94亿元，简单赔付率为288.38%，其中种植业应赔款45.09亿元，养殖业应赔款19.21亿元，林业应赔款2.88亿元，自留部分应赔款44.94亿元，再保险公司总赔款2.79亿元，支付各省（区、市）分公司赔款后，当年需要外部超赔补偿资金18.85亿元（见图8-29），经过四年到2035年便可扭亏为盈。2035年初吉林省分公司可赔付结余资金3.27亿元，辽宁省分公司可赔付结余资金0.77亿元，内蒙古自治区分公司为4.12亿元，北京市分公司为0.31亿元，山东省分公司为0.46亿元，减去上年末总公司亏损的4.42亿元，总公司当年可赔付结余资金为4.51亿元。

由此可见，在吉林、辽宁、内蒙古、北京和山东五省（区、市）早期、中期或晚期同时发生50年一遇三次大灾的情景下，总公司都将需要大量外部超赔补偿资金，50年一遇的大灾早期发生需要外部补偿资金13.39亿元，中期发生时需要16.71亿元，晚期发生时需要18.85亿元。50年一遇的大灾发生后出现的亏损，经过四五年便可扭亏为盈。

六、主要结论

（一）专业农业保险公司具有较强的应对未来农业保险大灾风险的能力

按照财政部《办法》，建立保费准备金和利润准备金以及购买再保险等农业保险大灾风险分散体系以后，在平常年景下，专业农业保险公司具有较强的大灾风险准备金积累能力，可用于赔付结余资金不断增多，预计到2020年可达到16亿元，2030年为28亿元，2035年将近37亿元。随着时间的推移，应对大灾风险损失的能力不断增强。预计未来20年里，即使吉林和辽宁两省在早期、中期和晚期同时发生10年、20年和10年一遇的三次农业大灾，甚至吉林或辽宁在早期、中期或晚期提前发生一次50年一遇的大灾时，专业农业保险公司在整体上都能够实现可持续发展。

（二）随着保费收入的增多，公司盈利水平略有增加

财政部《办法》规定的利润准备金计提原则，使经营农业保险机构的盈利水平受到一定的约束。对专业农业保险公司等农业保险专业公司来说，盈利水平通常不会超过全国财产保险公司前三年的平均承保利润率。假设未来全国财产保险公司平均承保利润率为2.67%，预计平常年景下，随着专业农业保险公司保费收入的增加，2017～2035年总公司每年实现的可分配利润在0.18亿～0.26亿元。

（三）如果吉林、辽宁和内蒙古三省（区）同时相继发生10年、20年和10年一遇的三次大灾，专业农业保险公司中期将需要外部超赔补偿资金3.45亿元

如果吉林、辽宁和内蒙古三省（区）在2017年、2024年和2031年同时相继发生10年、20年和10年一遇的三次大灾，辽宁分公司在2017年、2024年和2031年分别亏损0.68亿元、3.38亿元和1.16亿元；内蒙古分公司在2017年和2024年分别亏损0.40亿元和3.69亿元。在支付辽宁和内蒙古分公司的亏空资金后，2017年专业农业保险公司可赔付结余资金为1.67亿元；2024年亏空3.45亿元，如无外部补偿资金，靠自身运营次年可扭亏为盈；2031年当年可赔付结余资金4亿元，2035年可赔付结余资金尚有14.10亿元。

（四）如果吉林、辽宁、内蒙古、北京和山东五省（区、市）同时发生10年、20年和10年一遇的三次大灾，专业农业保险公司中期可能需要外部超赔补偿资金5.41亿元

上述五省（区、市）在2017年、2024年和2031年先后同时发生10年、20年和10年一遇的大灾时，辽宁和内蒙古分公司亏损已如上述，在三次大灾发生时北京和山东每次都可能亏损0.03亿～0.56亿元。在支付各省（区、市）分公司亏损后，2017年专业农业保险公司可赔付结余资金仅有0.69亿元，2024年将亏损5.41亿元，如无外部补偿资金，靠自身运营第三年可扭亏为盈；2031年可赔付结余资金 2.24 亿元。

（五）一旦内蒙古发生大灾将需要更多的外部超赔补偿资金

2014 年内蒙古自治区农业保费收入已经达到 30 亿元，专业保险公司分公司保费收入在自治区中所占比重也在 29% 左右。因此，一旦内蒙古发生大灾专业农业保险公司损失巨大。如果吉林、辽宁和内蒙古三省（区）在早期、中期和晚期同时发生 10 年、20 年和 10 年一遇的三次大灾，由于内蒙古损失较大，在中期 2024 年专业公司可能需要外部超赔补偿资金 3.45 亿元。如果在吉林、辽宁同时发生 10 年、20 年和 10 年一遇三次大灾的情景下，内蒙古在早期发生 50 年一遇的大灾时专业农业保险公司可能需要外部超赔补偿资金 2.56 亿元，而在中期发生时需要 7.83 亿元，晚期发生时需要 4.26 亿元。

（六）如果吉林、辽宁和内蒙古三省（区）同时发生 10 年、20 年和 10 年一遇的大灾时，北京和山东同时在早期、中期或晚期发生 50 年一遇的大灾，专业农业保险公司最多可能需要外部超赔补偿资金 6.23 亿元

如果吉林、辽宁和内蒙古三省（区）同时发生 10 年、20 年和 10 年一遇的大灾，北京和山东同时在早期、中期或晚期发生 50 年一遇大灾的情景下，专业农业保险公司都会发生严重亏损，在早期、中期或晚期可能分别需要外部超赔补偿资金 4.88 亿元、6.23 亿元或 5.42 亿元。

（七）如果吉林、辽宁和内蒙古三省（区）同时在早期、中期或晚期发生 50 年一遇的大灾，北京和山东同时发生 10 年、20 年和 10 年一遇的大灾，专业农业保险公司最多可能需要外部超赔补偿资金多达 17.24 亿元

在北京和山东两省（市）同时发生 10 年、20 年和 10 年一遇三次大灾的情景下，如果吉林、辽宁和内蒙古三省（区）同时在早期、中期或晚期发生 50 年一遇的大灾时，专业农业保险公司都将需要大量外部超赔补偿资金。50 年一遇的大灾早期发生需要外部补偿资金 11.92 亿元，中期发生时需要 15.9 亿元，晚期发生时需要 17.24 亿元。大灾发生后出现的亏损，经过四五年便可扭亏为盈。

（八）如果吉林、辽宁、内蒙古、北京和山东五省（区、市）同时在早期、中期或晚期发生 50 年一遇的大灾，专业农业保险公司可能需要外部超赔补偿资金多达 18.85 亿元

在吉林、辽宁、内蒙古、北京和山东五省（区、市）在早期、中期或晚期同时发生 50 年一遇大灾的情景下，专业公司都将出现严重亏损。50 年一遇的大灾早期发生时专业公司需要外部补偿资金 13.39 亿元，中期发生时需要 16.71 亿元，晚期发生时需要 18.85 亿元。大灾发生后出现的亏损，经过四五年便可扭亏为盈。

七、政策建议

（一）重点做好中期 2024 年前后大灾损失的融资预案

未来 20 年里，在中期 2024 年前后发生大灾时，将造成专业农业保险公司农业保险业务的大量亏损。如果五省（区、市）在早期、中期和晚期同时发生 10 年、20 年和 10 年一遇的三次大灾，中期 2024 年专业农业保险公司可能需要外部超赔补偿资金 5.42 亿元。如果在其他三省（区）同时发生 10 年、20 年和 10 年一遇的三次大灾，北京和山东在中期 2024 年同时发生 50 年一遇的大灾时，专业农业保险公司需要外部超赔补偿资金 6.23 亿元。内蒙古中期发生 50 年一遇大灾时，专业公司需要的外部超补偿赔资金最多达到 7.83 亿元。由于公司大灾准备金积累能力强，两三年便可以偿还全部外部补偿资金。10 年、20 年一遇的大灾风险在上述五省（区、市）可能随时发生，而这些大灾风险在中期 2024 年前后发生时，专业农业保险公司的大灾准备金积累有限。因此，为保证公司农业保险业务的可持续发展，应该重点提早做好中期 2024 年前后发生大灾损失时的融资预案。从最不利处着想，还要对中期或后期可能发生的十八九亿元的融资规模有所筹划。

（二）争取专业农业保险公司农业保险的赔付率达到或低于各省（区、市）平均水平

从专业农业保险公司目前经营的五省（区市）农业保险来看，辽宁省、北京市和山东省的农业风险相对较大、农业保险简单赔付率较高。相对而言，吉林省和内蒙古自治区农业灾害风险较小、赔付率较低。因此，应保持并适当扩大专业农业保险公司在吉林和内蒙古农业保险中占有较多份额，同时在北京、辽宁和山东农业保险展业中，要做到不同风险地区和承保险种业务的均衡发展。同时希望地方有关部门严格执行农业保险规定，避免出现协议赔款，降低专业农业保险公司农业保险经营成本，使专业农业保险公司农业保险的赔付率达到或低于各省（区、市）平均水平。

（三）发挥专业农业保险公司优势，扩大不同风险地区农业保险业务的规模

作为专业性农业保险公司，不仅在公司治理结构设置、经营模式选择以及人才队伍建设等方面，都形成了自身的特点，而且有的专业公司将现代科技成功应用于农业保险，成功研制并将“无人机”应用于查勘定损、防灾减灾，不断提高自身的核心竞争力。因此，应该通过加大自身优势的宣传，在更多省（区）扩大不同风险地区农业保险业务的规模，增加不同风险单位的数量，进一步增强专业农业保险公司农业保险应对大灾风险的能力。

（四）政府对在灾害高发地区开展农业保险的专业农业保险公司采取必要的支持措施

我国一些专业农业保险公司业务规模相对较小，而又主要在国内农业自然灾害高发区开展农业保险业务。例如，某专业农业保险公司开展业务的辽宁省、北京市和山东省，多年平均赔付率分别高达 92.43%、89.81% 和 78.70%，最高年赔付率分别高达 158%、108% 和 125%，标准差为 0.456、0.119 和 0.373，都是农业保险可保性很差的省（区、市）。因此，为减少专业公司的赔付率，一方面希望赔付率较高的当地政府能对从事本地农业保险的专业农业保险公司适当给予农业保险经营费用的补助，如北京市对经营本市农业保险的各分公司经营费用的补助达到其当年农业保费收入的 10%。对一些牧区或产粮大省，希望中央财政能对在这些省（区）开展农业保险的专业农业保险公司给予经营费用的相应补助。另一方面，从保险经营的“大数定律”考虑，这些专业农业保险公司亟待在其他低风险省份扩大农业保险业务。建议灾害风险较小的地方政府，应该对这类农业保险专业公司进入当地开展农业保险业务给予适当优先，通过地方政府支持，使专业农业保险公司能够在时间和空间两个方面分散大灾风险。

（五）建立由保险公司融资和偿还本金，并由中央大灾准备金支付融资利息的全国农业保险大灾风险分散体系

多省（区）同时在早期、中期或晚期发生 50 年一遇的大灾时，专业农业保险公司将需要大量外部超赔补偿资金，最多可能达到 17 亿～19 亿元。如果由专业农业保险公司贷款或发行债券，经过四五年后即可偿还全部融资本金。专业农业保险公司应对大灾风险能力的模拟研究进一步表明，为保障我国农业保险业务的可持续发展，提高政府和农业保险经营机构资金的使用效率，在全国完全可以建立由经营农业保险的机构进行融资并偿还本金，由中央大灾准备金支付融资利息的农业保险大灾风险分散方式。

第九章　中国农业保险不同大灾风险分散制度的模拟、比较和选择

农业保险经营机构的省级分公司和总公司相耦合的系统动力学模拟研究的结果显示，当省级和总公司经营的农业保险业务，同时发生50年或100年一遇的农业大灾损失时，大灾损失将超出总公司经营农业保险业务的偿付能力，可能需要巨额外部超赔补偿资金。为此，需要进一步建立“全国农业保险大灾风险分散方式的系统动力学模型”，从全国整体角度对我国农业保险现行模式进行动态模拟，提出为农业保险经营机构（以下简称保险公司）提供外部超赔补偿资金的适宜方式。

本书建立能够体现《办法》规定和农业保险运作机制现状的全国农业保险系统动力学模型，对2014～2035年全国农业保险可能达到的保费收入规模和可能发生的10年、20年、30年，尤其是50年和100年一遇的农业大灾进行情景假设，首先对我国保险公司现行模式进行模拟研究，分析现行模式在大灾发生时需要的外部超赔补偿资金。在此基础上，设计了由政府大灾准备金兜底和由保险公司融资并由政府付息的两种大灾风险分散方式并进行了动态模拟和比较。通过上述模拟研究，回答当前各界关注的几个主要问题：一是农业保险经营机构大灾风险准备金的变化趋势及其应对农业保险风险损失的能力；二是如果今后22年里，在早期、中期或晚期发生10年、20年、50年或100年一遇的三次农业大灾损失时，保险公司现行模式需要外部超赔补偿资金的额度和公司偿还外部补偿资金的能力；三是依据以上情况，我国最适宜建立怎样的农业大灾风险分散体系，中央和地方政府大灾风险准备金的用途和筹资规模。通过上述几个问题的模拟研究以期为我国农业保险大灾风险分散制度的选择提供参考。

本章第一部分是系统动力学模型和参数设定以及方案设计，第二部分是我国农业保险现行制度的模拟结果，第三部分是“政府兜底”和“融资预案”两种大灾风险分散方式的模拟研究，第四部分是我国农业保险大灾风险分散制度的选择和建议。

一、模型、参数和方案设定

（一）全国农业保险系统动力学模型

2013 年，中国人保财险股份有限公司经营我国农业保险的保费收入占全国农业保险总收入的 54.01%。为此，在全国农业保险现行模式的系统动力学模型设计中，以人保财险农业保险的现行经营模式为代表，不仅采取了成数分出再保险，而且在自留部分中对种植业的部分保费又实行了赔付率超赔再保险。同时依据《办法》规定，建立保费准备金和利润准备金。当发生大灾后基本运作机制是：用当年自留保费赔付和按合约由再保险公司支付赔付率超赔部分的赔款；如发生超赔，先使用全国农业保险累计的保费准备金支付，仍不足以支付赔款时，再用全国农业保险累计的利润准备金和一般风险准备金支付。在大灾造成的损失超过保险公司的偿付能力时，需要从外部获得超赔补偿资金。当年保险公司的保费准备金、利润准备金和一般风险准备金余额及其年内新增部分之和，与当年保费准备金未赔款的差叫作当年公司可用于赔付的结余资金，它体现了保险公司应对当年灾害损失的偿付能力。依据农业保险运作机制和上述设定，绘制出从农业保费收入到成灾赔付和可分配利润形成的全国农业保险现行模式的系统动力学流程图（见图 9-1）。依据此图借助系统动力学专用语言 DYNAMO 编制程序，并在 PD Plus 软件上运行，动态模拟时间为 2007～2035 年。

“政府兜底”制度的要点是，当保险公司出现超赔而需要外部补偿资金时，由政府大灾准备金为其支付全部超赔款。假设政府大灾准备金的来源，一是中央和地方财政的筹资（本书假定中央和地方按 4:6 比例承担），二是保险公司按一定比例（本书设定为 20%）从利润准备金中提取的上缴资金。其中西部地区的甘肃、青海、宁夏、新疆、陕西、内蒙古、贵州、云南、西藏九个省（区）的应筹资金由中央承担。将上述保险公司层面系统动力学模型中的“上缴政府利润准备金”和“利润准备金未赔款”两个变量，通过“新增政府准备金”和“政府准备金赔款”两个变量与“政府兜底”制度模块相耦合（见图 9-2），组成了现行模式—“政府兜底”大灾风险制度的系统动力学模型。

“融资预案”制度的设计要点是，当大灾损失超过保险公司的偿付能力时，由中央财政担保，保险公司采取贷款或发行农业保险大灾风险债券等融资方式筹集所需超赔补偿资金并偿还全部本金，而由政府大灾准备金支付利息。政府用于支付公司融资利息的大灾准备金由中央和地方财政按一定比例筹集（本书假定中央和地方按4∶6比例承担），同前假设其中西部地区的甘肃、青海、宁夏、新疆、陕西、内蒙古、贵州、云南、西藏九个省（区）的应筹资金也由中央承担。将上述保险公司层面的系统动力学模型中的“当年可用于赔付的总结余资金”变量通过“利息支付”变量与融资模块相耦合（见图9－3），组成了现行模式—“融资预案”的农业保险大灾风险制度的系统动力学模型。

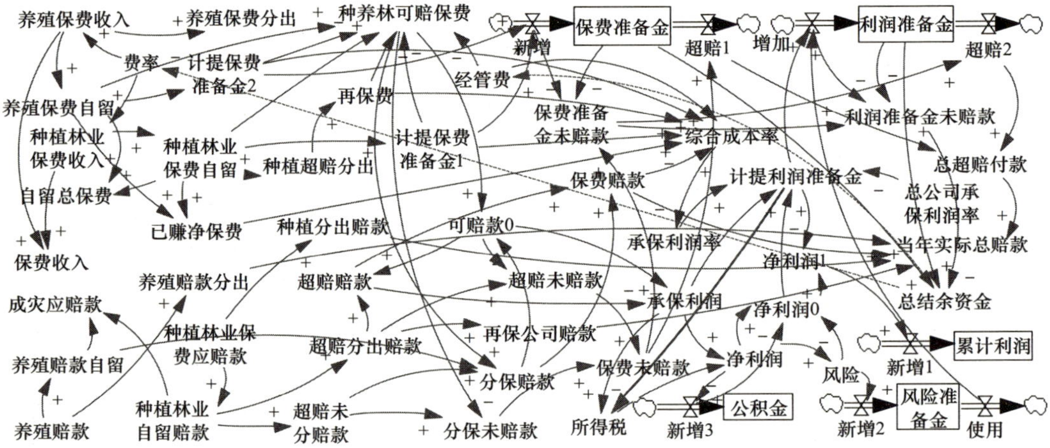

图9－1　农业保险公司现行模式系统动力学流程图

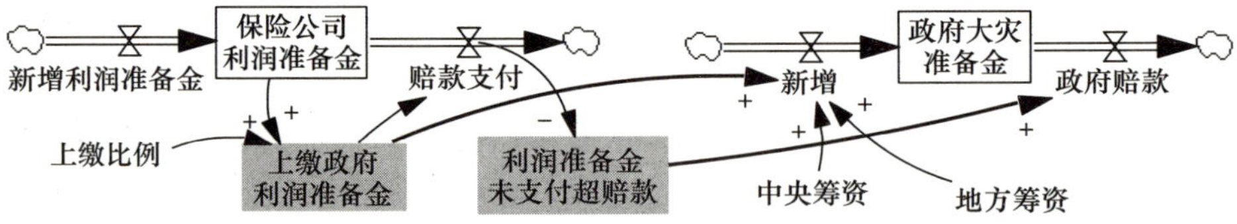

图9－2　现行模式—“政府兜底”模式耦合的系统动力学简图

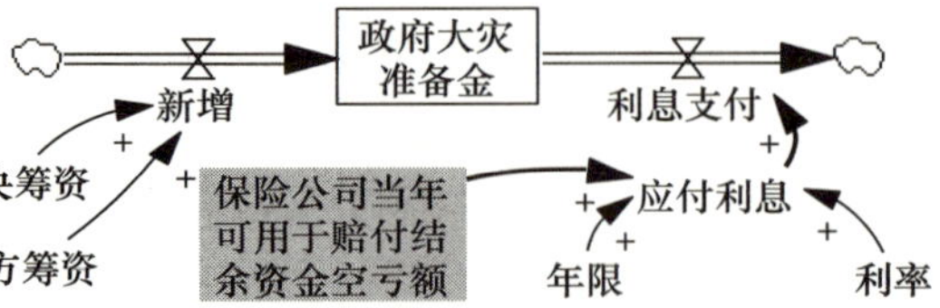

图9－3　现行模式—“融资预案”耦合系统动力学简图

（二）全国农业保险保费收入

2007～2014 年全国农业保险保费收入数据来自《中国保险年鉴》。2015～2035 年的保费收入数据，根据全国农作物品种种植面积、养殖家畜和林地承保现状以及未来可能达到的承保比例和现行的保额及费率计算而得到。预计 2020 年全国保费总收入为 507.21 亿元，与 2014 年相比年平均递增 7.66%，其中种植业、养殖业和森林保费收入分别达到 307.76 亿元、163.97 亿元和 35.48 亿元，年均分别增长 5.55%、14.22% 和 3.24%（见图 9－4）。2035 年预计保费总收入为 702.50 亿元，与 2020 年相比年平均递增 2.20%，其中种植业、养殖业和林业保费收入分别达到 400.89 亿元、254.86 亿元和 46.75 亿元，分别占总保费收入的 57.07%、36.28% 和 6.65%，与 2020 年相比年均分别增长 1.78%、2.98% 和 1.86%（见图 9－4）。

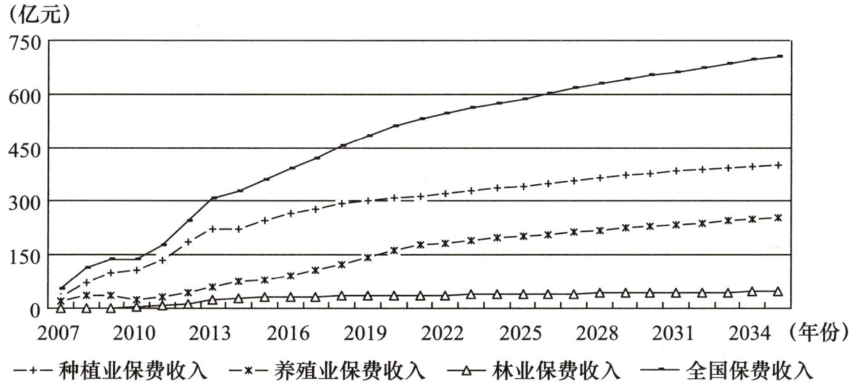

图 9－4　2007～2035 年全国种植业、养殖业、林业及保费总收入

（三）全国农业保险赔付率

1. 平常年景赔付率

2007～2014 年全国农业保险种植业、养殖业和林业的赔付率数据由《中国保险年鉴》数据计算而得。2015～2035 年赔付率本书采用了平常年景赔付率和不同程度大灾赔付率相结合的方法。没有发生 100% 以上赔付率的平常年景下种植业、养殖业和林业的赔付率数据由随机数发生器（正态函数）产生（见图 9－5）。

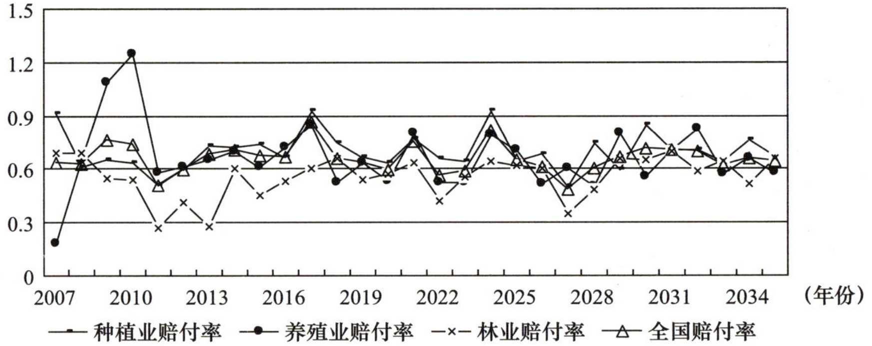

图9－5 全国平常年景下的种植业、养殖业、林业和总赔付率

2. 农业大灾发生时的赔付率

估测不同程度大灾发生时的赔付率，需要明确是，使用多年赔付率的历史数据，还是使用农作物灾情数据。以下对这两类数据估算农业大灾损失概率的结果进行比较。

（1）基于赔付率数据的大灾损失概率估计结果。为验证我国农业保险赔付率的历史数据是否反映了历史上真实大灾风险损失的赔付问题，我们利用全国1984～2013年历史赔付率数据进行参数估计，拟合最优概率密度分布函数并计算大灾损失概率。为弥补赔付率数据较少的不足，通过蒙特卡罗模拟扩展数据序列，测算10年、20年，甚至50年和100年一遇的农业大灾发生时的赔付率并与全国农作物灾害损失率数据方法测算的结果进行比较。

1984～2013年历史赔付率的平均值为83.11%，最大赔付率和最小赔付率分别为136.30%和51.06%，赔付率的标准差为0.2146，偏度和峰度分别为1.0572和3.1333，仅有6.04%的可能性符合正态分布。全国赔付率在40%～60%的有2年，损失率在60%～80%的有19年，80%～100%的有3年，100%～120%的有3年，120%～140%的有3年。使用Easyfit 5.5软件拟合出全国赔付率的最优概率密度分布函数。根据AD检验、KS检验和卡方检验方法，结果表明三种方法检验结果不一致，一般认为AD检验比较稳健，因此以AD检验结果为准。AD检验值为0.5306，因此拟合出的最优概率密度分布函数为Bur函数，其概率密度分布函数如下：

$$f(x)=\frac{\alpha k\left(\frac{x}{\beta}\right)^{\alpha-1}}{\beta\left(1+\left(\frac{x}{\beta}\right)^{\alpha}\right)^{k+1}} \tag{9－1}$$

其中，$k=0.35221$，$\alpha=13.707$，$\beta=0.67973$。Bur概率密度分布函数如图9－6所示。运用VaR方法估算了10年、20年、30年、50年和100年一遇的农

业大灾赔付率，分别为 109.5%、126.42%、137.77%、152.85%和 176.44%。

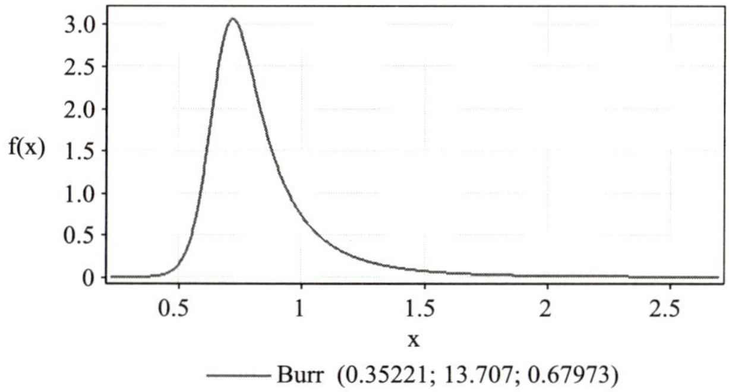

图 9-6 Bur 概率密度函数

为降低样本数据不足可能出现的误差增大，依据上述最优概率分布函数运用蒙特卡罗方法模拟 10000 次，由此产生的随机变量建立新的样本空间。参数估计拟合出最优概率密度分布函数为 Bur（其中，$k=0.37447$，$\alpha=12.515$，$\beta=0.64781$，$\gamma=0.03641$），计算出 10 年、20 年、30 年、50 年和 100 年一遇的农业大灾赔付率，分别为 109.51%、126.40%、137.78%、152.90%和 176.70%。

（2）使用灾情数据的大灾损失概率估计结果。根据民政部和农业部公布的 1978~2012 年灾情数据，将农作物受灾面积、成灾面积和绝收面积折算成农作物灾害损失率，其计算公式如下：

$$G_y=\frac{[(S_1-S_2)\times C_1+(S_2-S_3)\times C_2+S_3\times C_2]\times y}{S_0\times y} \quad (9-2)$$

其中，G_y 为自然灾害形成的农作物产量损失率；S_1、S_2、S_3 分布表示自然灾害导致的农作物受灾面积、成灾面积和绝收面积；C_1、C_2 和 C_3 分别为农作物受灾面积的平均减产系数、成灾面积和绝收面积的减产系数，由于农作物成灾面积、受灾面积和绝收面积分别表示减产 10%、30%和 90%以上的面积，因此本书用减产损失的中位数，即 0.20、0.55 和 0.90 依次表示三个受灾面积的减产系数；y 为农作物单位面积产量，S_0 为农作物总播种面积。

根据 1978~2012 年全国自然灾害损失率的时间序列，进一步分析农作物自然灾害损失的特征。由全国农作物损失率的直方图可以看出（见图 9-7），全国农作物生产的平均损失率为 12.33%，最大损失率为 16.97%、最小损失率为 5.90%，农作物损失率的标准差为 0.0266，偏度和峰度分别为 -0.3352 和 2.5780，灾害损失率在 4%~8%的有 2 年，8%~12%的有 12 年，12%~16%的有 18 年，16%~20%的有 3 年。

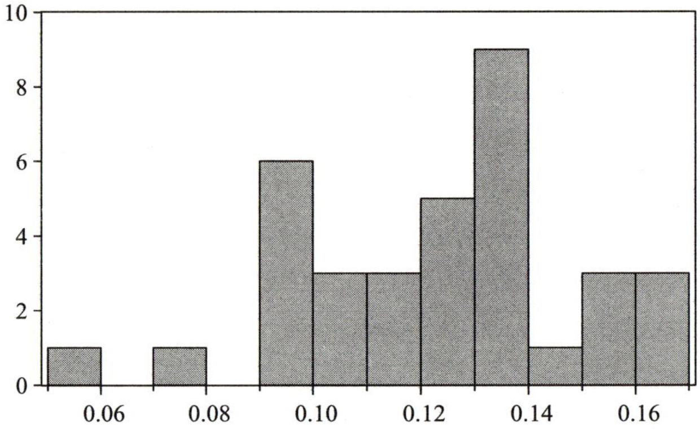

图9-7　全国农作物损失率直方图

为了克服样本数据不足可能导致的误差增大，本书利用蒙特卡罗模拟 10000 次以增加农作物损失率样本空间。在蒙特卡罗模拟中，需要确定最优概率密度分布函数。根据 AD 检验、KS 检验和卡方检验方法，AD 检验、KS 检验值和卡方检验值分别为 0.31314、0.11953 和 0.5186，拟合出全国灾害损失率的最优概率密度分布函数为 Johnson SB。其概率密度函数的一般形式如下：

$$f(x)=\frac{\delta}{\lambda\sqrt{2\pi}z(1-z)}\exp\left(-\frac{1}{2}\left(\gamma+\delta\ln\left(\frac{z}{1-z}\right)\right)^{2}\right) \tag{9-3}$$

其中，$z=\frac{x-\xi}{\lambda}$。在密度函数中，$\gamma=-0.88461$，$\delta=1.6174$，$\lambda=0.19722$，$\xi=3.5983E-4$。Johnson SB 函数的概率分布密度函数如图 9-8 所示。依据上述概率分布随机抽样 10000 次，由此产生的随机变量建立新的样本空间。

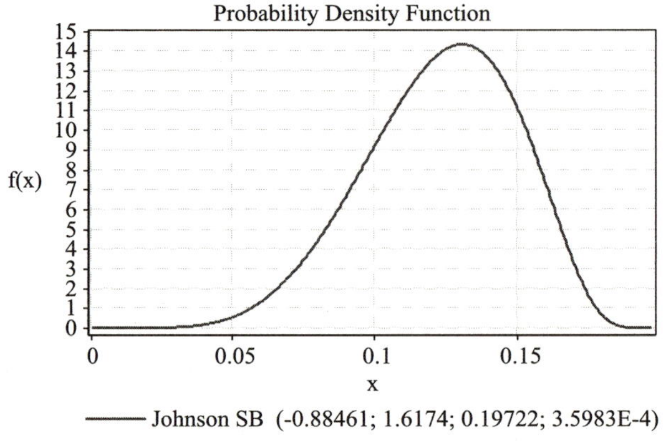

图9-8　全国灾害损失率的概率密度分布图

使用R统计软件，运用超越阈值极值方法对新产生的全国灾害损失率样本拟合广义 Pareto 分布，获得全国农作物巨灾损失率的概率分布函数。其中选取恰当的阈值才能使超出量符合广义 Pareto 分布。阈值太大将造成超出量过少，样本点过少形成估计方差偏大；而阈值太低导致有偏差，样本点可能不代表极端的大灾。根据全国灾害损失率的平均残差寿命图（见图 9－9），可以判断阈值为 0.15，超过阈值的数据量占总数据量的 16.78%。使用极大似然估计全国巨灾概率密度分布函数：

$$G_x = 1 - \left[1 + 0.3202\,\frac{(x - 0.15)}{0.0132}\right]^{-1/0.3202}$$

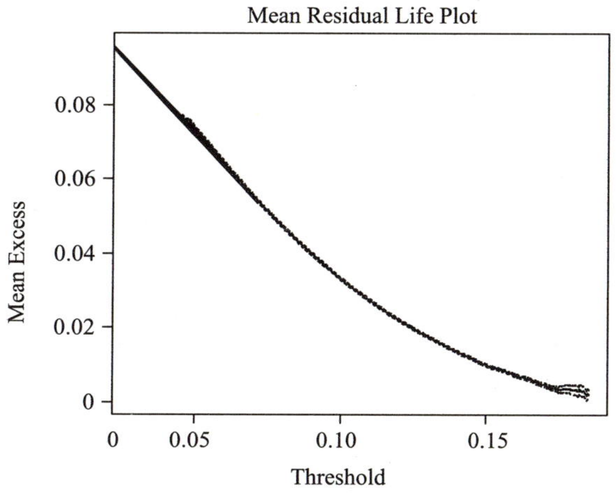

图 9－9　全国农业灾害损失率平均残差寿命图

图 9－10 显示了全国灾害损失率拟合的广义 Pareto 分布的诊断检验图。从经验的概率图（Probability Plot）、分位数图（Quantile Plot）、重现水平图（Return Level Plot）和概率密度函数图（Density Plot）可以看出，概率图上的点分布基本上在对角线附近；分位数图中只有少数几个点不在直线上，说明数据与模型的偏离较小；同时由概率密度图可知，分布函数的估计和频率图拟合的也比较好。总之，本书采用极值方法拟合的全国大灾损失概率分布模型是合适的。

由此运用 VaR 方法计算出全国农作物生产 10 年、20 年、30 年、50 年和 100 年一遇的灾害损失率分别为 15.63%、16.33%、16.66%、17.03% 和 17.45%。由于全国农业保险的免赔率为 20%，农作物保险的平均费率为 6%，按照损失率减去 10%①之差除以保险费率折算出 10 年、20 年、30 年、50 年和 100 年一遇的大灾下，农业保险赔付率分别为 93.83%、105.42%、111.07%、117.20% 和 124.08%（见表 9-1）。

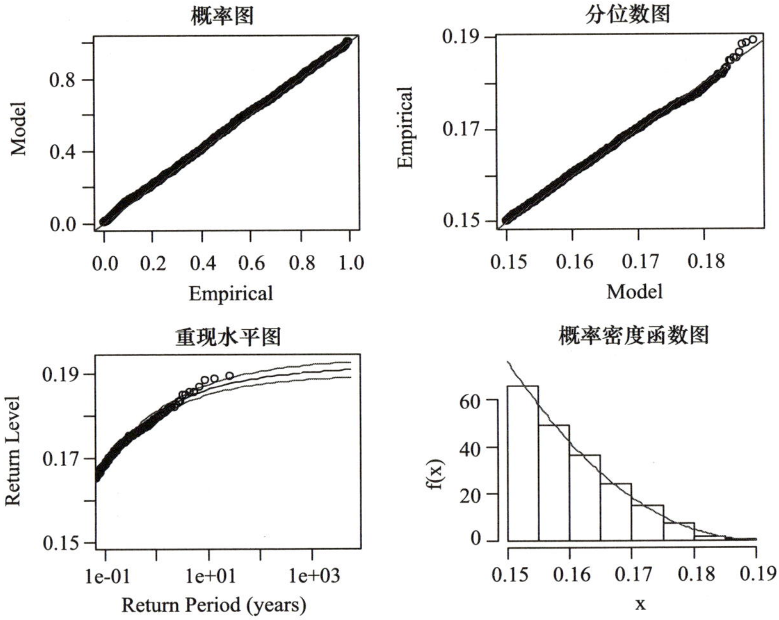

图 9-10 全国大灾损失概率密度分布函数拟合诊断图

表 9-1 全国农业大灾损失概率测算

	10 年一遇	20 年一遇	30 年一遇	50 年一遇	100 年一遇
损失率	0. 15630	0. 16325	0. 16664	0. 1703	0. 1745
赔付率	0. 9383	1. 0542	1. 1107	1. 1720	1. 2408

注：赔付率的计算公式为：[农作物损失率 -（免赔率 -10%）]/农业保险平均费率。

对以上两种大灾风险测算结果进行比较，全国农作物灾害损失率模拟数据方法估测的赔付率小于用赔付率历史数据估测的结果（见图 9-11）。两者的回归模型显示，全国灾害数据模拟极值法仅是全国赔付率直接测定结果的 79.87%。这一结论说明，用农作物受灾面积只能反映农业保险中种植业的受灾损失和赔付

① 由于我国农业灾情数据统计将因灾减产的 10% 计算在内，相当于已经有了 10% 免赔率，因此在实际换算中使用 10% 作为免赔率。

率，而不能以此代表全国农业保险中包括种植业、养殖业和林业在内的综合赔付率。由此可见，我国农业保险已有的 30 年历史赔付率数据，基本反映了农业保险大灾风险损失的赔偿情况，可以利用这些历史数据对我国未来遭受某种程度灾害时的赔付率进行估算。估算未来不同程度灾害损失时的赔付率，最简便的方法是直接采用参数法拟合最佳分布，也可以在此基础上再进行蒙特卡罗模拟计算其概率密度，两种方法估计结果误差较小（见图 9－11），方差统计检验极不显著（概率为 0.9941）。因此，本书使用 1984～2013 年全国农业保险赔付率数据直接估算的农业大灾损失概率进行农业保险大灾风险模拟，即 10 年、20 年、30 年、50 年和 100 年一遇的农业大灾赔付率，分别为 109.40%、126.42%、137.77%、152.85% 和 176.44%。

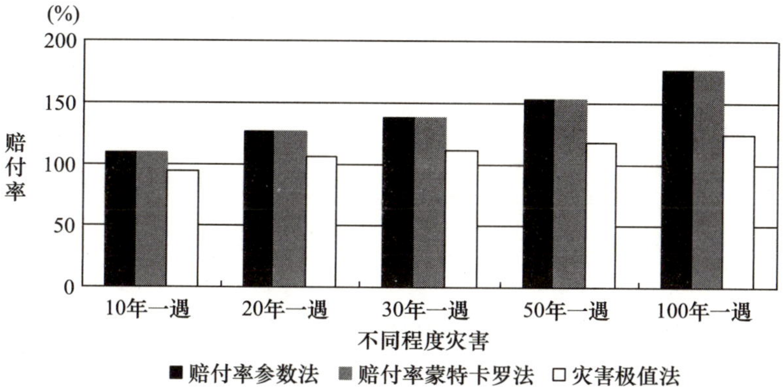

图 9－11　赔付率参数和模拟法及农作物灾害损失率极值法赔付率估算比较

（四）方案设计

保险公司现行模式共设计六种类型 12 个方案。第一类平常年景情景共两个方案。在方案 1 中，种植业、养殖业和林业各险种均为平常年景赔付率，方案 2 是在方案 1 的基础上，赔付率普遍提高 2% 的情形；第二类是在早期、中期、晚期先后发生 10 年、20 年和 30 年一遇的农业大灾，称为方案 3；第三类是在早期 2018 年发生 50 年或 100 年一遇的农业大灾，而在 2024 年和 2031 年相继发生 10 年和 20 年一遇的农业大灾，分别称为方案 4 和方案 5；第四类是在中期 2022 年发生 50 年或 100 年一遇的农业大灾，而在 2017 年和 2031 年相继发生 10 年和 20 年一遇的农业大灾，分别称为方案 6 和方案 7；第五类是在后期 2031 年发生 50 年或 100 年一遇的农业大灾，而在 2017 年和 2024 年相继发生 10 年和 20 年一遇的农业大灾，分别称为方案 8 和方案 9；第六类是对未来 22 年的平常年景赔付率每年都增加 2%，在发生 10 年、20 年一遇的两次大灾的基础上，并且在早期、中期或晚期再发生一次 50 年一遇的农业大灾，分别称为方案 10、方案 11 和方案 12。

“政府兜底”方式共设计六种方案，对即将运作的“农共体”假设接收各成员公司的全部分出保费并又让各成员公司全部分入，即相当于在整体上没有开展成数分出再保险业务，模拟在这种极端情景下，当 50 年或 100 年一遇大灾在早期、中期或晚期发生时，保险公司和政府大灾准备金变化趋势、保险公司需要筹措的最多资金以及中央和地方财政每年需要筹集的资金。

以保险公司融资为主的方式也设计了六种方案，对即将运作的“农共体”假设接收各成员公司的全部分出保费并又让各成员公司全部分入，即相当于在整体上没有开展成数分出再保险业务，模拟在这种极端情景下，当 50 年或 100 年一遇的大灾在早期、中期或晚期发生时，保险公司和政府大灾准备金变化趋势、保险公司需要筹措的最多资金以及中央和地方财政每年需要筹集的用于支付保险公司融资的利息。

（五）其他设定

（1）本书定义农业保险大灾指全国农业保险发生 10 年一遇及以上的风险损失，即保险公司的简单赔付率不小于 109.5% 时的受灾损失。

（2）现行模式中种植业、养殖业和林业保费收入成数再保险分出比例分别为 25%、40% 和 25%；种植业成数再保险自留保费的 40% 用以购买赔付率为 100% ~160% 的赔付率超赔再保险，再保险费率为 8%。

（3）为了分析我国农业保险制度在大灾风险冲击下需要最大额度的外部超赔补偿资金，本书假设全国农业保险“政府兜底”和“融资预案”模式，在整体上没有开展成数分出再保险业务。

（4）除理赔之外的费用率设定为 22%。

（5）据保监会资料，2007 ~2009 年全国财产保险承保利润率均为负值，2010 ~2013 年分别为 2.67%、4.74%、2.77%、0.5%，未来 22 年一律设定为 2.5%。

二、我国农业保险现行制度的模拟结果

（一）在平常年景赔付率下，未来 21 年里我国农业保险现行模式完全可以实现健康持续发展

2014 ~2035 年，如果我国农业保险处在常年赔付率水平，即不会发生 100%

以上的大灾赔付率时，除 2017 年、2021 年、2024、2030 年和 2032 年由于赔付率分别为 88.47%、76.99%、86.16%、73.44% 和 74.14%，在当年保险公司自留保费赔付后还需要由保费准备金分别赔付 50.83 亿元、20.26 亿元、61.18 亿元、11.56 亿元和 5.75 亿元之外，其余 16 年中不需要使用保费准备金和利润准备金，完全可以用当年成数再保险自留保费支付成灾赔付。保费准备金、利润准备金和一般风险准备金累计余额不断增多，到 2025 年初分别为 73.02 亿元、125.11 亿元和 21.89 亿元，再加上准备金年内新增资金，当年可用于超赔支付的结余资金为 249.19 亿元（见图 9－12），比 2014 年的 92.14 亿元增加了 157.05 亿元，年平均增长 9.46%。到 2035 年初保费准备金、利润准备金和一般风险准备金累计余额分别为 238.81 亿元、259.25 亿元和 43.63 亿元，当年公司可用于赔付的结余资金为 583.19 亿元，10 年间年平均增长 8.87%。

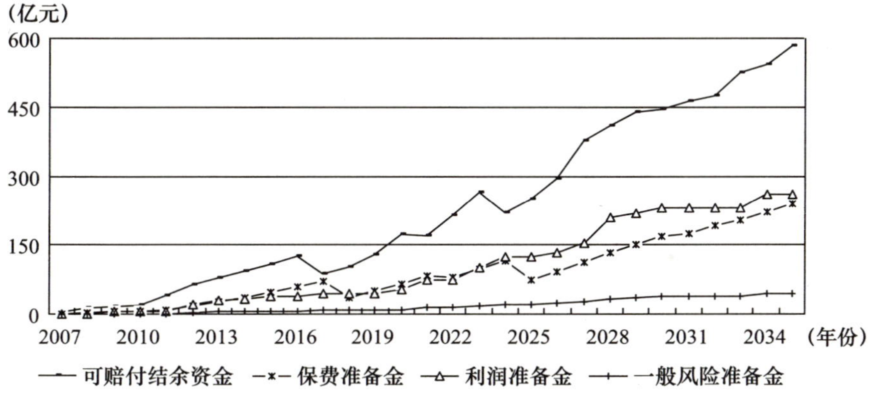

图 9－12　平常年景下大灾风险准备金变化趋势

全国保险公司承保利润率[①]除 2017 年、2021 年、2024、2030 年和 2032 年为负值外，其余年份都大于零，因而在这 16 年中按规定保险公司每年都可以从超额利润中提取可用于投资者分配的利润（以下简称可分配利润）。预计 2014 年可分配利润累计为 7.13 亿元，2025 年可能为 43.89 亿元，与 2014 年相比年均增长 17.96%；2035 年累计可能达到 89.79 亿元，10 年间年均增长 7.42%。

（二）如果在平常年景基础上赔付率普遍提高 2%，仍未改变现行农业保险模式可持续发展的基本趋势

2015～2035 年，如果我国农业保险在常年赔付率基础上每年再提高 2% 的情

① 保险公司的承保利润率 = 1 － 综合成本率。

景下，除2017年、2021年、2024、2030年、2031年、2032年和2034年由于赔付率分别在72.32%～90.24%，在当年保险公司自留保费赔付后还需要由保费准备金分别赔付56.09亿元、205.94亿元、68.09亿元、18.24亿元、0.31亿元、12.63亿元和1.93亿元之外，其余14年中不需要使用保费准备金和利润准备金，完全可以用当年成数再保险自留保费支付成灾赔付。保费准备金、利润准备金和一般风险准备金累计余额比平常年景有所减少，到2025年初分别为55.16亿元、108.89亿元和18.50亿元，再加上准备金年内新增资金，当年可用于超赔支付的结余资金为207.95亿元（见图9－13），比平常年景分别减少24.46%、12.96%、15.49%和16.55%。到2035年初保费准备金、利润准备金和一般风险准备金累计余额分别为209.10亿元、215.57亿元和36.73亿元，当年公司可用于赔付的结余资金为497.59亿元，分别比平常年景时减少2.44%、16.85%、15.81%和14.68%。

全国保险公司承保利润率除2017年、2021年、2024、2030年、2032和2034年为负值外，其余年份都大于零，因而在这15年中按规定保险公司每年都可以从超额利润中提取可分配利润。预计2025年可能累计为39.14亿元，2035年累计可能达到78.33亿元，与平常年景相比分别减少10.82%和12.76%。由此可见，即使在保费收入不变的情景下，从2015年开始将每年的赔付率增加2%，虽然保险公司的大灾准备金和可用于赔付的结余资金以及累计可分配利润都有所减少，但其变化的基本趋势并未改变，而且也没有出现因赔付率提高而需要外部超赔补偿资金的情况。

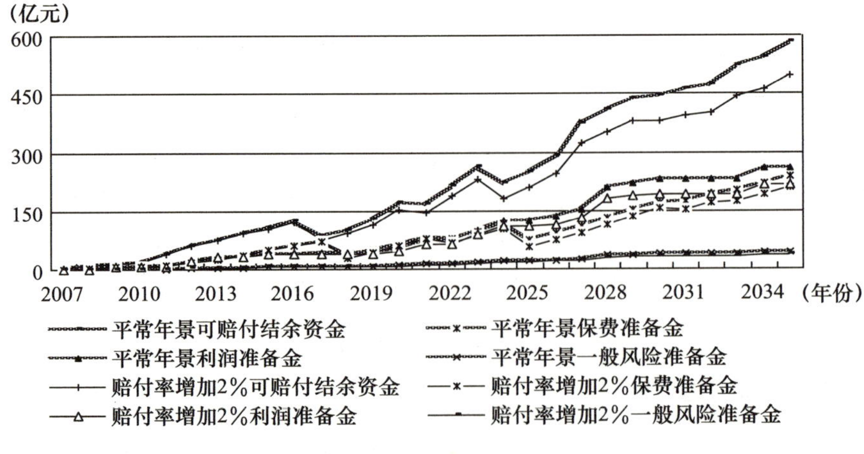

图9－13　平常年景赔付率与赔付率增加2%时大灾准备金和可赔付结余资金比较

（三）如果在早期、中期和晚期先后发生10年、20年和30年一遇的三次农业大灾，我国农业保险现行模式仍可健康持续发展

如果在早期2017年、中期2024年和晚期2031年先后发生10年、20年和30年一遇的农业大灾，在大灾之年，不仅保险公司当年自留保费不足以支付成灾赔付，而且保费准备金全部支付后，还要由利润准备金支付剩余的超赔款。2017年发生10年一遇的大灾，当年成灾应赔款456.54亿元，成数再保险自留部分应赔款324.99亿元。其中，当年保费收入总赔款212.32亿元，再保险公司赔款7.92亿元。超赔的104.75亿元，由保费准备金赔付84.89亿元，利润准备金赔付19.86亿元。赔付支出后，2017年末保险公司可用于赔付的结余资金仍有30.88亿元，其中利润准备金23.29亿元，一般风险准备金7.59亿元（见图9－14）。在2024年再次发生20年一遇的大灾时，当年成灾应赔付722.44亿元，自留部分应赔款504.47亿元，当年保费收入总赔款284.56亿元，再保险赔款26.59亿元，保费准备金赔款103.74亿元，剩余超赔89.58亿元全部由利润准备金支付，年末可赔付结余资金尚有35.13亿元。2031年再次发生30年一遇的大灾时，当年成灾应赔付910.24亿元，自留部分应赔款634.51亿元，当年保费收入赔款328.57亿元，再保险赔款43.47亿元，保费准备金赔款130.96亿元，利润准备金和一般风险准备金支付131.51亿元，年末可赔付结余资金尚有19.82亿元。由此可见，即使未来21年中，在早期、中期和晚期相继发生10年、20年和30年一遇的农业大灾情景下，我国农业保险在公司层面可能不需要外部补偿资金，靠自身大灾准备金的积累完全可能做到健康持续发展。

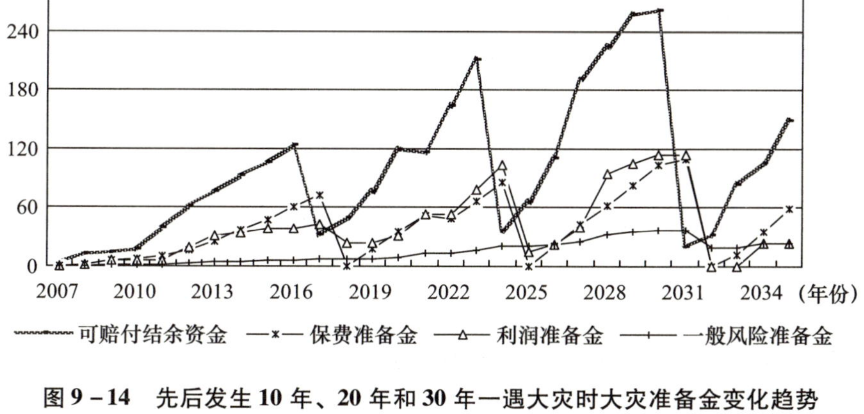

图9－14　先后发生10年、20年和30年一遇大灾时大灾准备金变化趋势

（四）如果在早期发生50年一遇的农业大灾，保险公司在早期最多需要外部超赔补偿资金115.3亿元，外部资金五年可全部偿还

如果在早期2018年发生50年一遇的农业大灾，而且在2024年和2031年再相继发生10年和20年一遇的两次农业大灾，保险公司在2018年、2024年和2031年均可能发生偿付资金缺口。2018年发生50年一遇的大灾时，当年总成灾应赔款为690.38亿元，当年自留部分应赔款489.39亿元，其中用当年保费收入支付赔款227.23亿元，由再保险公司支付46.6亿元，剩余的215.56亿元用全部的保费准备金、利润准备金、一般风险准备金支付后，还有115.3亿元超赔亏缺资金需要用外部资金赔偿（见图9－15），保险公司经过五年经营后，依靠自身资金积累，到2023年末全部偿还外部补偿资金。此后，如果在2024年再发生10年一遇的大灾，当年总成灾应赔款为625.75亿元，当年自留部分应赔款436.95亿元，全部支付款赔后当年需要外部超赔补偿资金77.92亿元，保险公司经过三年，到2027年末全部偿还外部补偿资金。2031年再次发生20年一遇的大灾时，当年总成灾应赔款为835.25亿元，当年自留部分应赔款582.24亿元，全部支付款赔后当年需要外部超赔补偿资金54.02亿元，保险公司经过两年，到2033年末全部偿还外部补偿资金。到2035年初保费准备金为58.56亿元，可用于赔付的结余资金达73.7亿元（见图9－15）。

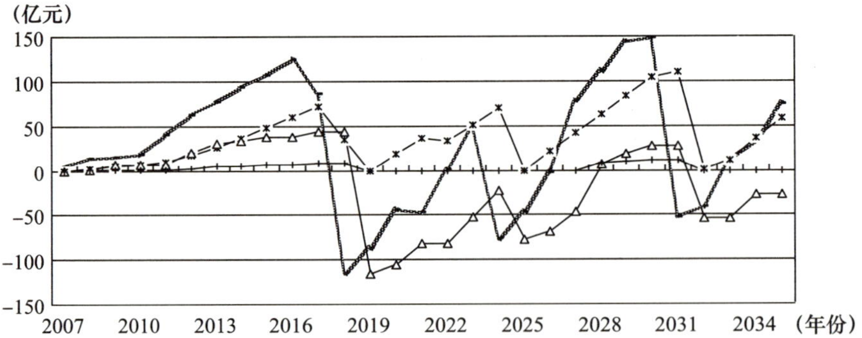

图9－15　早期发生50年一遇的大灾时大灾准备金变化趋势

（五）如果在早期发生100年一遇的农业大灾，保险公司在早期最多需要外部超赔补偿资金184.52亿元，外部资金最多六年可全部偿还

如果在2018年发生100年一遇的大灾，当年成灾应赔款为796.93亿元，成数分保后自留应赔款564.92亿元。其中用当年保费收入自留部分赔款227.23亿元，再保险公司赔款52.91亿元，剩余的超赔款284.78亿元，首先用保费准备金赔款49.51亿元，其次用利润准备金和一般风险准备金赔款50.75亿元，尚有184.52亿元超赔款需要用外部资金支付（见图9－16）。经过六年到2024年偿还全部外部补偿资金。在2024年再发生10年一遇的大灾时，当年成灾应赔款625.75亿元，全部支付赔款后尚有147.14亿元需要由外部超赔补偿资金支付，经过三年到2027年全部偿还外部资金。在2031年再发生20年一遇的大灾时，当年成灾应赔款835.25亿元，全部支付赔款后尚有123.24亿元需要由外部超赔补偿资金支付，经过四年到2035年全部偿还外部资金，到2035年可赔付结余资金仅有4.47亿元。

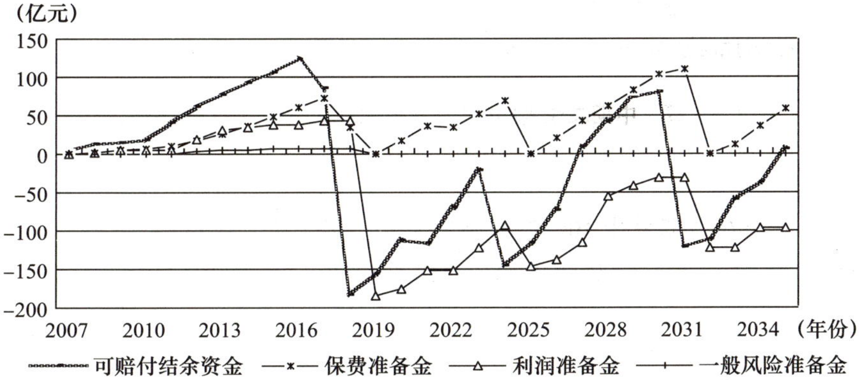

图9－16 早期发生100年一遇的大灾时大灾准备金变化趋势

（六）如果在中期发生50年一遇的农业大灾，保险公司最多需要外部超赔补偿资金43.74亿元，外部资金两年可全部偿还

如果今后在2017年先发生一次10年一遇的大灾，全部支付赔款后，保险公司当年可赔付结余资金仍有30.88亿元。接着在中期2024年发生50年一遇的大灾时，当年成灾应赔款873.48亿元，自留应赔款609.94亿元，其中用当年保费收入赔款284.56亿元，再保险公司赔款53.18亿元，剩余的超赔款272.2亿元，首先用保费准备金支付103.75亿元，其次用利润准备金和一般风险准备金支付124.74亿元，剩余的43.74亿元需要用外部超赔补偿资金支付，经过两年外部资金全部偿还（见图9－17）。此后，即使在2031年再次发生10年一遇的大灾，当年成灾应赔款723.46亿元，自留应赔款504.31亿元，全部支付赔款后尚有可赔付资金 33.85 亿元，到 2035 年初保费准备金 58.56 亿元，利润准备金 50.06 亿元，一般风险准备金 15.48 亿元，当年可赔付结余资金达 166.33 亿元。

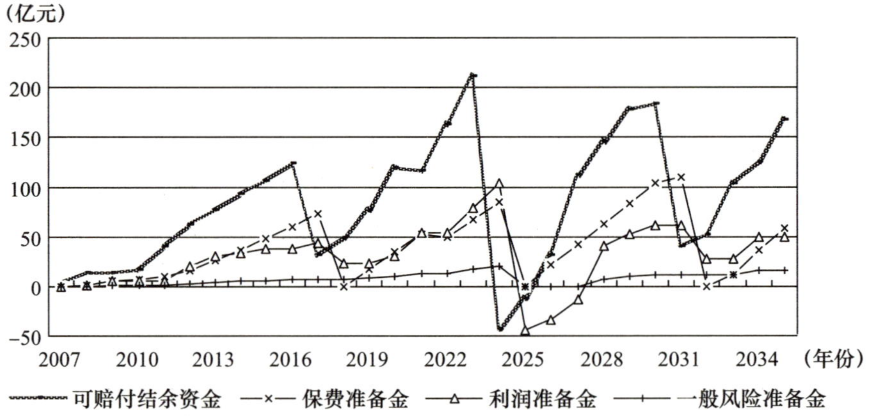

图 9－17　中期发生 50 年的一遇大灾时大灾准备金变化趋势

（七）如果在中期发生 100 年一遇的农业大灾，保险公司最多需要外部超赔补偿资金 130.68 亿元，外部资金三年可全部偿还

如果在 2017 年先发生 10 年一遇大灾，当年成灾应赔款 456.54 亿元，自留部分应赔款 324.99 亿元，支付全部赔款后尚有可用于赔付结余资金 30.88 亿元。当 2024 年发生 100 年一遇的大灾时，当年应赔款 1008.3 亿元，自留部分应赔款 704.07 亿元，由当年自留保费收入赔款 284.56 亿元，再保险公司赔款 60.38 亿元。剩下的 359.13 亿元超赔款，首先用保费准备金支付 103.74 亿元，其次用利润准备金和一般风险准备金支付 124.71 亿元后，需要外部超赔补偿资金 130.68 亿元，经过三年全部偿还外部资金（见图 9－18）。而在 2031 年再次发生 10 年一遇的大灾，当年自留部分应赔款 504.31 亿元，其中由当年自留保费收入赔款 328.57 亿元，再保险公司赔款 10.93 亿元，保费准备金赔款 130.96 亿元，剩余的未赔款加上当年初利润准备金亏损部分，当年需要外部超赔补偿资金 48.33 亿元，次年即可全部偿还外部资金，到 2035 年可赔付结余资金可达 79.38 亿元，年初保费准备金为 58.56 亿元。

（八）晚期发生 50 年一遇大的灾时，需要外部超赔补偿资金 32.27 亿元，两年可全部偿还

如果在 2017 年和 2024 年先后发生 10 年和 20 年一遇的大灾，保险公司受灾当年可赔付结余资金将可能盈余 30.88 亿元和 35.12 亿元。此后，如果在 2031 年再发生 50 年一遇的大灾，当年成灾应赔款 1009.9 亿元，自留部分应赔款 703.97 亿元。其中用当年自留保费赔款 328.57 亿元，再保险公司赔款 60.84 亿元，剩余的超赔款 314.56 亿元，首先由保费准备金支付 130.96 亿元，其次用利润准备金和一般风险准备金支付 151.33 亿元，还有 32.27 亿元需要用外部超赔补偿资金支付。保险公司经过两年的经营，到 2033 年可全部偿还外部补偿资金（见图 9－19），2035 年可赔付结余资金 95.44 亿元，其中保费准备金 58.56 亿元。

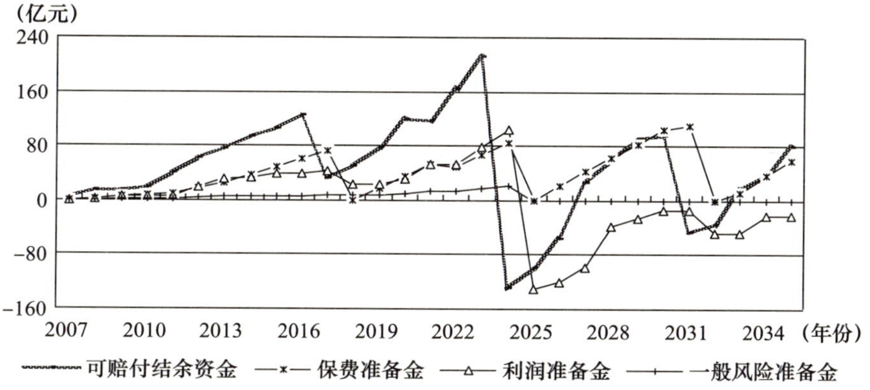

图 9－18　中期发生百年一遇大灾时大灾准备金变化趋势

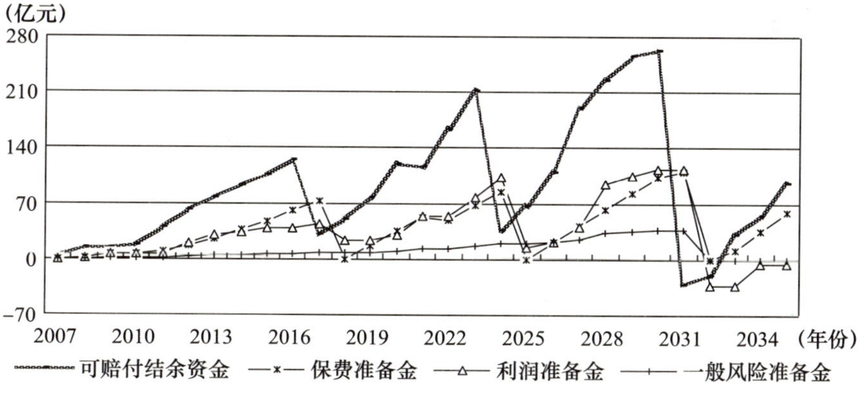

图 9－19　晚期发生 50 年一遇的大灾时大灾准备金变化趋势

（九）晚期发生 100 年一遇的大灾时，需要外部超赔补偿资金 132.69 亿元，五年后全部偿还

如果在 2017 年和 2024 年先后发生 10 年和 20 年一遇的两次大灾后，在 2031

年又发生 100 年一遇的大灾，当年成灾应赔款 1165.7 亿元，自留部分应赔款 812.61 亿元。其中用当年自留保费赔款 328.57 亿元，再保险公司赔款 69.06 亿元，剩余的超赔款 414.98 亿元，首先由保费准备金支付 130.96 亿元，其次用利润准备金和一般风险准备金支付 151.33 亿元，还有 132.69 亿元需要用外部超赔补偿资金支付（见图 9－20），经过五年可以全部偿还外部补偿资金。

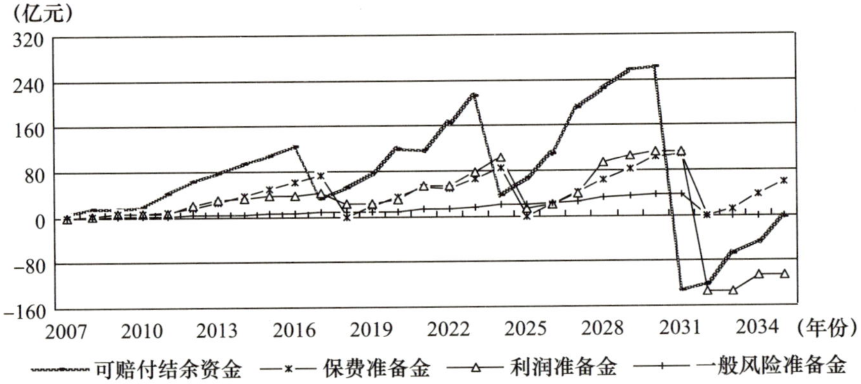

图 9－20　晚期发生 50 年或 100 年一遇的大灾时大灾准备金变化趋势

（十）如果出现平常年景赔付率普遍增加 2% 的情景，早期、中期或晚期提前发生 50 年一遇的大灾时，保险公司最多需要近 127 亿元的外部超赔补偿资金，五年后可能全部偿还

为考察当赔付率增加时保险公司需要外部补偿资金的变化趋势，从 2014 年开始对今后 22 年平常年景的赔付率逐年增加 2%（大灾年份赔付率不变）。在此情景假设下，当早期 2018 年提前发生 50 年一遇的大灾时，当年需要外部超赔补偿资金 126.53 亿元，比不增加赔付率的方案增加了 9.74%，五年后保险公司可全部偿还。当 2031 年再次发生 20 年一遇的大灾时，当年需要外部超赔补偿资金 115.03 亿元，五年后全部还清（见图 9－21）。如果在中期 2024 年提前发生 50 年一遇的大灾，当年需要外部补偿资金 70.84 亿元，比不增加赔付率的方案增加了 61.95%，三年可全部偿还。如果在后期 2031 年提前发生 50 年一遇的大灾，当年需要外部补偿资金 88.65 亿元，比不增加赔付率的方案增加了 1.75 倍，四年可全部偿还。可见，未来 22 年里，即使出现了赔付率逐年增加 2%，并且相继发生 10 年、20 年和 50 年一遇的三次大灾的情景，与赔付率不增加时相比较，在早期、中期、晚期发生 50 年一遇的大灾时，所需外部补偿资金大约增加 5% ～

175%，全国农业保险最多需要外部超赔补偿资金近127亿元。

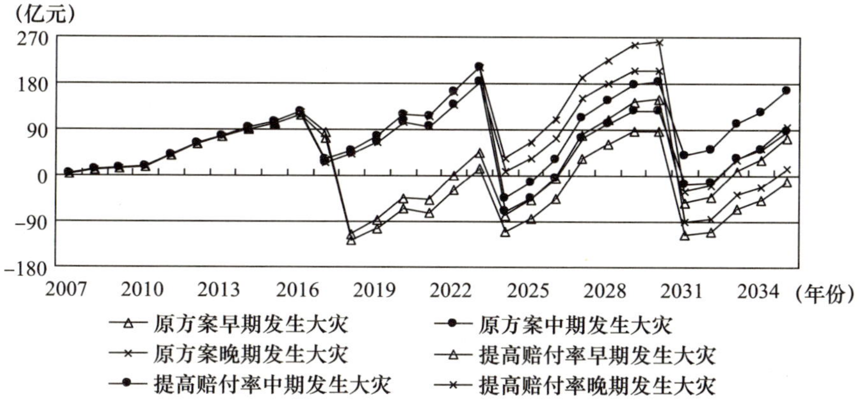

图9-21　赔付率增加2%早、中或晚期发生50年一遇大灾时可赔付结余资金变化趋势

三、保险公司外部超赔补偿方式的模拟研究

对我国农业保险现行模式的模拟研究表明，如果未来在早期、中期或晚期提前发生50年或100年一遇的农业大灾，受灾当年的赔款将超过保险公司的偿付能力，我国农业保险现行模式可能需要巨额的外部超赔补偿资金。然而如何为农业保险公司提供外部超赔补偿资金，我国政府至今还缺乏相应的制度安排，因而需要对我国农业保险适宜采取的外部超赔补偿资金方式进一步开展模拟研究。

从各国农业保险的实践和我国学者研究成果看，可供我国选择的向保险公司提供外部超赔补偿资金的方式主要有两种，一是由政府建立的大灾准备金对农业保险公司全部大灾超赔资金予以补偿的“政府兜底”模式，二是发生大灾后所需外部超赔补偿资金由保险公司通过借款或发行债券等“融资方式”筹资。农共体章程规定，成员公司的每个农业保险分出合同的每一笔业务，原则上按不低于50%的同一比例直接分给农共体。为了分析我国农业保险制度在大灾风险冲击下需要外部超赔补偿资金的最大额度，本书假设即将运作的农共体接收了各成员公司分出保费的100%，并且每个成员公司又将其全部分入的极端情景，也就是说，相当于在整体上全国农业保险公司的分出和分入金额基本平衡。为此，在上述两种外部补偿资金方式中，对保险公司按100%的分出分入这种极端假设进行了模拟研究。

本节对“政府兜底”方式进行模拟研究，下一节对“融资预案”进行模拟研究。

（一）“政府兜底”方式的模拟

本书假设“政府兜底”大灾分散方式中政府大灾准备金的来源，一是中央和地方财政出资（西部地区甘肃、青海、宁夏、新疆、陕西、内蒙古、贵州、云南、西藏九个省、区由中央承担出资），二是由保险公司利润准备金余额按20%计提上缴的资金。当保险公司出现超赔后需要外部补偿资金时，由政府大灾准备金为其支付全部超赔款。

1. 在2018年政府筹资规模达到170亿元，“政府兜底”方式便可应对未来早期、中期或晚期发生50年一遇的大灾损失

（1）早期发生50年一遇的大灾。在农共体接受各成员公司全部分出保费并且各成员公司又将其全部分入这种极端假设的情景下，如果在早期2018年提前发生50年一遇的大灾，当年全国保费总收入可能达到451.67亿元，成灾应赔款690.38亿元，简单赔付率为152.85%。用当年保费收入赔款321.55亿元，再保险公司按合约赔款62.13亿元，剩余的超赔款306.70亿元用全部保费准备金支付65.77亿元，还有240.93亿元由全部利润准备金和一般风险准备金支付42.55亿元后，超过保险公司赔付能力的198.42亿元，需要由政府大灾准备金支付（见图9－22）。由于2016～2018年三年间保险公司每年上缴20%的利润准备金累计为28.96亿元，因此，为满足保险公司外部超赔补偿资金，需要政府另筹资金169.46亿元。如果中央财政和地方财政按4∶6的比例分摊，假设从2016年开始筹资，到2018年中央每年需筹资22.6亿元，22个地方各省份每年需筹资1.54亿元。保险公司具有较强的大灾准备金积累能力，从50年一遇的大灾发生后的次年2019年开始，到2023年的四年间，由保险公司的保费准备金、利润准备金和一般风险准备金余额组成的可用于赔付结余资金从39.44亿元增加到208.23亿元，年平均递增51.58%。如果从2018年开始中央和地方政府每年都不再筹资，由于利润准备金快速积累，2024年保险公司当年上缴政府大灾准备金18.53亿元，在2024年末由上缴20%利润准备金形成的政府大灾准备金余额达到49.65亿元。当2024年再次发生10年一遇的大灾时，当年成灾应赔款625.75亿元，由保费收入和再保险赔款后，剩余的204.03亿元用全部保费准备金支付后，还有81.79亿元由全部利润准备金和部分一般风险准备金赔付，当年可用于赔付结余资金尚有11.7亿元。2025～2029年，保险公司可赔付结余资金快速积累，由49.65亿元猛增到276.92亿元，四年间年平均递增50.41%，再加上到2031年初保险公司每年上缴累积形成的122.21亿元政府大灾准备金，为再

次应对大灾损失积累了大量资金。如果在2031年又一次发生20年一遇的大灾，当年成灾应赔款835.25亿元，用当年保费收入、再保险赔款、保费准备金和利润准备金及一般风险准备全共支付803.59亿元后，仅有超赔款31.66亿元需要由政府大灾准备金支付。当年初由保险公司当年累计上缴形成的政府大灾准备金余额为122.21亿元，再加上当年公司上缴款15.33亿元，减去支付保险公司外部超赔资金31.66亿元后，年末政府大灾准备金余额为105.88亿元。到2035年保险公司可用于赔付结余资金172.52亿元（见图9－23），政府大灾准备金余额113.19亿元，即政府和保险公司可用于应对大灾风险损失的资金多达285.71亿元。

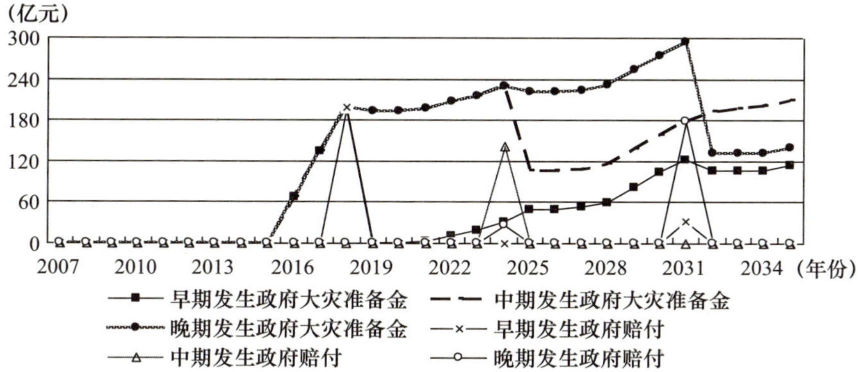

图9－22　50年一遇大灾早期、中期、晚期发生时政府大灾准备金及赔款

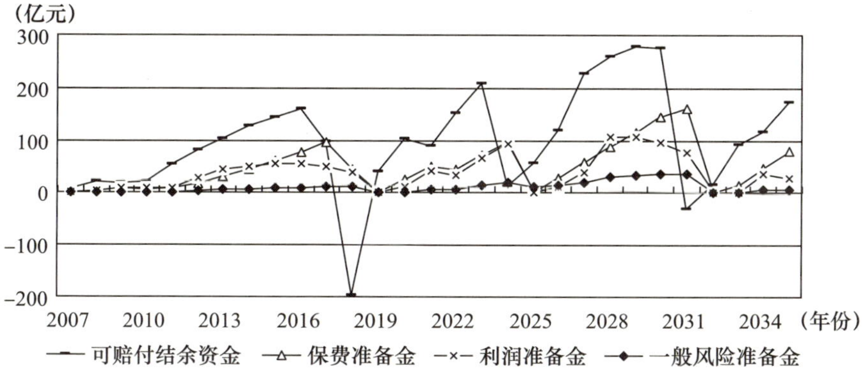

图9－23　早期发生50年一遇的大灾时保险公司大灾准备金和可赔付结余资金

（2）中期发生50年一遇的大灾。如果在早期2017年发生10年一遇的大灾，当年保险公司的保费收入和再保险赔款后剩余超赔款149.53亿元，全部再由保费准备金和利润准备金支付后，再计提20%政府大灾准备金9.91亿元，年末还有利润准备金余额 6.98 亿元，未动用的政府大灾准备金达到 134.03 亿元。在中期 2024 年又提前发生 50 年一遇的大灾时，当年全国保费总收入可能达到 571.46 亿元，成灾应赔款 873.48 亿元。用当年保费收入赔款 408.97 亿元，再保险公司按合约赔款 70.91 亿元，剩余的超赔款 393.6 亿元用全部保费准备金支付 143.48 亿元，还有 205.12 亿元由全部利润准备金和一般风险准备金支付 108.10 亿元后，超过保险公司赔付能力的 142.02 亿元，需要由政府大灾准备金支付（见图 9－22）。如果在早期没有发生 50 年一遇大灾的情况下，即使 2016～2018 年政府仅筹资 169.46 亿元，加上公司上缴资金 78.20 亿元，2024 年政府大灾准备金的余额达到 247.66 亿元，支付当年保险公司所需外部补偿资金 142.02 亿元，政府大灾准备金剩余资金仍多达 105.64 亿元。晚期 2031 年发生 10 年一遇的大灾时，保险公司的大灾准备金足以支付当年赔款，因此当年政府大灾准备金余额达到 193.58 亿元（见图 9－22）。到 2035 年政府大灾准备金多达 209.7 亿元，加上保险公司可赔付结余资金 204.32 亿元（见图 9－24），当年可用于应对大灾损失的总资金达到 414.02 亿元。

（3）晚期发生 50 年一遇的大灾。如果在早期发生 10 年一遇的大灾后，在中期 2024 年又发生 20 年一遇的大灾，当年需要外部超赔补偿资金 26.45 亿元。即使 2016～2018 年政府筹资 169.46 亿元，加上公司到 2024 年上缴资金 78.20 亿元，当年支付 20 年一遇的大灾所需的超赔资金 26.45 亿元后，政府大灾准备金余额仍有 221.21 亿元。晚期 2031 年再次发生 50 年一遇的大灾时，当年保险公司需要外部超赔补偿资金 177.42 亿元。当年政府大灾准备金支付保险公司所需外部补偿资金后，尚余 131.73 亿元（见图 9－22）。到 2035 年政府大灾准备金多达 139.04 亿元，加上保险公司可赔付结余资金 172.52 亿元（见图 9－24），当年可用于应对大灾损失的总资金达到 311.56 亿元。

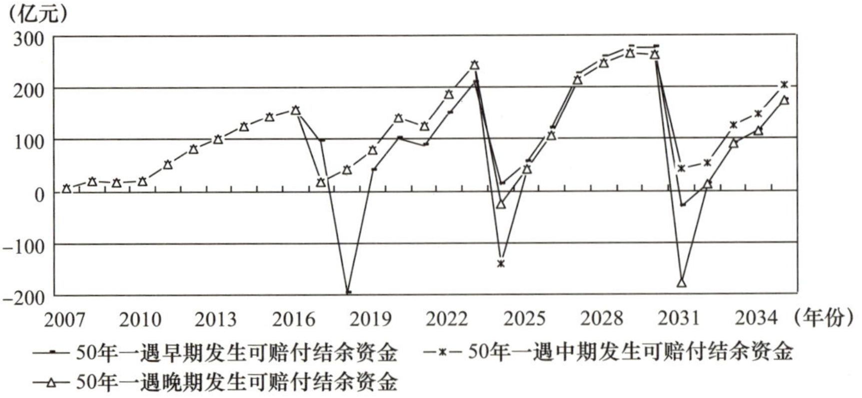

图 9－24 早期、中期或晚期发生 50 年一遇的大灾时保险公司可赔付结余资金变化趋势

由此可见，由于我国保险公司具有很强的大灾准备金的积累能力，在三五年内可赔付结余资金累计可达到上百亿元，因此，在“政府兜底”模式中，如果2016～2035年由保险公司每年将利润准备金的20%上缴给政府大灾准备金，而且从早期2016～2018年三年间中央财政和22个省份的每个地方财政每年分别筹资22.60亿元和1.54亿元，总筹资达到近170亿元的情况下，未来22年里在早期、中期或晚期发生50年一遇的农业大灾时，政府大灾准备金完全可以满足保险公司对外部超赔补偿资金的需求。

2. 在2018年政府筹资规模达到268亿元，“政府兜底”方式便可应对未来早期、中期或晚期发生100年一遇的大灾损失

（1）早期发生100年一遇的大灾。如果在早期2018年提前发生100年一遇的大灾，当年成灾应赔款796.93亿元，简单赔付率为176.44%。用当年保费收入赔款321.55亿元，再保险公司按合约赔款70.54亿元，剩余的超赔款404.84亿元用全部保费准备金支付65.77亿元，还有339.07亿元由全部利润准备金和一般风险准备金支付42.51亿元后，超过保险公司赔付能力的296.56亿元，需要由政府大灾准备金支付（见图9－25）。由于从2016年到2018年的三年间保险公司每年上缴20%的利润准备金累计为28.96亿元，因此，为满足保险公司外部超赔资金，需要政府另筹资金267.6亿元。如果中央财政和地方财政按4∶6比例分摊，假设从2016年开始筹资，到2018年中央每年需筹资35.68亿元，22个地方各省份每年需筹资2.43亿元。当2024年再次发生10年一遇大灾时，当年成灾应赔款625.75亿元，由保费收入和再保险赔款后，剩余的204.03亿元再用全部保费准备金支付后，还有81.79亿元由全部利润准备金和部分一般风险准备金赔付，当年可用于赔付结余资金尚有11.7亿元。如果从2018年开始中央和地方政府每年都不再筹资，由于保险公司具有较强的大灾准备金积累能力，2024年公司累计上缴78.56亿元，减去2018年超赔支付的28.96亿元，因此在2024年末政府大灾准备金余额达到49.62亿元。如果在2031年又一次发生20年一遇的大灾时，当年成灾应赔款835.25亿元，用当年保费收入和再保险赔款、保费准备金和利润准备金及一般风险准备金共支付803.59亿元后，还有超赔款31.66亿元需要由政府大灾准备支付。当年初由公司上缴累计的政府大灾准备金余额为122.18亿元，加上当年公司上缴款15.33亿元，再减去支付保险公司外部超赔资金31.66亿元后，年末政府大灾准备金余额为105.85亿元。到2035年保险公司可用于赔付结余资金172.52亿元（见图9－26），政府大灾准备金余额113.16亿元，即政府和保险公司可用于应对大灾风险损失的资金多达285.68亿元。

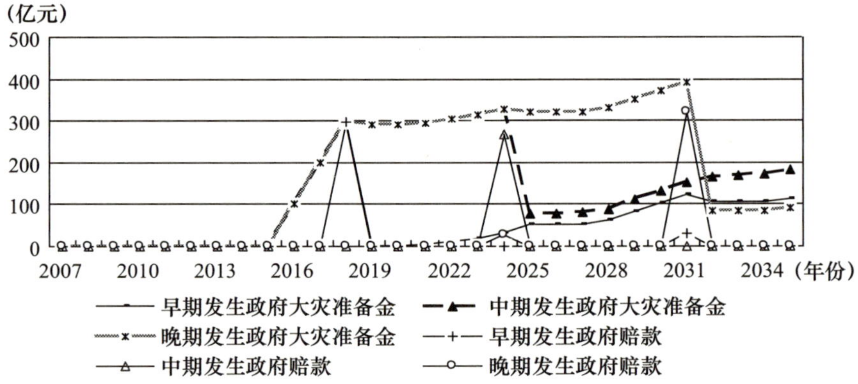

图9-25　100年一遇大灾早期、中期或晚期发生时政府准备金及赔款

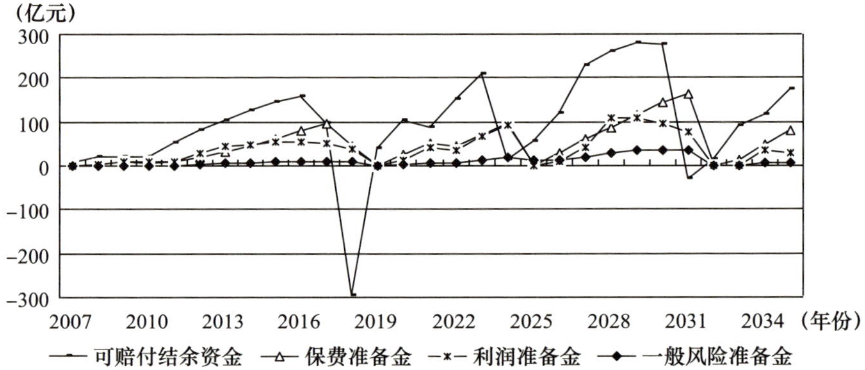

图9-26　早发生100年一遇大灾的准备金和可赔付结余资金

(2) 中期发生100年一遇的大灾。和早期发生50年一遇的大灾一样，如果在早期发生10年一遇的大灾，当年保险公司的大灾准备金同样足以支付赔付资金。在中期2024年又提前发生100年一遇的大灾时，当年全国保费总收入成灾应赔款1008.3亿元。用当年保费收入赔款408.97亿元，再保险公司按合约赔款80.51亿元，剩余的超赔款518.82亿元用全部保费准备金支付143.48亿元，还有375.34亿元由全部利润准备金和一般风险准备金支付108.11亿元后，超过保险公司赔付能力的267.23亿元，需要由政府大灾准备金支付（见图9-25）。如果在早期没有发生100年一遇大灾的情况下，即使2016~2018年政府仅筹资267.60亿元，加上公司累计上缴资金78.2亿元，2024年政府大灾准备金的余额达到345.80亿元，支付当年保险公司所需外部补偿资金267.23亿元，剩余资金达到78.57亿元。晚期2031年发生10年一遇的大灾时，保险公司的大灾准备金足以支付当年赔款，因此当年政府大灾准备金余额达到 166. 48 亿元（见图 9 –25）。到 2035 年政府大灾准备金多达 182. 60 亿元，加上保险公司可赔付结余资金 204. 32 亿元（见图 9 –27），当年可用于应对大灾损失的总资金达到 386. 92 亿元。

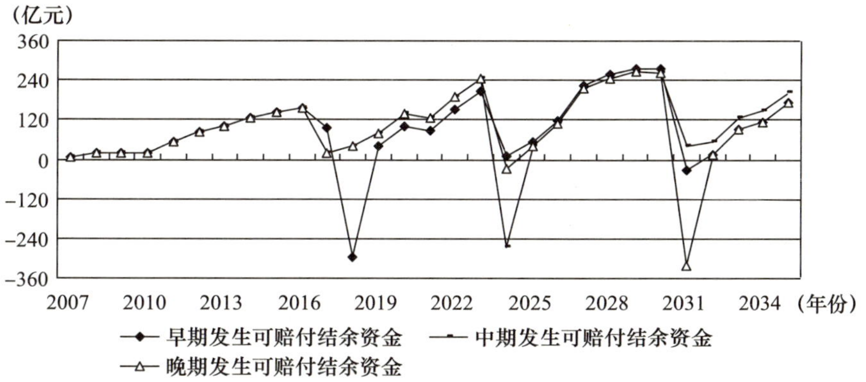

图 9 –27 早期、中期或晚期发生 100 年一遇的大灾时保险公司可赔付结余资金变化趋势

（3）晚期发生 100 年一遇的大灾。和早期发生 50 年一遇的大灾一样，如果在早期发生 10 年一遇的大灾，当年保险公司的大灾准备金同样足以支付赔付资金。在中期 2024 年发生 20 年一遇的大灾时，当年全国保费总收入成灾应赔款 722. 44 亿元。用当年保费收入赔款 408. 97 亿元，再保险公司按合约赔款 35. 45 亿元，剩余的超赔款 278. 02 亿元用全部保费准备金支付 143. 48 亿元，还有 134. 54 亿元由全部利润准备金和一般风险准备金支付 108. 10 亿元后，超过保险公司赔付能力的 26. 44 亿元，需要由政府大灾准备金支付（见图 9 –25）。如果在早期没有发生 100 年一遇大灾的情况下，即使 2016 ~ 2018 年政府仅筹资 267. 60 亿元，加上公司累计上缴资金 78. 20 亿元，2024 年政府大灾准备金的余额也达到 345. 80 亿元，支付当年保险公司所需外部补偿资金 26. 44 亿元，剩余资金达到 319. 36 亿元。晚期 2031 年发生 100 年一遇的大灾时，当年全国成灾应赔款 1165. 70 亿元。用当年保费收入赔款 473. 05 亿元，再保险公司按合约赔款 92. 05 亿元，剩余的超赔款 600. 60 亿元用全部保费准备金支付 192. 57 亿元，还有 408. 03 亿元由全部利润准备金和一般风险准备金支付 85. 72 亿元后，超过保险公司赔付能力的 322. 31 亿元，需要由政府大灾准备金支付。当年政府大灾准备金余额 407. 23 亿元，支付保险公司超赔补偿资金后尚有结余资金 84. 92 亿元。到 2035 年政府大灾准备金多达 92. 26 亿元，加上保险公司可赔付结余资金

172.52亿元（见图9－27），当年可用于应对大灾损失的总资金达到264.78亿元。

由此可见，在“政府兜底”模式中，如果从2016～2035年由保险公司每年将利润准备金的20%上缴给政府大灾准备金，而且从早期2016～2018年的三年间中央财政和22个省（区、市）的每个地方财政每年分别筹资35.68亿元和2.43亿元，加上我国保险公司具有很强的大灾准备金积累能力，未来22年里在早期、中期或晚期发生100年一遇的农业大灾时，政府大灾准备金完全可以满足保险公司对外部超赔补偿资金的需求。

（二）“融资预案”方式的模拟

以保险公司贷款或发行债券为主的“融资预案”大灾风险分散方式的要点是，由中央财政担保，由保险公司贷款或发行农业保险大灾风险公司债券并偿还本金，由中央和地方政府按4∶6的比例分担筹资建立的大灾准备金支付融资利息，并且西部地区的甘肃、青海、宁夏、新疆、陕西、内蒙古、贵州、云南、西藏九个省（区）免于筹资。

1. 2022年政府大灾准备金规模累计达到40.67亿元，2026年累计达到53.65亿元，2033年累计达到61.28亿元，“融资预案”方式便可应对未来早期、中期或晚期发生50年一遇的大灾时融资的利息支付

（1）早期发生50年一遇的大灾。在早期2018年可能提前发生50年一遇的大灾损失时，同“政府兜底”方式一样，当年全国保费总收入可能达到451.67亿元，成灾应赔款690.38亿元，简单赔付率为152.85%。用当年保费收入赔款321.55亿元，再保险公司按合约赔款62.13亿元，剩余的超赔款306.70亿元用全部保费准备金支付65.77亿元，还有240.93亿元由全部利润准备金和一般风险准备金支付71.47亿元后，超过保险公司赔付能力的169.46亿元，需要由外部超赔资金支付。由于我国保险公司具有很强的大灾准备金积累能力，在采取外部融资的方式下，经过四年保险公司即可偿还全部融资本金，而四年的利息为40.67亿元（假设年利率为6%）。如果中央和地方政府按照4∶6的比例分别承担利息，2016～2022年，中央政府每年需筹资金2.32亿元，22个省（区、市）政府各自每年需筹资0.16亿元。在2024年发生10年一遇的大灾时，保险公司可能再次需要融资108.14亿元，两年后可偿还本金，两年的融资利息为12.98亿元。在2022年政府大灾准备金支付全部利息后，2023～2026年中央和22个省级财政每年需再筹资1.30亿元和900万元。在2031年发生20年一遇的大灾时，保险公司可能再次融资63.62亿元，两年后可偿还本金，两年的融资利息为7.63亿元。在2027年政府大灾准备金支付全部利息后，2027～2033年中央和22个省

级财政每年需再筹资 0.44 亿元和 300 万元，2033 年支付全部利息后，直到 2035 年初政府大灾准备金余额仅有 780 万元（见图 9－28），当年保险公司可用于赔付的资金为 122.06 亿元（见图 9－29）。

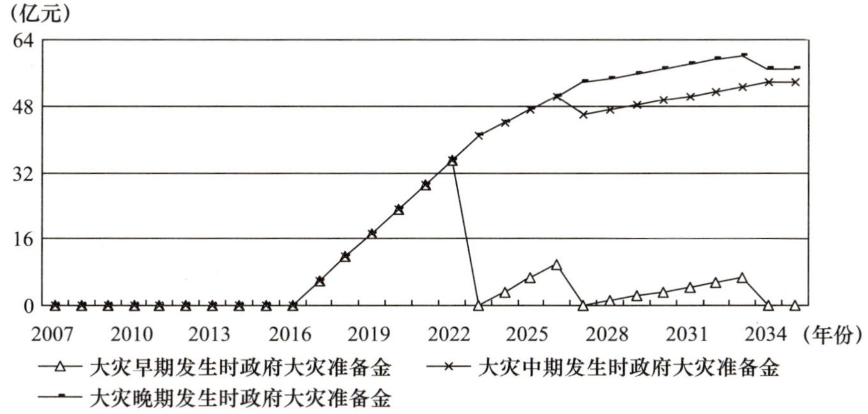

图 9－28　50 年一遇的大灾发生时政府大灾准备金余额变化趋势

（2）中期发生 50 年一遇的大灾。用早期 2018 年发生 50 年一遇的大灾时中央和地方财政为政府大灾准备金三次筹集到的资金来支付中期 2024 年或晚期 2031 年发生 50 年一遇的大灾时所需利息，以便观察是否还需要增加政府利息筹集的额度。首先，在早期 2017 年可能提前发生 10 年一遇的大灾时，支付全部赔款 456.54 亿元后，当年保险公司可用于赔付结余资金尚有 38.79 亿元，政府大灾准备金累计 11.62 亿元。其次，在中期 2024 年再次发生 50 年一遇的大灾后，当年成灾应赔款 873.480 亿元。用当年保费收入赔款 408.97 亿元，再保险公司按合约赔款 70.91 亿元，剩余的超赔款 393.6 亿元用全部保费准备金支付 143.48 亿元，还有 250.12 亿元，由全部利润准备金和一般风险准备金支付 186.30 亿元后，超过保险公司赔付能力的 63.82 亿元，需要由外部超赔资金支付。在采取外部融资的方式下，经过两年保险公司即可偿还全部融资本金，而两年利息 7.66 亿元（假设年利率为 6%）需要政府在 2026 年支付。由于 2018 年未发生 50 年一遇的大灾，按 50 年一遇的大灾早期发生时中央和地方财政筹资办法，到 2026 年政府大灾准备金余额为 53.67 亿元，支付保险公司融资利息 7.66 亿元后，当年末政府大灾准备金余额为 46.01 亿元。最后，在 2031 年再次发生 10 年一遇的大灾时，保险公司在支付应赔款 477.74 亿元后，当年末尚有可用于赔付的结余资金 66.53 亿元，不需要融资和支付利息。到 2035 年保险公司可用于赔付的结余资金多达 252.21 亿元（见图 9－29），用于支付利息的政府大灾准备金余额为

53.67 亿元（见图 9－28）。

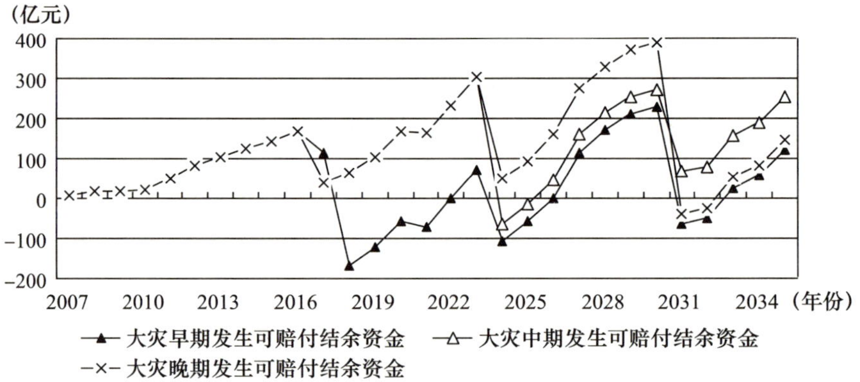

图 9－29　早期、中期或晚期发生 50 年一遇的大灾时保险公司可赔付结余资金变化趋势

（3）晚期发生 50 年一遇的大灾。在早期 2017 年可能提前发生 10 年一遇的大灾，以及在中期 2024 年又可能发生 20 年一遇大灾的情况下，用当年保费收入以及保费准备金、利润准备金完全可以支付两次先后发生的大灾应赔款，到 2024 年当年保险公司尚有可用于赔付结余资金 51.75 亿元，不需要融资及支付利息。到晚期 2031 年才发生 50 年一遇的大灾时，当年成灾应赔款 1009.89 亿元。用当年保费收入赔款 473.06 亿元，再保险公司按合约赔款 81.12 亿元，剩余的超赔款 455.71 亿元用全部保费准备金支付 192.57 亿元，还有 263.14 亿元，由全部利润准备金和一般风险准备金支付 225.37 亿元后，超过保险公司赔付能力的 37.77 亿元，需要由外部超赔资金支付。在采取外部融资的方式下，经过两年保险公司即可偿还全部融资本金，而两年利息 4.53 亿元（假设年利率为 6%）需要政府在 2033 年支付。由于 2018 年和 2024 年均未发生 50 年一遇的大灾，到 2033 年政府大灾准备金支付融资利息后，直到 2035 年初政府大灾准备金尚有余额 56.80 亿元（见图 9－27），保险公司可用于赔付结余资金 147.90 亿元（见图 9－29）。

通过以上分析可以看出，早期 2018 年发生 50 年一遇的大灾时保险公司需要外部融资将近 170 亿元，由于我国保险公司具有很强的大灾准备金积累能力，在四年后即可全部偿还本金。只要在 2022 年用于支付利息的政府大灾准备金累计达到 40.67 亿元，在 2026 年累计达到 53.65 亿元，在 2033 年累计达到 61.28 亿元，“融资预案”方式就完全可以应对在未来 22 年中无论在早期、中期或晚期发生 50 年一遇大灾时保险公司融资的利息支付。

2. 到2024年政府大灾准备金累计达到96.34亿元，2027年累计达到133.47亿元，2035年累计达到172.30亿元，“融资预案”方式便可应对未来早期、中期或晚期发生100年一遇的大灾时融资的利息支付

（1）早期发生100年一遇大灾。在早期2018年可能提前发生100年一遇的大灾损失时，同“政府兜底”方式一样，当年成灾应赔款796.93亿元，用当年保费收入赔款321.55亿元，再保险公司按合约赔款70.54亿元，剩余的超赔款404.84亿元用全部保费准备金支付65.77亿元，还有339.07亿元由全部利润准备金和一般风险准备金支付71.47亿元后，超过保险公司赔付能力的267.60亿元，需要由外部超赔资金支付。在采取外部融资的方式下，经过六年保险公司即可偿还全部融资本金，而六年的利息为96.34亿元（假设年利率为6%）。同样，中央和地方政府按照4∶6的比例分别承担利息，2016～2024年，中央政府每年需筹资金4.28亿元，22个省（区、市）政府各自每年需筹资0.29亿元。在2024年发生10年一遇的大灾时，保险公司可能再次需要融资206.29亿元，三年后可偿还本金，三年的融资利息为37.13亿元。在2024年政府大灾准备金支付全部利息后，2025～2027年中央和22个省级财政每年需再筹资4.95亿元和0.34亿元。在2031年发生20年一遇的大灾时，保险公司可能需要再次融资161.76亿元，四年后可偿还本金，四年的融资利息为38.82亿元。在2027年政府大灾准备金支付全部利息后，2028～2035年中央和22个省级财政每年需再筹资1.94亿元和0.132亿元，到2035年初政府大灾准备金余额为300万元（见图9－30），当年保险公司可用于赔付的资金仅有23.91亿元（见图9－31）。

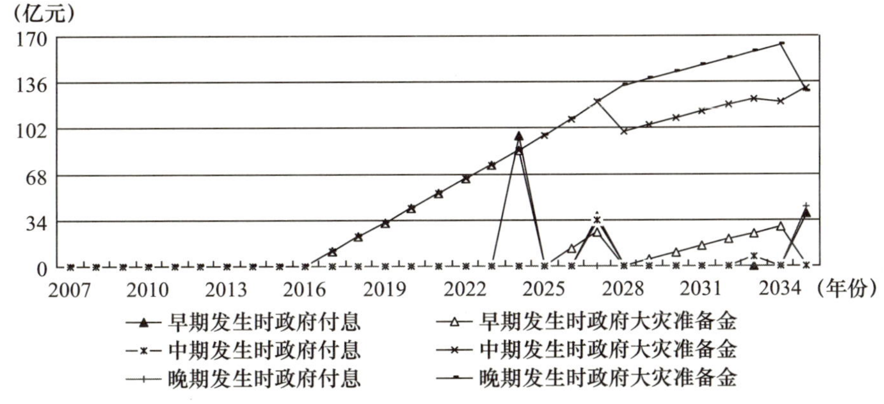

图9－30　早、中或晚期发生100年一遇的大灾政府支付利息及大灾准备金余额变化趋势

（2）中期发生100年一遇的大灾。用早期2018年发生100年一遇的大灾时中央和地方财政为政府大灾准备金三次筹集到的资金来支付中期2024年或晚期2031年发生100年一遇的大灾时所需利息，以便观察是否还需要增加政府利息筹集的额度。首先，在早期2017年可能提前发生10年一遇的大灾时，支付全部赔款456.54亿元后，当年保险公司可用于赔付结余资金尚有38.79亿元，未支付利息的政府大灾准备金累计为21.42亿元。其次，在中期2024年发生100年一遇的大灾后，当年成灾应赔款1008.30亿元。用当年保费收入赔款408.97亿元，再保险公司按合约赔款80.51亿元，剩余的超赔款518.82亿元用全部保费准备金支付143.48亿元，还有375.34亿元由全部利润准备金和一般风险准备金支付186.31亿元后，超过保险公司赔付能力的189.03亿元，需要由外部超赔资金支付。在采取外部融资的方式下，经过三年保险公司即可偿还全部融资本金，而三年的利息为34.03亿元（假设年利率为6%）需要政府在2027年支付。由于2018年未发生100年一遇的大灾，按100年一遇的大灾早期发生时中央和地方财政筹资办法，到2027年政府大灾准备金余额为133.53亿元，支付保险公司融资利息34.03亿元后，当年末政府大灾准备金余额为99.5亿元。最后，在2031年再次发生10年一遇的大灾时，保险公司在支付应赔款723.46亿元后，当年末尚有58.68亿元需要融资赔付。到2033年保险公司可全部偿还融资，两年共需政府支付利息7.04亿元。2033年政府大灾准备金支付融资利息后尚有结余资金121.56亿元，到2035年政府大灾准备金余额多达131.26亿元（见图9-30），保险公司可用于赔付结余资金126.99亿元（见图9-31）。

（3）晚期发生100年一遇的大灾。在早期2017年可能提前发生10年一遇的大灾，以及在中期2024年又可能发生20年一遇大灾的情况下，用当年保费收入

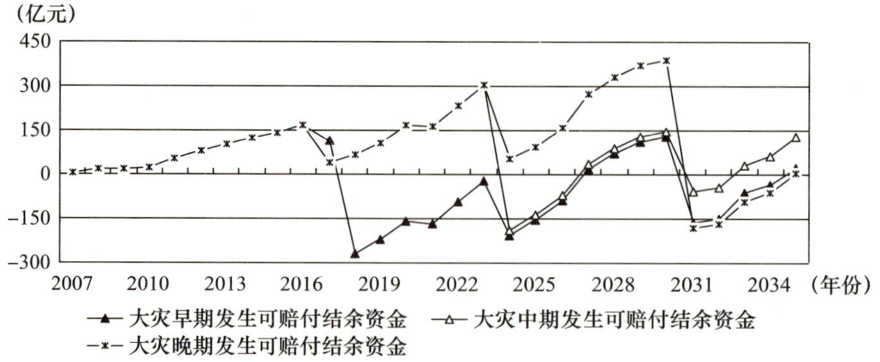

图9-31　早期、中期或晚期发生100年一遇的大灾时保险公司可赔付结余资金变化趋势

以及保费准备金、利润准备金完全可以支付两次先后发生的大灾应赔款，到2024年当年保险公司尚有可用于赔付结余资金51.75亿元，不需要融资及支付利息。到晚期2031年才发生100年一遇的大灾时，当年成灾应赔款1165.70亿元。用当年保费收入赔款473.05亿元，再保险公司按合约赔款92.05亿元，剩余的超赔款600.60亿元用全部保费准备金支付192.57亿元，还有408.03亿元由全部利润准备金和一般风险准备金支付225.37亿元后，超过保险公司赔付能力的182.66亿元，需要由外部超赔资金支付。在采取外部融资的方式下，经过四年保险公司即可偿还全部融资本金，而四年利息43.84亿元（假设年利率为6%）需要政府在2035年支付。由于2018年和2024年均未发生100年一遇的大灾，到2035年政府大灾准备金累计为172.33亿元，支付融资利息后，年末政府大灾准备金尚有余额128.49亿元（见图9－30），保险公司偿还外部融资后可用于赔付结余资金仅有3.01亿元（见图9－31）。

通过以上分析可以看出，只要在2024年用于支付利息的政府大灾准备金累计达到96.34亿元，在2027年累计达到133.47亿元，在2035年累计达到172.30亿元，“融资预案”方式就完全可以应对在未来22年中无论在早期、中期或晚期发生100年一遇的大灾时保险公司融资的利息支付。

四、“政府兜底”和“融资预案”方式的比较和建议

（一）“政府兜底”和“融资预案”方式的比较

相对较优的农业保险大灾风险分散制度具有以下主要特点：一是这种制度能够及时为保险公司提供外部超赔补偿资金；二是有利于减轻中央和地方政府的筹资压力；三是有利于提高政府和保险公司资金的利用效率；四是操作方便，有利于减少运行成本。依据相对较优的农业保险大灾风险分散制度应该具有的这些主要特点来看，“政府兜底”和“融资预案”两种农业保险大灾风险分散方式都能够及时为保险公司提供所需的外部补偿资金，而“融资预案”方式在开展贷款和发行农业保险大灾债券的过程中运营成本可能会高于“政府兜底”方式。但在以下两个方面“融资预案”方式比“政府兜底”方式具有明显的优势：

1.“融资预案”有利于减少中央和地方财政每年的筹资压力

在早期、中期或晚期提前发生50年一遇的农业大灾时，为满足保险公司外

部超赔补偿资金需求，2016～2018 年“政府兜底”方式中央和地方财政每年需要筹集资金 25.6 亿元和 1.54 亿元；如果提前发生 100 年一遇的大灾，中央和地方财政每年需要筹集资金 35.70 亿元和 2.60 亿元。预计今后中央财政每年要为政策性农业保险提供 100 亿元以上的政府保费补贴，如果三年内每年还要再另外筹资 26 亿～36 亿元的大灾风险准备金，财政压力增大。尤其是地方财政每年再筹集一两亿元的大灾风险准备金，难度更大。而采取由保险公司贷款或发行农业保险大灾风险债券，并由政府大灾准备金支付融资利息的“融资预案”方式，在今后早期、中期或晚期提前发生 50 年一遇的农业大灾时，为支付保险公司的融资利息，2016～2023 年中央和地方财政每年只需要分别筹资 2.32 亿元和 0.16 亿元，2024～2026 年每年再分别筹资 1.30 亿元和 0.09 亿元，2027～2033 年每年再分别筹资 0.44 亿元和 300 万元。为应对 100 年一遇的农业大灾的提前发生，在今后不同时段的三次筹资中，中央和地方财政每年最多筹资额度分别不超过 4.06 亿元和 0.29 亿元。与“政府兜底”方式相比较，“融资预案”方式每年的筹资额度中央和地方财政都是可以承受的，有利于减少中央和地方财政每年的筹资压力。

2. “融资预案”方式有利于提高政府和保险公司的资金利用效率

在早期、中期或晚期发生 50 年或 100 年一遇的农业大灾的情景下，在支付三次大灾损失赔款后，到 2035 年“政府兜底”方式中保险公司可用于赔付的结余资金和政府大灾准备金，都有上百亿元的结余资金（见表 9－2）。这两项资金都可以用来支付保险公司大灾所需赔款，合计总资金达到 264 亿～414 亿元，表明此时保险公司大灾准备金和政府大灾准备金都有较强的应对大灾风险损失的能力。但是，一方面是政府为支付保险公司外部补偿资金而投入了大量资金；另一方面保险公司在三五年后又积累了上百亿元的大灾准备金和由上缴的利润准备金组成的大量政府大灾准备金而被闲置，降低了政府和公司的资金利用效率。相反，在“融资预案”方式中，保险公司可用于赔付的结余资金和政府用于支付融资利息的大灾准备金都比“政府兜底”方式要少得多（见表 9－3），“融资预案”方式可赔付结余资金和政府大灾准备金二者之和占“政府兜底”方式二者之和的比例最少为 8.38%（早期发生 100 年一遇的大灾），最多为 73.88%（中期发生 50 年一遇的大灾），尤其是无论 50 年还是 100 年一遇的大灾早期发生时，到 2035 年“融资预案”方式中政府大灾准备金都不超过 600 万元，而“政府兜底”方式中由保险公司上缴 20% 利润准备金构成的政府大灾准备金多达 113 亿元。由此可以看出，“融资预案”方式的资金利用效率远远高于“政府兜底”方式。

通过以上比较可以看出，从运作相对简便来看，“政府兜底”方式可能要优于“融资预案”方式，如果中央和省级财政在近三年中每年尚能筹资二三十亿和一两亿元资金，“政府兜底”也可作为一种被选方案。而从是否有利于减轻政府财政筹资压力和提高保险公司和政府资金利用效率的角度比较，“融资预案”方式明显优于“政府兜底”方式，是一种相对较优的方案选择。因此，为应对未来20多年内可能提前发生的农业大灾风险损失，我国农业保险大灾超赔资金的外部补偿方式，适宜采取以贷款或发行农业大灾风险债券为主的融资模式。

表9-2 2035年“政府兜底”方式保险公司可赔付结余资金和政府大灾准备金余额

单位：亿元

项目		可赔付结余资金	政府大灾准备金	合计
50年一遇的大灾	早期发生	172.52	113.19	285.71
	中期发生	204.32	209.70	414.02
	晚期发生	172.52	139.04	311.56
100年一遇的大灾	早期发生	172.52	113.16	285.68
	中期发生	204.32	182.60	386.92
	晚期发生	172.52	92.26	264.78

表9-3 2035年“融资预案”方式保险公司可赔付结余资金和政府大灾付息准备金余额

单位：亿元

项目		可赔付结余资金	政府大灾准备金	合计
50年一遇的大灾	早期发生	122.06	0.054	122.11
	中期发生	252.21	53.67	305.88
	晚期发生	147.9	56.80	204.70
100年一遇的大灾	早期发生	23.91	0.03	23.94
	中期发生	126.99	131.26	258.25
	晚期发生	3.01	128.49	131.50

（二）建立我国农业保险大灾风险四级分散体系

依据我国农业保险适宜采取“融资预案”方式为保险公司提供外部超赔补偿资金的研究结论，结合我国目前已经建立起农业保险公司大灾风险准备金的实际，一套完整的农业保险大灾风险分散体系应该包括四个层级。第一个层级是保险公司按照财政部制定的《农业保险大灾风险准备金管理办法》中规定，自身建立的保费准备金、利润准备金以及一般风险准备金，可以称为保险公司的大灾风险准备金，具有很强的积累能力，是我国农业保险大灾风险分散体系的重要组成部分，它反映了农业保险机构自身应对农业大灾风险损失的能力。第二个层级是以目前已经组建的“农共体”为主的为农业保险经营机构提供的再保险。第三个层级是“融资预案”。当保险公司的赔款超过自身偿付能力时，由中央财政担保，保险公司向金融机构贷款或发行农业保险大灾风险债券，农业保险经营机构负责偿还本金，由政府筹资支付其融资利息。第四个层级是政府大灾付息准备金，用于支付保险公司的融资利息，其资金来源由中央和地方财政预算逐年补充，中央和地方政府可以按一定比例，如4∶6的比例承担利息，资金由中央统一管理，并且建议西部地区的甘肃、青海、宁夏、新疆、陕西、内蒙古、贵州、云南、西藏九个省（区）可免于筹集，东、中部地区的粮食主产区也可适当降低地方财政付息准备金筹集额度。

为应对未来21年里我国农业保险可能提前发生一次50年一遇的大灾风险损失，在2022年用于支付利息的政府大灾付息准备金累计应达到40.67亿元，在2026年累计应达到53.65亿元，在2033年累计达到61.28亿元。而为应对发生100年一遇的大灾，在2024年政府大灾付息准备金累计应达到96.34亿元，在2027年累计应达到133.47亿元，在2035年累计应达到172.3亿元。

在建立我国农业保险以融资预案为主的大灾风险四级分散体系中，对大多数省一级政府而言，不直接承担该省农业保险经营机构发生大灾亏损时的外部超赔资金。而是在总公司申请、中央财政担保的前提下，通过融资获得缺口资金，并由全国政府大灾准备金支付融资利息。对一些经济发达的省（区、市），如北京市和上海市，由于地方财政资金雄厚，仍然可以实施由地方政府承担或通过购买再保险的方式，为经营本地农业保险的机构提供大灾所需的缺口资金。个别省（区、市），如江苏省农业保险也可继续实行“联办共保”模式，由地方财政负责其承担的农业保险业务中全部大灾风险损失。对于农业保险互助模式，也可以按其规定实行自动吸纳巨灾风险所造成的超赔损失。

第十章　研究结论和政策建议

建立我国农业灾害多发省和经营农业保险规模最大的保险总公司、专业农业保险公司以及全国农业保险的系统动力学模型，并对其在不同程度大灾损失情景假设下分散大灾风险的能力开展模拟研究，不仅为我国农业保险政策和策略的前瞻性研究引进了新的方法，而且展示了我国农业保险现行经营模式应对大灾风险能力，为在保险公司超过其偿付能力时选择何种方式为其提供外部补偿资金提供了定量依据，得到一些在传统的叙述性研究中难以展现的重要结论。

一、主要结论

（一）2035年我国农业保险总规模可能达到700多亿元

按现行价格以及目前各省（区、市）出台的农业保险产品的平均保险金额和保费费率，以及全国种植业主要品种、养殖业主要畜禽、森业承保状况和未来可能达到的承保比例，预计到2020年我国农业保险总规模将达到507.21亿元，与2014年相比年均递增7.66%。其中种植业、养殖业和林业保费收入可能分别为307.76亿元、163.97亿元和35.48亿元，年均分别增长5.55%、14.22%和3.24%。2035年预计保费总收入为702.50亿元，与2020年相比年均递增2.20%，其中种植业、养殖业和林业保费收入分别达到400.89亿元、254.86亿元和46.75亿元，分别约占总保费收入的57%、36%和7%，与2020年相比年均分别增长1.78%、2.98%和1.86%。农业自然灾害多发省（区、市），如湖南2035年农业保险规模可能达到31.93亿元，是2014年的158.46%；广东省可能达到19.99亿元，是2014年的236.29%；甘肃省为14.87亿元，是2014年的219.97%；辽宁为18.15亿元，是2014年的182.05%；吉林为17.65亿元，是

2014 年的 391.35%；内蒙古为 41.63 亿元，是 2014 年的 138.67%；北京为 6.34 亿元，是 2014 年的 140.58%；山东为 19.78 亿元，是 2014 年的 225.03%。

（二）我国农业自然灾害多发省（区、市）农业保险赔付率较高且不同省（区、市）之间差别较大

对省（区、市）农作物受灾损失率或多年农业保险赔付率的历史数据进行不同程度的风险评估表明，我国东、中、西部农业自然灾害多发省（区、市），同一灾害发生概率下的赔付率都比较高，而且不同省（区、市）之间存在较大差别。在本书研究涉及的八个省（区、市）中，东部的辽宁省和西部的甘肃省灾害发生概率相同时的农业保险赔付率高于其他省（区、市）。未来发生 10 年一遇的大灾时，甘肃省赔付率可能高达 177.04%，比赔付率较高的辽宁省（赔付率 174.97%）、北京市（174.54%）和山东省（赔付率 173.67%）还要分别高出 2 个百点、2.5 个百分点和 3.4 个百分点，比相对赔付率最低的湖南省（120.92%）要多出 56 个百分点，高出 46.42%。而发生 20 年或 50 年一遇的大灾时赔付率最高的都是辽宁省，可能分别高达 274.71% 或 387.51%；发生 10 年或 50 年一遇的大灾时赔付率最低的都是广东省，分别为 156.55% 或 197.87%。经营全国农业保险规模最大的一家综合保险公司发生 10 年、20 年、50 年或 100 年一遇的大灾时的赔付率分别为 112%、127.22%、150.29% 或 170.41%。从全国农业保险宏观层面看，未来发生 10、20 年、50 年或 100 年一遇的大灾时赔付率可能分别为 109.40%、126.42%、152.85% 或 176.44%。

（三）从时间、空间两个维度动态研究农业保险应对大灾风险的能力

农业保险可以在空间和时间两个维度上进行分散。由于农业保险大灾风险在空间上的分散，我国灾害多发省（区、市）的同一险种在灾害发生概率相同时的赔付率，都高于经营该省农业保险总公司的赔付率。如湖南省、甘肃省和内蒙古自治区发生 10 年一遇大灾时的赔付率分别为 120.92%、177.04% 和 156.95%；发生 50 年一遇大灾时的赔付率分别为 223.8%、293.63% 和 263.63%，而在上述各省（区、市）经营农业保险的这家总公司发生 10 年一遇或 50 年一遇大灾时的赔付率分别为 112% 和 150.29%，显然低于上述各省（区、市）的赔付率，表明我国农业保险大灾风险在全国不同风险地区间的分散十分明显。在时间维度，我国农业保险现行模式通过大灾准备金的大量积累，应对农业保险大灾风险的能力不断增强。例如，如果在早期 2018 年湖南省和总公司农业保险同时提前发生 50 年一遇的大灾，在成数分出和赔付率超赔再保险赔款及支付当年其他省（区、市）应赔款和湖南省 5.20 亿元的缺口资金后，总公司当年农业保险业务可能会出现近54亿元的缺口资金需要由外部超赔补偿资金支付。然而，湖南省农业保险和总公司即使在早期2018年同时发10年一遇的大灾后，到2028年同时再次发生50年一遇的大灾时，在支付当年全部应赔款后，总公司大灾准备金余额仍然有2亿多元，表明随着大灾准备金的积累，总公司在晚期基本可以应对50年一遇大灾风险的冲击。无论对各省（区、市）还是对农业保险的总公司或专业农业保险公司以及全国农业保险的模拟研究，都十分明显地表现出，在农业保险经办机构建立大灾准备金制度，使大部分超额利润转化为大灾损失保障资金并累计使用，同时保险公司还普遍实行成数分出和赔付率超赔再保险，这些安排增强了我国农业保险现行经营模式应对大灾风险的能力。农业保险大灾风险准备金的积累随着时间和大灾风险的变化而呈现出动态过程，农业保险大灾风险在空间和时间上的分散作用十分明显。因此，测算我国农业保险应对大灾风险的能力，可以采用当代科学研究的四大范式之一——动态模拟的方法，综合考虑大灾风险在时间、空间两个维度的动态分散和反馈作用。

（四）科学合理定位中央和地方政府在保险机构省级分公司农业保险发生赔付资金缺口时应承担的补偿责任

我国农业保险基本由省级政府组织实施。但经营该省（区、市）农业保险的机构大都依照“大数法则”在全国范围内开展农业保险业务，以便聚集更多不同风险单位来分散风险。因而农业保险活动组织机构和农业保险经营机构并不对称。依据农业保险经营最重要的数理基础“大数法则”和《农业保险大灾准备金管理办法》中“保险机构计提的大灾准备金可以在本机构农业保险各险种之间、相关省级分支机构之间统筹使用，专门用于弥补农业大灾风险损失”的规定，以及农业保险经营机构实行的农业保费收支两条线的管理模式，再结合对省级和总公司及专业农业保险公司农业保险大灾风险分散的模拟结果来看，保险机构的省级分公司在经营省级农业保险发生赔偿资金缺口时，应该首先由保险机构总部支付分公司的缺口资金，不能因为是政策性农业保险而由省级和中央政府承担其缺口资金的补偿责任。因此，在省级政府可以不建立大灾准备金用以补偿本省农业保险赔款的缺口资金。

（五）如果提前发生50年甚至100年一遇的大灾，我国农业保险将发生巨额赔付资金缺口

农业保险规模越大，并且灾害发生概率相同时的赔付率越高，保险公司支付应赔款后的缺口资金就会越多。例如，湖南省2018年农业保险保费收入可能达到20亿元，发生50年一遇大灾时的赔付率为223.8%，如果当年提前发生50年一遇的大灾，当年全省可能有 5. 20 亿元的缺口资金需要由总公司支付。而甘肃省 2018 年的保费收入可能为 8. 90 亿元，发生 50 年一遇大灾时的赔付率为 293. 63%，提前在 2018 年发生 50 年一遇的大灾需要由总公司支付的缺口资金为 7. 6 亿元。如果国内农业保险经营规模最大的一家保险公司在 2018 年提前发生 50 年一遇的大灾，当年可能需要外部超赔补偿资金 53. 73 亿元；如果提前在 2018 年发生 100 年一遇的大灾，需要外部超赔补偿资金 92. 40 亿元。从全国农业保险宏观层面看，如果在早期 2018 年提前发生 50 年一遇的大灾，当年可能需要外部超赔补偿资金约 170 亿元；如果提前在 2018 年发生 100 年一遇的大灾，可能需要外部超赔补偿资金约 268 亿元。

（六）建立当保险公司超过赔付能力时为其提供外部补偿资金的机制

北京、上海和江苏三省（市），经济十分发达，政府财力雄厚，当农业保险大灾风险损失超过保险公司或地方政府分担部分的赔付能力后，实际上都实行了由政府财政兜底承担最终赔偿责任的方式。而我国大多省级政府都没有建立农业保险大灾准备金，主要通过保险公司的大灾准备金和购买再保险来分散农业保险大灾风险。然而，当保险公司的大灾准备金和再保险安排仍不足以支付大灾赔款时，我国农业保险仍然缺乏从外部为保险公司提供超赔补偿资金的机制，使我国农业保险的可持续发展受到影响。在全球气候变暖的大背景下，极端气候事件发生的概率不断增加，50 年甚至 100 年一遇的农业大灾随时可能突然降临，大灾造成的农业投保损失远远超过农业保险公司自身的偿付能力。因此，当前亟待建立当保险公司超过赔付能力时为其提供外部补偿资金的机制。

（七）我国制定农业保险大灾风险分散政策时，应重点考虑如何应对 2022 年以前提前发生 50 年一遇的大灾风险

农业保险经营机构建立计提大灾准备金制度以后，在平常年景下，我国农业保险在三五年内可积累大量的大灾准备金。在分出一定比例的保费后，我国多数省级农业保险现行的经营模式，农业保险经营规模最大的一家保险公司、某专业农业保险公司和全国农业保险积累的大灾准备金和再保险赔款，大多都可以支付在早期 2017 年或 2018 年发生 10 年一遇大灾时的赔款。尤其是农业保险经营规模最大的一家保险公司，即使 2022 年突然提前发生 50 年一遇的大灾，总公司现行经营模式完全可以支付当年自留部分的应赔款 359. 7 亿元。因此，采取何种外部资金提供方式去应对今后六七年内可能提前发生的 50 年一遇的大灾风险，是制定政策时应重点考虑的问题。

（八）"融资预案"是为保险公司提供外部补偿资金相对较优的方式

全国农业保险在2018年提前发生50年一遇的大灾，大约需要169.46亿元的外部超赔补偿资金。如果采用"政府兜底"的方式用政府大灾准备金为保险公司提供外部超赔补偿资金，假设中央财政和地方财政按4∶6的比例分别筹资，为应对50年一遇的大灾风险，2017～2018年中央和各省级财政每年需要分别筹集资金34亿元和2.30亿元。如果采取由保险公司贷款或发行农业保险大灾风险债券并偿还融资本金，而由政府大灾付息准备金支付其融资利息的"融资预案"方式，由于在2018年发生50年一遇的大灾时，保险公司四年后即可偿还全部融资，如果中央和22个省级财政仍按4∶6的比例分别筹资，年利息率按6%计算，为支付保险公司约40.67亿元的融资利息，2017～2022年中央和各省级财政每年只需要分别筹资2.70亿元和0.18亿元。可以看出，"融资预案"方式不仅减轻了政府财政的筹资压力，而且极大地提高了政府和公司资金的使用效率，是一种相对优化的筹资选择。

（九）《农业保险大灾准备金管理办法》需要不断完善

从2014年1月1日起实施的财政部《农业保险大灾风险准备金管理办法》，通过从超额利润中计提利润准备金，对农业保险经营机构当年可实现的可分配利润作了严格限制。今后经营农业保险最多只能获得和财产保险业务相同的平均利润率，避免了政府对政策性农业保险的补助费大量转化为农业保险经营机构的可分配利润。在经营农业保险机构的承保利润率高于财产保险行业平均利润率的情况下，经营农业保险业务实现的可供分配利润与其净保费收入和财产保险行业的平均承保利润率有关，而与其自身的承保利润率无关。这样规定缺乏对农业保险经营机构加强企业自身管理的激励机制。同时《农业保险大灾风险准备金管理办法》计提利润准备金设定了两个条件：一是其承保利润率高于财产保险业务承保利润率；二是其综合赔付率低于70%。由于综合赔付率和承保利润率计算的支出项不一致，这两个限定条件可能会存在判断上的不一致性。

二、政策建议

（一）政府对在灾害高发地区开展农业保险的机构采取必要的支持措施

我国农业自然灾害多发省（区、市），不仅平常年景下农业保险的赔付率较高，而且在发生20年一遇以上的农业大灾时，保险公司省级分公司的农业保险保费收入难以支付巨额赔款而出现严重的资金缺口。尤其是一些专业农业保险公司，业务规模相对较小，而又主要在国内农业自然灾害高发区开展农业保险业务。例如，某专业公司开展业务的辽宁省、北京市和山东省，2007年以来多年平均赔付率分别高达92.43%、89.81%和78.70%，赔付率最高年份分别高达158%、108%和125%，标准差为0.456、0.119和0.373，都是农业保险可保性很差的省（市）。因此，为减少在灾害多发区开展农业保险时出现赔付资金的严重不足，一方面希望农业灾害高发区当地政府能对从事本地农业保险的机构适当给予农业保险经营费用的补助，如北京市对经营本市农业保险的各分公司经营费用的补助达到其当年农业保费收入的10%。尤其对一些农业灾害严重的牧区或产粮大省，希望中央财政能对在这些省（区、市）开展农业保险的机构在经营费用方面予以补助。另一方面，从保险经营的“大数定律”考虑，一些专业农业保险公司应该同时在其他灾害风险较低的省份扩大农业保险业务。建议灾害风险较小的地方政府，应该对这类专业农业保险公司进入当地开展业务给予适当优先，通过地方政府支持，使专业农业保险公司能够在时间和空间两个方面分散大灾风险。

（二）建立和完善我国农业保险大灾风险四级分散体系

结合我国目前已经在保险公司层面建立农业保险大灾风险准备金的实际，以及我国农业保险应重点考虑如何应对近六七年内可能发生的50年一遇的大灾风险和我国农业保险适宜采取“融资预案”方式为保险公司提供外部超赔补偿资金的研究结论，我国一套完整的农业保险大灾风险分散体系应该包括四个层级。第一个层级是农业保险经营机构的大灾准备金。按照财政部制定的《农业保险大灾风险准备金管理办法》规定，保险公司自身计提的保费准备金、利润准备金以及一般风险准备金，使公司的大灾准备金具有很强的积累能力，是我国农业保险大灾风险分散体系的重要组成部分，它反映了农险机构自身应对农业大灾风险损失的能力。第二个层级是以目前已经组建的“农共体”为主的为农业保险经营机构提供的再保险。第三个层级是“融资预案”。当保险公司的赔款超过自身偿付能力时，由中央财政担保，保险公司向金融机构贷款或发行农业保险大灾风险债券并负责偿还本金，由政府筹资支付其融资利息。第四个层级是政府大灾付息准备金。为减轻一次筹资压力，政府可建立大灾付息准备金，专门用于支付保险公司的融资利息，其资金来源由中央和地方财政预算逐年补充，中央和地方政府可以按一定比例，如4∶6比例承担利息，资金由中央统一管理，并且建议西部地区的甘肃、青海、宁夏、新疆、陕西、内蒙古、贵州、云南、西藏九个省（区）

可免于筹集。

（三）政府付息准备金应达到一定的规模

为应对未来21年里我国农业保险可能提前发生50年、20年和10年一遇的三次大灾风险损失，到2022年用于支付利息的政府准备金规模累计应达到40.67亿元，到2026年累计应达到53.65亿元，在2033年累计应达到61.28亿元。而为应对发生100年一遇的大灾，到2024年政府付息大灾准备金累计应达到96.34亿元，到2027年累计应达到133.47亿元，到2035年累计应达到172.3亿元。22个省（市、区）在承担支付利息总金额不变的情况下，建议适当减少产粮大省利息承担的比例。

（四）允许农业保险存在多种大灾风险分散方式

在我国农业保险以“融资预案”为主的大灾风险四级分散体系中，对大多数省级政府而言，不直接承担该省农业保险经营机构发生赔付资金缺口时的补偿责任。而是在经营农业保险的总公司申请、中央财政担保的前提下，通过融资获得外部超赔补偿资金，并由全国政府付息准备金支付其融资利息。对一些经济发达的省（市），如北京市和上海市，由于地方财政资金雄厚，仍然可以实施由地方政府承担或通过政府购买再保险的方式，为经营本地农业保险的机构提供大灾所需的缺口资金。个别省，如江苏省农业保险也可以继续实行“联办共保”的模式，由地方财政负责其承担的农业保险业务中全部的大灾风险损失。对于农业保险互助模式，也可以按其规定实行自动吸纳大灾风险所造成的超赔损失。

（五）修改《农业保险大灾风险准备金管理办法》

1. 修改关于计提利润准备金的规定

我国从2014年1月1日开始实施的《农业保险大灾风险准备金管理办法》规定，当承保利润率低于财产保险业务承保利润率以及综合赔付率大于70%时，不再从净利润中计提利润准备金。由于综合赔付率和承保利润率计算的支出项不一致，因此，当经营农业保险时的综合赔付率大于70%时，其承保利润率可能会高于财产保险业务的承保利润率。此时，如不计提利润准备金，则经营农业保险的机构可能获得超过经营财产保险的平均可供分配利润。

为避免《办法》规定的计提利润准备金的方法中，出现综合赔付率和承保利润率两个限定条件的不一致性，建议对计提利润准备金的条件，只需规定“当经营农业保险承保利润率超过其自身财产保险业务承保利润率”或“对于专业农业保险机构承保利润率超过其自身与财产保险行业承保利润率的均值时”，就可以计提利润准备金，也就是说，对于计提利润准备金条件，没有必要再设定“且其综合赔付率低于70%”的规定。

2. 增加激励机制，适度提高经营农业保险的可供分配利润

财政部出台的《办法》，对农业保险经营机构获得的利润进行了限制。通过在超额利润中计提75%作为利润准备金的方式，使经营农业保险获得的可供投资者分配利润与其净保费收入和财产保险业务的承保利润率有关，经营农业保险只能获得与总公司经营财险业务相同的利润率，而与农业保险经营者的承保利润率无关。可见，《办法》只设计了对农业保险经营机构获得超额利润的约束机制，而缺乏对其经营效果的激励机制。从机制设计理论看，一种政策既要有约束机制还要有激励机制，只有满足参与约束和激励相容这两个条件，才能实现政策的社会目标。在把经营农业保险获得的可供分配利润限制在一定范围，实现国家利益的同时，还要通过激励机制，使从事农业保险机构的经营利益和经营效果相关联。否则，可能会出现经营农业保险机构的道德风险。因此，建议可以将《办法》中超额利润计提利润准备金的比例适度降低（如超额利润的73.5%），使保险公司能够按照经营农业保险效果的优劣获得略有差异的可供分配利润，通过提高经营管理水平，能得到略高于经营财产险业务的利润率。

参考文献

［1］陈进宏，陈昌华．广东省农业保险现状、问题与对策建议［J］．广东农业科学，2013（4）：208－211.

［2］陈利．中国农业巨灾保险运行机制研究［M］．北京：经济科学出版社，2014.

［3］邓国取，刘建宁等．基于共生合作视角的农户农业巨灾风险分散行为分析——一个包含655户农户的实证分析［J］．自然灾害学报，2014，23（4）：185－191.

［4］邓国取．中国农业巨灾保险制度研究［M］．北京：中国社会科学出版社，2007.

［5］丁少群，王信．政策性农业保险经营技术障碍与巨灾风险分散机制研究［J］．保险研究，2011（6）：56－62.

［6］杜芳．湖南省农业保险发展及运行效率评价研究［D］．长沙：中南林业科技大学硕士学位论文，2013.

［7］范丽萍．加拿大农业巨灾风险管理政策研究［J］．世界农业，2014（3）：80－83.

［8］冯文丽，苏晓鹏．构建我国多元化农业巨灾风险承担体系［J］．保险研究，2014（5）：31－37.

［9］冯文丽，奚丹慧．我国农业巨灾风险管理模式选择及构建对策［J］．上海保险，2011（5）：52－55.

［10］高嵩．中华保险首家试点马铃薯产值保险［N］．中国保险报，2013－01－22.

［11］郝贞明．山东省政策性农业保险试点中的问题与对策研究［D］．泰安：山东农业大学硕士学位论文，2009.

［12］胡浪多，官华平．广东省政策性农业保险巨灾基金测算及管理模式分析［J］．南方农村，2013（6）：25－29.

［13］湖南保监局课题组．巨灾召唤现代农业保险制度建立［J］．中国金融，2008（8）：75－78.

［14］湖南农业保险课题组．湖南农业保险发展状况与对策研究［J］．保险研究，2008（4）：84－86.

［15］黄崇福，刘新立，周国贤等．以历史灾情资料为依据的农业自然灾害风险评估方法［J］．自然灾害学报，1998，7（2）：1－8.

［16］黄英君，赵雄．我国农业巨灾风险债券设计与实证分析——以云南烟草种植为例［J］．经济与管理评论，2012（6）：93－98.

［17］李立松，付磊．借鉴欧盟经验建立我国农业保险大灾风险分散机制［J］．上海保险，2015（5）：30－33.

［18］李永，刘鹃．基于无套利利率模型的台风巨灾债券定价研究［J］．预测，2010（1）：49－53.

［19］刘建荣，王红，陈帅．湖南省农作物保险现状、面临问题及对策研究［J］．现代经济信息，2014（7）：460－461.

［20］刘雪梅，樊明方．极值理论在巨灾损失拟合中的应用［J］．统计与决策，2008（20）：168－170.

［21］吕晓英．农业保险大灾风险分散方式的模拟研究［J］．保险研究，2014（12）：41－50.

［22］吕晓英，李先德．美国农业再保险制度及其对中国建立农业大灾风险分散体系的借鉴［J］．世界农业，2014（10）：1－4，8.

［23］吕晓英．完善农业保险大灾风险管理［N］．中国社会科学报，2015－01－21.

［24］吕晓英．我国专业农业保险公司应对大灾风险能力的模拟研究［J］．甘肃社会科学，2016（2）：246－250.

［25］吕晓英，蒲应龚，李先德．“政府兜底”还是“融资预案”：农业保险大灾风险分散方式的模拟和比较［J］．中国软科学，2016（4）：22－33.

［26］欧阳资生．巨灾保险索赔数据的极值风险度量［J］．统计与决策，2007（22）：26－28.

［27］蒲应龚，吕晓英．加拿大农业巨灾风险分散体系及启示［J］．世界农业，2015（9）：97－101，111.

［28］钱振伟，丁江萍等．国际农业保险巨灾风险分散经验借鉴与启示［J］．上海保险，2012（5）：31－34.

［29］邱波，许婷婷．我国农业巨灾风险基金筹资标准区域差异研究——基于省级层面的种植业损失数据［J］．宁波大学学报（人文科学版），2015（5）：

74 – 77.

［30］邱波，朱一鸿，郑龙龙．我国农业巨灾风险基金的功能、逻辑及政策选择［J］．农村经济，2014（10）：82 – 85.

［31］田玲，李建华．金融市场、政府行为与农业巨灾保险基金建设——基于“结构型基金”理论的分析［J］．保险研究，2014（4）：16 – 22.

［32］庹国柱，赵乐，朱俊生等．政策性农业保险巨灾风险管理研究——以北京市为例［M］．北京：中国财政经济出版社，2010.

［33］庹国柱．农业保险需要建立大灾风险管理制度［J］．上海保险，2013a（1）：17 – 19，41.

［34］庹国柱，王克，张峭，张众．中国农业保险大灾风险分散制度及大灾风险基金规模研究［J］．保险研究，2013b（6）：3 – 15.

［35］王德宝，庹国柱．政策性农业保险巨灾风险准备金制度研究——以北京市政策性农业保险为例［J］．区域金融研究，2010（8）：44 – 48.

［36］王克，张峭．基于数据融合的农作物生产风险评估新方法［J］．中国农业科学，2013，46（5）：1054 – 1060.

［37］王媛媛．基于证券化的农业巨灾风险分散模式研究——以巨灾债券为例［J］．南方农村，2012（12）：67 – 72.

［38］闻岳春，王小青．我国农业巨灾风险管理的现状及模式选择［J］．金融理论与实践，2012（1）：16 – 22.

［39］谢世清．巨灾债券的精算定价模型评析［J］．财经论丛，2011（1）：69 – 76.

［40］徐磊，张峭．中国农业巨灾风险评估方法研究［J］．中国农业科学，2011，44（9）：1945 – 1952.

［41］杨茜，田晨晨．山东省政策性农业保险发展问题分析及对策研究［J］．时代金融，2012（7）：46 – 47.

［42］张靖霞．基于有效性的我国农业巨灾风险管理方式演进路径探析［J］．北方经济，2009（4）：11 – 13.

［43］张峭，王克．我国农业自然灾害风险评估与区划［J］．中国农业资源与区划，2011，32（3）：32 – 36.

［44］张长利．农业巨灾风险基金制度比较研究［J］．农村经济，2013（4）：37 – 40.

［45］赵山．以再保险为核心的巨灾和农业保险体系研究［J］．保险研究，2007（12）：50 – 54.

［46］赵思健，张峭．基于脆弱性的农作物洪涝巨灾风险评估——以东北三

省为例［C］//风险分析和危机反应中的信息技术．中国灾害防御协会风险分析专业委员会第六届年会论文集，2014.

［47］中国科学院．科技发展新态势与面向2020年的战略选择［M］．北京：科学出版社，2013.

［48］朱俊生．国外不同农业保险模式下巨灾风险分散体系及其比较［J］．世界农业，2013（10）：6－10.

［49］Chambers R. G. Insurability and Moral Hazard in Agricultural Insurance Markets［J］. American Journal of Agricultural Economics，1989，71（3）：604－616.

［50］Dorfman Mark S. Introduction to Risk Management and Insurance［M］. Prentice Hall，2002.

［51］Glauber J. W. and Collins K. J. Crop Insurance，Disater Assistance，and the Role of Federal Government in Providing Catastrophic Risk Protection［J］. Agricultural Finance Review，2002（62）：83－101.

［52］John Duncan，Robert J. Myers. Crop Insurance Under Catastrophic Risk［J］. American Journal of Agricultural Economics，2000，82（4）：842－855.

［53］Kenneth A. Froot. The Market for Catastrophe Risk：A Clinical Examination［J］. Journal of Financial Economics，2001（60）：529－571.

［54］Kunreuther H. Recovery. Limited Knowledge and Insurance Protection［J］. Public Policy，1976（24）：227－261.

［55］Lewis Christopher M.，Murdock Kevin C. The Role of Government Contracts in Discretionary Reinsurance Markets for Natural Disasters［J］. Journal of Risk and Insurance，1996，63（4）：567－597.

［56］Lewis Christopher M.，Davis Peter O. Capital Market Instruments for Financing Catastrophe Risk：New Directions?［J］. Journal of Insurance Regulation，1998，17（2）：110－134.

［57］Miranda M. J.，J. W. Glauber. Systemic Risk，Reinsurance，and the Failure of Crop Insurance Markets. American［J］. Journal of Agricultural Economic，1997，79（1）：206－215.

［58］Niehaus Greg，Steven V. Mann. The Trading of Underwriting Risk：An Analysis of Insurance Futures Contracts and Reinsurance［J］. The Journal of Risk and Insurance，1992，59（4）：601－627.

［59］Raja Bouzouita，Arthur J. Young. Catastrophe Insurance Options［J］. Journal of Insurance Regulation，1998，16（3）：313－326.

［60］Scott Harrington，Greg Niehaus. Basis Risk with PCS Catastrophe Insurance

Derivative Contracts [J]. The Journal of Risk and Insurance, 1999, 66 (1): 49-82.

[61] Skees J. R., B. J. Barnett. Conceptual and Practical Considerations for Sharing Catastrophic/Systemic Risks [J]. Review of Agricultural Economics, 1999, 21 (Fall/Winter): 424-441.

[62] Skees J. R., M. R. Reed. Rate-Making and Farm-Level Crop Insurance: Implications for Adverse Selection [J]. American Journal of Agricultural Economics, 1986, 68 (3): 653-659.

[63] Ve'ronique Bruggeman, Michael G. Faure, Karine Fiore. The Government as Reinsurer of Catastrophe Risks? [J]. The Geneva Papers on Risk and Insurance—Issues and Practice, 2010 (35): 369-390.

[64] 2014 LPRA. Livestock Price Reinsurance Agreement. Federal Crop Insurance Corporation [EB/OL]. US Department of Agricultural. http://www.rma.usda.gov/pubs/ra/.

[65] 2014 SRA. 2014 Standard Reinsurance Agreement. Federal Crop Insurance Corporation [EB/OL]. US Department of Agricultural. http://www.rma.usda.gov/pubs/ra/.